权威·前沿·原创

皮书系列为

“十二五”“十三五”国家重点图书出版规划项目

中国社会科学院创新工程学术出版资助项目

日本蓝皮书

BLUE BOOK OF JAPAN

日本研究报告（2018）

ANNUAL REPORT ON RESEARCH OF JAPAN (2018)

安倍“超长期执政”背景下日本战略走向与中日关系

中华日本学会
中国社会科学院日本研究所
主　编／杨伯江
副主编／吕耀东　林　昶

社会科学文献出版社
SOCIAL SCIENCES ACADEMIC PRESS (CHINA)

图书在版编目(CIP)数据

日本研究报告.2018：安倍“超长期执政”背景下日本战略走向与中日关系 / 杨伯江主编. --北京：社会科学文献出版社，2018.4
（日本蓝皮书）
ISBN 978-7-5201-2438-6

Ⅰ.①日… Ⅱ.①杨… Ⅲ.①日本-概况-2018 Ⅳ.①K931.3

中国版本图书馆CIP数据核字（2018）第048174号

日本蓝皮书
日本研究报告（2018）
——安倍“超长期执政”背景下日本战略走向与中日关系

主　　编 / 杨伯江
副 主 编 / 吕耀东　林　昶

出 版 人 / 谢寿光
项目统筹 / 祝得彬　王晓卿
责任编辑 / 王晓卿　李秀梅　李　博

出　　版 / 社会科学文献出版社·当代世界出版分社（010）59367004
地址：北京市北三环中路甲29号院华龙大厦　邮编：100029
网址：www.ssap.com.cn
发　　行 / 市场营销中心（010）59367081　59367018
印　　装 / 北京季蜂印刷有限公司

规　　格 / 开　本：787mm×1092mm　1/16
印　张：27.25　字　数：428千字
版　　次 / 2018年4月第1版　2018年4月第1次印刷
书　　号 / ISBN 978-7-5201-2438-6
定　　价 / 99.00元

皮书序列号 / PSN B-2002-020-1/1

主编简介

杨伯江 法学博士，中国社会科学院日本研究所副所长、研究员，博士生导师，中华日本学会副会长，中国亚洲太平洋学会副会长，亚太安全合作理事会中国委员会委员。曾任国际关系学院教授、中国现代国际关系研究院研究员、美国布鲁金斯学会访问学者、哈佛大学费正清东亚研究中心访问学者、日本国际论坛客座研究员、日本综合研究开发机构客座研究员。研究方向为国际关系、亚太地区安全、日本问题。

近年主要研究成果:《“一带一路”推进过程中的日本因素》(合著)、《习近平国际战略思想与对日外交实践》(合著)、《日本强化介入南海: 战略动机、政策路径与制约因素》、《东北亚地区如何实现与历史的“共生”——从“大历史”维度思考中日韩和解合作之道》、《战后70年日本国家战略的发展演变》、《美国战略调整背景下日本“全面正常化”走向探析》、《日本民主党对外战略方向评析》、《日本民主党对外战略走向与中日关系》、《民主党新政与日本之“变”》、《中日关系:“暖春”时节的形势与任务》、《后小泉时代中日关系的再定义》(英文)、《当前日本对外战略: 成因、手段及前景》、《回顾邦交正常化，以历史启迪未来》等。

吕耀东 法学博士，中国社会科学院日本研究所外交研究室主任、研究员，博士生导师，中日关系研究中心副主任，中国社会科学院研究生院教授。研究方向为日本政治、外交及大国关系、当代日本外交政策与外交战略、东亚的冲突与合作等。

主要研究成果:《冷战后日本的总体保守化》(专著)、《中国和平发展与日本外交战略》(专著); 论文有《中日四点原则共识落实的可行性探讨》、《军国主义阴魂不散的深刻思想根源——明治维新后日本侵华思想的发展与演变》、《战后日本外交战略理念及对外关系轨迹》、《试析日本海洋战略理念及对华政策取向》、《试论日本“总体保守化”的选举制度要因》、《日美同盟“现代化”的战略意图》、《试析中日两国冲突与纷争的历史问题因素》、《论日本政治右倾化的民族主义特质》、《总体保守化与政治右倾化的关联性分析》、《“日本梦”解构》、《构建和谐世界与中日关系》、《试析日本的环境外交理念及取向》、《深化同盟机制：日美双边互动的战略愿景》、《日本保守两党制的构想与实践》、《21世纪初日本对外目标及外交战略探析》、《中日双边互动模式：情境与调控》、《美日同盟的发展轨迹》、《试析日本的民族保守主义及其特性》、《舆论中的中日关系：症结与分析》、《日本战略性外交中的海洋政策探析》、《安倍能否以政治豪赌挽救执政危机》（合著）、《特朗普执政后美日同盟发展动向及对华影响》等百余篇。

林　昶　中国社会科学院日本研究所《日本学刊》副主编、编审，中华日本学会编辑出版部主任，世界知识出版社、北京大学出版社特约编辑。曾任北京日本学研究中心客座研究员。研究方向为日本文化、新中国对日外交。

主要研究成果：《中国的日本研究杂志史》（专著）、《中日关系问题报告》（合著）、《中日关系报告》（合著）、《当代日本报告》（合著）、《中日农村经济组织比较》（合著）；论文有《论邓小平对日外交战略思想与中日关系实践》、《从“年谱”看邓小平对日外交思想》、《抗日战争时期日本研究杂志述论》、《当代中国日本研究杂志的发展及其世界视域》、《中国东北亚研究的现状》、《日本的大众传播媒介及其影响》（合著）、《日本农协的发展及功过简析》（合著）；编辑有《杂志视点：中国日本研究的深化及其与世界的链接》（主编）、《何方集》（选编）、《宦乡集》（选编）、《何方谈史忆人》（选编）、《中国的日本研究著作目录（1993~2016）》（主编），以及《中国的日本研究》、《中国的东北亚研究》、“中日青年论坛”（1998~2003）、“21世纪的日本”（2000~2004）、“日本发展报告”（2000~2007）、“日本蓝皮书”（2009~2017）等工具书、丛书的副主编，特约编辑学术著作、论文集等近200部。

摘　要

本书由中华日本学会、中国社会科学院日本研究所和社会科学文献出版社合作推出，是中国社会科学院日本研究所的研究人员联合南开大学、上海国际问题研究院、天津外国语大学、华东师范大学、东北财经大学以及新华社等单位日本研究领域的专家学者共同完成的年度研究成果。

本书对2017年度日本的政治、经济、对外关系、社会文化诸领域做了回顾，特别是围绕第48届众议院选举、安倍"超长期执政"背景下日本内政外交走向等，进行了深入研讨和分析，并收录了该年度日本大事记。

2017年，伴随世界经济回暖、国内刺激经济措施产生效果及结构改革取得一定进展，日本经济持续温和复苏。在第48届众议院选举中，自民党与公明党的执政联盟赢得2/3以上绝对多数议席，日本政坛"一强多弱"格局加剧，安倍向实现"超长期执政"目标更进一步。在安倍政府强力引导下，日本国家政治范式较以前发生重要变化，大战略自主创新与国家姿态空前自立和高调，修宪进入实操阶段，进攻性安全防务政策渐次实施。

对外战略上，面对伴随"特朗普风险"而来的国际战略环境系统性压力，安倍内阁以"朝鲜威胁"为抓手，推动日美欧战略协调，引"北约因素"入亚太，全面坐实"新安保法"；重视东南亚、中东及非洲外交，强化与英法的"2+2"安全磋商机制，构建日澳"准同盟"关系；积极主导"不含美国的TPP"谈判进程，推动"印太战略"构想，从经济、政治两方面争夺亚太地区秩序构建与规则制定主导权。

2017年，中日关系出现积极改善动向，多层次对话渐进开展。中方本着努力扩大两国关系积极面、抑制消极面、确保两国关系稳定改善的态度，明确提出了中日关系存在的问题及努力化解矛盾、改善关系的建设性意向。日本对华政策出现策略性调整，呈现"两面下注"的手法，力求在经贸层面加强对华合作的同时，在东亚安全层面加强对华制衡力度。中日关系在经贸领域出现积极动向，双边贸易呈现回暖迹象。日本对华直接投资触底企稳，中国对日投资较为活跃。日本经济界积极探讨中日两国在经贸领域的合作，并对“一带一路”构想表现出浓厚兴趣。

2017 年，日本少子老龄化现象进一步加剧，其影响波及各个方面。结婚率下降，家庭规模缩小、育儿及养老压力增大，人口持续向东京圈集中，中间阶层缩水、低收入阶层扩大等问题凸显。文化热点所反映出的少子老龄化、社会阶层固化、女性就业环境等问题，引起人们的关注。在此背景下，“超智慧社会——社会 5.0”政策得以确立，高新技术成果进入社会服务领域。

展望 2018 年，影响日本政局走向的国内政治议题，一是 9 月自民党总裁选举。安倍将致力于连选连任自民党总裁和日本首相，统筹内政外交，推动改善与邻国的关系特别是对华关系。二是各方政治势力能否就自民党修宪提案形成 2/3 多数共识，并在国会提出修宪动议。受制于自民党总裁选举等“维稳”因素，估计年内动议修宪难度较大。

安倍将借“超长期执政”为实现修宪、从安全军事领域切入推动国家战略转型的政治夙愿而竭力。日本对外战略中“如何应对中国”的课题越发凸显，中日两国在地区多边层面以秩序、规则为焦点的战略角力将向纵深发展。两国将借《中日和平友好条约》签订 40 周年契机推进关系改善，但前景仍不明朗。

2018 年，日本经济发展仍存在不确定性，复苏根基仍不牢固，居民消费能力难有明显提升，劳动力短缺问题依然存在，企业加薪趋缓。受企业造假丑闻影响，制造业信誉接连受创，这将对日本经济发展产生负面影响。从外部形势看，国际市场和地缘政治风险增多，外需能否持续拉动日本经济增长尚存变数。

中日经济竞争趋势将进一步发展，但两国仍存在明显的结构性互补，特别是在地区局势紧张、美国贸易保护主义趋势增强、中共十九大确立全面开放新格局、中日两国都致力于结构转型及创新商业模式的形势下，改善中日经贸关系的必要性增强，两国经贸合作的深度和维度将进一步拓展。

关键词： 日本　安倍晋三　超长期执政　对外关系　中日关系

目　录

Ⅰ　总报告

Ⅱ　政治经济篇

Ⅲ　对外关系篇

Ⅳ　社会文化篇

Ⅴ　附　录

皮书数据库阅读**使用指南**

总 报 告

General Report

B.1
安倍“超长期执政”背景下日本战略走向与中日关系
——2017～2018 年日本形势回顾与展望

杨伯江*

摘　要： 2017 年安倍晋三率自民党赢得第 48 届众议院选举，向着借“超长期执政”、以安全领域为切口实现国家战略转型的目标更进一步；提出“自卫队入宪论”，将修宪进程推入实操阶段。对外，安倍内阁以“朝鲜威胁”为抓手推动日美欧战略协调，全面坐实“新安保法”，引“北约因素”入亚太；坚持主导“不含美国的 TPP”，推动“印太战略”构想，从经济和政治两方面争夺地区秩序构建与规则制定主导权。日本对“一带一路”倡议转趋积极，中日关系明显转暖，但突出

* 杨伯江，法学博士，中国社会科学院日本研究所副所长、研究员，博士生导师，研究方向为国际关系、亚太地区安全、日本问题。

的敏感问题并未得到解决。安倍内阁对华奉行双轨、两面政策，中日两国在地区多边层面以秩序、规则为焦点的战略角力向纵深发展，关系改善前景仍存变数。

关键词： 安倍晋三　超长期执政　日美同盟　印太战略　中日关系

2017 年，安倍内阁遭遇国内外多重挑战。在国内，一系列丑闻猛烈冲击了原本牢固的安倍执政基础，内阁支持率一度跌入 30% 以下的“危险水域”，安倍借“超长期执政”实现修宪、从安全军事领域切入推动实现国家战略转型的政治夙愿面临挑战。国际上，特朗普奉行“美国优先”原则、经济单边主义政策，对日本整体外部环境构成系统性压力，同时也带给安倍内阁填补地区战略空白的难得机遇。中国经济“超预期增长”，“一带一路”建设风生水起，日本“如何应对中国”的课题更亟待作答。朝鲜执着于核导开发加剧地区紧张局势，为安倍内阁坐实“新安保法”、推动日美军事一体化及多边外交运作提供了战略“抓手”。面对复杂局面，安倍内阁危中寻机，趋利避害，外交、安全及对外经济战略围绕“维护自由贸易体制与环境”、全面强化自身军事行为能力、争夺地区秩序构建与规则制定主导权三条主线全面铺开。

一　安倍向“超长期执政”更进一步，修宪提速

2017 年安倍政府“高开低走”，最终有惊无险。年初日本经济延续 2016 年温和复苏势头，第一季度实际 GDP 环比增长 0.4%，内阁支持率保持高位运行，安倍顺风顺水，志得意满。3 月初，第 84 次自民党大会顺利通过“总裁公选规则修正案”，修改党章相关规定，使安倍在 2018 年 9 月两届总裁任期届满后三度竞选总裁、实现“超长期执政”成为可能。但此后不久，安倍被媒体接连爆出“森友学园”低价购地丑闻、“加计学园”违规新设兽医系丑闻，在国会，众参两院遭在野党穷追猛打，内阁支持率持续

下滑。根据时事通讯社的舆论调查，2017 年 5 月安倍内阁支持率下降至 46.6%，6 月下降至 45.1%，7 月更跌至 29.9%。这是自安倍 2012 年底再次执政以来该项指标首次跌破 30% 大关，进入“危险水域”。同期，内阁不支持率上升 14.7 个百分点，以 48.6% 创下新高，继 2015 年 9 月执政联盟在国会强行通过“新安保法”时期以来第二次超过支持率。①

（一）安倍“不惜一切手段”化解执政危机

在 2017 年 7 月初东京都议会（共 127 个席位）选举中，长期把控东京都议会的自民党遭遇历史性惨败，从选前 57 个议席锐减至 23 个议席，大幅低于历史最低纪录（38 席）。一系列丑闻加上选举败绩，导致自民党内问责呼声上扬，安倍向心力下滑，2018 年连任自民党总裁、成为“日本宪政史上执政时间最长的首相”前景蒙上阴影。面对执政危机，安倍一是软化对丑闻回应的态度，同意在野党的要求，在国会闭会期间召集并出席预算委员会审议会，就丑闻接受质询。二是再次承诺执政将以“经济最优先”，并提出“育人革命”等民生新政策。三是祭出以“高调外交”转移国内视线的“惯用法宝”②。7 月初，安倍赴德国出席二十国集团（G20）领导人第十二次峰会，会晤多国领导人。安倍在与欧洲理事会主席图斯克于布鲁塞尔磋商后宣布，历时四年多的日欧经济伙伴关系协定（EPA）谈判达成框架协议。《每日新闻》等日本主流媒体认为，日欧在协议内容上尚存分歧，安倍匆匆宣布达成框架协议，不乏以外交成果为国内政局解困意图。四是实施内阁改组和自民党领导层人事调整。8 月初，安倍改组内阁，撤换因履职不力而深陷丑闻的文部科学大臣、地方创生大臣等阁僚。屡屡“祸从口出”、安倍为断臂求生而欲撤换的防卫相稻田朋美赶在改组前自行辞职。自民党领导层人事调整中，安倍同意外相岸田文雄不再入阁，改任自民党政调会会长，同时

① 『安倍内閣支持 29.9% に急落』、https://www.jiji.com/jc/article? k = 2017071400769&g = po［2017 - 12 - 30］。日本朝日电视台同期民调结果也显示，安倍内阁支持率为 29.2%，不支持率为 54.5%。

② 2015 年内阁支持率暴跌之际，安倍就曾靠改组内阁、接连开展“首脑外交”和提出经济民生新政策成功扭转局面。

延揽岸田派四位议员及党内反安倍势力代表人物之一野田圣子入阁，以安抚岸田派、怀柔反对派、孤立反安倍势力头号人物自民党前干事长石破茂。安倍的一系列举措缓解了党内的不满，抑制了反对势力，党内向心力、内阁支持率均有所回升。①

形势趋稳给了安倍再次豪赌一把的底气。9 月 25 日，安倍突然宣布将于 28 日临时国会上解散众议院、提前举行大选。安倍做出这一政治决断，一是因为从国内政坛看时机对自民党最为有利。头号在野党民进党在东京都议会选举中仅获 5 席，内乱未息，危机严重，小池新党立足未稳，在野党“共斗”乏力，选举准备不足。二是“朝鲜威胁”加剧为提前选举提供了口实。朝鲜 7 月连续两次试射洲际导弹、8 月末试射弹道导弹飞越日本上空、9 月初实施第六次核试验，为安倍凝聚国内支持、巩固政权基础提供了有利素材。安倍内阁以“积极应对”“朝鲜威胁”显示危机管理能力，获得民众认同。时至 9 月，安倍内阁支持率较 8 月增加 5.2 个百分点，回升至 41.8%；不支持率减少 7.4 个百分点，降至 36.7%。内阁支持率时隔三个月终于再次超过不支持率。② 鉴于此，安倍在 9 月 25 日记者会上将“紧张的朝鲜形势”认定为“国难”，将这次众议院解散命名为“突破国难解散”，高调宣称“决心倾注全部心力，与国民一道突破当称之为国难的当前局面”。

10 月 22 日，日本举行第 48 届众议院选举，自民党获 284 席，超过全部 465 个席位的半数；公明党获 29 席，减少 5 席。自民党、公明党执政联盟共获 313 个席位，继续掌控众议院 2/3 以上绝对多数席位。而左翼势力所获席位跌破三成，创历史新低。此次选举使“一强多弱”的日本政坛上“一强”（自民党）“更强”，“多弱”（在野党）“更多、更弱”。③ 除执政联盟外，希望之党、日本维新会等保守政党也对修宪持积极态度，“修宪势力”在众参两院维

① 参见中国新闻网 2017 年 8 月 5 日报道，http：//www.chinanews.com/gj/2017/08 - 05/8296417.shtml，登录时间：2017 年 9 月 11 日。

② 时事通讯社 2017 年 9 月 12 日报道。

③ 参见张伯玉《日本第 48 届众议院选举：继续维持“一强多弱”政治格局》，《当代世界》2017 年第 11 期。

持2/3以上议席，具备发起修宪动议的条件。[①] 通过此次选举，安倍不仅距“超长期执政”目标更进一步，更为其实现修宪夙愿争取了时间。

（二）抛出“自卫队入宪论”，将修宪推入实操阶段

2017年伊始，安倍在自民党新年工作启动会上即表示，要以宪法实施70周年为节点，将修宪推向实际操作阶段：“宪法实施至今到了70年这个节点，希望今年就符合新时代的宪法应是怎样的宪法加深讨论，并以具体形式体现出来。”元月20日，安倍在众议院全体会议上发表施政演说，再次提及修宪，称“要在宪法审查会上深化具体讨论”，以展示“面向下一个70年，要把日本打造成一个什么样的国家”。[②] 此后，安倍在不同场合多次表明加速修宪的意愿。5月1日，安倍在东京“制定新宪法推进大会”上发表演讲，称“时机已经成熟。现在需要的是具体提案。是时候自信地向民众展示理想宪法的具体内容了，必须获得确实的结果”。5月3日，在《日本国宪法》实施70周年之际，《读卖新闻》以《宪法修改以2020年实施为目标》为题发表对安倍采访内容。采访中安倍首次言及修宪具体内容及时间目标：“将自卫队明文写进宪法、以2020年实施新宪法为目标。”同日，安倍在右翼团体“日本会议”集会上发表视频讲话，再次强调修宪时机业已成熟，希望于2020年施行“新宪法”。

安倍版修宪方案核心内容包括：第一，修改宪法第九条，在保留第一、第二款的同时，明确写入自卫队的存在；第二，创设“紧急事态条款”；第三，接受日本维新会主张，为实现教育免费化而修改宪法第二十六条。[③] 其中，第一点是核心。安倍明确表示：“（实现）自卫队合宪化是我们这一代人的使命”，“新宪法的核心是在宪法第九条明文确定自卫队的地位”。[④] 5

① 第48届众议院选举前，日本朝野修宪势力在众参两院均已占据2/3以上席位，跨过了提出修宪动议的门槛。这次选举中执政联盟所获席位虽较选前的327席有所减少，但仍超过众议院额定议席的2/3，维持了原有优势地位。

② 「安倍首相の施政方針演説　全文」、『読売新聞』2017年1月21日。

③ 「安倍首相インタビユ 全文」、『読売新聞』2017年5月3日。

④ 「憲法改正20年施行目標」、『読売新聞』2017年5月3日。

月21日，安倍进一步细化修宪时间表，称自民党将在年内拿出修宪草案。6月24日，安倍在神户市演讲时明确提出，“希望在秋季临时国会结束前向众参两院宪法审查会提出（自民）党的具体修改方案”①，要求自民党加快制定本党修宪草案。② 安倍一再促压，加快了自民党内酝酿修宪草案的节奏。6月21日，自民党修宪问题专门责任机构宪法修改推进本部召开全体会议，首次在该党全体国会议员范围内讨论安倍版修宪方案。本部长保冈兴治表示希望能在2018年例行国会会期结束前提出修宪动议。③ 6月23日，保冈进一步明确提出：“自民党修宪方案将在2018年向例行国会提出，若审议进展顺利，将以2018年6月（例行国会会议末期）提出修宪动议为目标。”

众议院选举后，修宪条件更加有利，2020年实施“新宪法”的目标开始进入倒计时。众议院选举次日，安倍即表示要与小池率领的第二大在野党“希望之党”等联手，努力就修宪问题达成共识。④ 11月1日组阁当天，安倍再次呼吁在野党与执政党一道讨论修宪问题。同时，安倍任命细田博之接替保冈领衔自民党宪法修改推进本部。细田曾任内阁官房长官、自民党干事长等要职，也是党内最大派系、安倍所在细田派的会长，安倍欲借其影响力推动党内尽快形成修宪草案。11月8日，细田召集众议院选举后自民党宪法修改推进本部首次会议，重启党内围绕修宪草案的讨论，就自卫队“入宪”、实现教育免费化等四个修宪项目收集意见。17日，安倍在众议院全体会议上发表组成第四届内阁后的施政演说，再次强调将为修宪推进讨论，呼吁“执政党和在野党跨越界限，拿出各自智慧，开展建设性讨论，共同为困难课题找出答案”⑤。

---

① http：//www. sankei. com/politics/news/170626/plt1706260007 – n1. html［2017 – 12 – 30］。

② 参见《安倍再推修宪 拟将现有自卫队的意义职责写入宪法》，中华网，2017年6月25日，http：//military. china. com/important/11132797/20170625/30824649. html，登录时间：2017年12月11日。

③ 「臨時国会冒頭にも解散」、https：//www. jiji. com/jc/article？ k = 2017091700206&g = use。

④ 「安倍首相、希望の党との連携に意欲　憲法改正（衆院選2017）」、http：//www. huffingtonpost. jp/2017/10/23/abe – shinzo – hope_ a_ 23252062/［2017 – 12 – 30］。

⑤ 日本共同社2017年11月17日报道。

（三）安倍修宪面临各方阻力，难以一蹴而就

从主流民意看，多数日本民众关注点不在修宪，也不主张修宪。众议院选举后《日本经济新闻》民调结果显示，安倍内阁支持率为54%，呈上升趋势。但针对“希望安倍优先处理什么政策课题”的提问，回答“养老金、福祉等社会保障改革”的受访者最多，占53%；其次是“消费税等税制改革”和“经济对策”，占35%；回答“修宪”的仅占13%，在十个选项中排在第九位。[①] 日本共同社实施的民调也显示，52.6%的受访者反对安倍版修宪方案，比例大幅超过表示赞成的38.3%。而关于“安倍内阁应优先处理的课题”，选择“修宪”的只占6.8%。[②] 朝日新闻社2017年12月进行的全国民调结果显示，日本民众对安倍再次执政五年来政绩的打分为5.2分（满分为10分）。在经济、社会保障、外交与安全保障、核电与能源、“修宪”等多个选项中，核电与“修宪”得分最低，在“修宪”问题上有12%的受访者打出了0分。[③]

安倍推动修宪不仅遭到左翼在野党反对，而且执政联盟内部公明党也持谨慎态度。2017年12月6日，日本参议院宪法审查会时隔约一年重启，围绕修宪展开实质性讨论，各党主张分歧明显。自民党强调修宪的必要性，要求将自卫队的存在明确写入宪法第九条。在野党中，日本维新会、希望之党表示将积极参与修宪讨论，民进党、日本共产党和参院党团“希望之会”则反对修宪。与自民党联合执政的公明党保持缄默。[④] 公明党对安倍“自卫队入宪论”一直未置可否，众议院选举后该党席位减少，对修改宪法第九条态度更趋谨慎。党首山口那津男对媒体表示，修宪“应以2/3以上（而非过半数）国民的赞同为前提”，而“目前仍缺乏国民的理解和认同”，敦促安倍和自民党不要急于推进修宪进程。[⑤]

---

① 中国新闻网2017年11月6日报道。

② 日本共同社2017年11月2日报道。

③ 『朝日新聞』2017年12月19日。

④ 日本共同社2017年12月7日报道。

⑤ 日本共同社2017年12月20日报道。

尽管朝野修宪势力大都主张修宪，但围绕修什么、怎么修，各方莫衷一是。根据众议院选举后日本共同社对409名当选议员进行的问卷调查，赞成修宪的有349人，占比达到85.3%，而赞成安倍版修宪方案的比例为63.8%，二者之间明显存在差异。在自民党内部，各派之间对修宪存在"温差"，修宪路径的选择又与权力斗争交织在一起，安倍版修宪方案未获广泛支持。自民党政调会会长、岸田派会长、前外相岸田文雄2017年11月14日在东京发表演讲，强调为使修宪得到各政党广泛理解，必须展开充分讨论，"导致国会一分为二对立的讨论并不好。细致的讨论看似绕远，但也可能是最佳捷径"，"希望首先专注于拿出自民党的结论"。岸田回避为自民党向国会提交修宪草案制定时间表，并且提醒安倍，2019年将面临统一地方选举、参议院选举以及提高消费税率等重要日程，"对日本来说是堪称关键的重要年份。能否克服难关，政治力量将受到考验"。[①] 11月20日，岸田在众议院全体会议上再次表示，"不能为了修改而修改，应当认真仔细地反复在国会和各党会议上进行讨论"。就修宪路径而言，安倍提出自卫队"入宪"同时保留第九条原有内容的方案，是为减少修宪的阻力。他深知"2012年自民党修宪草案是最理想的"，但是，"若不考虑与之有较大区别，就难以获得国会2/3赞成"。[②] 然而，安倍方案遭到党内"激进修宪派"的抵制，石破茂等人质疑其与2012年自民党修宪草案"缺乏整合性"[③]，还有人提出安倍方案与规定"不保持战争力量"的宪法第九条第二款相互矛盾，不应保留第九条第二款，等等。

2017年12月20日，自民党宪法修改推进本部召开全体会议，梳理归纳党内观点。但由于分歧严重，意见难以统一，最终不得不"两论（即两

① 参见《日本前外相岸田文雄：实现修宪需要充分讨论》，中国新闻网，2017年11月15日，http://www.chinanews.com/gj/2017/11-15/8377355.shtml。

② 「安倍晋三首相『いかに苦しくても（党を）まとめあげる決意だ』」、『毎日新聞』2017年5月9日、http://bunshun.jp/articles/-/2503? page=2［2017-12-30］。

③ 2012年4月自民党制定的《日本国宪法修改草案》对宪法第九条第一项做出重大修改，提出不以"武力威胁或武力行使作为解决国际争端的手段"之规定"不妨碍自卫权的发动"；删除了第二项，代之以"国防军"条款——"为确保我国和平独立及国家与国民之安全，保有以内阁总理大臣为最高指挥官的国防军"。参见https://jimin.ncss.nifty.com/pdf/news/policy/130250_1.pdf［2017-12-30］。

种方案）并记”：其一是安倍“自卫队入宪论”，即在不改变第九条原来内容的同时增加有关自卫队的内容；其二则基于自民党修宪草案，即删除第九条中“不保持陆海空军及其他战争力量，不承认国家的交战权”内容，并进一步写明自卫队的目的和性质。[①]“两论并记”的做法虽然暂时缓解了自民党内围绕修宪方案的对立，但也预示着后续进程将更加复杂棘手，安倍或许会陷入双重的两难境地：急于修宪可能导致执政联盟分裂、加剧党内分歧，放缓修宪又会引发党内保守势力不满，甚至影响到他 2018 年 9 月谋求连任总裁；坚持“自卫队入宪论”势必激化与“激进修宪派”的矛盾，而接受以自民党修宪草案为基础的修宪方案，又势必激起公明党甚至本党“温和修宪派”反弹，导致后续国民投票胜算大打折扣。直至 2017 年底，自民党未能按安倍 5 月所要求的那样拿出本党修宪草案，安倍修宪日程表有可能被迫推迟展开。

二　全面坐实“新安保法”，争夺秩序规则主导权

2017 年，安倍内阁外交、安全及对外经济政策全面展开，势头迅猛。其背景首先来自国内政治。安倍的执政基础受到冲击，这让安倍要“在国际上取得突出成绩的需求”变得更加迫切。另一重要背景是国际战略环境的高度不确定性，其中“特朗普风险”成为日本面对的最大挑战。[②] 特朗普政府奉行“美国优先”原则、经济单边主义政策，无视盟国之间的“共同价值观”意识形态纽带，这对日本整体外部环境构成系统性压力。同时，特朗普“多取少予”的外交原则又带给安倍内阁填补地区战略空白的难得机遇。中国加速和平崛起，经济实现“超预期增长”[③]，“一带一路”建设

① 「自衛隊明記　2 案併記」、『読売新聞』2017 年 12 月 21 日。

② 特朗普 2016 年 11 月当选美国总统后，安倍内阁即将 2017 年定位为“变化之年”，将“推进构建与（美国）新领导人的关系”作为 2017 年外交的首要课题。参见岸田文雄「『変化の年』を展望する—未来志向が実を結ぶ外交を—」、『外交』Jan. 2017 Vol. 41。

③ 2016 年中国经济增长 6.7%。2017 年 12 月 19 日，世界银行发布《中国经济简报》，预测受居民收入增长及外需回暖支撑，2017 年中国经济增长继续保持强势，全年增速可望达到 6.8%，超过最初预期。2018 年 1 月 18 日，中国国家统计局发布 2017 年经济数据：国内生产总值（GDP）比上年增长 6.9%，增速实现 2011 年以来的首次回升，经济总量首次超过 80 万亿元人民币，整体形势好于预期。

风生水起。面对中国经济实力持续增强及由此产生的巨大“外溢效应”，日本对外战略“如何应对中国”的课题越发凸显。此外，朝鲜执着于核导开发加剧了地区紧张局势，日本国内反应强烈，这固然令安倍内阁执政承压，但更为其强化军事行为能力、加强日美军事一体化及多边外交运作提供了战略“抓手”。在此背景下，2017 年日本外交、安全及对外经济政策围绕三条主线展开：一是竭尽全力“维护自由贸易体制与环境”；二是坐实“新安保法”，从装备到政策全面强化自身军事行为能力；三是加强地缘战略争夺，试图主导地区秩序构建与规则制定。

（一）对美采取经济军事“双融合”战略，强化同盟内外角色扮演，以各方面积极作为提升日本对美战略价值，通过筑牢日美关系稳定对外战略大前提

安倍首先积极与特朗普构建“个人之间的信赖关系”，在其胜选后第一时间致电祝贺，随后亲赴华盛顿拜会。2017 年 2 月安倍正式访美，成为特朗普执政后接待的首位外国首脑。2017 年安倍与特朗普实现互访，在双多边场合共举行了五次会谈。安倍内阁的不懈努力，换取了美方重申对日安全承诺。2 月，日美首脑会谈后发表联合声明，确认《日美安全条约》第五条适用于钓鱼岛。8 月，日美外长、防长“2 +2”磋商后发表共同文件，强调“重申同盟用全部军事力量保护日本安全的承诺，包括美国的核力量”；两国将“探索更多的合作方式，探索在各个领域的新活动，如情报监侦、训练和演习、研发、能力建设、共同使用设施”。① 11 月，特朗普访日，在东京美军横田基地发表演讲，称“日本是极其重要的同盟国”②。

其次，奉行“经济妥协路线”，推动日美经济深度融合，防范贸易摩

① 「日米安全保障協議委員会共同発表」、外務省ホームページ、http：//www. mofa. go. jp/mofaj/na/st/page4_ 003204. html［2017 －12 －30］。

② Remarks by President Trump to Servicemembers at Yokota Air Base，November 5，2017，https：//www. whitehouse. gov/briefings －statements/remarks －president －trump －servicemembers －yokota －air －base［2017 －12 －30］.

擦，维护政治关系稳定。[①] 2017 年 2 月美国商务部商品贸易收支统计显示，2016 年美国对日逆差占比 9.4%，比上年增加 0.2%，超过美国对德逆差，仅次于美国对华逆差。同月，美国国会调查局就日美关系汇总报告称，此前美日首脑会谈虽“缓解了人们对两国同盟关系所抱有的担忧”，但美日贸易问题等并未得到解决。3 月，美国向世界贸易组织（WTO）提交意见书，要求日本开放汽车和农产品市场，质疑日本的汽车非关税壁垒和农产品高关税问题，要求日本政府实施“大胆改革”。据日本财务省数据，2017 年 4 ~ 9 月日本对美贸易顺差同比增长 8.7%，达 3.3838 万亿日元。10 月，美国政府外汇报告继续将日本列为货币政策的“监控对象”。11 月，特朗普访日期间，多次就美日贸易失衡表达不满，称“自由而且互惠的贸易是必要的，但事实上同日本的贸易并非如此”，“既不自由也不对等”，“美国长年遭受对日本的贸易赤字，每年接近 700 亿美元”，“日本对美出售了数以百万辆计的汽车，但从美国进入日本市场的汽车几乎没有”。[②] 应特朗普要求，日本与美国设立副总理级双边经济对话机制，提升或新建多个经济沟通机制，包括网络经济政策协调对话、能源战略对话等。安倍内阁还竭力维护日本作为美国国债最大持有国的地位，以释放对美国宏观经济前景的信心；鼓励企业追加对美投资，进一步夯实日美经济合作基础。[③] 2017 年前三季度，日本对美投资流量达 366.56 亿美元，占日总体对外投资（1287.45 亿美元）的 28.47%，美国继续保持日本最大海外投资目的地的地位。[④]

再次，安倍内阁持续扩大对美军购，在升级日本武器系统的同时借此平衡对美贸易，换取美国的政治战略支持。安倍在与访日的特朗普会谈后表示，将从美国采购包括舰载改良型拦截导弹“标准 3”Block 2A、F－35 战斗机在内的一系列高价武器装备。[⑤] 12 月，日本内阁会议决定引进两套

① 参见陈友骏《日本对美经济合作新动向及前景评估》，《现代国际关系》2017 年第 9 期。

② 英国《金融时报》网站 2017 年 11 月 6 日报道。

③ 参见陈友骏《日本对美经济合作新动向及前景评估》，《现代国际关系》2017 年第 9 期。

④ 日本貿易振興機構（JETRO）「直接投資統計」、https://www.jetro.go.jp/world/japan/stats/fdi［2017－12－30］。

⑤ 『東京新聞』2017 年 11 月 7 日。

美国陆基“宙斯盾”系统。安倍2012年底再次执政以来，日本对美军购逐年增加。而且，包括安倍承诺采购的“标准3”Block 2A、F－35战斗机在内，日本对美军购多依据政府间有偿军事援助（FMS）制度进行。① 据日本防卫省测算，“标准3”Block 2A在量产时间段（2017～2024财年）的采购价格由此将比最初估价高出16%。台湾媒体评论称，从某些角度看，安倍应当对特朗普访日成果相当失望。特朗普老生常谈地重申美日同盟的重要性，对安倍所重视的“印太战略”只是轻轻带过，点到为止，不给具体承诺，也不谈实际做法。同时，特朗普“不改生意人本色，要求日本大幅改善美日贸易逆差，还要日本多多购买高端武器，为美国的经济做出具体贡献”。②

最后，借“朝鲜威胁”推动日美军事一体化，借地区秩序构建深化两国战略协调。2017年，日美在日本本土至亚太、印度洋地区频繁进行联合演练，其中包括日美首次联合英法在日本周边海域及关岛、北马里亚纳群岛举行为期20天，以快速登陆和两栖作战为重要内容的四国联合军演，日美海空作战力量、反导部队的联合训演机制得到强化。5月，日本出动海上自卫队“出云”号“准航母”为美国“卡尔·文森”号航母作战群补给舰护航，这是日本自卫队首次依据“新安保法”执行为美护航新任务。根据该法，若美舰监视朝鲜导弹或日美军演时遭遇任何“武装袭扰”，则适用“灰色地带事态”，自卫队即可出动保护美舰。③ 8月，防卫相小野寺五典在众议院安保委员会上提出，若朝鲜向关岛周边发射导弹，日本或基于“新安保

---

① 根据FMS制度的规定，美国可以单方面改变价格和交货时间，而且武器装备的终身维护保养要委托美方进行。2017年12月日本内阁会议通过2018年度防卫预算案，2018年度FMS制度下日本对美武器采购额将达到4102亿日元，较2017财年增长506亿日元，增幅超过14%。日本今后将长年持续不断、越来越多地为其采购的美制高端武器装备支付高昂的费用。参见http：//www. asahi. com/articles/DA3S12888953. html［2017－12－30］。

② 参见《现实的特朗普与处处迎合的安倍》，台湾联合新闻网，2017年11月7日。

③ 2016年12月22日，安倍内阁召开国家安全保障会议（NSC）“九大臣会议”，正式出台自卫队在非战时为美国舰艇提供保护的“运用指针”。2017年3月29日，即“新安保法”实施一周年之际，安倍内阁向自卫队下达了为美国军舰护航的任务命令。

法”将其认定为可行使集体自卫权的“存亡危机事态”。[①] 此后朝鲜连续试射导弹并进行第六次核试验，安倍与特朗普一周内通话四次，密切磋商。11月日美首脑会谈中，日方强烈要求美方将朝鲜重新列为“支恐国家”[②]，此后又比照美国标准追加对朝单边制裁。在朝核问题上，日本先是高调渲染“威胁”[③]，影响美国对朝政策走向，继而再借助、跟进美国的强硬政策。在武器装备与技术开发上，针对朝鲜频繁试射中远程导弹，日本与美国进一步加强在反导技术研发及体系建设方面的合作。2017 年 2 月，日美共同研发的“标准 3” Block 2A 拦截导弹首次实弹拦截测试取得成功。

（二）坚持主导“不含美国的 TPP”，积极推动“印太战略”构想，谋求从经济、政治两方面主导地区秩序构建与规则制定

安倍将加入跨太平洋伙伴关系协定（TPP）视为确保“安倍经济学”成功的一大支柱，为此倾注了大量政治资源。[④] 2017 年元月，安倍出访东南亚和大洋洲，与澳大利亚、越南等 TPP 签署国领导人共同强调将继续推进自由贸易进程，合作推动 TPP 早日生效。同月，日本内阁会议赶在特朗普就职前批准 TPP，在 12 个协议签署国中率先完成国内批准程序，以展现“牵制保护主义的姿态”[⑤]。特朗普随即宣布退出 TPP，“导致 TPP 成员国失去了经济自由化所创造的潜在利益”。这对日本构成沉重打击[⑥]，但也使日本意外收获了一片“真空地带”。安倍内阁选择留下来，借主导“不含美国的

---

① 「日本政府、不測の事態懸念＝北朝鮮ミサイルに警戒強化」、時事通信社ホームページ、https：//www. jiji. com/jc/article？k＝2017081001193&g＝pol［2017－12－30］。根据“新安保法”，在“存亡危机事态”下，即使日本没有直接受到攻击，也可对他国行使武力。

② 日本共同社 2017 年 11 月 21 日报道。

③ 例如 2017 年 4 月 13 日，安倍在国会参议院外交防卫委员会会议上宣称：“朝鲜可能已经拥有将沙林毒气装入弹头并打中目标的能力”，“必须加强对朝鲜的遏制力，以防因沙林毒气导致叙利亚那样的惨剧发生”。安倍内阁官房长官菅义伟也表示，朝鲜“有两种或两种以上可生产化学武器的设备，已经拥有相当数量的化学武器”。参见日本共同社、《每日新闻》2017 年 4 月 13 日报道。

④ 日本政府估算，加入 TPP 将使日本 GDP 增加约 13. 6 万亿日元，并创造出 79. 5 万个工作岗位。

⑤ 新华社东京 2017 年 1 月 20 日报道。

⑥ 「日米経済対話　保護主義阻む姿勢崩すな」、『産経新聞』2017 年 4 月 19 日。

TPP”的进程，掌控地区经济制度基准与规则制定权，同时将11国TPP作为牵制美国贸易保护主义的“有力武器”。[①]

2017年，日本政府多次召开TPP专题阁僚会议，安倍亲临会场，部署下一步应对措施、谈判计划。[②] 在日本积极推动下，5月，11国在越南河内举行部长级会议并发表共同声明，表示“各方再次确认了TPP的经济及战略价值”，并希望能在11月亚太经合组织（APEC）峰会期间达成协议。9月，日本经济再生大臣茂木敏充在东京约谈新加坡、越南、文莱和马来西亚四国驻日大使，希望他们积极说服国内，以实现TPP早日签署。同月，日本主持TPP高级事务代表会议，要求各方加速谈判进程。11月，TPP部长级会议在越南岘港召开，联合主席国日本、越南宣布11国在冻结部分项目的前提下达成框架协议。会议声明表示，11国将为达成最终协议而继续努力。同时，TPP更名为CPTPP（Comprehensive and Progressive Agreement for Trans-Pacific Partnership），即“全面且先进的跨太平洋伙伴关系协定”。

安倍着力寻求美国支持“印太战略”，并将共同推进这一构想纳入同盟合作框架。2016年8月，在肯尼亚举行的第六届东京非洲发展国际会议（TICAD）上，安倍首次明确提出“自由开放的印太战略”概念[③]，此后又在对印外交中频繁使用“印太战略”这一表述。同年11月，印度总理莫迪访日，双方首次将“印太战略”写入联合声明。2017年特朗普上台后，安倍内阁刻意以“日美印澳共同构建地区秩序”战略思路“引领”美国地区政策调整，日美多次就“印太”“印太战略”发表声明，显示出密切合作、共同主导地区秩序构建的姿态。特朗普出访亚太期间多次公开提及与阐述“印太战略”，在日演讲从同盟合作角度提及“印太”，表示“印太地区许多国家的繁荣，得益于——而且将继续得益于美国军人和我们的盟友所做出的

---

① 「TPP11の道筋を早くつくれ」、『日本経済新聞』2017年5月9日。

② 内閣官房「TPPに関する主要閣僚会議（第18回）の開催について」、2017年5月30日、http://www.cas.go.jp/jp/tpp/torikumi/pdf/170530_tpp_kakuryokaigi18_gaiyo.pdf［2017-12-30］。

③ 「自由で開かれたインド太平洋…首相、新外交戦略」、『読売新聞』2016年8月28日。

牺牲……我们将与伙伴和盟友合作，寻求一个自由而开放的印太地区”①。APEC 峰会上，特朗普发表题为《自由与繁荣的印太愿景》的演讲，全文用“印太”替代“亚太”，宣称美国将与该地区更新伙伴关系，“共同强化印太国家之间的友谊和商业纽带”。

安倍将与印澳战略互动作为实现“印太战略”构想的基本路径，重点强化日澳军事合作。在“印太战略”获得美国首肯及“共推”承诺的基础上，2017 年，日本除继续推进日美澳、日美印三边对话机制外，还积极推动实现日美印澳四边磋商。8 月，日美澳三国外长在菲律宾马尼拉举行战略对话。9 月，安倍访印，日印首脑会谈后发表的共同宣言称将“致力于自由开放繁荣的印太”。同月，日美印三国外长在纽约举行会谈，同意为实现“自由开放的印太战略”而加强海洋安全保障合作。10 月，外相河野太郎宣布，日本将提议与美印澳举行四国首脑级战略对话。11 月，四国在马尼拉举行首次局级战略对话，就如何在“印太”加强海上安全合作、确保航行自由及共同反恐进行磋商。② 在共推“印太战略”思路下，安倍内阁格外重视强化日澳军事合作。③ 2017 年元月，日澳签署《相互提供物资与劳务协定》（ACSA）修订版，此后两国一直就进一步强化军事合作密切磋商。2018 年元月澳大利亚总理特恩布尔访日期间，日方拟“力争”日澳就签署 VFA 达成框架协议。VFA 一旦正式签署，将极大地方便日澳军事人员携带装备和弹药物资在对方国家入境及停留，日澳两国由此将走向“准同盟”关系。

（三）全面强化日欧合作，拓展国际战略空间，引“北约因素”入亚太

面对特朗普上台后国际战略环境不确定性上升、自由贸易环境恶化以及

① Terri Moon Cronk, “President Trump Speaks to Troops in Japan”, https://www.army.mil/article/196509/president_trump_speaks_to_troops_in_japan［2017-12-30］.

② 外務省「日米豪印のインド太平洋に関する協議」、http://www.mofa.go.jp/mofaj/press/release/press4_005249.html［2017-12-30］。

③ 安倍一贯重视日澳军事合作，2007 年 3 月第一次执政期间，他即与澳签署了日美之外的首份安全合作联合声明。2012 年底再次执政后，安倍继续着力加强日澳军事合作关系，2015 年提议签署日澳《访问部队地位协定》（VFA）。参见『朝日新聞』2015 年 11 月 23 日。

中日关系错综复杂，日本对欧合作需求上升。[①] 一是要借日欧经济合作分散美国的压力，牵制特朗普贸易保护主义政策，同时将日欧合作作为对美“经济妥协”导致的现实或潜在利益损伤的“补偿系统”；二是借日欧安全合作坐实“新安保法”，引“北约因素”入亚太，实现对华多边制衡。2017年，安倍及外相、防卫相等主要阁僚多次访欧，安倍与北约秘书长、英国首相等实现互访。强化日欧安全与经贸领域合作，成为日本与北约、欧盟及其主要成员国领导人频密磋商的核心议题。

在经贸领域，3月安倍出访德国、法国、比利时和意大利，“打出自由贸易主义旗号，争取欧盟的理解与支持”，推动处于僵局的日欧经济伙伴关系协定（EPA）谈判尽早达成框架协议。在日法首脑会谈中，双方重申自由贸易主义立场，商定为早日缔结日欧EPA而展开合作。安倍在会谈后的记者会上强调，“日欧必须继续与美国一起高举自由贸易大旗”[②]。继7月签署框架协议后，12月8日，日本宣布与欧盟EPA谈判达成妥协。双方在进口商品关税及知识产权规则等大部分领域的谈判取得进展，预计2018年夏季签署协议，力争2019年协议主要部分生效。日欧EPA将形成占全球GDP约三成的巨大经济圈。安倍强调，“日本和欧盟将携手建立基于自由公正规则的经济圈”[③]。在安全领域，2017年元月稻田、岸田访欧，与北约秘书长斯托尔滕贝格及多个北约成员国磋商，就在打击海盗等海洋安全、网络安全等领域推进合作达成一致。稻田表示，“北约是可信赖的伙伴。合作的重要性越来越高，愿为加强合作而携手努力”。斯托尔滕贝格回应称，“期待日本为国际社会的和平与稳定做出更大贡献”。[④] 7月，安倍拜访北约总部。斯托

① 参见杨伯江《加速接近北约 日本试图寻求什么?》，央视网，2017年1月6日，http：//news. cctv. com/2017/01/06/ARTI0oddXk1btQDfSkjidCVV170106. shtml，登录时间：2017年12月20日。

② 日本共同社巴黎2017年3月21日报道。

③ 日欧EPA生效后，双方将立即或分阶段取消大部分关税。日本的关税撤销率占总体品种的94%，农林水产品为82%。欧盟产品中猪肉、意面、小食品等价格有望下降。参见《日欧经济伙伴关系协定谈判达妥协 力争2019年生效》，中国新闻网，2017年12月9日，http：//www. chinanews. com/gj/2017/12-09/8396282. shtmk，登录时间：2017年12月11日。

④ 新华社布鲁塞尔2017年7月6日报道。

尔滕贝格在与安倍会见后表示，日本为北约提供资金支持，参与北约打击索马里海盗的行动，是北约在欧洲大西洋地区以外的长期伙伴。北约目前已就情报共享、军事训练等加强对日合作，今后将进一步深化对日伙伴关系并加强双方的合作，包括加强海上合作并扩大安全对话，深化网络安全合作。安倍表示，与北约合作有助于巩固日本与美欧的关系，日本希望巩固与北约的海上合作。

在对欧合作中，安倍内阁将英国视为“准同盟”，持续强化两国防务合作。[①] 2017 年元月，日英在伦敦签署 ACSA。英国成为继美澳之后第三个与日本签署该协定的国家，也是欧洲国家中的首例。[②] 日英 ACSA 内含两国军事部门相互提供弹药等内容，体现了日本“新安保法”的“集体自卫权”概念。[③] 根据该协定，针对可能威胁日本安全的“重要影响事态”，英国将可对日提供后方支援。2 月，日英外长在德国波恩举行会谈。“鉴于中国在东海和南海活动频繁”，双方一致同意为确立海洋“法治”开展合作，确认将合作阻止朝鲜的核导开发。[④] 3 月，日本防卫省装备厅宣布与英国国防部就联合开发新一代隐形战斗机达成协议。[⑤] 8 月，英国首相特雷莎 · 梅访日，双方就继续加强对朝施压达成一致，确认将要求中国为加强对朝施压进一步发挥作用；确认就东海和南海问题开展紧密合作，基于“法治”维持国际秩序，在联合训练、防务装备开发等安全领域加强合作。安倍将英国称为“亚太安保中的重要成员”，称“作为拥有共同基本价值观的战略伙伴，将更加重视英国”。特雷莎 · 梅表示“日本是未来关键的重要伙伴”。双方发表安全合作联合声明，日本欢迎英国以包括“航母运用”在内的各种方式参与亚太地区事务。12 月，日英在伦敦举行外长、防长“2 + 2”磋商，讨论签署日英 VFA。双方发表联合声明称，“维持自由开放的印太地区”是两

---

① 『読売新聞』2017 年 11 月 27 日。

② 参见《日英签署 ACSA》，《产经新闻》2017 年 1 月 27 日报道。

③ 据悉，除英国外，日本还在与法国、加拿大就缔结 ACSA 保持磋商。中国新闻网 2017 年 1 月 22 日报道。

④ 日本共同社波恩 2017 年 2 月 16 日报道。

⑤ 「次世代ステルス戦闘機で日英共同研究へ」、http：//www. news24. jp/articles/2017/03/14/04356376. html ［2017 - 12 - 30］。

国共同利益所在，日本欢迎英国在亚太地区安全方面加强参与。双方首次制订了安全合作计划，确认日英是在欧洲和亚洲“安保方面最紧密的伙伴”，两国将把合作关系“提升到新阶段”。双方还对东海和南海局势表示“关切”，称“强烈反对”任何加剧紧张的单方面行动。①

法国是安倍内阁加强对欧安全和经济合作的另一重点。2017 年元月，日法防长在巴黎举行会谈，确认将加强双边防务合作。稻田在会谈中强调，“法国是在亚太地区也拥有领土的太平洋国家，加强日法关系的必要性正在提高”。双方还就日法共同研究新一代水雷探测技术达成协议，首次在防卫装备领域尝试合作。② 随后，日法举行第三次“2 + 2”磋商并发表联合声明，重申将在多方面加强防务和安全合作，确认将就签署 ACSA 启动谈判。双方还表示将合作开发水下无人机，在亚洲和非洲加强安全领域合作，在吉布提合作开展海洋安全培训。③ 3 月，日法首脑就在军事技术交流、非传统安全领域加强合作达成共识，双方一致认为要“让印太地区成为自由开放的海域”。5 月，英法分别派出两架运输直升机和一艘“西北风”级两栖攻击舰参加日美在太平洋举行的联合军演。同月，安倍与法国新总统马克龙举行会谈，表示希望能于 2018 年 7 月在巴黎举行日本博览会“Japonismes 2018”期间访法。2018 年元月，日法在东京举行第四次“2 + 2”磋商，讨论如何加快 ACSA 商签进程。据悉，磋商期间，日方要求法方对日美两国共同推动的“印太战略”给予合作。

（四）东北亚“近邻外交”仍是安倍外交短板

2017 年，安倍内阁推动实现中日韩领导人会谈在日举行，借主场之便改善与中韩关系的目标未能实现，中日、日韩之间领导人、外长互访一片空白，日俄关系再起波澜，日朝关系极度恶化。日本东北亚“近邻外交”陷入停顿，地区处境并未随着对朝采取强硬政策而有所改善。安倍内阁为实现

---

① 日本共同社 2017 年 8 月 31 日、12 月 14 日报道。

② 中国新闻网 2017 年 1 月 6 日报道。

③ 新华社巴黎 2017 年 1 月 6 日报道。

内外战略目标，将对“朝鲜因素”的利用发挥到极致且屡试不爽：借“威胁”拉高紧张气氛，以减少强化军备、操演“新安保法”的国内政治阻力，以“强有力的危机处置能力”赢得民众支持；对外以“联合应对威胁”之需推动日美军事合作与战略协调。据日本政府官员披露，2017 年 8 月，日本自卫队战机与美国空中核打击力量在日本海上空进行联合演练，小松基地第六航空团 F－15 战机为美国 B－52 轰炸机护航，双方组队飞行，训练空域西端靠近与朝鲜半岛隔海相望的日本岛根县沿岸。[①] 12 月，日本内阁会议正式决定引进两套美国陆基“宙斯盾”系统，部署在秋田县和山口县，防护范围涵盖日本全境，计划 2023 年前后投入使用。

安倍内阁对朝核问题的超常规应对激化了地区内矛盾，其将付出地缘政治代价。2017 年，安倍内阁利用一切机会，在国内、国际各种场合渲染“朝鲜威胁”。9 月，在联合国大会上，安倍将 16 分钟演说时间的近八成用于“炮轰”朝鲜，称“与朝鲜和平对话的时间已结束”，现在“我们所需要的不是对话而是施压”，呼吁各国联手向朝施压。11 月，安倍在赴菲律宾马尼拉出席东盟峰会和东亚合作领导人系列会议期间会见多国领导人，强调要推动会议“发出把对朝压力提高至最大限度这一强有力的讯息”。随后，安倍在众议院的施政演说中宣称，“我国面临战后以来最为严峻的安全保障环境”。同时，日本持续强化对朝单边制裁措施。11 月，内阁会议通过决议，追加对朝单边制裁。新增资产冻结对象为 9 个团体（均为朝鲜的银行）和 26 名个人。日本对朝资产冻结对象扩大至 84 个团体、108 名个人。[②] 12 月，内阁会议决定再度追加对朝单边制裁，将 19 个朝鲜团体新列为资产冻结对象。日本对朝资产冻结对象至此扩大至 103 个团体、108 名个人。日本对朝鲜开发核导“超出需要”地夸张与强势应对，使日朝之间积怨更深，两国关系深陷对抗僵局。

“慰安妇问题协议”风波冲击日韩关系，打造“美日韩三边同盟”进程受阻。在美国促压下，2015 年底安倍政府与朴槿惠政府“突袭式”签署

---

① 『朝日新聞』2017 年 11 月 19 日。

② 日本共同社 2017 年 11 月 7 日报道。

"慰安妇协议"，日本2016年版《外交蓝皮书》将此定位为"日韩关系的重大突破"，韩国是日本"拥有共同战略利益的最重要邻国"。[①] 然而，该协议在韩国国内遭到多数民众及在野党的强烈反对，指其"内容带有屈辱性"。2017年5月，韩国共同民主党候选人文在寅当选第19届韩国总统，他主张奉行韩美同盟基础上的"均衡四强外交"，改善同中、俄的关系，与日本发展"成熟的邻国关系"。文在寅认为韩日"慰安妇问题协议"损害了韩国的利益，需要重新调查评估。6月，文在寅对来访的日本自民党干事长二阶俊博表示，韩国民众"无法接受"该协议，示意可能要求日本就"慰安妇"问题重开谈判，甚至废除协议。[②] 7月，文在寅政府成立专项工作小组，审查该协议签署过程。12月27日，专项工作小组公布审查结果，披露"慰安妇问题协议"存在大量秘密内容[③]。文在寅随后发表讲话，指出2015年"慰安妇"问题谈判无论是程序还是内容均存在重大缺陷，该协议违背了有关解决历史问题的国际原则，是一项排除当事人和国民的政治协议，"无法解决慰安妇问题"。[④] 日本对韩国的审查结果及文在寅的讲话反应强烈，外相河野以"外务大臣谈话"的形式提出抗议，措辞激烈，表示"断不能接受"修改协议，要求韩方切实履行协议，称"如果韩国意图变更已经付诸落实的协议内容，将给两国关系造成无法收拾的后果"。菅义伟表示，该协议对"慰安妇"问题的解决是最终且不可逆的，无论韩国方面的调查结果如何，日本都会继续要求韩方切实履行已达成的共识。安倍更是对身边的人

① 日本2014年版《外交白皮书》曾将韩国定位为"拥有相同基本价值的最重要邻国"。此后日韩关系恶化，2015年版白皮书修改了相关表述，仅将韩国定位为"最重要的邻国"。

② Li Jiacheng, "South Korean – Japanese Ties Thrown into Doubt as 'Comfort Women' Deal under Scrutiny", Global Times, Jan. 4, 2018.

③ 包括应日方要求，韩国政府承诺将"努力说服（慰安妇）相关团体"、"不支持"海外设慰安妇少女像（碑）等行为、不使用"性奴隶"称谓、"努力妥善解决"日本驻韩国大使馆前的少女像问题等。韩国KBS电视台2017年12月28日报道。

④ 韩国宪法法院2011年曾就"慰安妇"问题做出判决，认定韩国政府未能行使有关"慰安妇"问题的"外交保护权"。这也就意味着，朴槿惠政府在未听取"慰安妇"受害当事人意见的情况下就做出决定是"违宪"的，这也是韩日"慰安妇问题协议"最受韩国民众诟病之处，是韩国民众要求推翻协议、重新审视协议的理由之一。参见郑继永《韩日"慰安妇"问题：一个难解的结》，《世界知识》2017年第4期。

强硬表态：“（协议）一丝一毫也不能改动。”据悉，韩国近期将出台后续举措，包括文在寅将代表本届政府就“慰安妇”问题发表“最终立场”，以及探讨不晚于2017年4月访日。鉴于日方态度强硬，很可能拒绝重新谈判，韩国政府被迫废除该协议的可能性较大。[①] 无论是废除该协议还是重新谈判，“慰安妇问题协议”问题对日韩关系的冲击都一时难以平息。文在寅就任韩国总统后已访问美、中、俄三国，而自2011年李明博访日以来，韩国总统已经六年没有访日。

日韩军事交流与合作在朴槿惠执政时期取得了制度化进展，2016年10月总统“亲信门”丑闻发酵、朴槿惠政府陷入困境之际，两国决定重启商签《军事情报保护协定》（GSOMIA），并迅速于11月签署《军事情报保护协定》。[②] 文在寅上台后在安全和军事合作上对日拉开距离，多次表示“（对韩国来说）美国是同盟，日本不是”。2017年10月，韩国外长康京和在国会接受质询时表示，韩国不加入美国反导系统的现有立场没有变化，未考虑追加部署“萨德”系统，并明确表示“韩美日安全合作不会发展成为三方军事同盟”。11月，韩国政府拒绝了美国关于美日韩三国在朝鲜半岛东部海域进行联合军演的提议，国防部发言人表示“没有举行韩美日联合军演的计划”。[③] 随后，韩国海军与美国海军在该海域进行了航母战斗群联合演习。分析认为，鉴于韩国国内反对与日本发展安全合作的呼声强烈，文在寅政府即便不能公开推翻韩日GSOMIA，执行力度也会大打折扣。

日俄围绕地区安全问题分歧凸显，商签和约未见实质性进展。2017年，安倍两次访俄，共与俄罗斯总统普京举行四次会谈，双方对签署和平条约的表态更趋积极。9月，安倍赴符拉迪沃斯托克参加第三届东方经济论坛并与普京会谈，表示日俄应签署和平条约，为两国关系中那些“不正常情况”

---

① 韩国JTBC电视台2017年12月28日、《朝鲜日报》网站2018年1月2日报道。

② 日本2007年与美国签署《军事情报保护协定》，此后相继与北约、澳大利亚、印度等签订此类协定。

③ 参见《韩媒：美日韩联合军演告吹韩国拒绝或与此有关》，海外网，2017年11月11日，http://news.haiwainet.cn/n/2017/1111/c3541093-31175011.html，登录时间：2017年12月20日。

画上句号，他与普京总统已商定将亲手签署和平条约。[①] 对此，俄方回应，双方“正沿着互信、互利合作道路坚定前行”，这将有助于形成缔结和平条约的氛围。[②] 2017 年 3 月，日俄在时隔三年多后在东京举行第二次外长、防长“2 +2”磋商。双方同意在朝核、反恐等议题上加强合作，继续防务部门之间的工作磋商和防务交流，继续开展日本海上自卫队与俄罗斯海军反海盗合作和搜救联合训练。日俄“2 +2”磋商实现常态化，下一次将在莫斯科举行。

但是，安倍内阁推动日美军事一体化、决定部署陆基“宙斯盾”系统，对日俄关系改善造成严重阻碍。“2 +2”磋商中，日方对俄方在日俄争议岛屿部署地对舰导弹系统表示遗憾，并对俄军机在日本周边飞行活动日益增多以及俄方将在千岛群岛部署更多的军事力量“表示忧虑”。俄方则强调美国在亚太地区部署反导系统威胁本地区的安全稳定，其规模与朝鲜导弹构成的威胁并不相称。[③] 针对美国在韩部署“萨德”系统后，日本有意部署陆基“宙斯盾”系统的动向，俄外长拉夫罗夫多次表示，俄方提请日本注意美国在亚太地区部署反导系统带来的威胁，不要让俄罗斯认为是美国在怂恿日本索求四岛。[④] 拉夫罗夫质疑运用陆基“宙斯盾”系统的不是日本而是美国，表示该系统不仅能拦截导弹，还可以发射巡航导弹，而这“违反了俄美中导条约（INF）”[⑤]。俄罗斯将陆基“宙斯盾”系统视为美国全球导弹防御系统部署的一环，一直强烈反对美国在东欧北约成员国部署这一系统。2017 年 11 月，普京在 APEC 峰会记者会上指出，俄日和平条约的签订问题“必须关注日本在防务安全领域对其伙伴国所负有的义务会如何影响谈判”，

---

① 参见《安倍称日本决心与俄缔结和平条约》，人民网，http：//japan. people. com. cn/n1/2017/0908/c35421 –29523402. html，登录时间：2017 年 12 月 20 日。

② 参见《克宫：俄日之间没有签署和平协议的期限》，环球网，2017 年 9 月 8 日，http：//world. huangiu. com/exclusire/2017 –09/11226083. html，登录时间：2017 年 12 月 20 日。

③ 「日露外務・防衛閣僚協議（「2 +2」）平成 29 年 3 月 20 日」、外務省、http：//www. mofa. go. jp/mofaj/erp/rss/hoppo/page1_ 000316. html［2017 –12 –30］。

④ 参见《俄外长：俄提醒日本在亚太地区部署美反导系统的风险》，俄罗斯卫星通讯社，http：//sputniknews. cn/politics/20170320 1022133875/［2017 –12 –30］。

⑤ 「ロシア、陸上イージスに反発　河野氏と主張平行線」、『毎日新聞』、https：//mainichi. jp/articles/20171125/ddm/005/010/075000c［2017 –12 –30］。

表示如果将北方四岛交给日本，美军可能会依据《日美安全条约》在此进行军事部署。① 此后日本正式决定部署美国陆基“宙斯盾”系统，引发俄方强烈反应。俄外交部发言人扎哈罗娃对日本引进该系统表示“非常担忧”，称日本的行动与促进周边地区和平稳定的努力背道而驰，将给日俄之间建立安全和军事互信及为两国缔结和平条约展开的谈判带来消极影响。② 为反制日美导弹防御合作，俄罗斯决定最早将于2018 年在千岛群岛增加部署地对舰导弹。

三　中日关系转暖，深度博弈持续发展

2017 年，中日关系先是“低开”，日方在台湾问题上动作不断。新年伊始，日本将对台交流窗口“公益财团法人交流协会”更名为“公益财团法人日本台湾交流协会”，这是自 1972 年日台“断交”以来日本首次将“台湾”纳入对台组织名称。2 月，日本防卫省下属智库机构防卫研究所发布《中国安全战略报告 2017》，公然将“中”“台”并列，将中国台湾地区表述为“中华民国”。3 月，安倍内阁总务副大臣赤间二郎公开以公职身份访台，成为 1972 年以来首位以公职身份访台的日本高层级现任官员。日方行为违背中日四个政治文件原则精神，违背“一中”承诺，中方对此予以强烈反对并提出严正交涉。③ 年中开始，中日关系有所回暖，日方多次释放积极信号，双方互动有所增加，2017 年全年以平稳收官。但从深层次看，中日之间突出的敏感问题并未得到解决，关系改善仍面临干扰，战略角力在向纵深发展。

---

① “Putin Links Japan – U. S. Security Alliance to WWII Peace Treaty with Russia”, Nov. 12, 2017, https: //www. japantimes. co. jp/news/2017/11/12/national/politics – diplomacy/putin – links – japan – u – s – security – alliance – peace – treaty – russia/#. WgmpHdInYYI [2017 – 12 – 30].

② 「日本の地上型イージス導入は『悪影響』　ロシア報道官が日本をけん制」、『産経新聞』、http: //www. sankei. com/world/news/171228/wor1712280048 – n1. html [2017 – 12 – 30]。

③ 「日本の副大臣が初の台湾訪問　中国から反発予想」、『読売新聞』2017 年 3 月 25 日。

（一）关系明显回暖，积极互动增多，日方频频就改善关系释放积极信号，表示愿在“一带一路”框架下展开对华合作

2017年5月，自民党干事长二阶俊博出席北京“一带一路”国际合作高峰论坛，向习近平主席转交安倍亲笔信，传递日方希望改善关系的意愿。6月，安倍在东京都国际会议上发表演讲，首次公开对“一带一路”倡议表明合作态度，肯定“一带一路”倡议“具有把东洋、西洋以及在其间的多样性地区联系起来的潜能”，表示愿在一定条件下提供合作。在此前后，日本主导的亚洲开发银行（ADB）等地区国际机构也多次做出积极表态。① 此后，在两国领导人会谈等场合，安倍多次表态支持“一带一路”倡议，称“日中合作应对亚洲旺盛的基础设施需求，不仅对日中两国的发展做出贡献，而且对亚洲各国的繁荣做出了贡献”②。9月底，安倍率七名阁僚出席中国驻日使馆举办的国庆招待会，表示希望实现访华，呼吁习近平主席尽早访日。对此，中国外交部发言人于当日做出积极反应：中方欢迎日本领导人等日方高层人士出席上述招待会。12月，安倍在东京发表演讲，称将以2018年《中日和平友好条约》缔结40周年为契机，推动高层加深交流，将日中关系提升至新高度。③ 在安倍接连做出积极表态的同时，日本政府各部门开

---

① 2017年5月4日，在横滨ADB理事会年会新闻发布会上，行长中尾武彦表示，中国提出“一带一路”倡议顺应自身发展和国际潮流。“一带一路”倡议是“很好的方案”，它将亚欧大陆甚至更广地区连接起来，基础设施建设将助推区域经济繁荣。ADB与中国在促进区域互联互通方面有着共同愿景，ADB愿积极对华合作、参与其中。中尾指出，“亚洲基础设施建设需求巨大，资金缺口很大，亚行与亚投行加强合作有助于优势互补，更好地促进区域基础设施建设和经济发展”。ADB与亚洲基础设施投资银行（简称“亚投行”，AIIB）在基础设施建设领域可以开展积极合作。AIIB专注于基础设施建设，而ADB不仅参与基础设施项目，还开展养老、教育等领域项目，双方可以形成互补。8月14日，中尾在马尼拉（ADB总部所在地）接受日本共同社采访，就“一带一路”倡议再次表示，“有着共同的想法，有很多能够合作的地方”，“构筑经济纽带以及使经济活动活跃起来的想法也是亚行原本就有的，重合的部分很多”。ADB已在巴基斯坦道路建设等三个项目上对AIIB实施银团贷款，“今后也将每年实施几起银团贷款，以商业上可行的形式进行合作”。

② 岡田充『安部政権が一転、中国の「一帯一路」支持で動きだす経済界』、BUSINESS INSIDER, Dec. 13, 2017。

③ 新华社东京2017年12月19日报道。

始着手研究对“一带一路”倡议提供经济合作的方案，其中内阁官房、外务省、财务省和经济产业省已制定出具体方案。据悉，日本将重点在三个领域提供合作：节能环保、产业升级和提高物流网便利性。日本当前的基本方针是，不以政府主导的形式，而是采取支持日中民间企业合作的形式。另外，针对中国国有企业在“一带一路”沿线印度洋、地中海等“要塞”地区推进的港口开发，鉴于有观点认为可能会被用于军事目的，日本政府决定不参与共同开发。①

两国领导人多次会面，高层互动增多。7 月，习近平主席在出席 G20 汉堡峰会期间应约会见安倍。安倍表示，愿同中方加强高层交往并开展机制性交流，深化经贸、金融、旅游等合作及探讨“一带一路”框架内合作；就台湾问题，安倍强调日本在 1972 年日中联合声明中阐明的立场没有变化。11 月，越南岘港 APEC 峰会期间两人再度会晤，习近平强调改善中日关系关键在于互信，希望日方以更多实际行动和具体政策体现中日互为合作伙伴、互不构成威胁的战略共识；在历史、台湾等涉及中日关系政治基础的重大原则问题上，要始终按照中日四个政治文件和双方已达成的共识行事；双方提升双边务实合作水平，积极推进区域经济一体化，推动“一带一路”框架内合作尽早落地。② 两天后，李克强在马尼拉会见安倍，指出当前中日关系出现一些积极变化，同时存在敏感因素；两国应抓住对方发展的机遇，着眼大局加强经贸投资等互利合作，探讨第三方市场合作；共同推动区域全面经济伙伴关系协定（RCEP）和中日韩自贸区谈判。③

两国各领域、各部门对话全面重启，各层面交流恢复活跃。5 月，第六次中日财长对话在横滨举行；中国国务委员杨洁篪访日，出席第四次中日高级别政治对话并拜会安倍。6 月、12 月，第七、第八轮中日海洋事务高级别磋商先后在福冈、上海举行。在第八轮磋商中，双方就建立并启动防务部门

① 『読売新聞』2017 年 11 月 28 日。

② 参见《习近平会见日本首相安倍晋三》，新华网，2017 年 11 月 12 日，http://www.xinhuanet.com/photo/2017-11/12/c_1121941146.htm，登录时间：2017 年 12 月 20 日。

③ 参见《李克强会见日本首相安倍晋三》，新华网，2017 年 11 月 14 日，http://www.xinhuanet.com/world/2017-11/14/c_1121950016.htm，登录时间：2017 年 12 月 20 日。

海空联络机制取得积极进展，同意就东海问题原则共识相关问题加强沟通交流。[1] 8 月，中日执政党交流机制第六次会议在日本举行。10 月，第 15 次中日安全对话在北京举行。11 月，日方派出史上最大规模经济代表团（约 250 人）访华。12 月，第 11 届中日节能环保综合论坛在东京举行。日本经济产业大臣世耕弘成表示，该论坛迄今共计签署 336 项合作项目，已成为日中在节能环保领域的重要合作平台；将合作范围扩大到第三方市场是日中关系今后发展的重要方向。[2] 同月，中日执政党交流机制第七次会议在厦门、福州举行，双方围绕政治、经济和人文交流专题进行了建设性深入讨论，达成广泛共识，并通过了《中日执政党交流机制第七次会议共同倡议》。围绕"一带一路"构想，会议强调将摸索具体的合作项目，共同为地区繁荣做出贡献；针对朝鲜核导开发，双方一致同意共同努力实现朝鲜半岛问题和平解决；就历史和钓鱼岛等问题，主张通过建设性方法妥善管控悬而未决的议题。[3]

（二）分歧仍然严重，突出敏感问题未获真正解决，围绕东海钓鱼岛的对峙未见缓解

2017 年 2 月安倍访美，与特朗普确认《日美安全条约》第五条适用于钓鱼岛，拉美国为其非法领土主张背书。4 月，日本正式实施《有人离岛保护相关特别措施法》，以加强对"有人离岛"的支援和控制。措施包括推进土地收购，以防止外国船只非法入境等，加强离岛作为保卫领海以及专属经济区活动据点的作用。根据该法，日本政府将对这些离岛的"地域社会维持"进行特别财政拨款，避免这些岛屿"无人化"，使其继续发挥日本海洋"边界前沿"的作用。8 月，日美外长、防长"2 + 2"会谈后发表联合声明，重申《日美安全条约》第五条适用于钓鱼岛，宣称日美反对任何意图损害日本对该岛施政权的单方行动。10 月，安倍内阁决定从 2018 年起在中

① 参见《中日举行第八轮海洋事务高级别磋商》，新华网，2017 年 12 月 6 日，http://www.xinhuanet.com/2017-12/06/c_1122067173.htm，登录时间：2017 年 12 月 20 日。

② 人民网东京 2017 年 12 月 25 日报道。

③ 『日本経済新聞』2017 年 12 月 27 日。

小学实施新版《学习指导要领》，将钓鱼岛和竹岛（韩国称“独岛”）标明为“日本固有领土”，并在内阁官房网站上刊载“学校辅助教材”，以“充实关于日本领土的教育”。针对日方的相关动作，中方坚决维护领土主权与海洋权益，2017 年共计在钓鱼岛海域巡航执法 28 次。[①]

日本军事安全政策“锁定中国”，以中国为假想敌强化“西南防卫”。安倍内阁以中国军力发展为参照，优先发展海上与空中作战力量，重视自卫队的快速部署能力，促进陆上作战力量快反化、两栖化；积极强化覆盖冲绳及更远离岛的侦察、监视网络，部署新型预警机，重组战斗机部队，包括在冲绳新设第九航空团，在与那国岛推进部署“沿岸监视部队”等。2017 年 3 月，日本水陆机动团教育队在长崎县佐世保市陆上自卫队相浦基地成立。日本自卫队自 2014 年开始以美国海军陆战队为模板，以陆上自卫队西部方面队普通科联队为基础，组建并扩充该教育队。教育队的成立标志着“日本版海军陆战队”距正式成军仅一步之遥。[②]《朝日新闻》评论称，水陆机动团的成立，是日本自卫队强化“西南防卫”、针对中国在东海钓鱼岛一线军事压力而进行的重点军事部署，水陆机动团可望成为一线部队中的精锐，在“离岛保卫战”中发挥有效作用。8 月，日本内阁会议批准 2017 年版《防卫白皮书》，继续借海洋安全问题鼓吹“中国威胁论”。其中涉华部分篇幅长达 34 页，对中国的常规军事活动和正当国防建设包括海军例行训练、海警船巡航钓鱼岛海域、南海岛礁建设等肆意歪曲，称中国海军的活动呈“扩大化趋势”，对地区乃至国际社会安全环境造成影响，“令人强烈担忧”。

（三）战略角力走向纵深，关系改善前景仍存变数

2017 年中日关系的积极变化，体现出两国都有改善双边关系的需求与愿望，但中日关系能否顺利走上稳定发展之路，仍不容乐观。国际战略环境变化与国内政治需要，促使日本急于改善对华关系，但安倍内阁借口地区热

---

① 参见中国海洋局 2017 年发布的关于中国海警舰船编队在我钓鱼岛海域巡航的文章，中国国家海洋局官网，登录时间：2017 年 12 月 24 日。

② 时事通讯社 2017 年 3 月 27 日报道。

点，以安全转型为突破口谋求走向“新天皇”“新宪法”下的“新日本”的脚步不会停歇。在日本内阁会议通过的2018财年预算案中，防卫预算达到5.19万亿日元，较2017财年（5.12万亿日元）增长约1.3%，实现了自安倍再次执政以来的六连增，创历史最高纪录。本年度的防卫预算将重点置于导弹防御系统，陆基“宙斯盾”系统基本建设费、改良型导弹“标准－3”Block 2A购置费都在其中。日本将引进具有“对敌基地攻击能力”的武器系统，包括装备航空自卫队的最尖端隐形战机F－35A，用于攻击地面及海上目标、“以岛屿防御为目的”的“联合打击导弹”。[①]

2018年，日本将出台第三期《海洋基本计划》，把“印太战略”概念纳入其中，进一步关注海洋安全领域，加强“领海警备”。作为日本整体海洋计划的“切片”，“离岛方案”步步升级，离岛被作为日本扩大海域管理的根据地。[②] 2018年，安倍内阁将提前修订2013年出台、原本为期十年的现行《防卫计划大纲》，以进一步增强战力，强化日美同盟，扩大海外行动范围。安倍强调，此次修订“将不再是延续此前的内容”，而是“将直面”日本安全保障上的威胁，体现允许行使“集体自卫权”的“新安保法”以及进一步增加对美军购。[③] 2013年底安倍内阁上次修订大纲时暂时搁置了构建“对敌基地攻击能力”等内容，新大纲很可能就此取得突破。[④]此外，尽管自民党、执政联盟内部围绕如何修改宪法第九条存在严重分歧，但从安倍争取在2020年施行“新宪法”的目标出发，2018年在国会动议修宪、2019年实施国民投票的可能性不能排除。

从宏观综合角度看，安倍内阁对华政策显示出经贸领域与安全领域之间、双边层面与多边层面之间明显自相矛盾的双轨、两面特征：一边急于推动实现领导人互访，给中日关系加温，一边在海洋岛屿争端中步步为营，强

---

① 『産経新聞』2017年12月16日。

② 日本所谓“离岛”，系指除本州、北海道、四国、九州及与这四大岛之间有桥梁或隧道等交通设施相连接的岛屿之外的其他岛屿。日本认定可作为领海范围依据的离岛有400多个。参见庞中鹏《日本海洋计划的“离岛”之谋》，《环球》2017年第18期。

③ 日本共同社2017年12月15日报道。

④ 『産経新聞』2017年12月16日。

化战略性针对性部署；一边对“一带一路”倡议积极表态，借此地区合作平台扩大对外投资与出口，一边加紧推动美日澳印四国对话机制，试图主导地区秩序构建与规则制定，对冲反制“一带一路”倡议。凡此种种，都给中日关系前景蒙上了一层阴影。从深层次看，中日之间在原有的突出敏感问题未获解决的同时，两国在地区多边层面以秩序、规则为焦点的战略角力也在向纵深发展。

改善中日关系有利于中国的战略利益，这是中国当前对日政策研判依据所在。但中日关系的特殊复杂性决定了实现关系改善、重回正常发展轨道将是一个充满博弈、艰难曲折的过程，很难一蹴而就。这一过程应以实现“合作共赢”为总体导向，以坚持正视历史为政治基础，以强化务实合作为关键环节。① 面对复杂的形势，中国首先需要对日本政策、关系现状及走势做出综合评估，既正确认识改善关系的历史性机遇，又不能对之估计过高。对中日关系出现改善的势头，一方面要倍加珍惜，充分利用；另一方面要认识到中日关系结构性矛盾依旧，安倍的种种表态仍不脱对华“政经分离”策略考量的本质。② 同时，要对安倍内阁在东海、台湾、历史等问题上可能的挑衅做好充分准备，积极有力应对，实现外交转圜与维权、维稳的有效平衡。

---

① 参见杨伯江《以历史启迪未来，谋求构建中日新型国家关系——纪念中日邦交正常化45周年》，载高洪主编《不忘初心，走向未来：纪念中日邦交正常化45周年学术论文集》，社会科学文献出版社，2017，第134～138页。

② 参见蔡亮《中日关系的“利、情、义”：注意把好转圜的舵》，澎湃新闻，http：//www.thepaper.cn/newsDetail_forward_1886897，登录时间：2017年12月20日。

政治经济篇

Politics and Economy Reports

B.2

日本国家政治的范式变异与战略转型

吴怀中*

摘　要： 2017年，在安倍政府强力引导下，日本的国家政治范式较之前发生了很大改观。这体现在战略志向、根本法典、党政生态、国防政策这四个“大政治”核心要素的变化上。具体为：以大战略构想的自主化为标志的国家姿态呈现出前所未有的自立与高调，以为自卫队“正名”为核心的国家根本大法修改开启实际操作进程，进一步的“安倍一强”与自民党独大及其招致的宪政失衡，进攻性安全防务政策的公开研讨和公然实施。这些特征，从对内与对外两个方面，横跨宏观战略、政治、外交与安全领域，综合改变着二战后日本国家

* 吴怀中，法学博士，中国社会科学院日本研究所政治研究室主任、研究员，研究方向为日本政治外交、中日关系。

的性格和战略取向，构成了大政治的整体性、倾向性的变化。种种迹象表明，日本正处于一个历史转折期的重要区间，2017 年无疑是其中具有典型代表性的“政治季”节点。

关键词： 日本政治　日美同盟　修宪　安倍一强　自民党

2017 年，对于日本来说，其国家政治的范式变异——关于政治的理念、模式与行为的一种整体性、倾向性的变化，尤其令人瞩目。一个从里到外似乎与过去有所不同的日本，正浮现在世界面前。这表现在：在国家的性格和形象方面，日本可以说以二战后迄今最为自主和高调的对外姿态活跃于国际舞台，积极引领重大国际议程和战略行为，一时竟有从“美主日从”变成“日主美从”之相。在涉及国家统治的根本大法方面，安倍政府营造出 70 年来日本最“有利”的修宪环境，使“和平宪法”走向终将改变的命运十字路口，日本的战略走向产生渐入歧路之虞。在涉及国民统一的象征——天皇及皇室制度方面，新的退位特别法案预示着日本的千年“国体”开启了跨向现代性的重要一步。在党政体制及权力架构方面，目前的迹象显示，突出的“安倍—自民党一强”具备“超长期执政”可能，但因缺乏有效的权力制衡和监督，代议民主制的多数主义有被粗暴、庸俗地演绎为权力主义和政治最高目的的倾向。军事是政治的延长，也是最能体现国家政治范式及战略变异的领域，安倍内阁利用朝鲜核导等危机，开始公然讨论并推动进攻性军力及体制的构建，数年前难以想象的举动正在加速推动日本走向自主防卫能力日增的“正常国家”。

2017 年 12 月，安倍执政满五年，安倍在到目前为止的任期内已实现其所希望的大部分政治议程，并有望在“超长期执政”背景下进一步推进其战略目标的实施。其中，日本国家的“正常化”与“大国化”一直是安倍版“日本梦”的核心要义。作为不时被贴上民族主义和偏右标签的保守派政治家，安倍试图改变国家政治范式和战略走向的大胆举措牵动世人关注。

一 战略自主："扛旗指路"与"日主美从"

2017年应当是二战后日本以自主战略和独自身份活跃于国际舞台的超级高调年份。这一年，安倍政府不顾美国的"退群"行为，知难而进，坚决推动跨太平洋伙伴关系协定（TPP）挽救工程，加紧与欧洲签订自由贸易协定。同时，安倍政府倡议并先行启动日印"印太战略"合作，成功引导特朗普政府在日本版相应构想的基础上提出美国的印太战略口号。

安倍第二次上台执政后，已开始为应对国际格局变化及同盟变频、增强自主自立行为能力而加快进行战略筹谋，预留政策后手。[①] 2017年1月特朗普上台后，国际环境及地区形势的变化超出一般预期，安倍政府的亚太战略即其对外战略主体部分所依赖的两大支柱——TPP和美国"亚太再平衡"战略均遭挫折，日本由此担心美国从世界事务中抽身，美式霸权以及西方主导世界规则的局面不复存在，"特朗普主义"将导致"世界的中国化"。日本历来对国际环境的变动十分敏感，认为这种变动可能预示着其赖以发展和繁荣的国际宜居环境遭到损害，国家将面临前所未有的危机。

所以，一是对于美国撂挑子的TPP，日本挑头加以积极推动，自觉"战略补位"；二是在美国的对外战略空白期，日本主动提供印太概念并说服美方初步接受。这两种出头方式和高姿态，在二战后日本外交史以及日美关系史上即使不是第一次，也是非常罕见的。[②] 随着与美采取鲜明的不同政策立场，积极引导或消极牵制美方，安倍政府开始较为大胆地探求独立于美国战略偏好的外交政策。海内外评论认为，一个与二战后迄今为止的日本大为不同的国家正出现在国际舞台和大国博弈现场。日本的战略自主主要体现在

① 在奥巴马时期，日本战略界及保守派人士认为，美国的国力及影响力相对衰退，奥巴马政府"亚太再平衡"战略虚多实少，对华政策过于克制，美国对日承诺的可靠性和持续性可疑。

② 战后日本的国家姿态，脚跟垫得最高的一次是20世纪90年代初短暂的"日美欧三极"构想，但日美欧都是体制内的伙伴，属于在西方主导的体系和秩序内分工排序，"西方大厦"并无颠覆之忧。其时，日本有雄心但没有紧迫感，所以泡沫经济一崩溃，该构想就随之消失了。

“修补”与“创新”两个方面：修补主要是指积极承担挽救 TPP 的重任；创新是指设计并联合印度推动日本版“印太”构想，拉美国入“群”。

（一）挽救 TPP 与推动日欧自贸协定

特朗普对美国花费代价维护多边自由贸易体制和推动全球治理不以为然，上任后即于 2017 年 1 月签署行政命令，正式宣布美国退出 TPP，11 月初访问日本时重申美国不会重返 TPP。尽管如此，安倍政府仍试图挽救 TPP，2017 年力扛复活 TPP 的大旗，以前所未有的多边领导力联合其他十个国家力图达成新协定。为 TPP“续命”的过程表明，日本在如何对待全球化及其在世界上的作用方面变化非常明显。日本此举实际上意在争夺亚太经贸的游戏规则制定权和主导权。2017 年 1 月，日本内阁会议赶在特朗普就职前批准 TPP，在 12 个协定签署国中率先完成国内批准程序。从 1 月到 12 月，贯穿全年，日本政府都在努力推动 TPP11 国达成协定。7 月，作为重点工作，日本在东京召集 TPP 十个成员国的代表举行会议，讨论如何在没有美国参与的情况下继续推进 TPP。据日媒报道，日本希望在年底前达成 TPP11 国的全面协定，尽量减少对原有协定的修改。① 日本除了希望在亚太地区建立一个有利于它的贸易秩序以抗衡中国外，还希望将此作为亚太地区其他大型贸易协定的范本，比如正在谈判中的“区域全面经济伙伴关系”（RCEP）。日本还欲通过尽快达成 TPP11 协定来支持贸易多边主义，减轻美国欲与其达成双边贸易协定要求的压力。

在 2017 年 11 月举行的 APEC 会议期间，11 个太平洋沿岸国家发表联合声明称，已经达成新的 TPP 框架协定。② 这表明，由日本牵头、没有美国参与的亚太 11 国自由贸易圈接近成型。新的 TPP 依托旧版协定，为多边贸易提供了一个高标准框架。与旧版一样，新版 TPP 的最终生效可能会影响未来亚太乃至全球的多边贸易格局，也会波及中国在亚太地区的贸易战略布

---

① 「TPP 発効へ柔軟に対応を」、『日本経済新聞』2017 年 7 月 13 日。

② 加拿大代表意外缺席，在安倍与特鲁多总理进行了长达近一个小时的会谈后，各国代表得以再次会晤，并最终同意达成部长级框架协定。

局。根据联合声明，新达成的 TPP 更名为“全面且先进的跨太平洋伙伴关系协定”（CPTPP）。未来 CPTPP 如果获得良好势头，将向美国施加压力，让它像最初那样，与日本互相妥协再达成协定。①

安倍政府还顶着美国的压力积极推动日欧自贸协定，这使 2017 年成为日本推动自由贸易协定创纪录的一年。2017 年 7 月，日本与欧盟就经济伙伴关系协定（EPA）达成原则性协议。12 月，日欧共同宣布，已完成有关 EPA 的谈判，敲定了这份有意“打造全球最大开放经济区域”的自贸协定，这份协定的达成向全球传递出了日欧坚定支持贸易自由化的信号。该协定涵盖了全球近 30% 的国内生产总值（GDP）和 9% 的世界人口。正如欧洲理事会（EC）主席唐纳德·图斯克所言：“日本和欧盟表现出强烈的政治意愿，在全球采取保护主义措施的时候，高举自由贸易的旗帜。”② 日欧在这样做的同时，也向美国传达了一个明确的信息：参与进来，否则就会被抛在后面。对于日本来说，在这个时候与欧盟签署自由贸易协定，可以帮助其确保 TPP 的标准被纳入其他美国可能签署的协定，并给特朗普政府带来压力，让其回到 TPP 谈判桌上——尽管这种事情看起来很不容易。

日本联合欧洲伙伴发出的重要信号是，在没有美国参与的情况下，日本正联合志同道合的国家打造一个替代美国领导的贸易和全球化的可能选项，即日本作为自由贸易的坚定拥护者，反对保护主义，愿意提供新的自由化举措。这与特朗普政府的做法形成了鲜明对比。随着美国在特朗普领导下发生全球化倒退行为，“其他自由民主国家需要加大力度，采取更多行动，维护和进一步塑造美国在二战后首次主导设计的国际秩序”③。

---

① 根据笔者 2017 年 12 月 8 日对美国布鲁金斯学会东亚政策研究中心联合主任米雷亚·索尔斯（Mireya Solis）的采访。

② Anthony Fensom, “With EU Deal Japan Sends Powerful Message on Free Trade”, July 08, 2017, https: //thediplomat. com/2017/07/with - eu - deal - japan - sends - powerful - message - on - free - trade/ [2017 - 12 - 20] .

③ Erik Brattberg, James L. Schoff, “Can the EU - Japan Deal Prompt a U. S. Recalibration on Trade?”, July 12, 2017, http: //carnegieendowment. org/2017/07/12/can - eu - japan - deal - prompt - u. s. - recalibration - on - trade - pub - 71505 [2017 - 12 - 20] .

（二）推动“印太战略”构想，打造“后亚太再平衡”地区秩序

2017 年 11 月，特朗普在亚太之行的首站日本首次提及“印太”概念。11 月 6 日，在与安倍进行首脑会谈时，双方探讨了“印太”概念并就加强合作以实现“自由开放的印太”构想达成一致。随后，特朗普政府在 2017 年 12 月 18 日发表的《国家安全战略》报告中指出，美国支持印太地区拥有自由与开放的发展环境。① 这标志着美国政府在某种程度上接受了日本对印太概念及战略的推销。

安倍政府推出“印太战略”的动力相当一部分来自安倍对形势的主观判断和危机感受：一方面，中国通过亚投行（AIIB）、“一带一路”倡议、远洋海军建设及活动，在地区秩序和规则、两洋海上通道安全保障、亚非市场占有和经济合作上成就斐然，直接引起了安倍政府对地区秩序和自身利益的进一步担忧；另一方面，日本战略界及保守派人士认为，美国国力及影响力相对衰退，奥巴马政府“亚太再平衡”虚多实少，对华政策过于克制，美国对日承诺的可靠性和持续性可疑，而特朗普上台后的政策调整，即其美国第一、利益至上、连续“退群”、告别 TPP 和“亚太再平衡”的倾向，更使日本感到担忧和不安。中美“一进一退”态势对地区形势和战略格局造成的影响，使日本开始迫切追求自主和自保的对外战略。2016 年 8 月，安倍在于肯尼亚首都内罗毕举行的第六届东京非洲发展国际会议上正式提出“自由开放的印太战略”构想，标志着该战略作为日本一项新的外交战略正式出笼并初步成型。安倍在发表主旨演讲时强调，连接亚洲与非洲的是一条海上之路，要“将连接两大陆的海洋变成和平与规则主导的海”，“把亚洲到非洲这一带建设成为发展与繁荣的大动脉”。安倍宣称：“日本将担负起把太平洋与印度洋、亚洲与非洲的交流活动培育成与武力和威慑无缘的重视自由、法治和市场经济之地并使其富饶的责任。”②

---

① 参见吴敏文《美国最新〈国家安全战略〉说了什么》，http：//www. xinhuanet. com/mil/2018 -01/04/c_129783245. htm，登录时间：2018 年 1 月 14 日。

② Shinzo Abe，“Address at the Opening Session of the Sixth Tokyo International Conference on African Development（TICAD VI Nairobi）”，August 27，2016，http：//www. mofa. go. jp/afr/af2/page4e_000496. html［2017 -12 -10］.

安倍政府所构想的“印太战略”，是一种应对新形势和新局面的政治、安全及经济组合拳，其目标和指向非常清晰，即一个中心与两个基本点。中心是战略的顶层设计，主要是在政治层面利用民主国家同盟及价值观外交，维护印太地区西方主导下的所谓民主、自由、法治和市场主义的国际秩序与规则。基本点之一是安全保障，即保障印太区域尤其是海洋秩序和海上通道的安全，制约中国在亚太与印度洋地区的实力延伸与影响拓展，手段是在日美同盟等双多边平台的基础上，建立以日美澳印四国合作为核心的安全机制和框架。① 基本点之二是经济利益，主打是在西线对中国的“一带一路”倡议展开对冲，扩大日企参与的基础设施建设、贸易和投资份额，手段是日本的高质量基础设施出口扩大计划以及日印联合主导下的“亚非发展走廊”计划等。同时，在东线及太平洋方向努力挽救TPP，不放弃参与亚太自由贸易区（FTAAP）、区域全面经济伙伴关系协定（RCEP）和中日韩自贸区的谈判，争取有利结果。②

安倍推出“印太战略”构想后，即在2017年加速予以实施。首先，日本竭力携手印度共同推动其“印太战略”构想。2017年9月，安倍访印，与2014年上台的印度总理莫迪举行第十次会晤。访印期间，安倍再度提及日本应与印度共同建立“自由开放的印太”地区，双方同意将日本“自由开放的印太战略”与印度的“东进行动”这两大区域战略对接起来。③ 其次，很明显，从安倍的角度看，能否将美国拉入“印太群”，促使美国在印太加强存在、增加投入，是关系其“印太战略”走势的关键因素。日本通过表里两条渠道对特朗普政府进行了游说和争取工作：一条渠道是双方外交及安全工作层面的接触和交流，另一条渠道则是安倍内阁层面的首脑在公开外交场合的游说活动。在这些过程中，特朗普执政团队逐渐接受了安倍式“印太概念”。美国国务卿蒂勒森2017年10月18日在美国战略与国际问题研究中心（CSIS）发表关于《下个世纪的美印关系》的演讲时多次提及

① 作为辅助手段，日本也在尝试拉拢东盟、联系英法。

② 广义上的日本“印太战略”当然可以包括太平洋方向的举措，狭义上则可不包括。日本政府推出“印太战略”，主要用意并不在于经略太平洋的传统事务。

③ “Japan－India Joint Statement Toward a Free, Open and Prosperous Indo－Pacific”, http://www.mofa.go.jp/files/000289999.pdf［2017－12－20］.

“印太”，显露出美国针对该地区的战略思维出现转变。到 11 月特朗普访日前，安倍的对美计划已聚焦为使“印太战略”得到特朗普认可并在日本公开宣布。可以看到，特朗普、蒂勒森与美国国家安全顾问麦克马斯特对印太的认知与表述，几乎没有超过安倍的说明范围，自由、民主、法治、市场开放、公平贸易、尊重航行和飞越自由、地区繁荣等关键用词也如出一辙。① 到目前为止，安倍对这个新战略的阐述和行动，仍旧比特朗普要多得多，所以至少表面看来，特朗普接受、呼应这一概念并将其上升为美国的地区战略，是在某种程度延续了日本的外交战略。担心美国从地区转移力量、急于“留住美国”的安倍政府，初步达到了工作目标。

日本还通过补齐短项，即推动三边升级与四边联网来推进其“印太战略”。2017 年 11 月 13 日，日美澳领导人在马尼拉举行三方会晤，谈话重点之一是推动印太区域自由开放战略。2017 年 4 月和 12 月日澳印三国分别举行了第三次和第四次会谈，对印太地区共同关心的问题进行磋商，就“确保基于法治的自由开放的印太秩序”和“维持区域内的自由、开放、繁荣与包容”进行合作达成一致。② 日本还急于恢复和发展四方合作机制。在安倍和河野外相的竭力促成下，2017 年 11 月 12 日，日本代表团在东盟系列会议期间于马尼拉推动并主持了单独的日、美、印、澳局长级四方会议，四国官员围绕亚洲规则秩序、航行自由、加强联通性、海上安全保障等七个议题进行了讨论，敦促就建设“自由、开放、繁荣、包容的印太地区”开展合作。③

二　宪法与皇室之变：告别历史与走向“正常”

2017 年，安倍政府面临日本二战后 70 年来最“有利”的修宪环境，使

---

① “Inside President Trump’s Trip to Asia”, November 15, 2017, https://www.whitehouse.gov/articles/president-trumps-trip-asia/ [2017-12-17].

② 「第 4 回日豪印次官協議の開催」、2017 年 12 月 8 日、http://www.mofa.go.jp/mofaj/press/release/press4_005402.html [2017-12-19]。

③ 「日米豪印のインド太平洋に関する協議」、2017 年 11 月 12 日、http://www.mofa.go.jp/mofaj/press/release/press4_005249.html [2017-12-16]。

国家统治的根本大法“和平宪法”走向命运的十字路口，日本的战略方向或将由此渐入歧路之门。在涉及国民统一的象征——天皇及皇室制度方面，新的退位特别法案预示着日本的千年“国体”开启了跨向现代性的重要一步。虽然并非属于同一性质的问题，但这两个涉及国家统治及国民统一的根本标志产生的变动表明，日本确实在走向“正常大国”上迈出了大步。

（一）安倍式修宪与日本“摆脱战后体制”

安倍多次强调要把修宪视为其政治生涯最为重要的历史使命，他率领的自民党面临70年来日本最“有利”的修宪环境。日本政治或将迎来重大转折，战后和平体制面临变动契机，日本国家发展的走向将很有可能由此改变。

2017年初，安倍就明确表示要在本年深化对修宪问题的讨论，声言：“日本宪法实施至今已有70年，希望在新时代下，本年能围绕宪法应呈现出的新状态等进行深入讨论。”[①] 4月，安倍在接受日媒专访时明确提出将在其任内完成修宪并于2020年实施新宪法，修宪内容包括自卫队合法化、紧急事态条款等四项。[②] 5月3日，在宪法施行70周年纪念日之际，安倍在右翼团体“日本会议”主导的集会上发表视频讲话，声称修宪是自民党的立党宗旨和夙愿，这样的目标也被历届党总裁所继承，自民党将领导修宪的具体讨论，努力完成“历史使命”。安倍称，现在修宪“正是时机”，关于宪法第九条，“应在探讨保留（第九条）第一、二项的基础上，明文写进自卫队的观点”，终止“自卫队可能违宪”的讨论。最后安倍还表示，2020年即东京奥运会当年应作为“新生的日本”起步之年，他“强烈期待在2020年出台施行新宪法”。[③] 尽管之前安倍也多次表达过修宪意愿，但此次的讲话内容则更进一步，明确提出了其修宪路线图和时间表：修改第九条，增加使自卫队合法的内容，2020年实施新宪法。9月12日，自民党总部召开了一次会议，旨在推动修改宪法，会议闭门举行。据透露，大约60%的人支持首相的

① 「安倍首相の施政方針演説　全文」、『読売新聞』2017年1月21日。

② 「憲法改正は20年施行目標、9条に自衛隊」、『読売新聞』2017年5月2日。

③ 「安倍首相インタビュ 全文」、『読売新聞』2017年5月3日。

提议，约40%的人反对这一提议。安倍还为了长期执政、最终实现修宪的政治目标，于2017年10月提前举行众议院选举并获胜。经过此次胜利，安倍进一步巩固了修宪势力在众参两院均占据2/3以上议席的优势。11月17日，安倍即表示会尽快拿出执政联盟的联合修宪方案，同时推动朝野开展讨论，以使修宪能进入实质性程序。12月20日，自民党修宪推进本部召开全体会议，自民党内部虽然意见不够统一，但在自卫队“入宪正名”上并无分歧。

按照安倍的修宪日程，即从2020年实施新宪法的设定倒推可知，2019年下半年之前需要获得国民投票通过，即需获得1/2以上的选民赞成。所以，从2017年11月大选胜利后到2019年夏季参议院选举前的区间，应是安倍在众参两院推动修宪的“黄金时段”。自民党的计划是最早于2018年2月下旬汇总本党修宪草案，提交众参两院的宪法审查会。围绕宪法第九条等敏感问题，自民党决定尽快统一方案，并争取在2018年秋季临时国会期间正式发起修宪提议，安倍的目标应是努力使修宪法案在2018年9月自民党总裁选举前在众议院表决通过（因为届时难以保证总裁选举不出现变数），最迟则要在2019年秋季国会上获得通过。《朝日新闻》称，秋季修宪已经成为自民党所瞄准的基本目标。2019年7月参议院选举前，在参议院批准众议院通过的修宪法案，完成国会修宪的法律程序。国会审议通过修宪法案后，在规定的六个月之内，即2020年春季之前完成国民投票并获半数以上赞成，将最终达成修宪目标。

安倍2012年12月再次就任首相后，即宣布将把修宪作为本届政府优先课题。安倍在首次担任首相的任期（2006～2007年）中曾试图修改宪法，但其“执着”在一定程度上促成了他的早早下台。从第一次“失误”中吸取教训后，安倍修宪采取了见机行事、有进有退的折中方式。从2017年开始，安倍已根据以下要领加速推进修宪目标：首先，转换战术，降低要求，调整修宪目标，以求达成党际交易和国内妥协。鉴于日本国内对修宪分歧较大，直接修改第九条难度极高，安倍正采用“试修宪”或“技术性修宪”路径，给宪法追加容易得到广泛理解的新条款，以“最大公约数”方式达到好歹“动了宪法”的结果。此处代表安倍想法的关键词是：首开先河、达到突破、完成象征、留名历史。其次，利用外部环境的“一松一紧”，抓住时机，不断加速推动修宪。“松”是指美国政府总体上支持或不反对安倍修改自己“定下”的宪法，一路绿灯放行；“紧”是指安倍政府渲染并利用东北亚的紧张局势及军事威胁，以应对危机、保卫国家作为自己修宪政治的口实。尤其是在后者因素方面，2017 年，安倍政府蓄意利用朝鲜“核导危机”推进修宪的做法相当明显，半岛问题成为安倍达成目标必不可少的外部因素。

从目前的情况看，众参两院较有可能最终通过安倍提出的折中版宪法修正案，但截止到 2017 年下半年的民调仍然显示，日本民众对安倍式修宪普遍持怀疑态度，其提案在国民投票中能否获得半数以上支持，尚为较大的未知数。日本广播协会（NHK）公布的民调显示，57% 的受访者认为，没有必要修改宪法第九条，远高于认为有必要修改的 25%，82% 的受访者认为宪法第九条的存在有助于维护日本的和平与安全。因而，日本国内对“和平宪法”的支持之声仍然十分强烈，修宪在日本国内仍面临巨大阻力，安倍的修宪“大计”要跨越国民投票的“壁垒”依然十分困难。据日经中文网报道，针对围绕是否赞成修宪的国民投票，安倍曾对其身边人士这样说道，“如果最初修宪时就在国民投票中失败，那就很难进行第二次了。绝不允许失败”[①]。所以，要修改“和平宪法”，使自卫队“入宪正名”，就要渲染日本周边安全形势正发生巨变，安全面临威胁，为修宪制造广泛的舆论氛围。在朝鲜半岛形势紧张之际，在日本政府与媒体的大肆渲染之下，日本民意确实出现了一定的变化。

安倍推动修宪仍面临许多不利因素和不确定条件。即便修宪势力在众参两院的席位数都超过了 2/3，但各修宪势力在如何修宪的问题上意见并不统一，其他如日本朝野以及执政联盟之间就如何修宪仍存分歧，有待艰苦协商与调和，而立宪民主党更是誓言要全力阻止安倍式修宪；虽说安倍可能执政至 2021 年，但时间其实仍不宽裕，包括自民党总裁选举在内，一步落空就可导致满盘皆失；2017 年安倍支持率的过山车式起伏也清楚表明其执政根基并不稳固，日本主要民调显示自民党胜选完全不代表安倍得到了广泛认可和支持；日本国内护宪势力与民意仍是不小的阻力，最大在野党立宪民主党

① 参见张红《2017 会成为日本“修宪元年”吗?》，《人民日报（海外版）》2017 年 5 月 4 日。

主张反对修改宪法第九条，共产党、自由党、社民党等在野党反对修宪，半数及半数以上的受访者不认同修宪或反对修改第九条。

即便面临种种制约因素，日本修宪仍正一步步接近实现。宪法是国家根本大法，规范国家发展道路和政治生活。日本现行宪法是与《大日本帝国宪法》诀别后的“和平宪法”，其第九条规定永远放弃战争权等，保证了二战后日本走上和平发展及繁荣之路。从比较政治学的角度可以看到，安倍式修宪并非如德国那样的技术性调整，而是在保守及右翼势力的大力推动与支持下，意在为摆脱战后国内体制和国际秩序、调整国家发展及战略走向提供法律依据。这包括在历史问题、安全防卫、日美同盟等重大领域改变战后日本和平发展及进步主义所依据的法律基础。安倍本人也曾表示，更雄心勃勃的安全政策改革需要正式的第九条修订，安倍修宪的核心目标是要将自卫队合法化，释放国防能力，破除第九条这一和平主义象征，实现“摆脱战后体制”的夙愿。

（二）明仁天皇生前退位：昔日“国体”的现代性与国民统合

2017 年 5 月，安倍内阁决议以提出《皇室典范》修正案的方式，通过了具有里程碑意义的仅适用于明仁天皇的退位特别法案，该法案于 6 月分别在日本国会众、参两院的全体会议表决中获得通过，允许明仁天皇“生前退位”。这是日本天皇时隔近 200 年的首次生前退位，给日本社会及国民带来了很大的心理冲击。

2017 年 12 月 1 日，众议院选举结束后不久，安倍政府召开“皇室会议”，就天皇退位问题进行审议。这是 1993 年以来时隔约 25 年再次召开审议皇室重要事项的皇室会议，会议人员由安倍首相召集，由皇族、宫内厅长官等十人组成。经过商讨决定，明仁天皇将于 2019 年 4 月 30 日退位，皇太子同年 5 月 1 日即位，并从这一天起实行新年号。日本政府于 12 月 8 日召开内阁会议，正式通过了规定这一退位时间的行政令。

之前，在 2016 年 8 月的电视讲话中，明仁天皇在他在位的第 29 年，已明确表示希望退位。天皇的这一声明事先已有一些报道，但还是让诸多日本民众感到震惊，引起了社会的广泛关注和议论。人们多少对天皇制度的未来产生了疑虑。天皇制度曾是日本历史不可磨灭的一部分，二战后当日本从废墟中站起来的时候，它也是成为一个现代化国家的象征。天皇制度跨越了过去和现在，在日本国家的政治生活中扮演着独特的角色和持续的义务，在日本国民中有着近乎普遍的认同和接受。

当今日本天皇虽然没有过去那样统治国家的权力，但对于很多日本民众来说，天皇的存在是一份文化信仰和精神寄托，是日本国民统一的象征。日本宪法规定天皇是国家和人民的象征，没有实际的政治权力。其职责包括宗教仪式和宪法规定的任务，作为国家元首访问和接见外宾。天皇还会根据内阁的建议，公布法律、政令及条约，召集国会，认证官吏任免等。日本天皇退位问题在其国内引起的反响表明，日本政治及战略文化在宏观层面上仍然有待解决如下两个问题。

第一是传统与现代的问题。皇族的模糊角色或对政治的忌避或许可以反映日本传统与现代之间持续的紧张关系。不像英国的君主，日本皇室仍保存着极为古老的传统，日本天皇在加冕时几乎每天都要举行传统仪式，目的是要追溯到日本民族的起源，皇室家族还以私人的身份继续在他们的人民和神之间进行调解。传统与现代的反差，延伸到宗教和哲学上的广泛的不同系统的融合，长期以来都让外界的观察家们着迷和困惑。在日本国民心中，天皇仍有着极高的地位和特殊意义。日本的右翼分子经常把天皇当作招魂的旗帜，企图将天皇再度“神化”，安倍再次执政后也一直希望利用天皇获得支持。保守派及右翼势力认为，天皇制更有利于维护日本国家的统一和凝聚力，有利于在将来某个时刻利用其政治价值达到其复辟型的战略目标。有分析指出，这些也是间接地促使天皇欲实现生前退位的诱因之一。

第二个问题实际与第一个问题也有关联，是皇室与政府的关系问题，某种程度上也是保守势力与自由开明势力之间的矛盾问题。至少，皇室与安倍政府之间存在一定的矛盾或不和谐现象。早在 2016 年天皇含蓄透露退位意向后，首相官邸与宫内厅就马上出面否认，后来又加以承认。很显然，日本保守派更愿意维持日本皇室的男性继承人制度，以及其持续的复古的神性和威严等。然而，从种种迹象看，面对安倍首相推行的强军政策和修改“和平宪法”的计划，明仁天皇是有所不满的，皇室注意到后与安倍路线保持距离。舆论认为，天皇执意退位，与其和安倍在历史认知及修宪等问题上的分歧有一定关联。在历史问题上，明仁天皇与安倍这一历史修正主义者的认识大不相同，其在多个场合都表示日本要深刻反省历史。有分析称，在日本，天皇虽然不能公开表达政见，但他反对右翼势力否认历史或修宪、反对扭曲历史的立场几乎是“公开的秘密”。鉴于天皇在日本社会的威望和影响力，这些表态都构成了对安倍的压力，对政治右倾化有一定牵制作用。日本甚至有舆论认为，选择提前退位是明仁天皇对安倍政府的一种抗议，他不希望自己在位期间，让保证国家不走战争之路的“和平宪法”第九条被修改。这种解释可能有夸大的成分，但在日本宪法规定天皇不得干预政治的前提下，明仁天皇通过某种形式，包括提醒不忘历史，提醒保守政治家乃至国民要牢记过去的教训，不要重蹈战争之路，坚守和平国家的根本，应该是有迹可循的。

三　宪政失衡：安倍一强与自民党独大

2017 年，从全球范围看，西方各国的政治局面与社会形势更加紧密地结合在一起。美国及欧洲主要国家大选等，社会矛盾和问题直接反映到国政选举中，民粹主义势力或典型的右翼政党挺进中央政坛并占据有利地位。从比较政治学的角度看，日本的保守主义及其统治在西方各国中具有较高的稳定性和统合能力，日本的保守政党及建制派仍牢固地统治把持着中央政权。日本政坛由历史传承性的老牌政党长期垄断或占主流，美欧普遍的民粹主义、反建制派、反全球化、地方政党崛起等现象并没有太多影响日本的中央政坛和国家政治。这一现象使美欧政治学界对日本保守政治另眼相看，给出了不低的评价。①

但是，所谓“成也萧何，败也萧何”，日本的问题恰恰出在强大的保守势力集团及其统治功能内部。著名人类学家爱德华·霍尔在其《超越文化》一书中，将“低语境”（low-context）和“高语境”（high-context）等多元

① ケント・カルダー「日本研究の二つの潮流」、エズラ・ヴォゲル「格差を広げないサムライの資本主義」、「ハーバードの日本再発見」、『中央公論』2017 年 9 月号。

化文化及其政治现象进行了比较。从政治文化的角度看，低语境文化融合了许多不同的传统和因素，鼓励了创造力，但变得越来越难以驾驭。相比之下，高语境文化国家往往会对思维和社会互动产生刻板的影响，这在很大程度上是因为他们的整体种族性。[1] 日本是同质性较高的典型高语境国家，强大的群体认同感有助于社会统一，在社会统合及治理方面显得较为成功，但在政治上，其保守性、因循性、统一性和同质性，有时反而会给国家带来长远的颠覆性危险。在2017年也可以看到，在二战后日本的政治史乃至宪政史上，“安倍一强”现象非常突出，领导绝无仅有的国政选举四连胜，代议民主的多数主义被粗暴、庸俗地演绎为权力主义和政治最高目的，党内外没有强有力的挑战者，行政权（官邸主导）急剧膨胀，出现了可以藐视宪政、徇私舞弊而安然无恙的怪象。

2017年，尽管“森友学园”“加计学园”等丑闻缠身，夏天东京都议会选举自民党惨败而归，安倍内阁支持率几番下挫，“后安倍时代”的媒体论调频现，但安倍操弄政治权谋，通过改组内阁、突然提前大选等手段，终使局面有惊无险。安倍大获全胜，自公联盟再次实现占议会议席2/3以上的多数，而且这还极大地分裂了在野党势力，最大在野党民进党分裂，小池百合子与前原诚司合作成立希望之党但远未获得选民支持。这是安倍执政后自民党第三次获得众议院选举胜利。照目前的情况看，安倍在2018年连任自民党总裁并继续执政的概率较大，不无可能撑到2021年并成为日本二战后政坛任期最长的首相。

安倍能够“超长期执政”，一方面是由于其宦海沉浮多年，“吃堑长智”，政治手腕逐渐老到；另一方面也得益于日本政治环境及气候的变化。泡沫经济崩溃以来，由于国势不振，中日GDP对比出现逆转，东北亚局势敏感震荡，日本政治精英陷入重度焦虑，政坛保守化及右倾化加剧，革新及进步势力衰弱，安倍遂被寄予某种以“稳定执政”“夺回强大日本”的厚望。选民对安倍政府缺乏信任。大部分选民不赞同提前解散众议院，日本各种民调显示，许多选民并不认可安倍本人及其政策，但仍然认为安倍及自民党的执政强于在野党，选择其继续执政是没有选择的选择，是两弊相衡取其

---

① Edward T. Hall, *Beyond Culture*, 1976, pp. 20 - 32.

轻的无奈之举。此外，从技术因素看，冷战后日本持续数轮的行政及政治改革，特别是在安倍手上进一步形成首相独揽大权的“官邸主导型”格局，权力操纵空间扩大；“小选区”选举制度使自民党以相对优势实现“赢者通吃”，自公联盟合作带来倍增效应；[①] 自民党内“派阀”政治式微，党总裁权重提升，而在野党四分五裂，以“民共合作”为主轴的合作难以开展并挑战自民党地位，这让安倍坐收渔翁之利。[②] 种种因素叠加，使目前日本政局出现“自民一党独大，党内安倍独大”的“安倍一强”怪象。

目前，日本的政党格局呈现出“一强多弱”态势，自民党在众议院465个议席拥有284席，加上执政联盟公明党的35席，已超过总数的2/3。[③] 1955年自民党成立以来，安倍是唯一一位在连续三次众议院选举中取得如此强劲成绩的自民党总裁。最大在野党立宪民主党的议席数仅为55席，不到自民党的零头，无法和自民党分庭抗礼。希望之党拥有50个议席，其党纲与自民党的非常相似，安全及外交等政治路线同质性高，其往往被认为是第二自民党(与自民党并无多少差别)。[④] 日本维新会有11个议席，难以发展，也被认为是自民党的别动队。共产党有12个议席，社会党只有2个议席。参议院也有着相似情况，2016年7月自民党在参议院选举大胜后，时隔27年再次实现参议院单独议席过半。在野党已无法阻止执政联盟在众参两院通过任何法案。

---

① 从议席获得率看，执政联盟共获得313个议席，占67.31%，但在小选区，执政联盟得票率仅为49.32%，比例选区得票率为45.79%，均低于半数；在野党及无党派获得152个议席，占32.69%，不到执政联盟的一半，但在小选区的得票率却是超过半数的50.31%，在比例选区也为超过半数的52.9%。执政联盟以较少得票赢得较多席位，这反映了选举制度是有利于大党的赢者通吃型设计，并不完全符合民意的实际情况。同时，由于在野党选票分散，在野党的“死票率”显著高于执政联盟。据统计，除无党派候选人当选的22个小选区外，剩下的267个小选区中，至少在64个小选区在野党的总得票数高于执政联盟。这意味着由于分裂选举，在野党损失了60多个席位。这一得一失、一进一出造成了完全不同的选举结果和政治局面。

② 例如，在289个小选区中，在野党陷入混战、自相残杀的占到八成。又如，民进党分裂导致在野党进一步分化。以前原诚司为代表的民进党保守派对于在野党之间的合作，尤其是与日本共产党的“民共合作”，持坚决反对态度。

③ 根据2017年7月实施的日本新《公职选举法》，第48届众议院较上届减少10个议席，共465个议席，其中小选区289席，比例选区176席。

④ 但在经济政策的两个方面却各不相同，一个是增值税的政策，另一个是核能发电的政策。

自民党内也同样存在安倍独大的怪象。安倍所属的“清河政策研究会”参众两院议员 91 人，是自民党内的最大派系。其余的六大派系的情况分别是：“平成研究会”（额贺派）50 人，“宏池会”（岸田派）45 人，“为公会”（麻生派）58 人，“志师会”（二阶派）44 人，“水月会”（石破派）20 人，“近未来政治研究会”（石原派）12 人，都难以单独与“清河政策研究会”分庭抗礼。自民党总裁及干事长掌握着政治资金分配大权，总裁派系之外的各派受到监督和牵制，不敢公开唱反调，在近年的自民党总裁选举中，安倍都是以绝对优势毫无悬念地当选。并且，2017 年 3 月，自民党党员大会正式将党总裁任期由“连任两届六年”修改为“连任三届九年”，为安倍长期执政扫平了党内制度障碍。理论上，安倍只要 2018 年 9 月再次连任自民党总裁成功，便可一直担任总裁一职至 2021 年 9 月。自民党和公明党组成的执政联盟在 10 月大选中获得了超过 2/3 以上议席（313 席）的大胜，凭这一结果，安倍将有较大可能连选连任党总裁。因此，安倍就很有可能担任首相到 2021 年，成为日本战后任期最长的首相。日本政治评论家御厨贵早有评论：“人们都说现在的政界是一强多弱，可我觉得似乎是一强之外别无他物。反对势力完全消失了，自民党内没有，自民党外也没有，这才是最可怕的。”[①] 在政府权力方面，安倍小集团的垄断状态也极不正常，安倍任人唯亲，与麻生太郎、菅义伟等“铁哥们儿”垄断权力，实行寡头政治，同时通过内阁人事局将政府高级官员的任命权抓在手中。从日本目前的政治生态来看，安倍独大、日本政坛总体保守化趋势还要持续一段时间，这对日本的国家政治生活及对外政策都在产生复杂的规范作用和影响。

除了安倍一强现象外，2017 年，日本政坛值得注意的动向还有以下有关在野党的三点。作为自民党政治对手的在野党更加趋于泡沫化，并将处于弱势地位，且陷入内部矛盾及斗争的泥潭难以自拔。在野党目前的局面是：包括主要的立宪民主党、希望之党、民进党、日本维新会，均处于一种“党建”过渡阶段，尚未达到能够稳定一段较长时期的平衡格局，各党也在艰苦摸索探寻更好的发展，分化组合还将继续，这些情况恰好也间接反映了

① 御厨貴「政権交代は見果てぬ夢か」、『朝日新聞』2017 年 10 月 27 日。

自民党独大的事实。

首先是“小池泡沫”。在众议院解散前三天的9月25日，小池百合子领导的保守政党——希望之党成立，旋即掀起“小池旋风”，似乎形成了保守大党对阵自民党的两极对立竞选构图，被期望在日本政坛卷起带动自民党在内的政界重组。然而，其后小池新党迅速衰退，使10月大选局势由执政联盟对在野党多党合作变为执政联盟与在野党保守势力、在野党革新阵营的一强两弱的三方混战，其结果却是将在野党冲击得七零八落，对自民党反倒没有形成冲击。在野党严重分裂，一定程度上与希望之党党首小池的错误决策有关。在竞选中，她本人不参选，也不辞去东京都知事职务，这种踌躇姿态令支持者丧失了信心。同时，小池缺乏团结多数的大政治家胸怀，其排斥民进党开明派的“关门主义”做法，也导致她无法最大程度地团结反安倍的力量，最后希望之党成为最大输家。

其次是民进党分裂。2017年9月当选为民进党新代表的前原诚司公开反对与理念、政策不一的日本共产党合作。9月细野豪志脱离民进党后，细野派的民进党员纷纷退党。退出民进党的细野集团，一直与小池、若狭胜等频繁接触，联合组建新党（即“希望之党”）。一时间，民进党内部的分裂与混乱成为日本政坛一道晦暗的风景。2017年大选后，民进党分裂（或分散）为立宪民主党、希望之党、民进党参议院集团、无党派之会四股势力。有着20年历史、五年之前还是执政党、曾被寄希望能与自民党形成分庭抗礼的两大政党体制的民进（民主）党，“一夜之间四分五裂，简直像漫画一样”[①]，由此成为2017年日本政党政治动态的一大看点，甚至也是冷战后政党发展史上的一大事件。民进党乃至民主党的衰败，使保守两大政党制的前景“渐行渐远”，给今后的日本政党发展及走向留下了深刻影响。

再次是立宪民主党能否“行稳致远”。由民进党中左翼另创的立宪民主党较之大选前议席暴涨三倍多，成为最大在野党，立宪民主党、社会民主党与日本共产党三个革新派政党的议席也因此由选前的38席增加到选后的69

---

① 中野晃一「有権者が教訓として学ぶべきことは、小選挙区の機能不全」、https：//news. goo. ne. jp/article/dot/politics/dot－2017101900057. html［2017－12－20］。

席。在中左势力不断遭到挤压的情况下，这使2017年的日本政坛多少呈现出一丝亮丽风景，说明日本选民对安倍独大及保守势力垄断政权仍存最低戒心和抵制。在2017年10月的大选中，原民主党代表海江田万里、前内阁大臣长妻昭、前首相菅直人等重量级的护宪派政治家分别在各自小选举区当选议员。但即便如此，目前仍看不到中左政党、自由主义政党问鼎政权的希望。立宪民主党虽然在大选之际与日本共产党等在野党进行了政策协调，但枝野幸男代表在10月27日表示要与在野党重组保持距离，对与其他在野党合流或在国会组成统一会派表示了否定态度。[①] 2017年11月的日本民调显示，立宪民主党支持率也仅为14%，其他在野党都在3%及以下，60%多的受访者表示这些在野党没必要合并为新党。而在野党如果不进行强有力的整合和战略合作，就无法在下次选举中击败自民党。立宪民主党在扩大规模效益和坚持政治理念之间面临结构矛盾，其能否保持扩容势头并在2019年的参议院选举中再有斩获，还都是未知数。所以，目前的迹象意味着，今后一段时间仍然难以出现强有力的在野党势力挑战安倍的执政地位。

四 “政治的延长”与核心领域变异

军事是政治的延长，也是最能体现国家政治及战略变异的领域。2017年，日本安全防卫政策最显眼的异动，当数安倍内阁利用朝鲜核导危机，贯彻新安保法，开始正面公开讨论和推动进攻性武器的发展，这一点在若干年前是难以想象的。安倍将修宪、选举以及军事发展，都与“朝鲜威胁”扯到了一起，宣称日本是“国难”当头，处于自二战结束以来最严重的安全环境。同时，美国特朗普政府的立场是，盟国应该停止对美“搭便车”，尽可能担负更多的自我防卫责任。这与希望加强日本军力建设的安倍政府异曲同工，安倍早就希望他的国家成为具有自主军事能力的“正常国家”。

安倍政府渲染并用足朝鲜半岛局势危机，为修改“和平宪法”寻找借口，也为改变军事发展方向、发展进攻性武器或攻防兼备型武器寻找看得见

① 「民進・希望：再結集へ苦闘 揺れた両院議員総会」、『毎日新聞』2017年10月28日。

的理由。2017 年，朝鲜多次发射弹道导弹，8 月首次没有以发射卫星为托词使导弹飞越北海道上空，对此，日本政府发布了电视和手机预警，告诫住在导弹所经之地的居民寻找掩体躲避。这枚导弹最终在太平洋坠落，并未造成危害，但安倍内阁仍称其是“前所未有的、严峻和严重的威胁”。在安倍政府的渲染下，日本国内围绕朝鲜核导问题的议论迅速升温，包括日本应该扮演什么样的角色、是否应该在捍卫自身方面发挥更积极的作用，以及在多大程度上应该升级其武装力量等。就连自由主义评论家船桥洋一也表示，朝鲜发射的导弹及其进行的地下核试验，让日本的致命弱点暴露无遗，朝鲜的最新挑衅带来的威胁是前所未有的，日本的国家安全政策在这个不断增长的威胁面前仍严重不完善，日本的处境十分尴尬：暴露在高度危险之下，却几乎没有能用来帮助自己的军事或外交选择。①

二战后，和平主义发展道路一直是日本国民认同的重大宗旨，但时至今日，种种迹象表明，公众对和平主义的推崇以及对被称为自卫队的日本军队的态度，已开始发生潜移默化的重要改变，其中有客观原因，但与安倍政府的刻意营造与敦促更是密不可分。朝鲜“危机”的“升级”似乎证实了安倍为加强日本防务姿态所做的备受争议的努力，日本公众现在较多地接受安倍对朝鲜及外部威胁采取更强硬立场的做法。民意的转变对于日本推动军事转型、改变军力建设方向来说极为重要。例如，2017 年夏，逾 2.6 万名日本人观看了自卫队在富士山脚下进行的年度实弹演习，观看门票供不应求，中签比达到了 6∶1。这些活动并不一定意味着人们普遍支持安倍在一夜之间剧烈改变日本的防卫政策，但表明日本公众对自卫队的兴趣及认同在持续增长，公众中不乏有人开始考虑这样一种可能性，即是否可要求日本自卫队执行实弹演习或救灾以外的更高级别的任务。

在这种氛围下，安倍政府推动两项“针对性”的政策即发展进攻性或攻防兼备武器在政治上就容易多了。第一，构筑陆基“宙斯盾”（Aegis Ashore）系统，升级改造日本的弹道导弹防御系统。在面向 2017 年 10 月的

① 参见船桥洋一《朝鲜的核武，日本的困境》，2017 年 9 月 15 日，https：//cn. nytimes. com/opinion/20170915/north - korea - nuclear - weapons - japan/zh - hant/［2017 - 12 - 25］。

大选活动中，自民党抛出了一张未来执政清单：引进陆基“宙斯盾”系统等反导装备，修改防卫计划大纲等，把“自卫”的定义扩大到包括采取更坚决主张的范畴。防卫省随后宣布将提出资金要求，希望从美国购买陆基“宙斯盾”弹道导弹防御系统，该系统可在大气层之外拦截飞行中的导弹。日本防卫部门也已开始研究购买终端高空区域防御系统（“萨德”）的可能性，该系统拦截敌方导弹的高度比目前的陆基“宙斯盾”系统还要高。日本政府从2004年度开始引进导弹防御系统（BMDS），相关建设费累计金额截至2018年度预算案预计将突破2万亿日元。日本持续引进最新装备，巨额财政支出也越来越多。

第二，获得巡航导弹等攻击型武备。据共同社2017年3月报道，日本自民党安全保障调查会汇总的有关加强弹道导弹防御的建议草案概要曝光。草案要求立即就拥有破坏对方发射基地的“对敌基地攻击能力”展开讨论。① 近年，日本政府已开始悄然讨论获得巡航导弹的可能性，这可以让日本先发制人地打击导弹发射场，如果它探测到即将发生导弹袭击的迹象。2017年8月和9月朝鲜连续发射两枚弹道导弹后，安倍政府开始真正讨论是否获得陆基或海基的战斧式巡航导弹，包括如果检测到迫在眉睫的攻击迹象，将允许打击朝鲜境内的发射地等议题。特朗普总统9月表示，他希望日韩两国一起增加军备开支。在朝鲜进行第六次核试验两天之后，特朗普在推特上表示，他将允许两国“从美国购买大量尖端军事设备”，这就有可能包括巡航导弹在内。日本防卫省计划把装有“宙斯盾”导弹防御系统的舰船增加到八艘，也就是翻一番，但新舰队在2021年之前不会投入使用。而且，即使按照正在考虑的计划购买陆基“宙斯盾”系统，日本部分政治家及战略家还是认为日本不能得到足够的保护。2017年8月新上任的小野寺五典防卫大臣一直以此为依据反复阐明日本发展攻击型军事能力的理由：这样的能力可以让日本能够打击朝鲜的军事基地，甚至是先发制人地打击。除此之外，日本还

① 该草案指出，朝鲜的威胁已进入新阶段，要求日本政府立即讨论“对敌基地攻击能力”。草案还提议，在“宙斯盾”巡洋舰上配备巡航导弹，以提高自卫队的威慑和应对能力；引进“萨德”系统和陆基“宙斯盾”系统，包括拟定相关预算。

积极谋求发展其他进攻性武器。3 月，防卫省装备厅宣布与英国国防部门达成协议，联合开发新一代隐形战斗机。另据日媒披露，防卫省拟在 2018 财年申请约 100 亿日元用于开展高速助推滑翔导弹若干关键技术的开发及实验，为后续型号研制做好技术储备。该申请如果得到批准，将推动日本在高速打击武器方面迈出历史性一步。

日本安全政策向主动性、进攻性方向变化，还体现在如下两个方面：首先，2017 年度防卫费再次刷新历史纪录，主要用来加紧提升自身军事实力，支撑攻击性军力的发展。2017 年 3 月通过的 2017 年度防卫预算达到 5. 1251 万亿日元，比上年度增加 1. 4%，是连续第五年增长。在这笔预算中，除了 F－35 战斗机、新型驱逐舰等装备之外，还有一个值得注意的项目就是组建用于“夺岛”的两栖战部队——规模约达 3000 人的“水陆两栖机动团”。3 月，这个机动团的筹备部队——两栖教导部队成立，开始为新成员培训两栖装甲车驾驶、突击登陆等专业知识。按照预定计划，水陆两栖机动团将于 2018 年 3 月正式建立。水陆两栖机动团的建立，被认为是日本自卫队强化“西南防卫”的重点军事部署。其次，加紧推进新军事力量体制和编制的调整和建设。据日媒报道，日本政府决定在防卫省和自卫队内部新设具备统一指挥太空、网络空间和电子战部队的司令部职能的高级部队。报道称，政府有关人士 2017 年 12 月 17 日已证实了这一消息，2018 年下半年修改的《防卫计划大纲》将写入这一内容。① 再次，自卫队加速走向海外，加强对外安全合作及广义的自主防卫能力，创下多个“首次”纪录。2017 年 5 月 1 日，日本海上自卫队的“准航母”“出云”号在房总半岛海域和美国海军的补给舰汇合，根据日本新安保法执行保卫美军舰船的“美舰防护”任务。此次是海上自卫队首度执行基于“安保法”的新任务。《纽约时报》评论称，日本此举被视为在东北亚地区扩张军事存在的表现。这是日本国会通过新安保法授权海外作战任务以来，首次使用军舰来援助盟军。5 月 3 日至 22 日，日本自卫队与美英法三国军队实施四国框架下的首次联合演练。演习有 700 人参与，包括 220 名日本自卫队成员、60 名英国海军士兵，以及美军、法军士兵。

---

① 「宇宙・サイバーに司令部新設へ」、『東京新聞』2017 年 12 月 18 日。

这次演习传达了一个信号，表明日本与欧洲伙伴的防务关系可能会变得制度化——长期以来，这种伙伴关系一直被视为“外来的”而难以实现。5月开始，日本部署其最大的军舰“出云”号在南海进行为期三个月的巡航与访问，这是二战以来日本在该地区进行的规模最大的海军演习。这是日本防卫政策的一个里程碑，因为自1945年以来，这个国家只向海外派遣了国际维和部队。

五　日本政治未来展望

日本政治能否再保持正确的航向，引导国家免入歧途，也许过去的2017年和到来的2018年，当若干年后回头看时，会发现它们是非常重要的变化节点。

2018年是日本政坛无众议院选举、参议院选举、统一地方选举的政治“小年”，在野党继续“多弱”并分化组合的可能性始终存在，安倍一强及自民党独大的态势当能得到固化并将维持一段时间。安倍在党内没有势均力敌的竞争对手，以至干事长二阶俊博在2017年10月大选结束当晚即称“安倍之后仍是安倍”①。加之第二大派系麻生派与安倍为盟友关系，支持安倍连任党总裁的议员总数将高达近200人，接近自民党众参两院议员总数的一半，这使潜在的对手或接班人如石破茂、岸田文雄、麻生太郎等都相形见绌，而年青一代的领袖，如小泉进次郎和河野太郎等的崛起尚需时日。因此，2018年9月安倍第二个党总裁任期届满后连选连任应是大概率事件。②

对于安倍来说，内政权力的巩固有利于其实现自身的政治信念和国家目标。安倍从其第一次执政的失误中吸取了教训，2012年第二次上台后一直试图保持耐心，这似乎得到了某种回报。安倍在担任首相第六个年头的2017年，已经见证了自民党五次成功的全国选举。尽管没有兑现“安倍经

① 「自民党総裁選へ派閥勧誘合戦 安倍1強揺るがないけれど」、『毎日新聞』2017年10月27日。

② 2019年之后的自民党政局则有难以预料之处。例如，石破茂在地方党员中颇有人气，2012年总裁选举中差点险胜安倍。如果安倍出现失误而导致议员支持基础弱化，民众支持率下降，石破等人并非完全没有获胜的机会。

济学”的承诺，但安倍内阁仍享有较高的支持率，自民党在公众舆论方面的领先优势也超过了所有在野党。即使在受到打击的时候，安倍也表现出了在公众认可的情况下恢复元气的能力。安倍政府的弹性，让安倍在到目前为止的五年任期内实现了他所希望的大部分政治议程。

安倍强势推进修宪的进展，是 2018 年日本政治的重大焦点。年内两次国会期间的修宪进程及动向，将是重要看点。安倍虽急于在 2018 年内发起修宪动议，但也面临不少风险和阻力，至少必须跨越“三道槛”：统一自民党方案、自公两党协商一致、顺利发起动议。2018 年，自民党将迎来总裁选举，如果自民党内对修宪持慎重的声音增强，安倍也有可能因选举而推迟修宪日程。与自民党联合执政的公明党因受修宪问题连累导致支持率下降，其党内出现不满的声音，该党的抉择将影响修宪问题。日本民调一直显示，反对修改宪法第九条的国民仍占多数。在时间较紧、讨论不充分的情况下，安倍强推修宪将引发以立宪民主党为首的在野党的强烈批判和抵制。尽管自民党仍在日本国会参众两院占据压倒性多数，但安倍必须更谨慎地对待党内和党外的不同意见。这可能会对安倍在修宪等引起巨大分歧的问题上产生不小的影响。2019 年 4 月天皇将退位，在此之前发起修宪动议可能存在引发政治混乱的风险。2019 年夏季参议院选举之后，修宪势力如果无法保证继续占据国会 2/3 以上议席，修宪难度更会增加。

经过 2017 年 10 月的选胜后，安倍“超长期执政”的可能性进一步增加，获得了更多的时间来兑现他的政治承诺和重头任务：经济发展、修改宪法。对于安倍来说，要使日本能够在亚洲和世界保持其地位，那么他在以上两方面取得成功将至关重要，尤其是后者——广义上还包括“正常国家化”和“军事大国化”进程。照目前的趋势，如果安倍连续多年从内外两方面推进“正常化”与“大国化”的扩张型举措，到 2021 年，一个与之前大为不同的日本将可能出现在世界政治舞台上。在环境和认知急剧变化之际，安倍在改变国家政治生活及安全外交政策上究竟要走多远，仍然是一个悬而未决的关键问题。2017 年作为安倍以大胆举措改变国家政治范式的重要节点，将给后来的日本战略发展及取向留下深刻影响，也越来越多地搅动着世人的神经和地区局势。

B.3
日本第48届众议院选举及政局走向分析

张伯玉*

摘　要： 第48届大选后，从众议院朝野政治势力分布来看，日本政治继续维持“一强多弱”的格局。自民党单独控制众议院绝对稳定多数以上议席，继续保持“一强”优势地位；自公执政联盟继续控制众议院2/3以上议席。在野党“多弱”格局进一步强化，呈“更多”“更弱”态势，在野党控制的议席合计不足1/3。大选公示前的最大在野党民进党众议院势力分裂，一分为三；立宪民主党成为日本战后政治史上势力最小的最大在野党，朝野两大政党议席差距巨大。安倍抓住有利时机并以“朝鲜局势紧张”、日本面临“国难”为“大义名分”解散众议院，是自民党制胜的关键。安倍内阁一度有所松动的执政基础被重新加固，2018年9月总裁选举安倍三选连任胜券在握，但年内国会提出修宪动议难度不小。

关键词： 日本政治　第48届众议院选举　安倍晋三　一强多弱　政局走向

对日本首相安倍晋三及其内阁来说，第48届众议院选举是一场化危机为契机的选举。2017年10月22日举行的第48届众议院选举，是安倍自2012年9月再度就任自民党总裁以来的第五次国政选举。此次大选是在安

* 张伯玉，法学博士，中国社会科学院日本研究所政治研究室副主任、研究员，研究方向为日本政治。

倍自身面临信任危机以及安倍内阁面临其再度执政以来最大的执政危机的背景下举行的，选举结果却不由使人想起前首相小泉纯一郎说过的话——“首相的权力是强大的，首相拥有化危机为契机的权力”，安倍此次突然解散众议院提前举行大选的决断，以超出其本人预期的选举结果证实了小泉所言果然不虚。自民党能够在国政选举中“连选连胜”，固然与在野党实力太弱、难以抗衡自民党密切相关，但也足以说明安倍的领导能力不容小觑。

一 自民党继续保持“一强”优势地位

此次大选投票率创战后众议院选举史次低纪录，自民党继续保持“一强”优势地位。2017 年 9 月 25 日，安倍召开记者会宣布将于 9 月 28 日解散众议院举行大选，并将此次众议院的解散命名为“突破国难解散”。10 月 10 日，第 48 届众议院选举公示。自民党在此次大选中总计拥立 332 名候选人参加竞选，其中小选举区 277 人，比例选举区 55 人（不包括重复候选人）。与 2014 年 12 月举行的第 47 届众议院选举相比，此次选举议席总数减少 10 个，总计 465 个议席。其中，小选举区议席减少 6 个，议席总数为 289 个；比例选举区议席减少 4 个，议席总数为 176 个。众议院八党派争夺 465 个议席。2017 年 10 月 22 日投、开票，受超大型强台风的影响，直至 10 月 23 日 16 时 27 分，各党派所获议席才全部确定。与大选公示前势力相比，自民党议席维持原状，包括选举后追加 3 名无党派候选人为其公认候选人，自民党所获议席为 284 个，其中小选举区 215 人（加上追加 3 人为 218 人），比例区 66 人；公明党减少 5 个议席，由大选公示前的 34 个议席减为 29 个。自民、公明两党执政联盟合计获得 313 个议席，控制众议院 2/3 以上绝对多数议席。此次众议院选举投票当天有选举权的选民为 106091229 人，此次大选比例选举区以及小选举区投票率均为 53.68%①，仅比 2014 年 12 月大选高 1.02 个百分点，选举投票率仅高于 2014 年众议院选举，为战后第二低。

① 「第48回衆議院議員総選挙最高裁判所裁判官国民審査結果調（29.10.22 執行）」、http：//www.soumu.go.jp/senkyo/senkyo_s/data/shugiin48/index.html［2018－01－12］。

自民党政策公约中有关解决儿童入托问题以及免费教育等与国民生活密切相关的政策，受到有相关需求选民的较高支持，这也是自民党胜选的要因之一。自民党政策公约列举的政策涉及“朝鲜对策”“生产性革命”“地方创生”“复兴”“修改宪法”“能源”“外交”“安全保障”“政治行政改革”等各个方面。其中，育儿、教育以及养老等与国民生活密切相关的政策受到选民关注。关于幼儿教育，安倍在2017年9月25日的记者会上宣布要推进免费幼儿教育：“到2020年度实现所有3～5岁儿童的幼儿园和托儿所不收费。低收入家庭的0～2岁幼儿也全面免费。2017年6月制定的安心育儿计划提前实施，到2020年度解决32万个入托名额的儿童入园问题。”① 据日本厚生劳动省统计，截至2017年4月，日本全国想入幼儿园却无园可入的儿童比2016年约增加2500人，已连续三年增加，总计达到26000余人。② 关于高等教育，安倍表示，“仅限于为真正有必要的孩子们实施免费高等教育。在继续扩大充实减免学费措施的同时，还提供必要的生活所需费用。2017年9月起大幅度提高奖学金的发放金额”。关于老人养老护理，“到2020年培养50万人的老人照料护理人才”。③

对于实施上述各项政策，尤其是免费教育政策的财政来源，安倍主张提高消费税率，通过增加税收的途径筹措所需资金。日本消费税率将于2019年10月由8%提高至10%，由此增加的税收约为5.6万亿日元。安倍内阁的既定政策是其中的1/5用于充实社保，余下的4/5用于偿还赤字国债。在解散众议院的记者会上，安倍表示，决定从计划用于偿还国债的4万亿日元中拿出大约1.5万亿日元，用于充实免费幼儿教育和免费高等教育。自民党有关免费幼儿教育以及部分免费高等教育等政策虽然遭到了“把偿还赤字国债的负担转移给下一代”的批评，却受到有相关需求选民的较高支持。有关统计数据显示，在比例选举区将票投给自民党的选民中，18～29岁这一年龄段的比例最高（52%），其次是30～39岁的选民（43%）以及40～

① 「安倍首相解散表明記者会見の全文」、『読売新聞』2017年9月26日。

② 「子育て支援公約に厳しい目」、『産経新聞』2017年10月12日。

③ 「安倍首相解散表明記者会見の全文」、『読売新聞』2017年9月26日。

49岁的选民（42%），50～59岁、60～69岁以及70岁以上的选民分别为38%、34%、37%。[①] 正如安倍“解散众议院演说”所指出的那样，在安倍经济政策的刺激下，日本经济由负增长走向正增长，时隔11年之久连续六个季度出现正增长，就业增加近200万人。这是自民党在国政选举“连选连胜”、受到选民支持的主要要因。

消费税问题再次成为众议院选举的争议议题。安倍给此次大选设定的争议议题是朝鲜危机应该交给谁来处理，以及为应对少子老龄化是否该提高消费税率和变更增税税收的使用途径。实际上，真正的政治争议焦点议题却是是否应该将自卫队明文写进宪法。该议题披上了“隐身衣”，被罗列于自民党政策公约而少闻于安倍以及自民党候选人的选举演说。朝鲜危机应该交给谁来处理，很难成为选举论战中的党派争议议题。该争议议题的设定，有利于自民党而不利于在野党，在野党自然会避开对己不利的议题，因而很难成为选举论战的党派争议议题。消费税问题再次成为众议院选举的争议议题。无论是政策公约还是选举演说，各政党的政策主张泾渭分明。执政的自民、公明两党主张只要不发生类似“雷曼冲击”级事件，就如期于2019年10月将消费税率由8%提高至10%，由此将增加税收的一部分变更使用途径用于实施免费教育。在野党一方的主张则是“冻结”或“反对”提高消费税率。希望之党、日本维新会、立宪民主党以及日本之心等以“实际体会不到经济状况好转”为由主张冻结2019年10月的消费税增税。日共和社民两党则反对增加消费税，日本共产党要求终止消费税率提高到10%，社民党则主张将消费税率退回到5%。目前日本中央政府和地方政府债务总额已经超过1000万亿日元，国家财政支出的六成左右由税收支持。日本社会不断加速的老龄化使社会保障费用持续膨胀，主张冻结提高消费税率的各政党有必要拿出可行性方案，以替代消费税增税并稳定财政收入。对此，希望之党主张要研究对企业的盈余公积课税作为冻结消费税增税的替代财源。日本维新会主张通过“自身改革”即通过削减三成的国会议员年薪和国会议员人数以及削减两成的公务员薪金填充财源。日本共产党则主张对“富裕阶

① 「政権担当能力なら自民」、『朝日新聞』2017年12月19日。

层”的资产每年课以低税率即创设“富裕税”。立宪民主党主张重新研究金融课税。消费税增税对执政党来说是难过的“鬼门关”，在延期提高消费税率后又变更增税的使用途径，安倍做出该决策意在减少来自选民的选票“报复”。

为了避免真正的政治争议议题成为选举论战的焦点议题，安倍以及自民党候选人的选举演说较少涉及该议题，这是自民党制胜的选举策略。此次大选真正的政治争议焦点议题，也是大选后安倍内阁重点推进的政治议题，即修宪问题，尤其是是否应该将“自卫队明文写进宪法”。自民党、日本之心、日本维新会、希望之党以及公明党主张修宪，只是对“自卫队明文写进宪法”的提案在上述政党之间有“温差”；立宪民主党、日本共产党以及社民党反对修宪，尤其反对修改宪法第九条。对安倍来说，作为日本首相的“历史使命”是完成修宪课题，以彻底摆脱二战后所谓战胜国“强加”给日本的“战后体制”。但是，普通选民最关心的则是与他们生活密切相关的经济问题或经济政策。完成政治精英“历史使命”的必要条件是首先要在经济政策上满足普通国民的需求。经历过 2007 年 7 月参议院选举失败的安倍显然吸取了教训：要想赢得更多的选民支持或者选票，在选举演说中应该更多地宣传“安倍经济学”的经济效应以及免费教育等，选民“爱听”的政策不是如何修宪，修宪问题是胜选后的政治课题。2017 年 10 月 10 日大选公示当天，安倍在东北三县进行了四次演说，提及宪法和自卫队问题的仅有一次。在福岛县举行的第一次演说（21 分钟）中，用时最多的是震灾复兴政策（25%），其次是振兴农业（21%），然后依次是朝鲜问题（17%）、经济政策（14%）、批判在野党（11%）、消费税使用途径的变更（9%）。在各政党党首举行的第一次选举演说中，提及宪法问题的只有日本共产党、社民党和日本之心。[①] 但是，自 2017 年 5 月 3 日安倍提出将“自卫队明文写进宪法”的修宪提案后，该问题已经成为修宪论争的争议焦点。自民党内也存在不同意见，但“修宪四条款”仍被首次写进了自民党政策公约。自民党以实现首次修改宪法为目标，在政策公约中提出了“将自卫队明文写

① 「主要政策各党論戦」、『朝日新聞』2017 年 10 月 11 日。

进宪法”等四点修宪主张。该公约写道：“在坚持国民主权、尊重基本人权、和平主义三原则的基础上以修改宪法为目标。争取国民的广泛理解，在众参两院宪法审查会上加深讨论，与各政党联合，以‘自卫队明文写进宪法’‘充实强化免费教育’‘紧急事态应对’‘取消参议院选举区合区’等四项为中心，在党内外展开充分讨论的基础上，在国会提出修改草案，举行国民投票，以实现首次修改宪法。”① 对此，立宪民主党、日本共产党、社民党无论是党首的选举演说还是政策公约，都坚决反对自民党的修宪提案。立宪民主党政策公约明确规定，“反对脱离专守防卫、以破坏立宪主义的安保法制为前提的恶改宪法第九条”；日本共产党政策公约规定，“反对安倍政府修改宪法第九条”；社民党政策公约规定，“反对修改宪法，反对使第九条空文化的修宪”。主张修宪且明确支持修改第九条的政党，主要是日本之心和日本维新会。日本之心以自主制定宪法为目标；日本维新会主张修改宪法，赞成修改第九条，其政策公约规定，“根据国际形势的变化，为保护国民的生命和财产安全而修改第九条”。主张修宪且在修改第九条问题上有妥协空间的政党主要是希望之党和公明党。希望之党代表小池百合子虽然反对“将自卫队明文写进宪法”的提案，该党却将“推进包括第九条在内的修改宪法的讨论”写进了其政策公约。公明党主张通过“加宪”修改宪法，对于将“自卫队明文写进宪法”的自民党提案并未明确表态，该党政策公约表示，“对于自卫队明文写进宪法，并不是不理解其意欲消除自卫队违宪疑问的提案意图，但是，多数国民支持自卫队的活动且不认为自卫队是违反宪法的存在”。② 实际上，公明党在众参两院选举政策公约中都曾提出在坚持宪法第九条第一款和第二款的基础上，将自卫队写进宪法的“加宪”主张。

通过此次众议院选举重新“洗牌”，受“森友学园”“加计学园”丑闻的影响，2017 年上半年有所松动的安倍内阁执政基础被重新加固，自民党继续保持“一强”优势地位。对安倍来说，能够对其强大的政治权力产生影响的或许只有国民的反应即内阁支持率。

---

① 「10 党の公約（要旨）」、『産経新聞』2017 年 10 月 12 日。

② 同上。

二 在野党“多弱”格局进一步强化

在野党方面，最大在野党民进党众议院势力分裂，“多弱”格局进一步强化，呈“更多”“更弱”的态势。此次众议院选举结束后，在野党方面最大的变化是最大在野党民进党众议院势力分裂，一分为三；众议院解散后成立的立宪民主党成为战后日本政治史上势力最小的最大在野党。朝野政治势力力量对比悬殊，朝野两大政党议席差距巨大。

此次大选在野党方面所获议席总计130个，无党派22个议席。其中，2017年10月2日成立的立宪民主党赢得55个议席（包括选后追加1名无党派候选人），与大选公示前势力相比增加3倍以上；2017年9月25日成立的希望之党获得50个议席，与大选公示前势力相比减少7个议席；日本共产党由大选公示前的21个议席减为12个；日本维新会由大选公示前的14个议席减为11个；社民党议席不增不减，仍然维持2个议席。此外，无党派获22个议席，日本之心议席不保。

希望之党成立之初抢足先机。东京都知事小池百合子的动向在此次大选中备受瞩目，甚至一度被认为可能会掀起“小池旋风”。2017年9月25日下午，小池抢在安倍宣布解散众议院的记者会之前召开记者会，宣布成立新政党“希望之党”并就任代表，晚上则“转战”各大电视台直播连线节目，小池此举使希望之党赚足了媒体关注度。该党成立后，不仅民进党前国家公安委员长松原仁宣布退党后加入该党，甚至自民党现职副大臣福田峰之也宣布脱离自民党加入该党。

民进党代表前原诚司决定与希望之党进行事实上的合并。2017年9月26日深夜前原密会小池，前原提议“希望解散民进党，使民进党众议员申请希望之党的公认候选人”，受到小池的欢迎。不过，小池表示“民进党全体成员（的合并）有困难。我绝对不会在宪法和安全保障问题上让步”。[①] 2017年9月28日上午，民进党召开“执行干部会”和“常任干事会”，前

① 「検証民進党分裂（上）」、『朝日新聞』2017年11月19日。

原在会上提出与希望之党合并的方针。“常任干事会”虽有异议，但还是通过了前原提出的合并方针。9月28日下午，民进党召开众参两院全体议员大会，该大会同意了前原提出的与希望之党合并的决定。前原指出，包括比例代表候选人在内，此次大选不拥立民进党公认候选人，民进党公认候选人需向希望之党提出公认申请，被希望之党受理后以该党公认候选人身份参加选举。

小池“排除声明”的发表不仅使希望之党迅速“失势”，而且成为民进党众议院势力一分为三的导火索。2017年9月28日，民进党全体议员大会召开约两个小时后，小池在记者会上指出，“不赞成安保法制的人大概也不会来申请（希望之党的公认）”。9月29日，小池在记者会上就民进党与希望之党合并问题进一步明确表示，“全员接收毫无可能”，“要排除”[①]。小池发表“排除声明”的画面被电视台反复播放，该发言的刺激性效应不断“发酵”，使小池的形象一落千丈。此外，媒体“热炒”小池是否会辞去东京都知事出马竞选众议员，以及大选结束后如何决定希望之党首相选举提名人选等，也使小池此前宣传的此次大选是“政权选择选举”名不副实。再加上小池就任东京都知事以来并未取得实质性政绩，东京都知事能否胜任尚存疑问，多数东京都选民希望小池能够专心知事之职，但小池却仓促组建新党并兼任国会政党领袖。更重要的是，小池除上演“小池秀”引发媒体关注外，并未提出真正能够引发选民广泛关注的政策主张。“排除声明”戳破了过度膨胀的“小池热”泡沫，希望之党的“风头”很快被新成立的立宪民主党“夺走”。结果，希望之党未能保住大选公示前最大在野党的位置。舆论调查统计数据显示，关于今后绝对不想再投票的政党，希望之党（23%）位列第四，排在该党前面的分别是日本共产党（43%）、公明党（27%）和社民党（24%）；关于有执政能力的政党，仅有8%的被调查者列举了希望之党，排在其后的分别是日本维新会（5%）、日本共产党（4%）、民进党（4%）、社民党（1%）。该结果被认为可能与小池“全员接收毫无可能”“要排除”等发言招致选民反感有关。关于首相安倍、都知事小池、立宪民主党代表枝野幸男、自民党前干事长石破茂以及自民党政策

① 「検証民進党分裂（下）」、『朝日新聞』2017年11月21日。

调查会长岸田文雄等五人好感度的调查，小池的好感度最低。[①] 调查统计数据反映出选民不看好希望之党及其党首小池，这也是希望之党很快失势、所获议席不如立宪民主党的主要原因。

立宪民主党取代希望之党成为选民“追捧”的“新宠”，该党“跃进”的关键在于受到中高年龄层和“护宪”选民的支持。在小池“排除声明”发表之前，即2017年9月28日，较早脱离民进党的前环境相细野豪志在小池授意下即以不指名的方式“排除”了前首相野田佳彦等民进党资深政治家加入希望之党的可能性。小池“排除声明”发表的第二天即2017年10月1日，民进党代理代表枝野幸男与前原在民进党本部举行了会谈。枝野表示不打算与希望之党合并的议员可以作为民进党的公认候选人参加选举，被前原拒绝。10月2日，枝野召开记者会宣布成立新党“立宪民主党”。被小池“排除”、既无选举资金又无组织支持却毅然成立新党的枝野得到了选民的“同情”，选民的视线迅速从小池新党转向枝野新党。枝野新党“乘势”成为最大在野党。舆论调查数据显示，立宪民主党“跃进”的关键在于受到中高年龄层和“护宪”选民的支持。从选民不同年龄段在比例区投票给该党的比例来看，50岁以下的选民无论哪个年龄段投票给该党的比例均为20%以下。其中，18～29岁的为11%，30～39岁和40～49岁的为17%。50岁以上的选民无论哪个年龄段比例均在20%以上。其中，50～59岁的为26%，60～69岁的为25%，70岁以上的为24%。[②] 从选民重视的政策来看，在比例区投票给立宪民主党的选民中，主张反对修改宪法的为57%[③]；最重视宪法政策的选民中，认为立宪民主党最能妥善处理该问题的为44%，居第二位的是自民党（28%）[④]，说明支持者对立宪民主党的“护宪”功能寄予了很高期待。

此次众议院选举自民党大胜与民进党分裂、在野党拥立复数候选人密切相关。希望之党不能接受民进党全体众议员与之合并导致民进党众议院势力

① 「希望に拒否反応も」、『朝日新聞』2017年12月19日。

② 「立憲躍進カギは護憲・中高年」、『朝日新聞』2017年12月19日。

③ 「改憲本丸9条鮮明に」、『朝日新聞』2017年12月19日。

④ 「政権担当能力なら自民」、『朝日新聞』2017年12月19日。

一分为三：以民进党代表前原诚司为代表的保守派与希望之党合并；以民进党代理代表枝野幸男为代表的自由派成立新党立宪民主党；以前首相野田佳彦和前外相冈田克也等资深政治家为代表的无党派不加入任何一党。《读卖新闻》在众议院选举后即2017年10月23日和24日组织实施了一次全国舆论调查，调查数据显示，无党派层在比例区的投票对象并未集中于某一特定政党，而是比较分散。其中，投给自民党的为22%，立宪民主党为18%，希望之党为10%。与之形成对照的是，民主党政府诞生的2009年众议院选举投票后民调数据显示，无党派层的52%在比例区将选票投给了民主党。此外，根据《读卖新闻》的估算，在在野党候选人互相竞争的227个小选举区，执政党候选人获胜的选区是184个，其中有64个小选举区在野党各方候选人所获选票相加合计总票数超过执政党候选人。[①] 换言之，若在野党拥立统一候选人，执政党候选人获胜的小选举区将由184个减为120个。从比例区的得票率来看，立宪民主党（19.88%）和希望之党（17.36%）两党的得票率合计为37.24%，也超过自民党的得票率（33.28%）。[②] 各种统计数据说明，在野党势力分散、在小选举区不能拥立统一的候选人对自民党十分有利。

三　抓住有利时机解散众议院是自民党制胜的关键

在2017年上半年安倍首相面临信任危机、安倍内阁面临执政危机的背景下举行的此次大选中，已经做好议席减少思想准备的自民党却赢得284个议席。对此，安倍本人坦言，这一选举结果超出其预料。自民党在此次选举中意外“大胜”，除与竞争对手在野党分裂密切相关外，抓住有利时机解散众议院、利用“朝鲜紧张局势”赋予解散以“大义名分”，是自民党制胜的关键。

---

① 「2017年選挙回顧」、『読売新聞』2017年12月22日。

② 「第48回衆議院議員総選挙最高裁判所裁判官国民審査結果調（29.10.22執行）」、http://www.soumu.go.jp/senkyo/senkyo_s/data/shugiin48/index.html［2018-01-12］。

2017 年上半年，安倍首相遭遇其再度执政以来的最大信任危机和执政危机，致使自民党在东京都议会议员选举中遭到历史性惨败。该危机发端于 2017 年 2 月被媒体曝光的“森友学园”事件。2012 年 12 月安倍再次上台执政以来，直至 2017 年 2 月被爆出安倍及其夫人涉嫌支持以极端右翼思想经营幼儿园的学校法人“森友学园”事件，其执政基础可谓坚如磐石，一直维持很高的内阁支持率。“森友学园”问题被曝光后直至 2017 年 5 月中旬，安倍内阁仍然持续保持 50% 以上的高支持率。《产经新闻》和富士新闻网 2017 年 5 月 13 日、14 日实施的舆论调查统计数据显示，安倍内阁支持率为 56.1%，与上月相比减少了 3.2 个百分点。①

“森友学园”丑闻尚未平息，“加计学园”事件又被曝光。2017 年 5 月 17 日，《朝日新闻》报道指出，文部科学省有关“加计学园”增设兽医系的内部文件多处出现“首相的意向”字样，引爆安倍首相涉嫌为其好友经营的“加计学园”提供方便。此外，深受安倍偏爱与器重的时任防卫相稻田朋美被陆续爆出各种问题，却在安倍首相的偏袒或授意下迟迟不肯引咎辞职。稻田不仅涉嫌隐瞒南苏丹维和自卫队信息，还在国会答辩中有“虚假答辩”之嫌，以及在支持自民党东京都议会议员选举的演讲内容有涉嫌政治性利用自卫队的“违宪”失言。

受此影响，安倍内阁支持率跌入“危险水域”（20% ~30%），创下其再度执政以来的最低纪录。安倍首相本人涉嫌深陷其中的“森友学园”“加计学园”丑闻被接连曝光，以及涉嫌偏袒成为“问题阁僚”的亲信等问题叠加，终于导致居高不下的内阁支持率急剧下滑，跌破 50%。《产经新闻》和富士新闻网 2017 年 6 月 17 日、18 日实施的舆论调查统计数据显示，与上月相比，支持率减少了 8.5 个百分点，跌至 47.6%。② 系列丑闻的接连曝光，尤其是安倍难以证明其本人及其身边人如首相助理、内阁官房副长官等

---

① 「憲法、自衛隊の存在明文化『賛成』55.4% 現行憲法が『時代に合っていると思わない』59.1%」、http：//www.sankei.com/politics/news/170515/plt1705150013 - n1.html［2018 - 01 - 12］。

② 「安倍晋三内閣の支持率、8.5ポイント減の47.6%　加計学園の対応が影響か」、http：//www.sankei.com/politics/news/170619/plt1706190010 - n1.html［2018 - 01 - 12］。

并未为“加计学园”提供方便，从而消除来自国民的疑虑，更难以平息在野党与媒体的批判，导致其内阁支持率大幅度下滑，并创造了内阁支持率的最低纪录——2017 年 7 月首次跌破 30%（29.9%），进入“危险水域”。同时，内阁不支持率创新高（48.6%）。内阁不支持率超过支持率，是 2015 年 9 月首次出现“逆转”以来的第二次。[①]

安倍直面再度执政以来的最大信任危机。舆论调查统计数据显示，对于安倍首相有关“加计学园”问题的解释说明，近七成（67.3%）的受访者表示“不能相信”，只有一成多的受访者表示“能相信”（11.5%）。关于不支持内阁的理由，居首位的是“不能相信首相”（27.5%），与上月调查统计数据相比，增加了 8.7 个百分点，两个月内激增 14.9 个百分点。[②] 由此可见，安倍就有关“加计学园”问题“真相”的解释说明不能让国民信服。

为应对执政危机，安倍于 2017 年 8 月初改组内阁并调整了自民党人事安排，内阁支持率有所回升，但是不支持率依然高于支持率。从国民的反应来看，安倍此举受到了国民的欢迎。舆论调查统计数据显示，内阁改组以及自民党人事调整产生了积极影响。与上月相比，内阁支持率增加了 6.7 个百分点，回升至 36.6%，不支持率减少了 4.5 个百分点，降为 44.1%，但不支持率依然高于支持率。[③]

在安倍内阁深陷执政危机之际，民进党也面临严重危机。民进党在东京都议会议员选举中惨败，先是干事长野田佳彦引咎辞职，接着莲舫代表也不得不于 2017 年 7 月 27 日宣布辞职，民进党进入“政治空窗期”。同时，不断有民进党议员退党准备加入小池新党。9 月 1 日，前原诚司就任民进党新代表，前原新代表领导下的民进党尚未起航便遭遇挫折，内定为干事长尚未正式宣布的山尾志樱里被爆出与有妇之夫搞婚外恋。民进党的“希望之星”山尾被爆出丑闻，导致不能有效阻止退党“多米诺”的民进党面临雪上加

① 「安倍内閣支持 29.9% に急落」、https：//www.jiji.com/jc/article？k = 2017071400769&g = pol［2017 - 10 - 25］。

② 同上。

③ 「内閣支持率 6ポイント上昇、36%」、https：//www.jiji.com/jc/article？k = 2017081000786&g = pol［2017 - 01 - 13］。

霜的局面。受此影响，民进党支持率下跌 0.5 个百分点（6.4%），自民党政党支持率则增加至 38.0%。[①] 国会两大政党的支持率差距巨大，可见作为最大在野党的民进党是无力抗衡自民党的。

此外，东京都知事小池准备乘东京都议会议员选举掀起的"小池热"之势成立新党，小池"新党"的动向备受安倍以及自民党关注。在民进党不受国民欢迎、不能成为取代自民党的替代选项之际，小池"新党"必然成为国民"惩戒"自民党的投票对象。

不过，"紧张的朝鲜局势"发挥了挽救安倍内阁支持率的作用。朝鲜继 2017 年 7 月和 8 月试射洲际弹道导弹后，又于 9 月初进行了第六次核试验，"朝鲜威胁"成为安倍凝聚国内支持、摆脱执政危机的外部动因。时事通讯社 2017 年 9 月 8 ~ 11 日实施的舆论调查统计数据显示，与上月相比，安倍内阁支持率增加了 5.2 个百分点，回升至 41.8%。[②]

安倍抓住了解散众议院举行大选以摆脱执政危机的最佳时机。决定解散众议院时机的重要考量指标，就是内阁支持率。2017 年 9 月，时隔三个月内阁支持率终于超过不支持率且回升至 40% 以上。最大在野党民进党内部危机严重，小池"新党"准备不足尚未"成势"。在安倍看来，此时解散众议院举行大选对自民党最有利。2017 年 9 月 17 日，"安倍首相已经决定将于 9 月 28 日临时国会召开后立即解散众议院举行大选"的消息见诸报端。[③] 然后就是赋予解散众议院一个名正言顺的"大义名分"。在 2017 年 9 月 25 日的记者会上，安倍将"紧张的朝鲜局势"认定为日本的"国难"，并表示"决心要倾注全部心力，与国民一起突破这应该称之为国难的问题"。[④] 此次解散众议院被命名为"突破国难解散"。因此，说安倍所谓"紧张的朝鲜局势"——"国难"挽救了安倍、重新加固了安倍内阁的执政基础也不为过。

---

① 「衆議院解散"追い風"内閣支持率 5 割回復、自民支持 38.0% に増加民進党は下落」、http：//www.sankei.com/politics/news/170918/plt1709180014 - n2.html［2018 - 01 - 13］。

② 「内閣支持 41% に回復」、https：//www.nippon.com/ja/genre/politics/l10499/［2018 - 01 - 13］。

③ 「臨時国会冒頭にも解散」、https：//www.jiji.com/jc/article? k = 2017091700206&g = use［2017 - 10 - 25］。

④ 「安倍首相解散表明記者会見の全文」、『読売新聞』2017 年 9 月 26 日。

四 2018年内国会动议修宪难度不小

2017年第48届大选后，至2019年7月参议院定期选举之前，影响日本政治局势走向的重要内政议题主要有两个：一个是2018年9月自民党总裁选举；另一个是各派政治势力能否就自民党的“自卫队明文写进宪法”提案形成2/3多数共识，并在国会提出修宪动议。

2018年9月自民党总裁选举安倍首相胜券在握，领导自民党赢得国会选举“五连胜”是其最大的政治资本。国政选举“五连胜”包括三次众议院选举、两次参议院选举。在三次众议院选举中，自民党所获议席均超过绝对多数稳定议席，加上公明党议席，执政两党连续三届大选后控制众议院2/3以上议席。在2017年10月23日的记者会上，安倍开心地“自我表扬”道：“自民党连续三次在众议院选举中控制过半数议席，几乎是时隔半个世纪（确切地说是1972年众议院选举以来时隔45年）之久取得的选举‘战绩’。在同一个总裁领导下连续三次获胜是自民党建党60多年历史上的第一次。”[①] 在参议院选举中也有值得“大书特书”的“战绩”。在2016年7月举行的参议院选举中，自民党自1989年失去单独控制参议院过半数议席以来时隔27年之后，重新单独控制参议院过半数议席。“五连胜”“时隔半个世纪”“建党60多年历史上的第一次”等可以用一系列“数字”来衡量的选举“政绩”，成为安倍竞选第三个总裁任期的政治资本，尤其是2017年10月举行的众议院选举，为安倍2018年9月自民党总裁选举的三选连任扫清了障碍、铺平了道路。

不过，安倍在2018年内向国会提出修宪动议难度不小。各派政治势力能否就自民党的“自卫队明文写进宪法第九条”提案达成妥协。有关修宪问题，目前日本国内政治环境已经整备“成熟”，除日本共产党和社民党外，其他各派政治势力争议的焦点不是是否修宪，而是如何修宪，尤其是是否应将“自卫队明文写进宪法”。自民党宪法修改推进本部2017年内就

---

① 「安倍首相会見要旨」、『産経新聞』2017年10月24日。

“修宪四条款”整理了党内的不同意见，就是否应将自卫队明文写进宪法的提案整理了党内两方的不同意见：一个是在保留第九条第一款和第二款的基础上将自卫队明文写进宪法的安倍首相提案；另一个是主张删掉第九条第二款的前防卫相石破茂提案。自民党预计将于2018年3月底拿出最终提案。反对安倍内阁修宪的最大政治势力是最大在野党立宪民主党，该党反对安倍首相的修宪草案，采取与安倍内阁正面对抗的立场。然后是日本共产党和社民党，两党竭力阻止修宪。明确支持安倍内阁修宪的在野党是日本维新会。希望之党并未全面否定安倍首相提出的“自卫队明文写进宪法”提案，该党内不乏强烈希望修宪的议员，该党宪法调查会长细野豪志对该提案给予了积极评价。自民党对希望之党寄予很大的期待，若能够得到希望之党的配合，则能满足公明党“与在野党达成共识”的要求。因此，在修宪的推进派自民党与反对派立宪民主党、日本共产党和社民党的激烈斗争中，公明党与希望之党的动向成为影响安倍内阁修宪进程的关键势力。从政治日程安排来看，例行国会审议修宪条款的时间比较紧张。为此，或者大幅度延长会期，或者在秋季召开的临时国会继续审议，另外，2018年9月还有自民党总裁选举。因此，2018年内国会动议修宪难度不小。

B.4

安倍“自卫队入宪论”综合评析

张晓磊*

摘　要： 安倍提出“自卫队入宪论”是日本的修宪右翼团体“日本会议”、“日本会议国会议员恳谈会”、“民间宪法临时调查会”以及右派智库“日本政策研究中心”等修宪组织和势力精心酝酿的结果。“自卫队入宪论”的提出，本质上是以安倍为代表的右派政治家为推动日本修宪尽快迈入实操阶段而蓄谋已久的政治策略。“自卫队入宪论”尽管在2017年接连遭遇挫折，但并没有改变往前推进的走势。2017年日本护宪派和修宪派的斗争，主要围绕自卫队明文写入宪法第九条是否会改变自卫队的任务、权限，是否会改变日本的防卫政策以及是否会改变宪法第九条及宪法的性质而展开。综合政治、社会、法律三重因素来看，未来“自卫队入宪论”成为“自卫队入宪案”并通过国民投票的可能性较大。

关键词： 日本　修宪　自卫队入宪论　宪法第九条

修宪一直是日本自民党的立党理念，更是现任党首安倍晋三的夙愿。2017年，日本迎来“和平宪法”施行70周年。在这个重要年份，日本的修宪势力蠢蠢欲动，试图推动日本修宪进入实际操作阶段。在2017年5月3日的宪法纪念日上，安倍首相呼应修宪势力，在一段为鼓励修宪集会发表的视频中明

* 张晓磊，法学博士，中国社会科学院日本研究所副研究员，研究方向为日本政治、日本宪法及安保法。

确提出了对修宪内容和期限的看法。其中，对于如何修改宪法第九条，安倍抛出了“自卫队入宪论”，即在保留第九条前两款的前提下，将自卫队明文写入第九条。那么，安倍“自卫队入宪论”的提出背景是怎样的，经历了何种酝酿过程，背后的动机是什么，最新进展如何，各方对“自卫队入宪论”的态度怎样，争论点集中在哪些地方，“自卫队入宪论”未来成为自民党国会修宪案的可能性有多大，这成为2017年日本政坛最令人关注的焦点之一。

一　安倍“自卫队入宪论”的提出背景、动机及进展

“自卫队入宪论”的提出看似突然，实则经过了反复酝酿和周密部署，本质上是安倍为加快修宪进程而实施的一种政治策略。从2017年的推进过程看，“自卫队入宪论”并非一帆风顺，而是在经历了一波三折后缓慢推进。

（一）从日本修宪右翼团体的“九条加宪案”到安倍的“自卫队入宪论”

从自民党内部的视角来看，安倍“自卫队入宪论”的提出具有突发性，这一修宪论调与2012年自民党在野时制定的“宪法草案”中关于如何修改宪法第九条的建议有较大的出入，这也引起了自民党内一些高层的异议。鉴于此，我们更有必要搞清楚安倍“自卫队入宪论”的提出背景。

实际上，安倍“自卫队入宪论”的提出与日本的修宪右翼团体“日本会议”、“日本会议国会议员恳谈会”、“民间宪法临时调查会”以及右派智库“日本政策研究中心”等有着相当密切的关系。可以说，安倍提出“自卫队入宪论”是上述修宪组织和势力精心酝酿的结果。

早在2016年9月，右派智库“日本政策研究中心”的代表伊藤哲夫就在智库主办的杂志《明日的选择》（2016年9月号）中提出了“九条加宪案”，认为宪法“第九条应加入第三款，此款要说明前两款没有否定为行使国际法上的自卫权而成立实力组织”。随后，“日本政策研究中心”的研究部部长小坂实又在《明日的选择》（2016年11月号）发表文章强调：“由于中国、朝鲜的‘威胁’，旨在制约自卫队能力的宪法第九条第二

款是一种‘阻碍’，必须尽快删除第九条第二款，或者添加以‘自卫队明记’为内容的第九条第三款，从而达到使第二款空文化＝死文化的目的。”①这两篇文章的观点与安倍“自卫队入宪论”一脉相承。

2017 年 3 月 15 日，修宪右翼团体“日本会议”和“日本会议国会议员恳谈会”召开年会，确立了 2017 年的运动方针，将修宪作为优先课题，提出将自卫队明确写入宪法，“作为行使基于国际法上的自卫权的组织，应该为其在宪法中寻找合适的位置”。这一提议与“日本政策研究中心”的观点如出一辙，这是因为伊藤哲夫本人便是“日本会议”的政策委员，他从安倍第一次执政时期起就是安倍的智囊成员，而安倍本人也历任“日本会议国会议员恳谈会”的成员、副干事长等。应当说，此次年会主题的确认在某种意义上促使“自卫队入宪论”的提出成为一种必然。

如果说，截至 3 月 15 日上述修宪右翼团体的“自卫队入宪”言论与安倍的“自卫队入宪论”还处于一种遮遮掩掩的关系中，那么到了 5 月 3 日宪法纪念日，两者间的渊源关系可谓“昭示天下”。5 月 3 日，安倍在给一修宪团体的视频寄语中抛出了“自卫队入宪论”，这个修宪团体名为“民间宪法临调”，而“民间宪法临调”其实是“日本会议”的另外一块招牌，参加“民间宪法临调”的人员包括日本会议代表田久保中卫、日本会议事务总长椛岛有三以及多数日本会议的成员。安倍在宪法纪念日上发表的这段视频寄语，俨然是与日本会议排练已久的一段“双簧”，其脚本正是日本会议关于宪法第九条的修改建议。

（二）“自卫队入宪论”是安倍为实现修宪夙愿而权衡利弊后的策略性选择

从“自卫队入宪论”的酝酿过程来看，安倍的这一修宪言论绝非一次简单的“拍脑门”作秀。综合安倍多年来的修宪言论以及安倍政府面临的各种因素来看，此次“自卫队入宪论”的提出本质上是以安倍为代表的右

① 中祖寅一「安倍改憲　自衛隊明記の危険　改憲発議を許さない」、『前衛』2017 年 9 月号。

派政治家为推动日本修宪尽快迈入实操阶段而蓄谋已久的政治策略。

以2016年7月自民党和公明党执政联盟在日本参议院选举中获得胜利、修宪势力占据2/3以上议席为标志，安倍的“修宪大计”总算迎来了具有实操可能性的阶段。也就是说，在安倍的修宪计划中，实际上之前一直致力于在日本社会和国民中营造有必要修宪的舆论，而并未在如何修宪上投入过多精力。此前，担任首相后的安倍从未真正公开表露过关于如何修改日本宪法的想法，只是在多种场合表示要推动修宪这一议题在国民和国会中展开讨论。关于如何具体修改日本宪法，在安倍抛出“自卫队入宪论”之前，2012年自民党在野时提出的“宪法修正草案”可以算是代表自民党共识的一套具体方案，但当时自民党还未取得政权，这一“草案”不免具有一定的理想化色彩和竞选承诺的性质。更何况，在安倍第二次上台执政后，这一“草案”中关于彻底修改宪法第九条、建立国防军的建议不但没有得到国民和舆论的支持，甚至没有得到自民党的执政联盟公明党的赞成。这也使安倍在关于如何具体修改日本宪法问题上更加谨言慎行。

从2016年7月到2017年5月抛出“自卫队入宪论”近一年的时间，应当是安倍及其背后的修宪右翼团体及右派政治家集中讨论具体修宪方案的一个阶段。客观上，“自卫队入宪论”从性质上来说作为一种修宪的折中和对冲方案，的确在很大程度上既满足了安倍及自民党的修宪意愿，又避免了其执政同盟公明党的坚决反对，还能得到部分日本国民的理解。

对安倍本人而言，如果不修改宪法第九条，修宪就失去了其实质意义，1996年安倍在担任众议院议员时就主张必须通过修改宪法第九条让国民了解日本是拥有自卫权的，2004年在自民党干事长任上的安倍甚至认为修改宪法第九条的修宪观是一种常识，2017年安倍在党内的“亲密战友”古屋圭司在其文章中一语中的，他认为，“像安倍总裁一样的我们这些保守政治家已经推动修宪讨论20多年了，明白最重要的最根本的就是修改宪法第九条”①。也就是说，对于修宪这一计划，安倍的目的不但是要推动成功修宪，还要成功修改宪法第九条，这对他来说将是未来能够“名垂青史”的最大

① 古屋圭司「九条改正　自民党総裁の覚悟」、『正論』2017年8月号。

一笔政治遗产。

而要想在任内成功推动修宪案的提出并获得过半数投票国民的赞成，安倍既要解决政权不稳带来的民意支持率波动问题，还要与时间赛跑。2017年以来“加计学园”、“森友学园”等丑闻对安倍的长期政权带来了较大的政治冲击，要想使修宪顺利进入政治日程，其必须选择一种更为谨慎、安全同时又不实质上改变其本人修宪观的方案，正如古屋圭司所说，推动修宪只许成功不许失败，因为一旦失败，恐怕就不会再有第二次机会了。[①] 同时，在修宪时间表方面也进入了争分夺秒的阶段，如果安倍在2018年9月的自民党总裁选举上成功连任，按照安倍提出的2020年实施修改后的宪法日程表以及《国民投票法》的规定，那么最晚到2019年秋天，就必须举行关于宪法修正案的国民投票。以上就是安倍在修宪问题上与公明党进行政治对冲、做国民工作的政治动机。

（三）“自卫队入宪论”2017年进展：一波三折中缓慢推进

2017年7月东京都地方选举之前，“自卫队入宪论”在自民党内的讨论总体上是在加速进行。安倍在5月3日抛出“自卫队入宪论”后，很快便于5月8日在其自民党高层会议中要求加速关于其修宪言论的讨论。5月12日，安倍指示自民党宪法修改推进本部长保冈兴治启动制定自民党新的宪法修改草案的工作。安倍当时理想的计划，是在2017年内能够汇总出自民党新的宪法修改草案。根据安倍的指示，5月24日，自民党宪法修改推进本部召开会议，宣布自民党的高层领导如干事长二阶俊博、总务会长细田博之、政务调查会长茂木敏充以及代理干事长下村博文加入推进本部，目的在于在党内加快对安倍修宪言论的讨论。此次会议还决定朝着2017年内出台自民党新修宪草案这一目标努力。6月6日，有自民党高层加入的自民党宪法修改推进本部召开会议，正式确定了拟于2017年内汇总自民党新修宪草案的方针，并启动了具体的讨论工作。为了配合上述推进本部的工作，6月24日，安倍在神户《正论》杂志恳谈会设立纪念特别讲演会中提出，希望

① 古屋圭司「九条改正　自民党総裁の覚悟」、『正論』2017年8月号。

能够在2017年秋季临时国会上提出自民党新修宪草案。[①] 2017年5月、6月两个月，“自卫队入宪论”在自民党内可谓掀起了高潮，尽管面临一些不同意见，但总体上依然处于安倍的掌握之中。

然而，事与愿违，2017年7月自民党在东京都地方选举中大败，这一事件与2017年5月之后不断被爆出的“森友学园”丑闻共同发酵，使安倍内阁民意支持率大跌。为了重整旗鼓，挽回支持率，2017年8月安倍紧急改组了内阁。鉴于以上态势，在加快修宪讨论方面，2017年7月、8月两个月可以说是暂时偃旗息鼓。8月安倍改组完内阁之后，才重新获得了加速自民党内修宪讨论的时间和空间。但8月改组内阁提振自民党支持率的效果乏善可陈，加之与安倍相关的丑闻仍在发酵，在东京都地方选举中大胜的小池百合子趁热打铁成立新党，意欲参加国政选举。各种外部的负面因素与自民党内一直对“自卫队入宪论”持异议的意见相互叠加，使自民党内汇总新修宪草案的压力逐渐增大。

在不利条件增多的情况下，安倍仍然没有改变年内向国会提交自民党新宪法修正案的原定计划。为此，9月12日，自民党宪法修改推进本部召开会议，试图继续加快安倍的“自卫队入宪论”写入新宪法修正案的讨论，但自民党内仍然意见不统一，大约六成党员支持安倍的修宪言论，还有四成仍然坚持以废除宪法第九条第二款为主要内容的2012年自民党宪法修改草案。[②] 除此以外，给安倍修宪进程带来最大打击的是公明党当时明确否定了安倍于年内提出修宪草案的意见，9月12日，公明党的干事长斋藤铁夫表示在下届众议院总选举之前一年半的时间段内并没有启动修宪的环境[③]，这等于直接否决了安倍努力了近半年的修宪日程。至此为止，安倍的“自卫队入宪论”可以说是遇到了第二次挫折，从“自卫队入宪论”到自民党“自卫队入宪草案”的转化一时陷入停滞。

---

① 安倍晋三「自衛隊が『違憲』でいいのか」、『正論』2017年9月号。

② 田嶋義介「自民党は9条含む党改憲案を秋の国会に出し、来年発議めざすが、公明慎重で不透明」、『マスコミ市民』2017年10月号。

③ 田嶋義介「自民党は9条含む党改憲案を秋の国会に出し、来年発議めざすが、公明慎重で不透明」、『マスコミ市民』2017年10月号。

为了不使自己的修宪夙愿功亏一篑，也为了解决内阁支持率大跌的燃眉之急，2017 年 9 月 28 日安倍釜底抽薪，解散了众院提前举行大选，10 月 22 日选举结果揭晓，安倍领导的自民党与公明党执政联盟获得 2/3 以上议席，赢得了大选。从修宪层面来看，此次提前解散众院并赢得选举对安倍继续推动修宪进程是有利的，一是进一步巩固了修宪草案在国会通过的议席条件，二是事实上化解了公明党对修宪所持的谨慎和在行动上不配合的态度。

总的来看，在经历了一波三折后，关于安倍“自卫队入宪论”的讨论没有如想象中进展那么快，安倍此前设计的在 2017 年秋季临时国会上提出自民党新的修宪草案的计划实际上已彻底破灭，但“自卫队入宪论”仍然没有停下向“自卫队入宪案”推进的步伐。目前，自民党已经开始了执政党和国会层面同时展开修宪进程的“两条腿”策略。自民党内已决定在 2018 年春季例行国会上提交修宪案，鉴于自民党要在 2018 年 3 月的党大会上对修宪案的具体内容进行总协调，预计向国会提交修宪案的具体时间可能要在 3 月党大会以后；国会方面，2017 年 12 月 6 日，日本参议院宪法审查会也已经重启了对修宪的实质性讨论。

二　各方态度与争论点

安倍提出的“自卫队入宪论”在自民党内部、自民党和公明党执政联盟内部、执政党和在野党间、护宪派和修宪派间以及日本国民中引起了巨大的争论。本部分旨在对各方态度做一简要梳理，并对几个主要的争论点进行学理上的客观评析，以便对安倍的“自卫队入宪论”有一个全面客观的认识。

（一）各方态度概要

1. 自民党内部的态度

如前所述，自民党内部同意安倍修宪意见的大约占六成，还有四成持异议。同意安倍意见的自民党党员中，大多对安倍一改 2012 年自民党宪法修改草案中修改宪法第九条的意见表示理解和支持，认为这是在现实的政治环境中推动修宪的变通策略。原自民党副总裁高村正彦在谈到安倍的“自卫队入宪论”时表示：“我相信安倍总裁跟我一样仍然认为应当删除第九条第二款，但是理想与现实是有差距的，修宪派中的学者和政治家的态度是有差异的，政治家追求修宪议案实现的最大可能性，只要做到与现在相比更好，那么政治家推动的修宪就具有重要意义。在现有的政治环境下，如果我们一味寻求在宪法中设立‘国防军’，那最后很难让国民接受。”① 自民党选举对策委员会委员长古屋圭司也认为：“尽管修宪派的主流观点是全面删除第九条第二款，但现实状况是最终有权同意修改宪法的主体既不是安倍总裁，也不是国会议员，而是以国民投票行使权力的日本国民，所以尽管总裁内心是想彻底改变第九条，但考虑到国民投票的流程和国民的意见，就必须采取折中的策略。”②

持异议的自民党党员中，一方面的意见认为，从“自卫队入宪论”本身来看，其与2012年自民党宪法修改草案还是有较大出入的，两者间如何在逻辑上进行统一，需要进一步讨论；另外一方面的意见，主要质疑安倍仓促提出修宪言论、未在党内充分讨论、太过专权的做法，如石破茂、岸田文雄这些可能会在未来接替安倍首相的党内高层都或多或少表达出了上述意见。由此可见，这些异议充斥着党内政治斗争的痕迹，“自卫队入宪论”在自民党内部并未遭到实质性的抵制。

2. 公明党的态度

公明党对安倍修宪言论的态度经历了一个细微变化的过程。2017年5月，公明党的北侧一雄副代表表明了对修宪的慎重态度，他认为，“公明党关于‘自卫队入宪论’的看法是，在维持第九条前两款的前提下，如果有必要可以追加新的条文；从现实来看，2016年开始实施的和平安全法制是以宪法第九条规定的明确的自卫措施范围为根据的，能够确保日本的安全。另外，既然自卫队已经获得了多数日本国民的支持，那又何必要对第九条进行修改呢？”③ 而到了9月，如前所述，公明党的态度就成了在总选举前不宜

① 高村正彦、潮国人「私達だって9条2項は削りたい」、『正論』2017年9月号。

② 古屋圭司「九条改正　自民党総裁の覚悟」、『正論』2017年8月号。

③ 田嶋義介「自民党は9条含む党改憲案を秋の国会に出し、来年発議めざすが、公明慎重で不透明」、『マスコミ市民』2017年10月号。

启动修宪进程，言外之意是如果总选举后政权稳定，就不反对启动修宪进程。

3. 在野党和日本国民的态度

持坚决护宪态度的日本共产党和社民党长期以来反对修改宪法第九条，因此自然反对安倍的“自卫队入宪论”。立宪民主党和希望之党总体上都持修宪态度，但在具体如何修改宪法方面与自民党存在分歧。立宪民主党反对安倍的“自卫队入宪论”，认为如此将会大大改变日本的专守防卫政策，希望之党则强调有必要推进明确自卫权范围的修宪讨论。

日本国民的态度也经历了一个细微的变化过程。2017 年 5 月安倍刚提出“自卫队入宪论”时，对于安倍的修宪言论，持支持和反对态度的受访国民都未超过半数，2017 年5 月 13 日、14 日《朝日新闻》做的民意调查显示，关于是否有必要将日本自卫队的存在明文写入宪法第九条内，41% 的受访者认为“有必要”，回答“没必要”的占 44%。而经过半年时间，超过半数的受访国民持反对态度，共同社 2017 年 11 月 1 ~2 日实施的舆论调查结果显示，52. 6% 的受访者反对安倍提出的将自卫队明确写入宪法第九条的方案，表示赞成的比例仅为 38. 3%。

（二）争论点评析

2017 年，日本护宪派和修宪派斗争的焦点实际上主要集中在关于安倍“自卫队入宪论”的争论上，这些争论点主要围绕如果按照安倍的“自卫队入宪论”将自卫队明文写入宪法第九条是否会带来一系列影响而展开。具体表现在以下三个方面。

1. 自卫队入宪是否会改变宪法第九条及宪法的性质?

支持安倍“自卫队入宪论”的修宪派认为，安倍的“自卫队入宪论”从性质上来说属于增加宪法第九条第三款或者第九条第二款之二的“加宪论”，这不会改变宪法第九条的性质，自然也不会改变“和平宪法”的性质。

而护宪派认为安倍的“自卫队入宪论”是“挂羊头卖狗肉”，处处标榜和宣传“自卫队入宪论”是“加宪论”，其本质却是不折不扣的“修宪论”，更何况从法理上来说，“加宪”本就是“修宪”的其中一种形态，“加宪”的实质仍然是修宪。修宪派之所以打着“加宪论”的幌子，其真实目的在于最大程度地降低“修宪”这一字眼在舆论和国民层面带来的负面影响，通过使用“加宪”字眼突出强调“和平宪法”与之前相比没有发生实质改变，从而一步步推动修宪进程。事实证明，修宪派的手法的确产生了一定的效果，2017 年 5 月 14 日《读卖新闻》的民意调查中就使用了包含“加宪”字眼的关于受访者是否同意在维持宪法第九条第一、第二款的前提下追加写明自卫队的存在的调查问题，受访者中有 53% 表示赞成，而如前所述，同期其他日本媒体的民意调查数字与此大相径庭。

对于护宪派和修宪派的这一争论点，客观而言，从学理上看，护宪派的理由更充分一些，修宪派的确是在利用“偷换概念”的手法，大打宣传牌和舆论战，企图将修改宪法第九条的重大事项包装成看似微不足道的“加宪”小事件。安倍的“自卫队入宪论”或者说“九条加宪论”既不符合立法学的基本原理，也超越了宪法学上修改宪法的基本界限。从法律适用原理上看，位于同一位阶的法律之间，后法优于前法，这是立法学上的一项基本原理。按照这一原理，“九条加宪论”将会使宪法第九条第三款或者说第九条第二款之二与第九条第一、二款产生矛盾和混乱，从而在立法效果上使第九条前两款失去法律意义，这本身就已经超越了修改宪法的基本界限。如前所述，实际上这也是日本右翼集团提出“加宪”策略时包含的真正政治意图，意在使宪法第九条前两款“空文化”。

2. 自卫队入宪是否会改变自卫队的任务和权限？

2017 年 11 月 21 日，安倍在日本参议院回应各党代表质询时，针对自己“自卫队入宪”的言论，非常明确地表态称将自卫队写进宪法不会改变自卫队的任务和权限。对于安倍在参议院的上述表态，需要明确两点：一是安倍关于自卫队入宪不会改变自卫队的任务和权限的表态没有法律效力，也就是说，如果未来自卫队真的入宪，其言论无法构成自卫队的任务和权限是否变更的法理依据；二是安倍对上述表态并未给出合理的、合法的解释。

从学理上看，要厘清自卫队入宪与自卫队任务和权限的关系，首先要搞清楚自卫队的任务和权限是由哪些法律规定的。按照日本现有的宪法和法律框架、立法学原理以及法律适用规则，宪法、宪法解释和《自卫队法》等安全保障系列法案等构成了自卫队任务和权限的法律依据。要确定自卫队的任务和权限是否会因为自卫队入宪而发生改变，就需要证明自卫队入宪是否会改变相应的宪法条文含义、相应的宪法解释效力以及相应的下位法。按照这样的法理逻辑，要论证自卫队入宪是否会改变自卫队的任务和权限，就转换为要论证自卫队入宪是否会改变宪法性质及第九条内涵、是否会改变宪法解释以及是否会改变相应的安全保障系列法案中有关自卫队任务和权限的法条。三个“是否改变”实际上环环相扣，如果自卫队入宪改变了宪法性质及第九条内涵，那么日本政府历年对第九条的宪法解释也自然需要调整和改变，而如果宪法第九条及宪法解释都发生了改变，安全保障系列法案的上位法也就发生了改变，作为下位法的安全保障系列法案自然就需要进行相应的修改。

护宪派也正是从上述法理逻辑出发对安倍的修宪言论进行批判的。关于日本宪法性质的改变，在前文争论第一点中已经做了阐述，结论是日本国宪法的性质会因自卫队入宪而发生根本改变，在此不再赘述。关于自卫队入宪如何改变宪法第九条，其一，前文中指出，现有的宪法第九条第一款和第二款将会因自卫队入宪而成为“一纸空文”，从而失去其本应有的作为宪法中限制性规范而产生的对国家公权力的制约；其二，宪法第九条不仅会因此失去其制约作用，更会因为自卫队明确写入本条，而在宪法规范的性质上发生180度的转弯，即从宪法上的制约规范转化为授权规范。过去，正是因为有了宪法第九条关于日本安全保障方面国家公权力的制约，日本才能一直保持“专守防卫”的安全政策，沿着和平的发展道路行进。尽管安倍分别在2014年和2015年通过了解禁集体自卫权的宪法解释和新安保法案，但集体自卫权也只是部分解禁，新安保法案的实施也经常遭遇阻力，其中根本的制约因素正是宪法第九条的存在。而现在自卫队入宪不但在宪法第九条中明确了自卫队的存在，更为深层次的是它“摇身一变”成为未来日本进一步突破自卫权、制定更为激进的安全政策的最高上位法根据。

再来看宪法解释。2017年6月6日，在自民党宪法修改推进本部的会议中，本部长保冈兴治提出的关于第一个研究的修宪项目就是“不改变日本政府历年宪法解释前提下自卫队在宪法中的位置”①。这其实是一个“不

① 小沢隆一「本格化する『安倍改憲』の動きと理論的対決点」、『前衛』2017年8月号。

可能完成的任务”。众所周知，日本政府关于宪法第九条的解释，其对象正是现有的宪法第九条本身，一旦自卫队入宪成为现实，那么宪法第九条的条文本身自然会发生改变。试问，日本政府以往关于宪法第九条的解释又如何具有法律效力呢？自卫队入宪后，日本政府做的第一件事必定是更新关于宪法第九条的解释，这是顺理成章的事情。至此，我们可以推理得出，未来一旦自卫队入宪，日本政府的宪法第九条解释会变，日本的新安保法作为下位法也一定会发生变化，安倍的“自卫队入宪论”远不是其所宣称的那样只是“加宪”或者对“自卫队”的简单“追认”。

3. 自卫队入宪是否会改变专守防卫政策？

目前，专守防卫、非军事大国化、无核三原则以及文官统治构成了日本防卫政策的总体框架，其中最重要的防卫原则便是专守防卫。所谓专守防卫，其核心理念是日本始终保持以自卫为目的的必要的最小限度的防卫力量，即便当日本遭到武力攻击时，在防卫力量的行使上仍然坚持以自卫为目的的必要的最小限度的范畴。根据上述专守防卫政策，日本不允许拥有洲际弹道导弹、远程战略轰炸机以及攻击型航母等攻击型武器。① 那么，一旦自卫队入宪，日本上述专守防卫政策是否会发生改变呢？这成为护宪派批判安倍修宪言论的第三个重要论点。

护宪派认为，日本上述防卫原则、理念和政策都是基于日本政府在现有宪法第九条框架下对自卫权的解释，而自卫队入宪一旦成为现实，如前所述，相应的日本政府解释便会自动失效，此前确定的一系列防卫政策实际上连行政性法律文件的法律效力都要被打上一个大大的问号。在此背景下，宪法上对自卫队形成制约的唯一“紧箍咒”便失效了，这将使一系列过去在日本不可能被讨论的防卫问题提上日程，比如是否重新设置军事法庭、是否全面解禁集体自卫权的行使等问题，这就意味着对日本是否还需要保持以自卫为目的的必要的最小限度的防卫力量这样的问题将会被提上政府的议事日程。依照安倍第二次上台执政以来推动防卫政策变革的速度和力度，自卫队入宪后日本专守防卫政策的改变将是一个大概率事件。

① 防衛省『平成29年版防衛白書』、日経印刷株式会社、2017年、232頁。

修宪派在2017年安倍抛出“自卫队入宪论”后关于日本防卫力量的回应和讨论，也证明专守防卫政策的改变不是空穴来风。原日本自卫队统合幕僚长斋藤隆在2017年5月3日接受《读卖新闻》采访时强调，应该避免极端的、绝对的专守防卫观点。他举例说，过去自卫队飞机的长距离航程以及空中加油装置等都被作为外界批判自卫队违反专守防卫原则的根据，如果自卫队入宪，专守防卫的原则应该加以缓和，比如如果有自卫的必要，自卫队飞机是可以进入攻击国领土之内的。修宪右翼团体“日本会议”的政策委员伊藤哲夫也持类似的观点，他认为现有的宪法第九条对自卫队的限制是一种“不必要的制约”。他举例说，在防卫战斗的现场，自卫队员随机应变的处理非常棘手，这个时候应该坚持“法无禁止即可为”，而不应该一项项检查自卫队员的每一项行动权限是否都有法律根据。① 按照伊藤哲夫的法律适用逻辑，专守防卫将会被毫无限制地扩大化解释，从而使这一理念失去其存在的价值。

三 “自卫队入宪论”的实现可能性

尽管安倍的“自卫队入宪论”在法理逻辑上存在诸多疑点，但修宪问题在日本不仅仅是一个法律问题，更是一个政治问题和社会问题，因此，判断“自卫队入宪论”的未来前景需要综合考虑各种因素，从而对其实现可能性做出尽可能客观的全面评估。目前来看，有这样几个相互叠加的可能性因素促使安倍的“自卫队入宪论”离现实越来越近。

第一，日本国会正在逐步形成以“自卫队入宪论”为修宪草案蓝本的政治氛围。硬件方面，安倍已经通过提前举行众议院选举并获大胜稳住了此前险象环生的政权，进一步巩固了提出修宪草案所需的国会议席数，从而牢固掌握了推进修宪这一重要日程的政治主动性，这意味着自民党只要统一执政党内部的修宪意见，在国会形成修宪草案就不会遇到过多阻碍。软性的环

① 中祖寅一「安倍改憲　自衛隊明記の危険　改憲発議を許さない」、『前衛』2017年9月号。

境和氛围方面，尽管如前所述，自民党仍然面临着党内以及作为执政联盟的公明党的种种异议，但这些异议仅属于执政党的“内部矛盾”，按照过往自民党在处理解禁集体自卫权的内阁决议案、特定秘密保护法以及新安保法等诸多问题的手法和经验，这些“内部矛盾”一一化解仅是时间问题。总之，未来国会的修宪草案以“自卫队入宪论”为蓝本的可能性正在逐步增大。

第二，自民党正在日本全社会范围内推动形成赞成“自卫队入宪论”的舆论氛围。“自卫队入宪论”从提出开始，就注重利用国民对自卫队的感情，加大在全社会范围内的宣传攻势，尽量避免在立宪主义、民主主义等法理层面上的讨论。这是安倍修宪策略的一个重要组成部分。2017 年 6 月 24 日，安倍在演讲中就自己的“自卫队入宪论”做了感情色彩浓重的解释，他强调目前自卫队得到了九成以上的日本国民的信任，但与此形成反差的是，在学校教科书中却有非常多的关于“自卫队违宪”的观点，这给自卫队的干部及其亲属特别是子女带来了严重的心理阴影，这样会让自卫队的干部寒心，并进而影响他们履行自己的责任和义务。因此，通过“自卫队入宪”，可以从根本上在社会中终止关于自卫队违宪还是合宪的无休止的争论，从而给自卫队的干部和他们的子女一个负责任的交代。① 自民党原副总裁高村正彦也在随后《正论》杂志的采访中，为安倍的解释做了背书。他认为，国民对自卫队的信任和教科书中自卫队违宪观点的反差是对国民自尊的伤害，“自卫队入宪”是还国民以自尊的表现。② 自民党高层的上述言论，意在引导舆论及国民将修宪讨论聚焦于给自卫队一个交代和对自卫队为国民做出诸多贡献的追认，在最大程度上降低修宪在法理层面的争论热度。日本的一些右翼新闻媒体也一直在配合修宪派做着影响国民认知的报道和民意调查。2017 年 12 月 19 日，就在自民党内即将形成《修宪论点总结》的前一天，《产经新闻》发布了关于修宪的民意调查结果。此次调查于 12 月 16 日、17 日两天进行，由产经新闻社和富士新闻网络调查公司（FNN）合作完成。此次调查结果显示，63. 8% 的受访者赞成修改宪法第九条，其中同意

---

① 安倍晋三「自衛隊が『違憲』でいいのか」、『正論』2017 年 9 月号。

② 高村正彦・潮匡人「私達だって9 条 2 項は削りたい」、『正論』2017 年 9 月号。

维持第九条前两款并增加自卫队条款的占 27.7%，支持修改第九条并明确自卫队角色并加以限制的占 23.8%，支持修改第九条并将自卫队改为国防军的占 12.3%。[①]

第三，《国民投票法》的法律程序也为自民党推动修宪草案在国民投票中过关留下了可操作空间。日本制定《国民投票法》的历史很短，其制定的初衷正是为了使修宪能够进入可操作的法律流程，2007 年《国民投票法》在日本国会通过，而该法草案正是由安倍本人在第一次执政时期拟订的。日本几乎没有关于国民投票的政治制度实践，这使其《国民投票法》也易于被政客利用和操作。从法律程序上来说，国民投票的程序可以操作的空间主要在票决程序及投票主体的设定上。自民党主导制定并通过的《国民投票法》也在上述两个方面做了符合其自身利益的制度设定。按照《国民投票法》的规定，修宪草案如果获得有效投票过半数赞成即获通过，而不是获得全体国民过半数才获得通过，这是一个巨大的制度差异，意味着修宪草案能够通过国民投票的难度大大降低。为了进一步降低难度，2012 年底，安倍在第二次执政后便开始着手对《国民投票法》进行修改，主要修改对象是投票主体的年龄限制，即把有资格投票的年龄下限从 20 岁调低到 18 岁。如此一来，投票主体的范围得以扩大，而在日本社会，倾向于修宪的年轻人要远远多于中老年人，这样自然又一次降低了修宪草案未来在国民投票中过关的难度。

总之，安倍的“自卫队入宪论”在国会层面具备了一定的政治基础和氛围，在社会层面正在跨越修宪与护宪平分秋色的临界点，并在执政党和部分媒体的操作下凝聚起较多的国民共识，加之自民党在《国民投票法》这一法律程序上运作了十年之久，三重因素相互叠加正在形成集聚效应，足以淹没“自卫队入宪论”自身在法理上的重重疑点。因此，从“自卫队入宪论”到“自卫队入宪案”的通过，或许只是时间问题。

---

① 「9 条改正『賛成』63%」、『産経新聞』2017 年 12 月 19 日。

B.5
日本反导体系转型升级及其地区安全影响

刘 华*

摘 要： 2017年以来日本导弹防御领域出现了诸多重要变化，其反导体系正在转型升级为具备一体化防空反导能力的“统合防空反导系统”，并将为此引进陆基“宙斯盾”系统等装备。未来日本将建成以海陆“宙斯盾”系统、“爱国者”系统及相关配套系统组成的新型防空反导体系，并可能引进“萨德”系统。此轮反导体系转型升级，将大幅提升日本的防空反导能力，还将使其具备初步的太空战能力，使其反导体系开始具有明显攻击性，并可能导致地区出现反导及弹道导弹竞赛，加剧地区不稳定因素。国际社会和相关国家宜从政治外交和安全等层面入手，一方面加强与日方沟通，促使其相关行动趋向理性，避免损害其他国家的正当利益；另一方面应进行一定的能力建设，维持地区正常力量平衡。

关键词： 日本军事　导弹防御　防空反导体系　东亚安全　中日关系

2017年，日本导弹防御计划出现重要变化，日本政府已正式决定引入陆基“宙斯盾”系统，并将讨论在可能于2018年底出台的新“防卫计划大

---

* 刘华，法学硕士，参考消息报社新媒体中心副主任、副译审，研究方向为日本问题、国际安全问题。

纲”中全面整合其导弹防御项目，未来将建立功能更为全面、覆盖面积更大的“统合防空反导（IAMD）系统”。该系统不仅可以应对弹道导弹威胁，还可以拦截巡航导弹、无人机及未来高超音速飞行器，未来将形成以海基“宙斯盾”系统、陆基“宙斯盾”系统、“爱国者”系统及相关配套系统组成的联合反导体系，其中，陆基“宙斯盾”系统将成为日方反导体系的重要组成部分，在其反导体系中发挥骨干作用。此外，日本国内仍存在关于后续引进“萨德”系统的讨论，考虑到“萨德”问题在2017年引发的地区外交风波，这一动向也值得后续密切关注。

在完成这一反导体系后，日本自卫队的综合防空反导能力将大幅加强，可对美军提供弹道导弹中段防御等联合作战支持，可进一步加强美日同盟联合作战能力。规划中的日方侦察监视系统，还将具备对东亚地区广阔纵深目标的空天监视能力。此外，在此轮转型升级完成后，日方将具备初步的太空战能力，能够有效摧毁低轨道卫星、飞船和空间站等空间目标，这可能会对相关国家的空间资产及未来临近空间平台构成现实威胁。

为此，国际社会和相关国家应在政治外交层面与日方进行各类渠道的充分沟通，促使其在该领域的行为规范和理性，避免其行动危及地区安全或损害其他国家的正当利益。在安全层面，相关国家应在加强防务部门沟通的同时，适度进行相应的能力建设，以维持地区的正常力量平衡。

一　日本反导体系转型升级的动机及背景

2017年以来日本在反导领域的诸多动作，其实质是对反导体系的转型升级，涉及其导弹防御部门和军事力量相关部门的全面调整。根据现有规划，其反导体系未来将升级为一体化防空反导体系——“统合防空反导系统”，其定位和功能将不再仅针对弹道导弹，而将针对包括超高音速飞行器、巡航导弹和各类无人机在内的各种假想对象，并具有一定的太空战能力。从这一意义上说，长期以来作为安全领域重要研究对象的日本“反导”课题，亦将拓展为对日本一体化防空反导体系及太空战能力的研究。

日本对自身的导弹防御规划进行重大调整具有多重背景和动机，如军事技术发展、美国反导规划调整及加强美日同盟的需求，甚至包括日方对未来战争设想的变化等背景。

（一）日方认知到，随着军事技术的发展，未来战争中将面临多样化威胁，其传统反导体系和规划需做出相应调整甚至转型

近年来，弹道导弹技术出现重大进步，先进诱饵、具有干扰能力和末端机动能力的分导式战斗部的发展，进一步增加了反导系统的拦截难度。同时，各类无人机、具有隐身性能的先进巡航导弹、在临近空间（距地面20～100公里高度空间）飞行的高超音速飞行器等新一代航空和空天装备技术迅速发展，部分装备已接近成熟。日本过去规划发展的导弹防御体系以应对传统弹道导弹威胁为主，需要随技术的发展和假想威胁的变化进行调整转型。

例如，关于高超音速飞行器，日本防卫省2016年出台的《中长期技术规划》认为，高超音速滑翔式飞行器（Hypersonic Glide Vehicle，HGV）在助推段结束后可以全程控制飞行轨迹，其飞行轨迹迥异于传统弹道导弹的抛物线弹道，因此其拦截难度高于弹道导弹。虽然HGV目前仍在开发阶段，但有必要密切关注其发展动向。① 又如，关于巡航导弹，日本防卫大臣小野寺五典于2018年1月表示，为了加强对巡航导弹的防御能力，将在引进陆基“宙斯盾”系统后，为其附加抗击巡航导弹功能。② 日本媒体的相关分析称，防卫省的计划是为陆基“宙斯盾”系统配备用于打击中低空目标的“标准-6”防空导弹，使其既能够使用通常配备的“标准-3”导弹，拦截弹道导弹等高空和大气层外目标，又能拦截中低空来袭的巡航导弹。③

---

① 『平成28年度中長期技術見積り』、防衛装備庁、2016年8月、26頁。

② 「政府、巡航ミサイル迎撃検討＝陸上イージスに機能付加」、https：//headlines. yahoo. co. jp/hl? a＝20180112－00000115－jij－pol［2018－01－12］。

③ 「ミサイル防衛構想、対象拡大を検討　巡航ミサイルも迎撃」、https：//digital. asahi. com/articles/ASKDF5RHZKDFULZU00S. html［2018－01－12］。

（二）美国反导体系建设已转向具有更全面能力的IAMD体系，为加强美日同盟，日本需建立相应体系，以利于相互协调配合

近年来，为了应对前述军事技术的发展变化趋势，以及更加复杂的战场环境，美国反导体系建设和规划已逐渐转向具有更全面能力的一体化防空反导体系，即所谓的IAMD体系（Integrated Air and Missile Defense，日文文献通常译为“統合防空ミサイル防衛”）。该体系不仅能够应对弹道导弹、巡航导弹、载人飞机和无人机，还能够应对远程火箭弹、火炮炮弹等野战战术目标。由此，美国需要盟国对过去的反导体系进行相应转型，建立类似体系，以在平时和战时与美军形成有效协调配合。

对此，日方认识到，美方的需求包括：需要日方调整反导发展规划，建立与美方类似的统合防空反导体系，以加强与美方的业务通用性；需要日方分担一定的成本费用；需要日方加强与美方的装备技术合作等。具体而言，包括建立与美国相应且能够横向对接的指挥控制系统（C2）；在装备技术方面引进美国的一体化防空火控系统（NIFC－CA）；扩充相应体制所需的人员、装备和预算；由美方为日方提供人员培训，并实现日方人员在夏威夷和阿联酋等防空反导中心的交流学习等，以最终实现将现有美日反导合作升级为“美日IAMD合作”的目标。[①]

（三）日本认知到，为建设更有效的防空反导体系，需打通反导部门与其他部门的纵向区隔，建立横跨不同军兵种，涵盖情报、指挥控制、联合火力等不同部门的综合体系

日本反导体系转型升级为统合防空反导体系，需要进行大幅度的体制调整、大规模的装备建设。这一工作不仅涉及各军兵种之间的横向协调，还涉及各军兵种下情报侦察、指挥控制、通信及联合火力体系建设等诸多问题。

防卫省2016年《中长期技术规划》中提出，为加强导弹防御及应对多样

① 有江浩一・山口尚彦「米国におけるIAMD（統合防空ミサイル防衛）に関する取組み」、『防衛研究所紀要』第20巻第1号、2017年12月、58～59頁。

化目标能力，需加强多方面的能力。[①] 该规划虽然提出于2016年，但从2017年日方的相关动向看，其确系根据这一规划逐步落实各领域工作，具体包括以下几个方面。

1. 加强早期预警能力

规划提出，为尽早发现对方弹道导弹发射并跟踪其战斗部，需开发早期预警卫星，并装备具备光电传感器的高空长航时无人机。对此，针对即将于2018年诉诸讨论的下一期防卫计划大纲，自民党安全保障调查会已于2017年5月提出装备早期预警卫星的建议草案。[②] 与此相关，防卫省于同年8月确定，虽然引进美国“全球鹰”高空长航时无人机项目的预算大幅增长并一度可能取消，但最终仍将列入2018财年防卫费预算，此举充分说明了防卫省对这一项目的重视程度。[③]

2. 加强作战拦截能力

规划认为，要应对新一代弹道导弹战斗部及即将实用化的HGV，必须装备具有更强作战能力的拦截系统，如高性能反导拦截弹等，甚至需要开发激光及电磁轨道炮等定向能武器，以应对可能出现的饱和攻击情况。2017年日方确定引进陆基“宙斯盾”系统，即属于这一领域的具体动作。

3. 加强控制及通信能力

规划认为，要应对快速发展的威胁，需要加强信息共享速度及可靠性，提高抗干扰能力及快速传递能力，特别是在拦截HGV目标时，由于其飞行轨迹不确定，需要建立能够在各部门、各部队之间实时共享目标信息的体系。为此，防卫省2017年在该财年补充预算中计入62亿日元，并在2018财年防卫费预算中列入47亿日元，专项用于升级其防空自动指挥控制系统（JADGE），以使其能够应对不同轨道和飞行轨迹的目标。

4. 加强海基平台能力

规划认为，海基平台的拦截能力在很大程度上受到舰艇适航性和生存性

① 『平成28年度中長期技術見積り』、防衛装備庁、2016年8月、26~27頁。

② 「早期警戒衛星導入や敵基地反撃能力を　自民提言案」、https：//mainichi. jp/articles/20170601/ddm/001/010/146000c［2017-12-28］。

③ 「防衛省概算要求 無人偵察機3機、取得手続き継続」、https：//mainichi. jp/articles/20170901/k00/00m/010/112000c［2017-12-28］。

等能力的影响。具体而言，作为反导平台的“宙斯盾”舰需要能够在恶劣的天气和海况下执行任务，并具备确保自身防御能力，以在高强度的海战中生存。为此，需要提升反导平台舰艇的高速性、适航性、隐身性和生存性。

从以上情况可知，在自卫队转型升级反导体系的过程中，所需工作不仅将涉及海上自卫队、航空自卫队和陆上自卫队等不同部门，还涉及自卫队总体指挥架构、通信保障、太空领域甚至网络战领域。这就意味着建设日本版“IAMD”，防卫省和自卫队不仅需要进行相应的装备建设，还必须进行相应的体制机制调整及转型。

二　日本反导体系转型升级的具体行动及方向

基于上述背景和动机，2017 年以来，日本加快反导体系调整转型动作，其中最重大的项目是确定引进陆基“宙斯盾”系统，并为其额外附加拦截巡航导弹的能力。同时，日方还在继续采购“标准－3”、升级版“爱国者3”型导弹等反导装备，进一步提升雷达、指挥控制等设施的能力，并将进一步论证未来导弹防御体制发展。具体如下。

（一）引进陆基“宙斯盾”系统

2017 年，中国与韩国之间因“萨德”反导系统问题出现外交风波，其间也出现了日本可能引进“萨德”系统的声音，日本媒体对此有一定的相关报道，日本防卫系统人士来华交流时，也曾提及引进“萨德”系统一事在技术方面的必要性。但在 2017 年下半年后，日方逐步确认优先引进陆基“宙斯盾”系统，并由防卫省将该项目列入 2018 财年防卫费预算要求。2017 年 12 月 19 日，日本内阁决议批准引进两套陆基“宙斯盾”系统。[①]

“宙斯盾”系统原来被用于美国海军舰队防空任务。21 世纪初以来，为了加强海基弹道导弹防御能力，美国逐步为其附加拦截弹道导弹功能。奥巴

① 「陸上イージス導入を閣議決定　北朝鮮の核『重大な脅威』」、https：//digital. asahi. com/articles/ASKDM2R89KDMUTFK001. html［2017－12－28］。

马担任美国总统期间，为了建设东欧导弹防御体系，美方开发了陆基“宙斯盾”系统，将该系统从海基平台移植至陆基平台。目前，美军海外首套陆基“宙斯盾”系统已在罗马尼亚启用，第二套系统正在波兰建设。

从陆基“宙斯盾”系统的功能来看，特别是从其与“萨德”系统的对比来看，日方选择首先引进该系统的原因主要包括以下几个方面。

1. 具备中段拦截能力，性能全面超越“萨德”系统

陆基“宙斯盾”系统属于中段拦截反导系统，射高、射程及导弹飞行速度均大幅超过“萨德”，可在来袭导弹弹道相对稳定的中段（通常在大气层外）实施拦截，对于中远程弹道导弹和在临近空间飞行的高超音速飞行器拥有更强的拦截能力。

“萨德”系统属于末段拦截系统。此前，日本已引进两部“萨德”系统使用的X波段雷达，但并未引进该拦截系统，两部雷达目前分别部署于青森县和京都府。根据日本媒体的报道，至迟在2016年，防卫省内部就论证过引进“萨德”系统的问题。① 但与陆基“宙斯盾”系统相比，“萨德”系统仅能在大气层内及大气层外部边缘实施末段拦截，此时来袭导弹飞行速度快，且先进弹道导弹在飞行末段往往会伴随弹道机动、释放诱饵等突防手段，拦截难度较大，拦截概率较低，且“萨德”系统最大拦截高度有限，不能有效应对未来可能的高超音速飞行器威胁。

优先选择陆基“宙斯盾”系统，说明日本对于未来反导假想对手实力的估计较强，其假想作战目标不仅是朝鲜目前拥有的少量传统型中程导弹，还包括先进的中远程弹道导弹，以及可能较快实用化的高超音速飞行器。日本这一选择的技术背景，对于外界理解日本版IAMD体系建设的目标具有重要意义。

2. 在成本及采购方面具有一定优势

对于日本而言，引进陆基“宙斯盾”系统还有重要的成本及采购优势。

首先，日本已经装备海基“宙斯盾”系统，其导弹可实现通用，可在一定程度上降低批量采购的装备成本。同时，该系统所用弹药——“标

① 「『THAAD』配備議論　ミサイル迎撃、防衛省が検討委」、https://www.nikkei.com/article/DGXLZO09992400X21C16A1PE8000/［2017－12－28］。

准－3”导弹的制导系统等部分零部件系由日本生产，批量采购该型导弹还可以拉动国内军工产业的发展，符合安倍政府发展军工产业的指导政策。

其次，日本虽然已有六艘“宙斯盾”驱逐舰，后续还将建设两艘，但其“宙斯盾”驱逐舰同时担任海上作战任务，战时将成为日本水面舰艇编队的核心。如果“宙斯盾”驱逐舰专事导弹防御，则必将削弱其海上作战能力。同时，驱逐舰本身还需要定期入坞保养，此类维护时段亦将造成其海基反导能力下降。陆基“宙斯盾”系统服役后，可减轻海上自卫队“宙斯盾”驱逐舰的反导任务压力，一方面可确保海上自卫队集中力量进行海上作战，另一方面可保障反导体系不出现“空窗期”和“空白点”。

最后，单套陆基“宙斯盾”系统的初期投资约为1000亿日元（约合100亿美元），其成本低于建造“宙斯盾”驱逐舰的费用（通常约为1500亿日元），而其日常使用成本及人员成本则远低于需长期在海上航行的“宙斯盾”驱逐舰。

3. 可拓展使用多种弹药，具备拦截巡航导弹等目标的多样化能力，具有成为巡航导弹发射平台的技术能力

陆基“宙斯盾”系统采用通用发射装置，其既可以配备用于拦截弹道导弹和外空目标的“标准－3”导弹，也可以配备用于拦截巡航导弹、飞机、无人机等目标的“标准－6”导弹，两种导弹均可共同使用该系统的雷达和指挥控制系统。根据前述日本反导体系转型升级的需要，陆基“宙斯盾”系统显然更符合应对多样化目标的能力。

同时，“宙斯盾”系统使用的MK41型垂直发射系统还可以发射巡航导弹，这使该系统在理论上具备成为巡航导弹发射平台的技术能力。当然，从具体使用角度来看，当代陆基巡航导弹多采用机动发射形式，其生存能力和使用灵活性远高于固定阵地发射的型号。因此，如果日本未来发展巡航导弹，那其使用这一系统作为常设发射阵地的可能性较小。

4. 具备一定的反卫星能力，可加强日本太空战能力

陆基“宙斯盾”系统及其使用的“标准－3”导弹具有一定的反卫星能力。“标准－3”系列导弹最新改型“标准－3”2A的最大射高已达到1500公里，涵盖了大部分侦察卫星的轨道高度（通常为数百公里）。2008年2月，美国海军就曾使用“宙斯盾”巡洋舰“伊利湖”号发射“标准－3”

导弹摧毁了一枚轨道高度约 250 公里的废弃侦察卫星。①

近年来，日本日益重视太空战能力建设，并已具备对太空目标的一定监视能力。2017 年 11 月，日本政府决定在 2022 财年新建专门的太空监视部队，并在靠近中国的山口县境内建设专门的雷达基地。② 如果日本装备陆基“宙斯盾”系统，在其陆基太空监视系统的支持下，则可实现对近地轨道卫星的发现、搜索和打击，这是“萨德”系统等装备所难以实现的。

（二）推进反导体系配套建设

2017 年，防卫省投资 649 亿日元用于反导体系建设，其中包括：改装一艘“宙斯盾”驱逐舰，为其附加反导能力；与美国共同研制“标准 -3”导弹后续改进技术；为预警雷达加装反导能力；采购“标准 -3”导弹、改进型“爱国者 3”导弹等。③

在 2017 年确定的 2018 财年防卫费预算需求中，反导领域的预算大幅增长至 1365 亿日元。其中，增幅最大的是“标准 -3”导弹的采购，仅此一项即达到 627 亿日元，几乎相当于前一年度反导领域的整体预算。除此之外，还包括引进陆基“宙斯盾”系统的前期调研规划费用、本文第一部分所述改进防空自动指挥控制系统（JADGE）经费及采购改进型“爱国者 3”导弹经费。

（三）后续发展方向重点

随着日本反导体系的转型升级，其后续发展方向值得进一步关注。综合前述情况分析，在 2018 年及随后开启的下一个“中期防卫力整备计划”期间，日本反导体系的主要发展方向如下。

---

① *Navy Says Missile Smashed Wayward Satellite*, http://www.nbcnews.com/id/23265613/ns/technology_and_science-space/t/navy-says-missile-smashed-wayward-satellite/#.WltW7KiWYUE［2018-01-03］.

② 「防衛省、22 年度に宇宙監視部隊　山口に専用レーダー」、https://www.nikkei.com/article/DGXMZO23988310Y7A121C1PP8000/［2017-12-28］。

③ 『我が国の防衛と予算　平成 29 年度予算の概要』、防衛省、14 頁。

1. 从以弹道导弹防御为主要任务，转向以一体化防空反导为主要任务

即从应对传统的、单一的弹道导弹威胁为主，转向升级为以应对先进弹道导弹、高超音速飞行器、无人机、先进巡航导弹等多样化威胁为主。

2. 从过去仅能应对低强度弹道导弹威胁，升级为可应对高强度、现代化空天威胁

即从过去应对少量弹道导弹来袭的能力，升级为可应对具有先进技术能力的、能够运用多种手段、能够在数量层面发起大规模攻击的空天对手，这意味着其体系建设的假想敌正在发生变化。

3. 从单纯的防御为主，转向具备一定的攻击能力，主要体现于太空战领域

无论是反导体系，还是一体化防空反导体系，在名义上都以“防御”为主。但随着陆基“宙斯盾”系统等装备的配属，日本将首次具有对轨道目标的杀伤能力。同时，防卫省 2016 年版《中长期技术规划》涉及的激光、电磁轨道炮等下一代武器的发展亦应引起注意。

（四）未来引入“萨德”系统的可能性评估

日本优先引进陆基“宙斯盾”系统的同时，其国内仍存在关于“萨德”系统的讨论。考虑到“萨德”系统在 2017 年引发的中韩外交风波，这一问题不仅具有反导业务层面的意义，还可能具有相应的政治和外交影响。有鉴于此，本文对此问题亦略加探讨。

从防空反导的技术层面看，日本存在未来引进“萨德”系统的较强动机，其主要因素包括以下几点。

1. 填补其反导体系的空白环节

日本未来反导体系以“宙斯盾”系统和“爱国者 3”系统为主，前者主要负责中段拦截及末段高空拦截，射高下限约为 90 公里；后者主要负责末段低空拦截，射高上限约为 15 公里至 25 公里。两者之间存在着数十公里的拦截“空白”。如果引进“萨德”系统，即可完成由“宙斯盾”、“萨德”和“爱国者”三套系统组成的多层次拦截体系。2017 年日本防卫系统人士来华交流时，也曾依据这一理由论证日本引入“萨德”的必要性。

2. 运用X波段雷达，提升防空防天侦察监视能力

日本此前已于2006年和2014年部署了两部“萨德”系统使用的X波段雷达，并对此雷达评价较高。未来日本如果引进“萨德”系统，或会先引入更多的该型雷达，可能将其前置于九州和冲绳地区。届时，其探测范围不仅包括中国华东地区，还可涵盖湖北、湖南、河南等中部省份，甚至包括广东省的绝大部分地区。这将在很大程度上提升日本的防空防天侦察监视能力。

3. 加强对高超音速飞行器等未来装备的空天防御能力

当前，世界主要军事强国纷纷研制在临近空间飞行的高超音速飞行器，并可能在未来若干年出现实用化装备。这其中既包括长航时侦察平台，亦包括高超音速作战打击平台。由于临近空间飞行器的飞行高度、速度远超传统飞机，“爱国者3”等传统防空导弹难以有效防御此类飞行器。从性能上看，“萨德”系统的作战空间、飞行速度等指标均可用于拦截高超音速飞行器，且其与固定阵地的陆基“宙斯盾”系统不同，可以机动部署，可以临时改变阵地位置，具有更强的灵活性。

4. 采购周期及外部压力

陆基“宙斯盾”系统建设需要一定的周期，目前日本计划在2022年前后建成这一系统，但也存在工程延期风险。而“萨德”系统是现有装备，采购交付周期较短。如果日本判断其面临现实的防空反导压力，不排除其采购部分“萨德”系统“应急”。

同时，美国军方对日本引进“萨德”系统较为积极，其军工企业在日本国内的游说工作亦可能有一定的助推作用。

三　日本反导体系转型升级的影响与对策

值得注意的是，日本反导体系转型升级虽然多以“朝鲜威胁”为理由，但其假想对象明显有涉华背景。从技术方面来说，“朝鲜威胁”属于传统类型的弹道导弹威胁，其不涉及高超音速飞行器和巡航导弹等多样化领域，而日本计划建立的IAMD体系只能针对具备上述多样化手段的对手。正如日本媒体援引自卫队官员的表态所述：“建立IAMD的真实目标，虽然也有应对

朝鲜导弹的因素，但主要是针对不断发展各种先进导弹的中国。”该官员认为，针对美、日等国所称中国发展的高超音速滑翔器（飞行速度五倍音速以上），日本“加强防空网已成当务之急”。[①]

（一）安全领域影响

考虑到上述涉华因素，在安全领域，日本此轮反导体系的转型升级将具有重要影响。

1. 大幅提升其对抗各类导弹和空天威胁的能力，并可对中国未来各类空天平台构成现实威胁，“对冲”中国在战略领域的部分优势

如前所述，日本上述体系建成后，不仅将在很大程度上具备对抗各类先进导弹和临近空间飞行器的能力，还将具备初步的太空战能力，可攻击低轨道卫星、飞船、空间站等目标。由于当前军事技术的发展日益依赖各类空间平台，日本的此类能力建设对中国各类空天平台可构成现实威胁。这能够在一定程度上“对冲”中国在战略领域的部分优势。与此相关，这还可能改变日本对中日双方力量对比的若干判断，使日本下调对华军事碰撞的风险预期，并可能在一定程度上助长日本对华安全政策的强硬倾向。

2. 大幅加强对美军在西太平洋反导体系的支撑能力，并可强化对西太平洋美军舰艇的防护能力

与此前部署的 X 波段雷达相似，日本引进的陆基“宙斯盾”系统也将成为美国西太平洋反导体系的重要支撑，其雷达数据可与美军共享，其战术使用可与美军反导体系相互配合。这将大幅加强美军在该地区反导体系的防御能力。

同时，由于陆基“宙斯盾”系统的射程远，且具备中段拦截能力，该系统在日本投入使用后，不仅可以从事本土防御，还可以以日本本土为中心，为海上舰艇在周边构建反导“安全区”。例如，随着中国中远程反舰弹道导弹近年来公开服役，如果与中国发生冲突，航母等大型舰艇在西太平洋

① 「北朝鮮名目の防空網強化、真の狙いは中国　経費は膨大に」、https：//digital. asahi. com/articles/ASKDF65PLKDFULZU00Z. html？ iref = pc_ extlink ［2017 - 12 - 28］。

将面临较高风险。对日本而言，如果美国航母在日本以东、以北海域活动，则中国中远程反舰弹道导弹的飞行轨迹恰好经过日本上空。如果需要，日本可依托陆基“宙斯盾”系统为美军提供反导防御。值得注意的是，在日本 2016 年开始实施的新安保法中，已经为此留出了法律空间，将其作为对美行使集体自卫权的形式之一。

3. 大幅强化其日常对东亚地区的空天侦察监视能力

如前所述，如果日本在九州、冲绳等地部署“萨德”系统或仅部署 X 波段雷达，其空天侦察监视范围将深入中国纵深。由于美日已建立反导数据共享系统，日方系统将与驻韩美军及日本既有 X 波段雷达相结合，为美方提供对华反导预警的前沿阵地监测。战时，日本可侦测中国的导弹发射和飞行器试验，为美日联合防空反导体系提供目标信息；平时，则可以窥探中国的各类试验，为战时积累数据。

4. 加速地区反导及弹道导弹竞赛，加剧地区不稳定因素

日本反导系统的转型升级，很可能造成地区国家主动或被动地进入反导及弹道导弹竞赛轨道。一方面，鉴于日本也可能发展巡航导弹甚至弹道导弹等进攻性武器，如果地区国家不加强自身反导能力建设，就可能缺乏针对日本进攻性武器的平衡手段；另一方面，个别国家如果缺乏发展反导能力的技术或资金，就有可能寻求进一步加强弹道导弹等进攻性武器发展，甚至不排除进一步发展核武器，以攻击手段构建对日常规或核威慑，以求得与日本的战略平衡。无论是上述哪一种情况，都将造成地区国家在反导和弹道导弹等进攻手段方面投入更多资源，这将在客观上加剧地区不稳定因素，并使地区在危机时爆发冲突的可能性进一步提升。

（二）转型升级可能面临的问题

日本反导体系的转型升级，也可能会遇到其重大防务项目的常见问题。这些问题虽不至于使其整个规划出现颠覆性变化，但可能会迟滞其规划进度，并在一定程度上限制其规划的总体规模。

一方面，日本在反导领域的投入有快速膨胀的趋势，其 2018 财年反导投资是 2017 财年的约 2.1 倍。但是，日本防卫费增长速度相对有限，

即使在安倍第二次执政以来防卫费连年增长的情况下，其年度增幅通常也在2%以下，2018财年增幅为1.3%。[①] 如果仅从金额上看，日本2018财年防卫费增加值（约649亿日元）可视为用于反导领域（增长约716亿日元）。在日本政府当前的财政状况下，其军费恐将很难实现连年大幅增长，其反导领域投资增长或将受到一定的总体限制，或将不得不挤占其他领域的防卫费投入。

另一方面，日本防卫领域的重大项目时常会成为国内政治公共议题，如陆基"宙斯盾"系统环境影响问题、未来宇宙监视雷达建设用地以及投资快速增长等。关于此类公共议题的讨论如果上升至政治层面，就可能在一定程度上影响或迟滞其规划的落实进度。

（三）对策方向：政治外交与安全"多措并举"

综上所述，日本反导体系的转型升级将在地区安全领域带来重要影响，其中若干重大项目的建设或引进，还可能存在引发其对相关国家外交关系波动的风险。

针对日本引进陆基"宙斯盾"系统事宜，中国国防部发言人任国强于2017年5月表示："中方一贯认为，反导问题事关战略稳定和国家间的互信，应当慎重处理。特别是由于历史原因，日本在军事安全领域有关动向一直受到亚洲邻国和国际社会的密切关注，日本在反导问题上应该慎重行事。"[②] 中国外交部发言人华春莹于同年12月就此表示："在反导问题上，中国政府一贯认为这事关全球战略稳定和国与国之间的互信，各国既要考虑自身安全利益，也要尊重其他国家合理的安全关切。我们希望日方慎重行事，为促进地区的和平稳定发挥建设性作用。"[③]

---

① 「防衛費、過去最高の5兆1900億円　18年度予算案」、https://www.nikkei.com/article/DGXMZO24695880V11C17A2MM8000/［2018-01-03］。

② 《国防部：日本在反导问题上应慎重行事》，中华人民共和国国防部网站，http://www.mod.gov.cn/info/2017-05/25/content_4781370.htm，登录时间：2018年1月15日。

③ 《2017年12月19日外交部发言人华春莹主持例行记者会》，中华人民共和国外交部网站，http://www.fmprc.gov.cn/web/wjdt_674879/fyrbt_674889/t1520714.shtml，登录时间：2018年1月15日。

针对上述局面，为了维护地区安全局势稳定、保持地区安全领域的适度平衡，国际社会与相关国家应当在此问题上与日本保持充分沟通，并进行相关领域的适度准备。

1. 在政治外交层面，应与日本进行各类渠道的充分沟通，促使其在该领域的行为规范和理性，避免其在该领域的行动危及地区安全或损害其他国家的正当利益

目前，日本下一阶段反导体系建设仍在决策及前期准备过程中，其完成尚需时日。在此期间，国际社会和相关国家可通过外交、第二轨道等渠道，援引"萨德"问题、俄美关于东欧陆基"宙斯盾"系统博弈等案例，令日方认识到引进相关装备系统在选址、使用等方面存在的潜在外交风险，以避免日方单方面行动引发不必要的外交风波，避免日方在缺乏提前沟通的情况下做出损害别国正当利益的决策。

2. 在安全层面，应在加强防务部门沟通的同时，适度进行相应的能力建设，维持地区正常力量平衡

国际社会和相关国家应首先与日本加强防务部门沟通，就日方一些重大项目的具体运用方式等交换意见，阐明自身安全关切，促使日方选择相对理性的具体方案，并保持双方此后在具体问题上的交流沟通。

同时，在日本升级其反导体系后，其他国家亦应进行适度的、相应的能力建设。需要提及的是，日方规划中的反导体系虽有不少亮点，但也仍存在薄弱环节。例如，陆基"宙斯盾"系统目标明显、地点固定，抗击联合火力打击体系的能力不足；"宙斯盾"驱逐舰数量有限，且在相当长时间内仍需兼顾日常对海作战，难以专司反导任务等。

针对日本反导体系的上述特点，有关国家一方面可考虑进一步加强装备及技术的"质量"建设，跟进先进弹道导弹、先进巡航导弹、临近空间高超音速飞行器等新装备和新技术的发展趋势；另一方面应寻求实现一定的数量优势，建设可形成切实威慑的总体"体量"，以维持地区的正常力量平衡。

B.6
日本宏观经济形势回顾与走势分析及中日经贸合作

徐　梅*

摘　要： 伴随世界经济回暖、日本政府刺激经济措施产生效果及其国内结构改革取得一定进展，2017 年日本经济持续温和复苏。由于劳动力短缺日益严重、企业加薪趋缓、制造业信誉接连受创、国际市场复杂多变，日本经济走势仍存在不确定性。中日关系出现改善迹象，低迷多年的中日贸易、对华直接投资呈现出止跌回暖态势。在地区局势紧张、美国贸易保护趋势增强、中共十九大确立全面改革开放新格局、中日两国积极推动各自国内产业结构转型升级的形势下，改善中日外交及经贸关系的重要性凸显。未来合作将是中日经贸关系的主流，合作的广度和深度将会进一步拓宽。

关键词： 日本经济　货币政策　财政政策　结构改革　中日经贸合作

在世界经济向好的形势下，截至 2017 年第三季度，日本经济连续七个季度实现正增长，由此日本经济可望连续第三年保持增长。此轮经济复苏自 2012 年 12 月至 2017 年 9 月已持续 58 个月，超过二战后持续时间第二长的“伊奘诺景气”。日本经济复苏态势能否延续？宏观经济政策何去何从？如何评价“安倍经济学”迄今的效果？政府设定的 2% 通胀目标何时能够实现？这些问题备受海内外关注。

---

* 徐梅，经济学硕士，中国社会科学院日本研究所经济研究室主任、研究员，研究方向为日本宏观经济、日本对外经济关系等。

一　2017年日本宏观经济形势

（一）2017年日本宏观经济状况

进入2017年，日本经济延续温和复苏态势。第一季度，日本实际GDP环比增长0.4%，第二季度增长0.7%，第三季度虽有所放缓但仍保持0.6%的增幅，换算成年率为2.5%（参见图1）。在这种情况下，10月日本央行将2017年度实际GDP增长率上调至1.9%①，内阁府的预期值也高于上一年度②。具体来看，经济增长的几大要素的表现不尽相同。

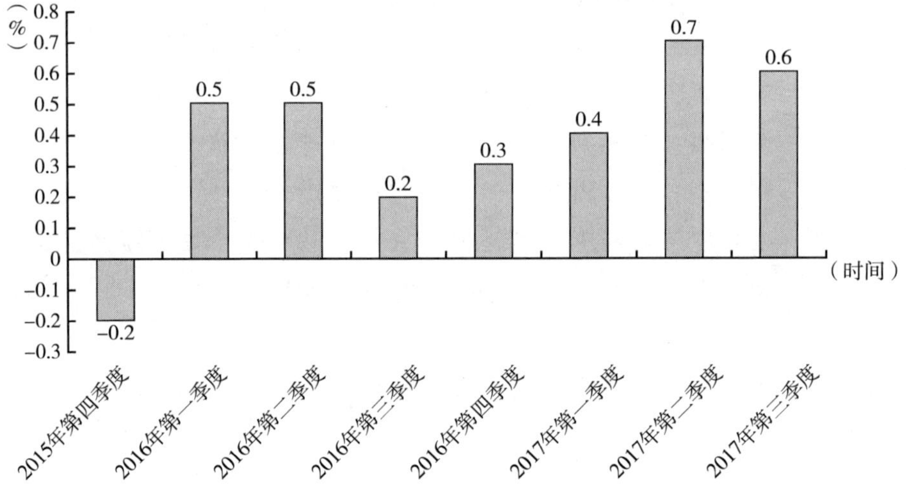

图1　日本实际GDP季度增长率

数据来源：内閣府経済社会総合研究所「2017年10～12月期四半期別GDP速報（2次速報値）」、2017年3月8日発表、http：//www.esri.cao.go.jp/jp/sna/data/data_list/sokuhou/files/2017/toukei_2017.html［2017－12－18］。内閣府経済社会総合研究所「2017年7～9月期四半期別GDP速報（2次速報値）」、2017年12月8日発表、http：//www.esri.cao.go.jp/jp/sna/data/data_list/sokuhou/files/2017/toukei_2017.html［2017－12－18］。

---

① 日本銀行「経済・物価情勢の展望」、2017年10月、http：//www.boj.or.jp/mopo/outlook/index.htm/［2017－11－23］。

② 日本経済財政諮問会議「中長期の経済財政に関する試算」、2017年7月18日、7頁。

1. 物价水平有所上升，但民间消费依然疲弱

2017 年第一季度，伴随企业盈利增加、就业环境改善，日本民间消费环比增长 0.4%，第二季度增长 0.9%，内需成为上半年促进经济增长的一个主要动力。第三季度，日本民间消费下滑 0.5%，内需对 GDP 的贡献度为 -0.3%。[①] 核心消费物价指数在 1 月由负转正之后，受电费等能源相关价格上涨影响持续上升，10 月和 11 月同比分别上涨 0.8% 和 0.9%[②]，通货紧缩状况有所改善，但距离 2% 的通胀目标仍相差较大。内需和通缩能否持续改善，是决定日本经济走势的重要因素。

2. 企业投资信心在逐步恢复

随着股市回升、国内就业形势良好，2016 年第四季度日本企业设备投资增加。2017 年第一季度和第二季度，企业设备投资环比分别增长 0.2% 和 1.2%，第三季度增长 1.1%，表明企业对未来的信心有所恢复，但对设备投资依然审慎。受益于宽松货币政策、东京奥运会、旅游及商业设施修建等，民间住宅投资在第一季度、第二季度环比分别增长 0.9% 和 1.3%，第三季度下降 1.0%。

3. 海外需求表现良好

2017 年第一季度，日本出口环比上升 1.9%，连续三个季度保持增长，并形成与内需共促增长的格局。第二季度，出口出现波动，环比下滑 0.1%。第三季度，在汽车、半导体等相关产品出口增长的带动下，出口贸易环比上升 1.5%，对经济增长的贡献度为 0.2%[③]，外需成为拉动第三季度经济增长的主要动能。

---

① 内閣府経済社会総合研究所「2017 年 7 ~ 9 月期四半期別 GDP 速報（2 次速報值）」、2017 年 12 月 8 日発表、http：//www. esri. cao. go. jp/jp/sna/data/data _list/sokuhou/files/2017/toukei_2017. html［2017 - 12 - 18］。

②「消費者物価指数（CPI）」、http：//www. stat. go. jp/data/cpi/sokuhou/tsuki/index - z. htm［2017 - 12 - 27］。

③ 内閣府経済社会総合研究所「2017 年 7 ~ 9 月期四半期別 GDP 速報（1 次速報值）」、2017 年 12 月 8 日発表、http：//www. esri. cao. go. jp/jp/sna/data/data _list/sokuhou/files/2017/toukei_2017. html［2017 - 12 - 18］。

（二）日本经济持续温和增长的主要原因

日本经济持续温和增长，主要得益于以下因素。

1. 世界经济及贸易形势向好

2016 年下半年以来，世界经济呈现良好态势。美国经济稳步复苏，欧元区经济增长势头进一步巩固，中国等新兴市场的经济发展普遍好于预期。国际货币基金组织（IMF）在同年 10 月发表的《世界经济展望》报告中，将 2017 年全球经济增长率上调至 3.6%，2018 年经济增长率调升至 3.8%，全球贸易增长幅度也高于前几年。[①] 世界经济增长及需求扩大提振了日本股市，促进了企业出口，加之日本经济持续复苏，进口需求有所增加。2017 年前三个季度，日本出口贸易额增长 8.5%，进口贸易额增长 10.3%。[②]

2. 政府刺激措施产生一定效果

在国内经济复苏乏力、日元升值等形势下，2016 年 6 月，日本政府决定将原定于 2017 年 4 月提高消费税率到 10% 的计划推迟至 2019 年 10 月，暂时消除了增税对 2017 年国内消费及经济增长可能带来的负面影响。同年 8 月，日本内阁会议通过 28.1 万亿日元的经济刺激计划，其中的财政资金主要用于完善基础设施、支持中小企业、补贴低收入者等。据日本官方测算，该计划将拉动日本经济实际增长 1.3%[③]，民间机构的预测值大多在 0.5% 左右，可见该计划对日本经济增长有一定的提升作用。

3. 结构改革释放积极效应

首先，劳动力市场开放步伐加快。按照日本老龄化的发展速度和趋势，仅仅依靠增加女性和老年人就业已无法填补劳动力供需缺口。劳动力短缺的形势日益严重，有效求人倍率直线上升，迫使日本加快开放劳动力市场的步

---

① 参见国际货币基金组织《世界经济展望》，2017 年 10 月，国际货币基金组织网，http：//www.imf.org/external/chinese/，登录时间：2017 年 11 月 27 日。

② 「日本の貿易動向」、https：//www.jetro.go.jp/world/japan/stats/trade.html［2017－11－23］。

③ 「新経済対策、GDP1.3% 押し上げ 政府試算」、http：//www.nikkei.com/article/DGXLASFS01H7J_R00C16A8PP8000［2016－12－28］。

伐。2016 年，在日外国劳动力人数从 2014 年的 78.8 万人增至 100 多万人。[①] 自 2017 年 11 月 1 日起，日本开始实行新的外国人技能实习法，增加了人员极为短缺的护理职业。

其次，女性就业率和社会地位持续上升。2016 年，日本女性就业率达到 66.0%，比上年提高了 1.4 个百分点，远高于 2001 年的 57.0%。同时，在国家各类审议会中，女性委员所占比重不断上升，到 2016 年 9 月末增加到了历史最高水平的 37.1%[②]，日本女性在职场和社会活动中日趋活跃。

再次，企业经营负担逐步减轻。2016 年度，日本企业法人税税率从 2014 年度的 34.6% 降至 30% 以内[③]，金融机构对中小企业采取了放宽还贷限期等措施，这减轻了企业的负担，也有利于改善就业环境。2017 年 6 ~ 10 月，日本失业率降至 2.8%，11 月进一步下降到 2.7%。[④]

最后，农产品出口竞争力提高。安倍晋三第二次执政后，提出将日本农业打造成“主动进攻型”产业，推动大米、牛肉、乳制品等敏感领域的市场化进程。几年来，日本农林水产品出口屡创新高，2016 年出口额达到 7502 亿日元，比 2012 年增长了 60% 多。2017 年 4 月，日本成立食品海外推广中心，选出和牛、绿茶、清酒、大米粉等七类产品作为出口重点推广对象，并将进一步扩大海外农产品市场。2017 年前三个季度，日本农林水产品出口额为 6377 亿日元，同比增长 5.9%。[⑤] 尽管美国退出了 TPP，但日本当初为应对 TPP 所采取的措施不会发生变化，进一步提高农业竞争力、扩大农产品出口，仍将是今后日本农业改革的一大方向。

---

① 「外国人労働者 100 万人へ」、『佐賀新聞』2016 年 4 月 3 日、http://www.saga-s.co.jp/news/saga/10101/296431［2016-12-20］。

② 『男女共同参画白書 平成 29 年版』、56 頁、64 頁、http://www.gender.go.jp/about_danjo/whitepaper/h29/zentai/index.html#pdf［2017-12-29］。

③ 内閣官房日本経済再生総合事務局「日本再興戦略 2016－これまでの成果と今後の取り組み」、2016 年 6 月、26 頁。

④ 「労働力調査」、http://www.stat.go.jp/data/roudou/sokuhou/tsuki/index.htm［2017-12-29］。

⑤ 「農林水産物輸出入統計」、http://www.maff.go.jp/j/tokei/kouhyou/kokusai/index.html［2017-12-29］。

二　日本经济走势分析与展望

展望2018年，尽管安倍一再呼吁企业加薪幅度要达到3%，但存在一定难度，消费能力难有明显提升，本轮经济复苏的根基仍不牢固。另外，国内劳动力短缺问题依然存在，接二连三的制造业企业丑闻波及范围广泛，给相关企业以及日本制造业带来了经济及信誉上的损失，对日本经济发展产生了一定的负面影响。从外部形势看，国际市场变幻莫测，地缘政治风险增多，外需能否持续拉动日本经济增长，还要看特朗普政府的经济政策及对日政策、中日经贸关系、欧洲经济、亚洲新兴市场经济走势以及东北亚局势的发展变化。

从货币政策走向来看，目前美国货币政策逐渐回归常态，日本在2%通胀目标远未达到、物价低迷的情况下，现任央行行长黑田东彦于2017年11月在瑞士苏黎世大学演讲时表示，日本将继续维持量宽政策，以推动通胀目标的实现。黑田将于2018年4月任期届满，目前看连任的可能性较大，因为安倍首相积极评价他任职以来推行的货币政策。在国际金融危机爆发后，主要国家央行纷纷推行宽松货币政策，多年的实践证明其效果有限，日本国内也存在反对继续实行量宽的声音。

从财政政策走向来看，面对巨额债务，日本政府今后将努力减少新发国债，但社会保障、军费、农业补贴、基础设施建设等财政需求有增无减。2017年12月美国通过税改方案，实行大规模减税，日本将面临进一步降低企业法人税税率等压力。在这种形势下，如何为财政节支开源成为日本政府的一大课题。在降低企业法人税税率、推迟提高消费税率、控制新发国债的情况下，增加税源成为一个重要途径。2017年9月，日本观光厅开始考虑征收“离境税”，现已更名为“观光促进税”，计划向离境游客人均征收1000日元，预计每年游客总数约为4000万人，由此可为日本每年带来400亿日元的财源。该税种已被纳入2018年度税制改革大纲，将于2019年上半年引入。日本还计划从2018年10月到2021年分成几年将平均每支香烟增税3日元左右，提高烟草税将使政府的税收收入增加数千亿日元。另外，日本计划在2024年引入“森林环境税”，用于森林维护等方面。

综上可见，日本经济持续复苏仍存在一定的脆弱性，宏观经济政策的空间有限。据日本央行预测，2018年度日本经济实际增长率为1.4%，2019年度为0.7%，低于2017年度。今后两年，通缩状况将会进一步改善，核心消费物价指数将会分别上升1.4%和1.8%，如果考虑到2019年如期提高消费税率的影响，核心消费物价指数将会超过2%，实现政府设定的通胀目标。①

从中长期看，日本经济能否延续稳定增长态势，关键在于政府能否切实有效地推进结构改革，并应对好以下几大课题。

其一，少子老龄化形势严峻。截至2016年10月1日，日本0~14岁人口在总人口中占12.4%，同比减少0.3个百分点，为战后最低；65岁以上人口占比高达27.3%，同比增加0.6个百分点，为全球最高。② 尽管日本积极采取措施，如引入机器人、外国劳动力、扩大女性就业等，但劳动力市场改革的步伐仍滞后于人口老龄化的发展速度，一些领域的劳动力供给无法满足需求，尤以建筑、医疗护理、农业等领域突出。根据农林水产省公布的调查结果，日本农业人口已跌破200万，比1990年减少了近60%。少子老龄化的发展带来了养老医疗支出增加、居民收入增长滞缓、家庭储蓄减少、科技创新能力减弱等问题。随着科技的进步及人工智能的发展，人们开始重新审视人口结构变化及老龄化对经济发展的影响，但在今后一段时期内，劳动生产率的增速仍难以抵消老龄化带来的负面影响。

其二，政府债务居高不下。保持财政收支健康平衡发展，是经济长期稳定增长的一个重要条件。截至2017年6月底，包括国债、借款、政府短期证券在内的日本政府债务余额为1084.9万亿日元③，创下历史新高，占GDP之比也高于其他主要发达国家。虽然低利率政策、控制国债发行、增税措施会缓解日本债务支付压力，但这些政策效果有限。

---

① 日本銀行「経済・物価情勢の展望」、2017年10月、http：//www.boj.or.jp/mopo/outlook/index.htm［2017-11-23］。

② 内閣府『高齢社会白書 平成29年版』、日経印刷、2017年、2頁。

③ 財務省大臣官房総合政策課「最近の経済情勢ほか」、2017年10月18日、18頁。

其三，制造业企业的信誉遭受重创。近几年，日本大企业丑闻频现，如高田公司隐瞒气囊事故信息、东芝伪造财务数据、三菱汽车夸大燃效等。仅2017年10月以后，就先后爆出神户制钢篡改产品技术数据、日产和斯巴鲁违规质检、三菱综合材料瞒报数据等造假事件，这不仅反映了日本制造业竞争力下降、企业监管疏漏等问题，也损害了长期以来日本精心构建的企业文化，曾经引以为豪的日本制造业开始遭到人们质疑，对制造业信誉造成了负面影响。

其四，国际局势不稳。当前，全球地缘政治风险增多，大宗商品价格波动较大。特朗普就任总统以来，美国贸易保护趋势增强，其加息预期和大规模减税给一些国家和地区的经济发展带来了压力。中国等新兴市场面临经济下行压力。欧洲经济虽然复苏但仍存隐忧，英国脱欧谈判艰难前行。日本对美存在明显的贸易顺差，日元汇率波动起伏。这些因素给日本的对外贸易及经济发展带来了不确定性，也会在一定程度上减弱宏观经济政策的效果，增加宏观调控的难度。

三 中日经贸合作新动向

受中日关系、两国经济发展状况、汇率波动以及地缘政治等因素影响，2012年以后，中日两国在投资、贸易、财金等领域的合作滞缓甚至有所倒退。由于双方在经贸领域的合作已形成良好的基础，经济发展仍具有较强的互补性，在很多方面存在进一步合作的需求，2017年中日经贸关系出现积极动向。

（一）中日贸易呈现回暖迹象

自1999年起，中日贸易额连续10年刷新纪录，到2008年达到2663亿美元的规模。国际金融危机爆发以后，中日贸易虽有所回落但很快得以恢复，2010年突破3000亿美元大关，2011年创下3450亿美元的历史峰值。

2012年以后，中日贸易额持续下滑，2015年跌破3000亿美元，2016年为2703亿美元。进入2017年，在全球经济稳步增长、中国经济稳中向好、日本经济温和复苏的情况下，日本对华出口和进口均明显增长（参见表1）。

表1 21世纪以来日本对华贸易的变化

单位：亿美元

年 份	贸易总额	对华出口额	对华进口额	对华贸易收支
2000	857	304	553	-249
2005	1894	803	1091	-288
2008	2663	1240	1423	-183
2009	2321	1096	1225	-129
2010	3019	1491	1528	-37
2011	3450	1615	1835	-220
2012	3337	1447	1890	-443
2013	3121	1299	1822	-523
2014	3092	1271	1821	-550
2015	2700	1093	1607	-514
2016	2703	1139	1564	-426
2017	2968	1327	1641	-314
所占比重(%)	21.7	19.0	24.5	

资料来源：「日本の貿易動向」、https://www.jetro.go.jp/world/japan/stats/trade.html［2018-02-07］。

从中日贸易在各自对外贸易中的比重来看，2017年，对华贸易在日本对外贸易中占21.7%，其中对华出口占日本总出口的19.0%，对华进口占日本总进口的24.5%，对华贸易逆差为314亿美元（参见表1）。中国是日本十分重要的贸易伙伴及出口、进口对象。从中国的角度看，2017年前三个季度，对日贸易占整个对外贸易的7.4%，其中对日出口占总出口的6.1%，对日进口占总进口的9.0%，与2010年相比，分别下降了1.6个和3.7个百分点。日本是次于美国、欧盟、东盟的中国主要出口地之一，也是次于欧盟、东盟、韩国的中国主要进口地之一。①

① 参见中国商务部国际贸易经济合作研究院《中国对外贸易形势报告（2017年秋季）》，第45~46页。

从中日贸易的商品结构来看，日本对华出口以机械、电气、运输等设备及化学制品、原材料制品等为主，其中机械机器类设备超过一半。日本对华进口以电气、机械等设备及原材料制品、纺织品等为主。可见，设备、原材料制品等是中日之间进出口贸易的主要商品种类，双方的产业内贸易已达到较高程度。随着日本在华家电、日用品等部分生产回归国内，对华“逆进口”有所减少，加之日元贬值、中国致力于扩大内需，按照日方的统计，2015 年以来日本对华贸易逆差呈减少之势。

（二）日本对华直接投资触底企稳

日本对华直接投资实际到位金额在 2012 年创下了 73. 8 亿美元的历史新高，之后一路下滑，到 2016 年减少到 31. 1 亿美元（参见表 2）。对华直接投资连续四年下降，除了受中日政治关系影响之外，更有经济方面的原因，如中国经济增速放缓，日企对华投资心存疑虑；中国劳动力成本上升，在华日企的盈利空间受到挤压；日本超宽松货币政策促使日元贬值，增加了日企在华的生产经营成本；日本方面也有意促使投资多元化和分散投资风险，加大对东南亚等地区的投资，减少对华的经贸依存度。

表 2　2010 年以来中日间相互直接投资的变化

年　份	日本对华直接投资		中国对日直接投资存量（亿美元）
	金额(亿美元)	在外国对华直接投资中所占比重(%)	
2010	42. 4	4. 0	11. 1
2011	63. 5	5. 5	13. 7
2012	73. 8	6. 6	16. 2
2013	70. 6	6. 0	19. 0
2014	43. 3	3. 6	25. 5
2015	32. 1	2. 5	30. 4
2016	31. 1	2. 5	31. 8
2017	32. 7	2. 5	

资料来源：中国投资指南网，http：//www. fdi. gov. cn，登录时间：2018 年 1 月 19 日。中国商务部、国家统计局、国家外汇管理局：《2015 年度中国对外直接投资统计公报》，中国统计出版社，2016，第 47 页；《2016 年度中国对外直接投资统计公报》，中国统计出版社，2017，第 21 页。

经过几年的调整，日本对华直接投资开始显现向好迹象。2017 年，日本对华直接投资实际到位金额为 32.7 亿美元，比上一年增加 1.6 亿美元（参见表 2）。根据日本国际协力银行 2017 年 11 月发布的有关本国制造业企业海外业务发展调查报告，作为日本企业中期投资对象，中国自 2012 年度以来时隔五年再次居于首位，得票率增长 3.7 个百分点。日企主要看重中国市场未来的成长性、巨大的市场规模、加工组装基地、产业集群等因素。

（三）中国对日投资较为活跃

21 世纪初，上海电气收购日本秋山公司、广东美的收购日本三洋电机旗下企业等事件，拉开了中国对日投资的序幕。2010 年末，中国对日直接投资余额约为 11.1 亿美元，到 2016 年末，中国对日直接投资余额增至 31.8 亿美元，六年间增长了近两倍（参见表 2）。

近年来，越来越多的中国企业进入日本市场。譬如，中兴公司进入日本手机终端市场、美的公司进入日本电饭锅市场、苏宁收购日本乐购仕（LAOX）、比亚迪电动巴士进入京都和冲绳等。随着中国赴日旅游人数的增长，中国企业中出现了收购日本箱根、热海等地风景区酒店并购案。2017 年，东方日升新能源公司在东京设立办事处，进入日本光伏市场；华为正式进军日本平板电脑市场；携程在东京站附近设立接待处；共享单车登陆日本……中企对日投资的领域包括制造业、金融服务、通信、软件、网络等，并有从重视品牌技术、人才、营销渠道逐渐转向重视消费服务的趋势。

此外，中日两国在旅游、文化、青少年交流等方面的合作日趋活跃，尤其中国人赴日旅游及在日消费对促进日本经济增长产生了积极效果。

四　未来中日经贸合作方向及前景

由于中日两国间仍存在明显的互补性，特别是在地区局势紧张、美国贸易保护趋势增强、中共十九大确立全面改革开放新格局、中日两国都致力于结构转型和创新商业模式的形势下，改善中日外交和经贸关系的必要性增强，未来合作将是中日经贸关系的主流。2017 年，低迷多年的中日关系出现积极动向，11 月下旬史上规模最大的日本经济界访华团到访中国，探讨两国在经贸领域的合作，并对“一带一路”倡议表现出浓厚的兴趣。未来中日经贸合作的深度和广度将会进一步加深和拓宽。

1. 日本对华投资及贸易结构不断调整和升级

伴随日本产业结构改革、中国供给侧结构性改革以及区域经济的发展变化，日本企业对华投资的关注点有所调整，比以往更加注重当地销售、服务网络建设等。中国提出“中国制造 2025”战略，今后将大力发展自动化、人工智能、互联网、高端医疗器械等，对工业机器人等的需求将大幅增长。但是，中国国内机器人等一些高端制造业领域的技术基础比发达国家薄弱，核心零部件依赖进口。日本正在积极创造新的经济增长点，促进机器人产业及出口、振兴信息技术相关产业、发展高端医疗器械等，以维持制造业的竞争力。中日双方在互联网、自动化、智能制造、高端医疗器械等领域具有广阔的合作空间。

在实施“乡村振兴战略”的形势下，中国将大力推进农业现代化，对大型农机的需求增加，中国很可能超过欧洲成为全球最大规模的农机市场。日本井关农机公司已在华生产新型拖拉机，试图将产能提高数倍。石川岛播磨重工在华成立了生产和销售农机的合资公司，启动玉米收割机和拖拉机的生产。同时，伴随中国国民生活水平提高、供给侧结构性改革以及日本推进农业改革，日本企业对华农产品出口及食品相关产业投资将会增加。2017 年 5 月，日本日清食品公司启动约 3.5 亿日元投资的浙江建厂项目①，将以高端方便面为中心扩大在华业务，好侍食品集团计划将在华产能增加一倍。值得注意的是，日企在华投资越来越注重在当地销售，这可能会使日本对华“逆进口”减少。

在制造业向高端转型升级时，服务业已成为拉动中国经济增长的主要动能。在中国经济转型、城镇化不断发展以及自由贸易区、服务业市场日益开放的形势下，日本对华金融、零售、健康医疗、娱乐教育等服务领域的投资

① 参见《日清在华新杯面工厂投产》，食品资讯中心网，http://news.foodmate.net/2017/05/430286.html，登录时间：2017 年 11 月 27 日。

面临更多机遇。譬如，日本伊藤洋华堂计划到 2020 年将在中国的店铺数增加到 20 家，相当于目前的三倍。[①] 无印良品酒店于 2018 年 1 月在深圳开店，并计划 3 月在北京再开一家。可见，日本企业对华投资正在顺应中国经济结构的发展变化，进行相应的调整。

2. 中国对日直接投资进一步扩大

为吸引外国对日直接投资，日本政府逐步减少干预，降低企业法人税税率，在国家战略特区内实行更多的优惠措施，不断改善投资环境，这也为日益“走出去”的中国企业提供了条件。

目前，中国企业对日投资规模远低于日本对华投资，存在广阔的发展空间和潜力。随着越来越多的中国企业进入日本，中企在日本市场的影响力逐步提高。据报道，2017 年下半年，日本富士通决定把个人电脑业务子公司出售给中国联想集团，就组建电脑合资公司达成协议；日本东芝宣布退出电视机业务，将之出售给中国海信集团旗下的海信电器公司，海信电器将享有东芝电视品牌、运营服务等业务以及东芝电视全球 40 年品牌授权，其在日本电视机市场上的份额将仅次于夏普和松下品牌。

3. 双方财金领域的合作逐步深化

2012 年 6 月，中日两国银行间外汇市场上人民币对日元开始直接交易。同年，中国政府批准日本购买上限为 650 亿元人民币的中国国债，这是中国首次批准主要发达国家购买国债。此后，中日关系因钓鱼岛事件而进入数年的冷冻期，刚刚启动的上述财金领域合作发展缓慢或陷入停滞。

中国购买日本国债也出现波动。国际金融危机爆发后，为了促进外汇资产配置多元化、分散投资风险，中国大量增持日本国债，并于 2010 年超过美国、英国而成为日本国债的最大外国持有者。到 2012 年末，中国持有日本国债约 20.5 万亿日元，在外国持有者中占 21.2%。2013 年以后，由于中日关系恶化，安倍执政后实施大规模量化宽松货币政策，日元贬

① 参见《伊藤洋华堂要在中国试水电商 同时增加开店数量》，中国经济网，2017 年 1 月 16 日，http://intl.ce.cn/sjjj/qy/201701/16/t20170116_19618246.shtml，登录时间：2017 年 11 月 27 日。

值，通胀预期上行，加之日本政府财政赤字不见改善，中国减持了日本国债。其后，在美国大选前景不确定、英国决定脱欧、中东局势动荡、利率和汇率频繁波动的形势下，中国又开始增加购买日本国债，2016 年末持有的日本国债约为 14.7 万亿日元，在外国持有的日本国债中占 10.3%，列居第三位。①

当前，全球经济处于复苏之中，但呈现出低增长并伴有低通胀、高负债等特点，同时，主要经济体的货币政策走向分化，量化宽松的效果减弱，财政政策的压力增大。在这种情况下，中日两国面临的贸易、投资等外部环境存在风险和不确定性，有必要加强宏观经济政策协调，防范金融等重大风险。

4. 能源环保、医疗养老、电子商务等经济相关领域的双边合作需求增大

在新形势下，中日两国需要加强合作的领域很多。日本是世界上拥有一流节能环保技术和丰富经验的国家，除了新能源、可再生能源领域之外，在清洁能源、空气污染治理、核电安全等方面，中日间也存在合作的空间。比如，机动车尾气排放是雾霾天气的原因之一，而日本在生产节能小排量汽车方面具有明显的技术性优势，如果引进相关技术和产品，会有助于中国缓解和治理大气污染问题。

再如，20 世纪 70 年代，日本率先进入老龄化社会，如今老龄人口所占比重已超过人口总数的 1/4，日本在老年人用品、养老设施、医疗护理、社会保障等方面积累了丰富的经验。“未富先老”的中国老龄化速度在加快，对与养老相关的用品、设施、服务等的需求日渐增大，中日在这一领域的合作潜力巨大。

还有，在经济全球化、网络化、信息化迅猛发展的时代，中日两国有必要加强电子商务、共享经济等方面的合作。

5. “一带一路”等多边框架下中日合作的必要性增强

中国“一带一路”倡议不断前行，日本政府、企业界、银行界的态度转向积极，越来越关注参与的可能性和具体商机。2017 年 5 月，日本自民

① 日本財務省総合政策研究所「日本への債券投資残高」、2017 年 10 月 18 日。

党干事长二阶俊博率团出席“一带一路”国际合作高峰论坛，受到习近平主席的接见。7 月，习近平主席与日本首相安倍晋三在二十国集团汉堡峰会期间举行会谈，就探讨在“一带一路”框架内开展合作达成一致。11 月底，“一带一路”日本研究中心在东京成立，两国围绕“一带一路”开展合作对接的氛围升温。在这一框架之下，中日两国可探讨互联互通建设、项目融资、在第三方市场合作等。

另外，在亚太区域经济合作的各种框架中，中日同时参加的有中日韩自由贸易区（FTA）、区域全面经济伙伴关系协定（RCEP）等。无论哪一种区域经济一体化形式，如果没有中国和日本的参加与合作，都难以获得成功。

B.7 日本货币政策与金融体系潜在风险分析

刘　瑞*

摘　要： 2017 年，日本银行继续坚持 2% 的通胀目标，维持超宽松货币政策。在大规模宽松政策的作用下，日本经济已不处于通缩状态，但这并不意味着日本彻底摆脱了长期通缩困境。在负利率及长短期利率操作下，各期限收益率曲线均处于超低水平，以利差收益为核心的金融机构盈利水平降低，地方金融机构经营形势严峻，金融体系潜在风险加大。今后，日本政策当局将更加关注金融体系潜在脆弱性，金融机构将更加注重结构性调整，提高盈利水平和竞争力。

关键词： 日本经济　量化质化宽松货币政策　通货紧缩　金融体系风险

2017 年，日本银行召开了八次货币政策会议，继续维持长短期利率操作及资产买入方针，实施大规模超宽松货币政策。① 在低利率环境下，金融机构尤其是地方性银行的盈利空间收窄，金融体系存在潜在风险。同年 10 月，国际货币基金组织（IMF）对日本银行业经营模式的可持续性提出警告。金融厅、日本银行也发表报告，建议地方性银行改善收益，推进经营改革。2017 年上半年决算公布之际，日本大型银行陆续出台结构改革方案，地方性银行也在削减成本与区域密切型经营之间的制约矛盾中寻求突破。

---

* 刘瑞，经济学博士，中国社会科学院日本研究所经济研究室副主任、研究员，研究方向为日本金融、中日金融制度比较等。

① 日本銀行「金融市場調節方針に関する公表文 2017 年」、http：//www. boj. or. jp/mopo/mpmdeci/state_2017/index. htm［2017 - 12 - 21］。

一 日本货币政策运营概况

2013 年 4 月黑田东彦就任日本银行总裁后，在“安倍经济学”框架下，以 2% 通胀目标为指针，多次推出大规模宽松政策，不断尝试金融政策创新实验，如量化质化宽松政策、负利率政策、长短期利率操作等政策工具。2017 年，日本银行继续维持超宽松货币政策。其政策效果主要表现在以下方面。

首先，在日本银行强有力的宽松政策下，央行资产负债表规模大幅扩张，金融市场资金供给丰沛。截至 2017 年 11 月，日本银行资产规模高达 581.9 万亿日元，同比增长 13.2%，是 2012 年末“安倍经济学”实施之初（158.9 万亿日元）的 3.6 倍。基础货币发行量达 471.5 万亿日元，购买长期国债 418.6 万亿日元，分别是 2012 年末的 3.4 倍和 4.7 倍。[①]

截至 2017 年 9 月末，日本国债发行余额（包括短期国债、财政投融资债券在内）为 1087 万亿日元，其中日本银行占比最高，达 40.9%，持有规模 445 万亿日元，同比增加 7.6%。与此同时，银行等存款性金融机构持有国债规模同比减少 17.1%，仅占比 16.8%，远低于 2012 年末的 30% 份额。

其次，长短期利率均维持超低位。2017 年，以无担保隔夜拆借利率为代表的短期利率稳定在 -0.04% ~ -0.07%。在日本银行收益率曲线调控政策下，十年期新发国债在零左右徘徊，保持在 0.0 ~ 0.1% 低位运行。值得关注的是，2017 年 2 月 3 日和 7 月 7 日，金融市场分别受特朗普政策期待及欧洲央行吉拉德总裁可能退出量宽言论影响，欧美债券利率上升，日本十年期新发国债一时突破 0.1%，日本银行两次实施以指定利率购买国债的特殊操作[②]，阻止长期利率上升。

---

① 日本銀行「金融経済統計月報」、http://www.boj.or.jp/statistics/pub/sk/data/sk1.pdf [2017-12-26]。

② 2016 年 9 月，日本银行出台长短期利率操作下的量化质化宽松政策时，将操作目标置于短期国债和十年期新发国债利率，并首次引入新型公开市场操作方式，即在国债利率上升时，日本银行可以按照指定的固定利率无限量购买国债，抑制长期利率上升风险。

再次，日本银行大规模量化质化宽松政策，为日元贬值、股票上涨营造了宽松的政策环境。2017 年，美元兑日元汇率基本在 105 ~ 120 日元区间小幅波动。伴随全球经济持续复苏，日元贬值增强了日本出口企业的盈利水平，根据上市企业 2017 年上半年（2017 年 4 月 1 日至 9 月 30 日）决算，日本企业最终收益同比增长约 19.2%，创历史新高。预计 2018 年 3 月期最终收益合计环比增加 8.8%，连续两年突破新高，其中半导体、汽车等大型出口企业为主要牵引力量。[①] 股市方面，全球经济回暖，美国股市连续创下新高。受此影响，日本经济回升，2017 年第三季度日本名义 GDP 达 549.2 万亿日元，为历史最高水平。加之日本银行仍然维持每年 6 万亿日元的 ETF 购买规模，2017 年 10 月 24 日起，东证平均股价时隔 57 年出现连涨 16 天的盛况。2017 年 12 月 25 日，日经平均股价升至 22939.18 日元，为 1992 年 1 月以来时隔 26 年的峰值。从全球市场来看，2017 年末日经平均股价为 22764.94 日元，比 2016 年末增长了 19.1%，涨幅仅次于印度、巴西和美国股票市场。

日本超宽松货币政策的核心在于尽快摆脱长期通缩困境。2017 年第三季度，反映物价综合变动情况的 GDP 平减指数同比增长 0.2%，连续两个季度正增长[②]，反映供需关系的 GDP 缺口上涨 0.7%，也保持两个季度持续增长[③]。2017 年 1 月起，去除生鲜食品的核心 CPI 转为年比 0.1% 的正增长，伴随石油价格上涨，核心 CPI 涨幅扩大，11 月增长 0.9%。[④] 从上述指标来看，日本物价持续下跌的态势得到了缓解，日本银行和政府多次宣布经济已不处于通缩状态内阁府称之为“摆脱通缩的局面变化”。[⑤]

---

① 産経ニュース、2017 年 11 月 15 日、http://www.sankei.com/economy/news/171115/ecn1711150026-n1.html [2017-12-26]。

② 内閣府 GDP 統計（2017 年 7 ~ 9 月期 2 次速報値）、http://www.esri.cao.go.jp/jp/sna/data/data_list/sokuhou/files/2017/qe173_2/gdemenuja.html [2017-12-28]。

③ 内閣府「今週の指標 NO.1185」、http://www5.cao.go.jp/keizai3/shihyo/2017/1218/1185.html [2017-12-28]。

④ 総務省統計局、http://www.stat.go.jp/data/cpi/sokuhou/tsuki/index-z.htm [2017-12-28]。

⑤ 内閣府「平成 29 年第 15 回経済財政諮問会議」、「資料 2、デフレ脱却に向けた現状の検証」、2017 年 11 月 16 日、http://www5.cao.go.jp/keizai-shimon/kaigi/minutes/2017/1116/shiryo_02.pdf [2017-12-28]。

但是，需要指出的是，经济不处于通缩状态并不意味着日本彻底摆脱了通缩困境。2017 年 7 月，黑田总裁第六次推迟实现 2% 通胀目标的时间，从最初的 2014 财年延至 2019 财年。根据日本银行的预测，日本 2017 财年核心 CPI 增长 0. 8% ，2018 财年、2019 财年将分别增长 1. 4% 、1. 8%[①]，与此同时，民间机构对物价预测值相对悲观，2017 ~ 2019 财年仅分别增加 0. 64% 、0. 85% 、1. 39% 。[②] 目前，日本经济处于第 16 个经济周期上升期，成为日本战后第二时长景气期，但日本银行重视 2% 物价目标的姿态并未改变。因此，日本银行将持续超宽松货币政策，提升市场及私人部门的前瞻性通胀预期，以期实现彻底摆脱长期通缩的政策诺言。

二 超宽松货币政策下金融体系潜在风险

2013 年 4 月，日本银行提出“资产负债表扩大为原有规模的两倍，两年实现 2% 物价目标”，旨在短期内通过作用于总需求的非传统货币政策迅速兑现承诺。为了达成多次被推迟的 2% 物价目标，日本银行不断扩大超宽松货币政策，2016 年推出负利率政策以及长短期利率操作下量化质化宽松政策后，短期到中长期收益率曲线均处于超低水平，宽松货币政策呈长期化趋势。在这种利率环境下，以利差收益为核心的金融机构的盈利水平降低，尤其是地方金融机构经营形势严峻，金融体系风险加大。

（一）日本政策当局风险评估

2017 年 11 月，黑田总裁在瑞士苏黎世大学发表演讲，在评价长短期利率操作下宽松货币政策所产生的积极影响的同时，也指出利率期限对低利率效果的影响是最优收益率曲线的一项考虑因素。长期或超长期利率过低，可能对保险、年金企业运营不利。对金融中介功能而言，值得关注的是“逆

① 日本銀行「経済・物価の情勢の展望 2017 年 10 月」、https：//www. boj. or. jp/mopo/outlook/gor1710b. pdf ［2017 - 12 - 30］。

② 日本経済研究センター「ESP フォーキャスト調査」、2017 年 12 月调查、https：//www. jcer. or. jp/esp/result. html ［2017 - 12 - 30］。

转利率”（reversal interest rate）问题，即利率过低，商业银行自有资金将由于存贷利差缩小而受到制约，从而阻碍金融中介功能发挥，进而可能由于宽松政策导致效果异常逆转。目前，日本金融机构资本充足，信贷成本大幅降低，金融中介功能未受阻碍，但低利率环境对金融机构经营的影响呈累加性，因此日本银行应继续关注这一风险因素。①

事实上，日本银行一直都在关注利率过低可能产生的副作用。在 2016 年 9 月引入长短期利率操作政策时，日本银行对前期政策进行了总体验证，指出负利率政策不仅降低了商业银行存款利率，由于竞争激烈，其贷款利率也随之降低，削弱了金融机构的盈利水平。②

日本银行对金融体系风险的担忧主要源于两方面：一是在存贷利差缩小长期化背景下，为维持收益，金融机构可能过度承担信用风险，从而导致金融不均衡的累积损害金融体系的稳定；二是收益水平持续低迷，损失吸收能力减弱的金融机构数量增加，可能导致金融中介功能弱化，影响实体经济的稳定。③ IMF 对日本银行业尤其是老龄化环境下地方性银行经营模式的可持续性提出了警告。④ 日本金融厅具体分析了未来持续的超低利率政策对存款性金融机构资金收益的抑制，如商业银行将高利率融资、债券等置换为低利率债务，资金收益压力将长期持续。同时，以现行利率环境和资产价格为前提，银行对房地产相关融资加大，由于世界经济和市场动向存在不确定性，利率攀升、资产价格下跌等突发事件将导致金融机构资产负债表受

① 黒田東彦「『量的・質的金融緩和』と経済理論」、2017 年 11 月 13 日、http：//www. boj. or. jp/announcements/press/koen_2017/ko171114a. htm［2017 - 01 - 03］。

② 日本銀行「目で見る金融緩和の『総括的な検証』と『長短金利操作付き量的・質的金融緩和』」、2016 年 9 月 21 日、http：//www. boj. or. jp/announcements/release _ 2016/k160921c. pdf［2018 - 01 - 03］。

③ 日本銀行「金融システムレポート（2017 年 10 月号）」、2017 年 10 月 23 日、http：//www. boj. or. jp/research/brp/fsr/fsr171023. htm［2018 - 01 - 03］。

④ IMF，“Global Financail Stability Report October 2017：Is Growth at Risk?”，https：//www. imf. org/en/Publications/GFSR/Issues/2017/09/27/global - financial - stability - report - october - 2017［2018 - 01 - 03］.

损，金融机构应重点关注利率风险、信贷风险等管理。①

但是，政策当局对金融机构风险的关注，并不意味着日本金融体系受到了冲击。日本银行指出，金融经济活动并未出现较大波动，金融机构总体在资本充足率和流动性两方面维持强抗压性，日本金融体系稳定。虽然目前金融机构收益减少，但由于资本坚实，抗风险能力较强。伴随日本经济回暖，金融机构资产配置再平衡效果将得以实现，企业投资、居民消费增加带动信贷需求提升，银行盈利回升。②

黑田总裁提出“逆转利率”对金融中介功能的影响后，引发了市场对日本银行退出量宽政策的猜测。为了淡化或打消这一预期，黑田总裁表示这只是一种“学术分析”，日本金融中介功能未出现任何问题，因此并不意味着现行货币政策发生改变，日本银行将继续维持长短期利率操作政策。③

（二）金融体系潜在风险特征

虽然日本政策当局判断金融体系保持稳定，但也非常重视低利率环境对金融机构盈利造成的影响。如果银行的盈利水平进一步下滑，将可能导致信贷收缩，不利于经济增长，并对日本银行维持现行宽松政策造成压力。日本金融体系潜在风险主要集中在金融机构，主要表现在两方面。

1. 收益水平大幅下滑

2017 年日本银行业中期决算统计数据表明，城市银行及地方性银行（地方银行、第二地方银行）贷款、手续费等核心业务的纯利润比上年同期分别下降 32.6%、13.9% 和 16.7%（参见表 1）。帝国数据银行的调查显示，2017 年 9 月末，日本主要 112 家银行存款、贷款规模均有所上升，其中存款总额 727.19 万亿日元，比上年同期增加 5.1%，贷款总额 508.21 万亿日元，增幅 3.6%。但由于利息降低，只有城市银行的利差收益增加了

① 金融庁「平成 28 事務年度金融レポート」、2017 年 10 月、http://www.fsa.go.jp/news/29/Report2017.pdf [2018-01-03]。

② 日本銀行「金融システムレポート（2017 年 10 月号）」、2017 年 10 月 23 日、http://www.boj.or.jp/research/brp/fsr/fsr171023.htm [2018-01-03]。

③ 日本銀行「総裁記者会見要旨」、2017 年 12 月 22 日、http://www.boj.or.jp/announcements/press/kaiken_2017/kk1712c.pdf [2018-01-03]。

3.8%，地方银行、第二地方银行分别减少了0.8%和2.6%，112家银行中利差收益减少的银行高达81家。①

表1　2017年日本银行业中期决算情况

单位：亿日元

	城市银行(5家)	地方银行(64家)	第二地方银行(41家)
业务毛利润	24564(-13.7%)	16816(-5.3%)	4523(-6.2%)
经费	15527(1.8%)	11517(-0.8%)	3519(-1.7%)
业务纯利	9036(-32.6%)	5317(-13.9%)	1017(-16.7%)
经常利益	12667(-1.5%)	6650(0.1%)	1211(-5.8%)
当期纯收益	9768(-3.8%)	4817(2.6%)	896(-6.1%)

注：银行单独决算报表。括号内为前年同期比。

资料来源：全国銀行協会「全国銀行の平成29年度中間決算の状況（単体ベース）」、2017年12月28日、https://www.zenginkyo.or.jp/stats/year2-01/2017-interim［2018-01-04］。

2. 融资结构不平衡

由于资金收益、核心业务利润下滑，金融机构很可能过度承担风险以维持收益能力。这将导致融资结构不平衡，并可能损害金融体系的稳定。从贷款规模看，金融机构贷款增量呈增长态势，但从贷款对象看，城市银行信用卡贷款和地方银行支持个人租赁住房建设贷款比率攀升。2017年9月末，主要银行贷款总额比2012年9月末增长约15%，信用卡贷款增加5.8万亿日元，涨幅达70%。同时，在人口减少的背景下，租用居住需求理应随之减少，但截至2017年9月末，五年间面向个人的租赁住房建设贷款上升了11%。②

由于人口减少、地方经济衰退，银行间争夺优良企业融资的竞争日趋激烈，规模较小的地方性银行争相降低贷款利率吸引客户，在日本银行推出负

① 帝国データーバンク「国内主要112行の第2四半期決算（中間期）預金・貸出金等実態調査」、2017年12月27日。

② 森駿介・飯嶋カンナ「銀行カードローン・アパートローン残高増加の動向」、2018年1月11日、http://www.dir.co.jp/research/report/capital-mkt/20180112_012649.pdf［2018-01-19］。

利率政策后，存贷差进一步缩小，地方性银行将注意力转向收益率较高的个人融资。另外，日本2013财年税制修改大纲公布，通过了2015年1月实行继承税增税方案。由于在自有土地建设公寓住宅能够减少纳税额，起到节税效果，加之超宽松货币政策下融资成本大幅度降低，2015财年起个人租赁住宅建设开工数连续两年呈增长态势，2016财年同比增长11.4%，达到42.73万户，为2008财年以来的最高值。① 过剩融资可能引发租赁住宅建设泡沫，对金融体系风险提出警示。

综上所述，收益减少影响银行损失冲销，导致金融中介功能弱化，同时放松审查标准，提升风险资产投资，将加大金融体系风险。总体来看，日本银行业盈利水平下滑的主要原因有四：一是政策因素，即在持续超宽松货币政策环境下，贷款利率水平长期低下，以存贷利差为主要盈利模式的商业银行的收益空间被严重挤压。二是结构因素，伴随人口减少和老龄化迅速深化，银行存贷率下降。三是市场因素，与城市银行相比，地方银行国际业务能力弱，其90%业务均为国内业务，而在经济长期低迷的困境下，地方经济回升缓慢。四是技术因素，电子化等金融科技的发展在提升了经营效率的同时，也导致银行人员、店铺过剩，经费成本增加。2016财年城市银行经费比率升至65%，远超1997财年金融危机时的48%。

三　金融政策与金融体系最新动向及展望

央行大规模实施超宽松货币政策，超低利率下金融机构盈利空间压缩。另外，金融科技的运用和发展，对金融机构传统经营模式形成冲击。与此同时，少子老龄化等结构性问题使金融机构经营前景更加暗淡，银行业甚至成为“结构性衰退行业”②。虽然日本金融体系维持稳定，但日本政策当局开始关注金融体系潜在脆弱性，金融机构也相继推出结构性调整方案。在人口

① 国土交通省『建築着工統計調査報告』、2017年4月28日、file：///C：/Users/Owner/Downloads/kencha2814.pdf［2018－1－19］。

② 鈴木崇久・田上貴大「3メガ銀“平時”の大リストラ」、『週刊ダイヤモンド』2017年11月25日、13頁。

少子化、老龄化背景下，重新构建可持续发展的经营模式成为政策当局与金融机构的一项中长期课题。

（一）日本银行更加注重政策平衡，在追求物价目标的同时，防范金融体系风险

《日本银行法》第二条规定，日本银行承担两项政策职能，一是通过物价稳定促进国民经济健康发展；二是维持信用秩序，即确保金融体系稳定。泡沫经济崩溃后，日本金融体系经过艰苦的资产负债表调整，进入相对稳定阶段。由于长期通货紧缩，日本银行将政策重点置于提振物价。目前，日本经济虽然进入了缓慢回升通道，但仍然存在设备投资不足、工资增长缓慢等问题，尚未实现内需推动的自律性增长。物价方面，核心 CPI 等物价指标转为正值，但主要与国际原油等大宗商品价格上涨有关，去除能源、食品的核心 CPI 虽然从 2017 年 3 月起有所回升，但最高值仅为 2017 年 11 月的 0.3%。由于通胀目标达成依然遥远，为了提升通胀预期，实现物价与生产、消费的良性循环，日本银行将继续维持超宽松货币政策。2018 年 4 月黑田总裁将任期届满，无论其是否连任，在安倍力争实现的长期政权下，作为“安倍经济学”最重要的支柱之一，超宽松货币政策仍是“摆脱通缩、振兴经济”口号的主要力量。

由于长期实行超低利率的副作用凸显，日本银行开始关注金融体系的潜在风险，但现实中却陷入政策两难困境：一方面，2% 物价目标迟迟无法实现，央行必须维持超宽松货币政策；另一方面，负利率下银行收益大幅下滑，金融体系出现波动。为了防止金融机构进一步陷入经营困境，在维持长短期利率操作宽松政策下，日本银行可能会对现行政策进行微调，如设置更有弹性的通胀目标；将长期利率目标对象从目前的十年期国债向更短期限国债转移，以此提升超长期利率、加强国债流动性；缩小国债购买规模；减少风险资产增量等。在这一过程中，为了防止政策带来的负面冲击，日本银行多次指出，要加强与市场参与主体的对话和沟通，减少市场波动。

（二）宽松货币政策退出尚需时日

国际金融危机后，世界主要经济体的央行纷纷采取量宽政策。伴随就业

提升和经济复苏，美联储于2015年进入加息通道，并于2017年6月公布缩减资产负债表计划。欧洲央行虽然维持低位利率水平，但2017年也开始缩减资产购买规模。在这种国际环境下，日本继续维持超宽松货币政策的压力加大，但由于2%物价稳定目标距离遥远，日本银行仍然继续坚持在长短期操作下，强力推进超宽松货币政策。①

在国民称之为“无实感”经济增长下，目前日本银行未考虑宽松政策退出日程表，但从现实操作来看，资产负债表扩张速度减缓。虽然日本银行依然将每年新增80万日元长期国债作为宽松政策的参考指标，但实施长短期利率操作方式后，持有超过国债40%份额的日本银行无须大量扩张购债规模，即可将长期利率调控在零左右。2017年预计购买国债规模仅为60万亿日元左右，80万亿日元指标实际上已成为形式。

2018年，在世界经济复苏的背景下，日本经济大幅减速的不确定性因素减少，但宽松货币政策的退出也隐含着政治考量。2018年9月日本自民党将举行总裁选举，加之2018年内将决定是否2019年10月再次提高消费税率，如果日本银行在增税前发表摆脱通缩宣言，可能会面临因增税导致物价再次低迷的风险，日本银行多年来致力于消除通缩的努力将成为泡影，日本经济也可能会重新回到通缩泥沼。因此，宽松政策退出的关键在于消费税进一步增加的时间以及工资水平的上涨。

（三）大型金融机构继续深化结构改革，提升竞争力

2017年，日本三家大型银行纷纷推出精减人员、减少营业网点的结构改革计划，如瑞穗银行将目前500家网店减至2024财年末400家，至2026财年减少相当于1.9万人的业务量。至2023财年，三菱东京日联银行将在516家网店中最多选取100家，对其进行“自助型”网店改造，同时超过10%的员工被自然精减，总数约为6000人。三井住友银行将投入500亿日元资金，于2019财年末推进所有网点的机器人流程自动化（RPA），减少

① 黒田東彦「人手不足を越えて、持続的経済成長への展望」、2017年12月26日、http：//www.boj.or.jp/announcements/press/koen_2017/ko171226a.htm［2017－01－05］。

4000人的业务量。[①] 但总体来看，反映危机意识的结构改革尚未完全启动，人员精减主要表现为业务量减少从而进行人员重新配置，裁员可能更多涉及非正式职工，而正式员工基本属于退休、转岗等自然减员。

20世纪90年代，日本国内金融危机爆发，日本大银行通过不断重组，形成了三大银行体制。2008年国际金融危机后，在长期低利率环境下，日本大银行结构改革基本停滞。反映在时价总额方面，日本银行在国际金融市场的存在感不断降低。1997年末，三菱东京日联银行以8.4万亿日元居全球股票市场第四位，规模为当时占据首位的美国银行的61.3%。2017年9月末，日本大银行中时价总额最高的三菱日联金融集团降至全球第17位，其10.3万亿日元规模仅为摩根大通集团的27.2%。[②]

在负利率环境下，日本大型金融机构由于积极开展国际业务而受益，海外事业占营业利润的比重增加。但与此同时，经费成本攀升，2017财年中期决算报表显示，城市银行营业毛利润同比降低13.7%，但经费增加了1.8%，其中人工费增加了4.8%。[③] 随着金融科技的发展，为进一步提升国际竞争力，日本大型金融机构在改善收益时，一方面加强调整人员、减轻负担等改善成本结构的措施；另一方面应更加注重经营资源在结构和效率方面的优化，开发盈利新模式，提升收益结构。

（四）地方性金融机构在削减成本与区域密切型经营之间的制约矛盾中寻求突破

与拥有国际业务、非利差收益占比较高的大银行相比，地方性银行的业务与地区经济发展关系密切，收益基本依赖于国内资金收益，在低利率和激烈竞争下，地方性银行利润微薄，资金收益与存贷收益均呈下降趋势。由于受到区域密切型经营模式的制约，地方性银行难以通过裁员、削减网店等方式降低成本。2017年10月，日本银行在报告中首次指出地方性银行存在人

---

① ［メガ銀、改革は未知数］、『日本経済新聞』2017年12月26日。

② 「メガ銀、収益改善道半ば」、『日本経済新聞』2017年10月31日。

③ 全国銀行協会「全国銀行の平成29年度中間決算の状況（単体ベース）」、2017年12月28日、https：//www.zenginkyo.or.jp/stats/year2－01/2017－interim［2018－01－04］。

员、网店过剩问题，银行间竞争激烈。出于对资金收益减少的集体性担忧，地方性银行追求短期利益的行动可能引发系统性风险。① 针对地方性银行严峻的收益问题，金融厅表示，对所在地区企业、经济无贡献的金融机构，其退出可以理解为市场机制发挥作用。② 可以看出，在市场机制的作用下，对于被淘汰的地方性金融机构，金融监管部门将实施行政举措，引导其退出金融市场。

为保持健康稳健发展，地方性金融机构通过合并、重组等方式“抱团取暖”。日本国内金融危机平息后，地方银行开始了小范围经营重组。2015年7月森信亲就任金融厅长官后，积极推进地方性金融机构重组。同年10月，肥后银行和鹿儿岛银行通过建立持股公司的方式成立了九州金融集团。2016年，地方性金融机构重组项目升至五个，包括建立持股公司、业务全面合作、合并等方式。

但是，合并重组可能导致金融机构规模过大，在地方经济中存在金融寡头、垄断风险，因此引发严格的反垄断审查。2017年7月，福冈金融集团与长崎十八银行发表声明，由于公平交易委员会再次未完成审批，原定于2017年10月的经营合作日程将无限延期。③ 其原因主要在于，长崎十八银行与福冈金融集团旗下的亲和银行合并后，其市场贷款份额约占长崎县内的70%，有可能触碰《反垄断法》的天花板，因此公平交易委员会审批谨慎严格。

与追求规模相比，地方银行面临的根本课题在于，在人口减少和地方经济规模缩小的背景下，如何维持、扩大收益来源。对于地方经济而言，持续健康经营、充分发挥金融中介功能的地方银行不可或缺。通过合并重组，虽

① 日本銀行「金融システムレポート（2017年10月号）」、2017年10月23日、http：//www.boj.or.jp/research/brp/fsr/fsr171023.htm［2018-01-03］。

② 金融庁「平成29事務年度金融行政方針」、2017年11月、http：//www.fsa.go.jp/news/29/20171110.html［2018-01-15］。

③ 福冈金融集团与长崎十八银行原定于2017年4月1日进行经营合作，2018年4月1日，福冈金融集团旗下的亲和银行与长崎十八银行合并。由于公平交易委员会未完成审批和回复，经营合作与合并事宜分别推迟半年，即分别于2017年10月1日、2018年10月1日完成。此次再次延期，且未说明期限。公平交易委员会在企业合并方面两度延期，较为少见。

然扩张了银行规模，但能否真正减少成本、提升经营效率需要进一步观察。对于金融机构而言，解决信息不对称能力是其重要的附加价值。地方性金融机构改革应进一步加强与地方企业、地方经济的联系，以差别化服务强化与客户之间牢固的信任关系，减少信息不对称风险，提升信贷能力，以此提升银行的附加价值。同时，地方性金融机构改革应与结构改革形成合力，在“生产性革命”推进过程中，加大对新兴产业、创业型产业的投资，在供需两端形成共同的价值创造，为地方经济繁荣发展提供优质的金融服务。

B.8
加速转型的日本制造业与系列造假现象分析

张玉来*

摘　要： 冰火两重天是2017年日本制造业的真实写照。在日本经济实现长时间低温复苏的大背景下，制造业交出了一份抢眼的成绩单：企业盈利能力大幅提升，大型制造业企业经常利润率史无前例地突破8%、制造业平均自有资本比率超过47%、企业总利润余额也创下140万亿日元的新纪录；日本制造业的“全球化经营”更加深化，其海外生产占比首次超过1/4；以“制造业服务化”为代表的企业转型也获得了极大进展，一批企业走出了多元化事业格局。与此形成鲜明对照，就在这一年即将结束之际，却爆出了神户制钢、东丽、日产、斯巴鲁等一批具有代表性的大牌企业的造假丑闻，日本制造业因此遭遇前所未有的严峻考验，甚至出现了日本质量走下神坛的呼声。

关键词： 日本制造业　制造业服务化　全球化经营　企业转型

日本经济似乎已经看到曙光。日本内阁府经济动向指数显示，自2012年12月以来的经济复苏时长已经超过战后“伊奘诺景气”时期（1965年11月至1970年7月），成为战后第二。[①] 对此形成强有力支撑的力量，显然是

* 张玉来，历史学博士，南开大学日本研究院副院长、副教授，研究方向为日本经济与产业、中日经济关系。

① 「景気動向指数（速報、改定値）（月次）結果」、http://www.esri.cao.go.jp/jp/stat/di/di.html［2017-12-25］。

来自日本企业经营状况的显著改善，日本财务省法人企业统计调查显示，2016年度日本全行业企业销售总额仍徘徊在1455.8万亿日元规模，但总营业利润却突破70万亿大关，创下了75万亿的新纪录，其总量达到1992年泡沫经济崩溃之际20万亿日元的近四倍!① 另外，日本央行发布的企业短期经济观测调查结果也显示，2017年底，大型制造业企业景气判断指数（DI）已经回升至25，成为2008年国际金融危机以来的峰值，特别是销售利润率达到8.11%②，创下了1974年以来的最高纪录。2017年企业数据继续保持向好态势，截至9月的统计显示，销售额继续稳步增长，前九个月经常利润也突破了69万亿日元。③

事实上，在泡沫经济崩溃后的所谓“失去的二十年”之间，日本制造业已悄然步入转型期，以“三大神器”为代表的传统日本经营特征早已大幅褪色，如今日本制造业正处于加速转型时期，“服务化”“全球化”等一些新特征也正在逐步形成。

一　企业盈利能力大幅提升

销售规模相对稳定，但营业利润特别是营业利润率不断攀升，这是日本制造业自泡沫经济崩溃以来非常显著的特征。也就是说，制造业企业的盈利能力得到了大幅提升，正因如此，截至2017年3月的日本制造业企业的利润剩余额突破了140万亿日元。④

（一）销售规模保持基本稳定

从销售规模来看，长期以来，日本全行业（除金融、保险业之外）销

---

① 「年次別法人企業統計調查概要 平成28年度」、http：//www.mof.go.jp/pri/reference/ssc/results/h28.pdf［2017-09-01］。

② 「短観（概要）-2017年12月」、http：//www.boj.or.jp/statistics/tk/index.htm［2017-12-28］。

③ 「年次別法人企業統計調查概要　平成29年7~9月」、http：//www.mof.go.jp/pri/reference/ssc/results/2017.7-9.pdf［2018-2-25］

④ 2016年度（2016年4月至2017年3月），金融、保险业除外，日本全产业利润剩余已经突破400万亿日元大关，达到406万亿日元规模，创造了新的历史纪录。参见「年次別法人企業統計調查概要平成28年度」、http：//www.mof.go.jp/pri/reference/ssc/results/h28.pdf［2017-09-01］。

售规模处于相对稳定的状态，自1990年以来一直围绕1400万亿日元上下波动。根据财务省法人企业统计调查数据，1992年日本的全行业销售规模为1465万亿日元，而24年之后的2016年为1455.8万亿日元，两者仅相差不足10万亿日元。也就是说，泡沫经济崩溃并没有对日本企业的销售规模形成严重冲击，全行业销售规模的谷底出现在2002年，这时距离泡沫经济崩溃已经十年，且其规模仍然达到1327万亿日元。另外，在2008年国际金融危机之前，日本全行业销售规模曾出现连续冲高现象，2005年首次突破1500万亿日元（1508万亿日元），2006年1566万亿日元，2007年达到顶峰的1580万亿日元，2008年便回落到1508万亿日元。① 仅就制造业而言，2000年日本制造业销售规模为420万亿日元，之后小幅回落，最低曾跌至2002年的377.5万亿日元，2004年又重新回到409万亿日元。此后受"中国特需"影响，日本制造业开始冲高，2007年达到471万亿日元的历史最高值。金融危机之后，日本制造业销售大多数年份低于400万亿日元规模，2016年度为395万亿日元。

（二）经营利润实现了不断增长

从经常利润来看，泡沫经济崩溃之后日本企业的整体状况并没有出现下行，反而大致形成了三个增长时期：1993~2000年，全行业经营利润规模除1998年出现下跌之外，逐步从20.5万亿日元增长至35.9万亿日元；2001~2007年，全行业经营利润又从28万亿日元逐步增至54万亿日元；2008~2016年，则从35万亿日元逐步增长至75万亿日元，从2013年开始便逐年刷新历史纪录。制造业企业大致可以2008年国际金融危机为界，分为两个阶段，1993~2007年，经常利润从7.6万亿日元逐步增长至23.9万亿日元；之后是从2009年9.1万亿日元的低谷逐步复苏，到2016年度（截至2017年3月）创下了24.1万亿日元的历史最高纪录（参见图1）。

① 「年次別法人企業統計調査概要 平成17年度」、「年次別法人企業統計調査概要 平成20年度」、http：//www.mof.go.jp/pri/reference/ssc/results/nenpou.htm［2017-12-28］。

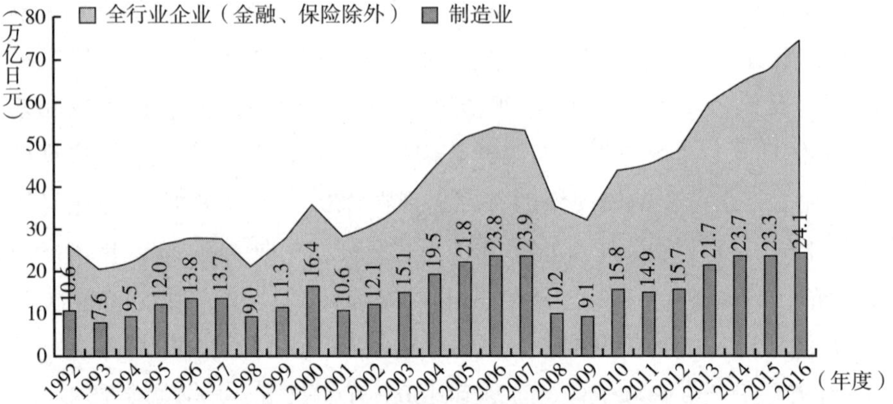

图1　泡沫经济崩溃后日本企业经常利润（1992～2016年）

资料来源：「年次别法人企業統計調查概要」各年度、http：//www. mof. go. jp/pri/publication/zaikin_geppo/hyou07. htm［2017－12－31］。

（三）利润剩余和自有资本比率不断提高

利润剩余和自有资本比率也是企业盈利能力的重要体现，近年来，日本全行业企业在这两项数据上都在不断刷新纪录。2016年度日本全行业企业（金融、保险业除外）利润剩余额突破406万亿日元，其规模是20年前（1996年）2.6万亿日元的156倍、10年前（2006年）11.9万亿日元的34倍，其中，制造业企业利润剩余额为140.6万亿日元。企业自有资本比率的变化也非常大，1986年日本企业平均自有资本比率18.3%，而制造业企业为27.1%；10年之后这两个数字分别变成19.9%和34.1%，有了微升；再过10年之后的2006年分别成为32.8%和43.8%，有了大幅提升；到2016年更是分别上升至40.6%和47.6%（参见图2）。很显然，吸取泡沫经济时代的惨痛教训，日本企业改变了财务模式。

（四）经常利润率等经营指标不断改善

日本企业盈利能力提升还要归结到企业的经常利润率方面。2017年12月15日，日本银行第175次“全国企业短期经济观测调查”数据公布，企业对经济状况的判断呈现继续向好态势，其中非常值得关注的就是企业“经常利润率”的变化，制造业和非制造业均实现了历史最高水平，尤其是制造业大企业，其

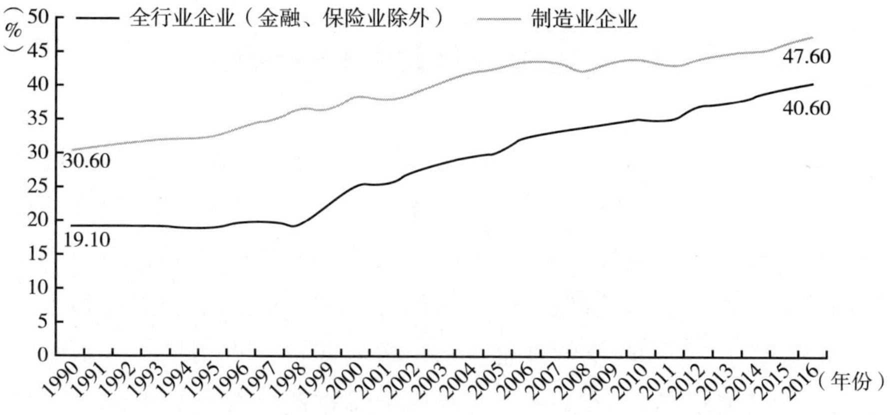

图2　日本企业自有资本比率（1990～2016年）

资料来源：「年次別法人企業統計調査概要」各年度、http：//www. mof. go. jp/pri/publication/zaikin_ geppo/hyou07. htm［2017－12－31］。

经常利润率已经攀升至8.11%（参见图3）。另从企业资产收益率（ROA）和自有资本收益率（或称股东权益收益率，即ROE）来看，日本企业虽然与美国企业仍有一定差距，但已经赶上甚至超过了英国、德国等欧洲企业。[①]

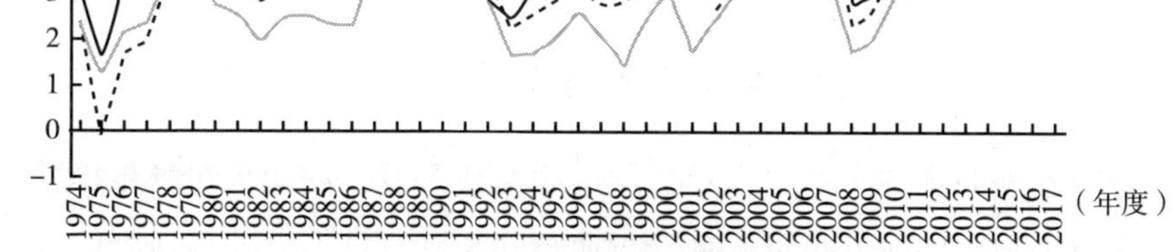

图3　日本制造业经常利润率

资料来源：「第175回　全国企業短期経済観測調査」、http：//www. boj. or. jp/statistics/tk/index. htm［2017－12－30］。

① みずほ総合研究所調査本部『日本企業の稼ぐ力は高まったのか—企業収益の国際比較に見る日本企業の変化と課題—』、みずほ総合研究所、2017年10月2日、2頁。

二 “全球化经营”不断深化

日本企业的“全球化经营”仍在不断深化。日本经济产业省2017年5月公布的“第46次海外事业活动基本调查”显示，截至2015年度，日本制造业的海外生产比率已经突破25%，再度刷新了历史纪录（参见图4）；投资海外的日本企业总量也达到2.5万家，其中，制造业企业达到1.1万家。[①] 日本银行的国际收支统计也显示，截至2017年9月底，日本海外直接投资余额已突破174万亿日元，相比5年前的2012年增加了91%。很显然，日本企业进军海外不仅没有减速，相反还呈现出加速趋势。

（一）海外生产占比继续扩大

制造业海外市场比重仍在不断增加，全企业为基数的海外生产比率已突破25%，若以在海外设有生产基地的企业为基数的话，该数值则达到38.9%，逼近40%。截至2015年度，海外生产比率接近或超过10%的产业领域就多达14个，其中，最突出的就是汽车产业，其海外生产比率已经达49%。除此之外，通用机械设备（34%）和信息通信设备（29%）的海外生产比率将近1/3，而化学（19%）、有色金属（19%）、业务型设备（19%）、制陶（17%）、电子设备（17%）等领域，海外生产比率也在20%左右。[②]

（二）投资海外企业数量不断增长

投资海外的现地企业法人销售额继续增长，经常利润也在稳步提升，特别是对亚洲地区的海外投资。从全行业角度来看，日本海外现地企业法人的销售总额突破270万亿日元，其中，制造业达到135万亿日元，比2006年的99.7万亿日元增长了35%。而从不同的产业领域来看，汽车为主的运输

① 経済産業省『第46回　海外事業活動基本調査概要』、2017年5月、7頁。

② 同上，第12页。

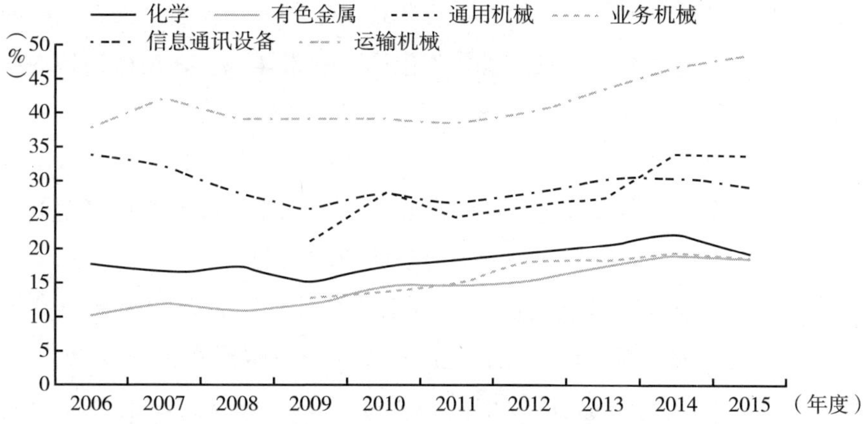

图4　海外生产比率较高的日本制造业领域

资料来源：経済産業省『第46回　海外事業活動基本調査概要』、2017年5月、12頁。

机械销售额最高，超过67万亿日元，其规模已是同年度日本汽车出口额17.3万亿日元的4倍左右。[①] 从盈利状况来看，非制造业领域自2012年开始出现小幅下滑趋势，而制造业则在不断稳步增加，其2015年度经常利润额已经从2006年的4.7万亿日元上涨至6.3万亿日元，经常利润率也从3%提升至5%，接近当年国内制造业企业平均5.9%的水平。另外，从投资区域来看，投资亚洲地区的日本企业经常利润要远远高于投资北美和欧洲地区，如2015年度亚洲地区为6.13万亿日元（全行业现地法人），是北美的2.2倍、欧洲的13.3倍。[②]

（三）“地产地销”经营特征愈加突出

投资海外的日本制造业呈现的“地产地销”特征更加突出。“地产地销”原本是日本政府农业政策的一项方针，其目标是推进“当地生产的农水产品在当地销售”体系，但近年却也成为进军海外的日本制造业企业所

① 日本自動車工業会『日本の自動車産業』、http：//www.jama.or.jp/industry/industry/industry_ 4g1.html［2017－12－30］。

② 経済産業省『第46回　海外事業活動基本調査概要』、2017年5月、15～16頁。

实施的一项重要战略——为了更能贴近所在国家的市场需求，而在该国或邻近地区建立起一整套产品研发、设计与生产、销售体系。在美国销售的汽车尽量在美国生产，而在东盟销售的汽车则在泰国或印度尼西亚等地生产，从而开发出更适合当地需求的产品。一个更形象的例子是，在印度销售的日本厂商冰箱一般都加装内藏式蓄电器以及化妆品容纳箱，以此适应当地的频繁停电以及口红等化妆品因当地高温而容易溶化的问题。

这种“地产地销”战略的实施，带来了海外日本企业的采购与销售格局。2015 年度，海外日本制造业企业从日本国内采购比率相比 2006 年度均出现显著减少，如北美日企该数字从 31% 降至 24%，欧洲日企则从 35% 降至 23%，亚洲日企也从 30% 降至 21%。销售格局也呈同样的特征：亚洲日企对日本出口（日本称之为“逆进口”，也就是海外日企向日本出口）占比已经从 2006 年的 22% 下滑至 2015 年的 16%，相反，本地区销售占比则从 70% 上升至 79%。

（四）“全球化经营”改变日本对外经济结构

正因为日本企业（包括非制造业在内）仍在不断深入推进“全球化经营”，日本对外经济结构发生了重大变化。其一，对外贸易变化主要体现在出口规模连年下降，贸易从顺差变成逆差。日本出口规模已经从 2012 年的 8013 亿日元连续下滑至 2016 年的 6446 亿日元（2016 年出现小幅回升），贸易收支 2012 ~2015 年连续四年赤字。这其中既有 2011 年东日本大地震导致其能源进口增加的因素，也有“安倍经济学”导致日元大幅贬值的因素，不过，海外生产比率提升的作用显然不容忽视。其二，日本对外经常收支之所以能够保持盈余状态，主要是依靠海外投资企业的盈利。日本财务省统计显示，包括海外直接投资和证券投资收益在内的第一次所得收支①规模已经从 2000 年的不足 8 万亿日元到 2015 年突破 20 万亿日元（20.7 万亿日元）。其三，投资海外企业的知识产权使用费（专利等）也逐步成为日本对外经

① 日本对外经常收支中的重要项目之一，它是指日本对外金融债权、债务所产生的利息及分红等收支状况，包括对外直接投资和证券投资收益以及其他投资收益。

常收支的重要盈利部分。1996 年日本海外获得的知识产权使用费规模尚不足 1 万亿日元，但随着日企投资海外，构建起全球性采购、生产与销售体系，从海外子公司获得技术指导费等逐步增加，截至 2015 年，日本从海外获得的知识产权使用费规模已经超过 4.4 万亿日元。[①] 另据总务省统计数据，日本在北美和亚洲地区投资的汽车为主的运输机械产业收取的相关费用占比超过一半以上。

三 “服务化”为代表的战略转型

“制造业服务化”成为近年来日本制造业走出传统模式、实施重大转型的另一个突出特征。其核心是转变传统制造业由企业提供价值生产，即“向客户提供有形产品实现价值生产”，转换为企业与顾客共同创造价值,即价值来源于顾客体验。为此，企业在向顾客提供有形产品的同时也提供服务，从而与顾客一同创造价值。

（一）日本制造业企业转型的背景

工业产品价值下降是日本企业实施“制造业服务化”的重要背景。在“大量生产、大量消费”的年代，能够实施大量生产现代工业品的国家局限在少数几个发达国家。但这种局面到 20 世纪 90 年代冷战结束之后彻底发生了改变，新兴市场国家的制造业企业迅速崛起，加上技术进步所带来的通信与物流成本的快速下降，全世界进入了产品过剩时代。不仅仅通用产品价值下降，即便是高端产品也很快就会“一般商品化”（commodity），从而卷入价格竞争。这就迫使日本企业转变竞争战略，从以往的“制造产品”转向提供“价值”服务，比如对售出商品的保养维护、租赁服务等新的领域，以此获得更高的附加价值。

---

① 日本銀行国際局『2015 年の国際収支統計及び2015 年末の本邦対外資産負債残高』、2016 年 8 月、10 ~ 12 頁。

（二）“制造业服务化”转型的类别及特征

日本“制造业服务化”包括两大类别：一是“服务的事业化”，也就是客户从购买产品转向购买服务，典型案例就是汽车厂商开始考虑将共享汽车作为未来事业。2016年5月丰田汽车便对优步（Uber）进行了战略投资，同年10月又通过旗下丰田金融公司和Mirai创意投资公司对美国汽车共享服务公司Getaround投资1000万美元。另一大类别就是“服务价值化”，即客户所认知的附加价值虽然是服务价值，但依旧是通过对有形产品收费来实现。也就是说，在客户选择有形产品之际，厂商为其提供极其细致的保养服务和价值提案。三浦工业是一家小型工业锅炉厂商，其国内市场份额超过40%。它在销售锅炉之际就采取与客户签署三年保养合同的方式，自1989年开始就提供这种“故障预知”服务。

“向海外推销成套基础设施”也是日本“制造业服务化”的重要特征。例如成套核电系统、新干线、上下水道以及再生资源等基础设施出口方面，日本就采取了新发展战略——不是出口单一产品，而是推销整个成套体系、人才培养、品牌维护、保养维护等服务与产品融为一体的销售方式。为了能够顺利推行该战略，日本形成了官产合作方式，整个团队中除了厂商还有商社、装置产业客户企业以及金融机构等。

（三）“制造业服务化”转型的战略目标

日本企业实施“制造业服务化”战略的目标非常明显：一是摆脱价格战，防止科技水平较高的产品沦为“一般商品化”从而陷入价格战；二是提升进入门槛，通过服务事业提升模仿难度，构筑可持续的竞争优势；三是不容易受到经济景气周期波动的影响，因为它是以客户库存性质商品为服务对象的，具有收益稳定性；四是为客户提供服务项目还可以发挥人才培养的功效，让员工了解现场状况，有目的地进行新项目的开发。

（四）实施战略转型的代表案例

近年来，以“服务化”战略为代表而实施战略转型的日本企业不断涌现，其共有特征是：一是放弃传统的多元化战略，二是重点围绕某项事业进行价值开发，三是充分结合新的技术。以下是日本企业转型成功的几个典型案例。

一是迈向“顶级医疗设备厂商”的奥林巴斯。2011 年，日本光学设备巨头奥林巴斯曾因巨额财务造假（隐瞒了过去 20 年间的 13 亿美元巨亏）而濒临破产，但 2012 年出任社长的笹宏行大胆实施了“瘦身计划”，除了彻底“切割”信息通信事业之外，该公司传统的影像业务和科学业务均被大幅削减，最终以“内窥镜”为代表的医疗器械在奥林巴斯的销售占比将近八成。2016 年，笹宏行社长又提出新“中期经营计划”（16CSP）的宏伟蓝图，继续深耕以内窥镜为核心的相关事业领域。

二是屹立在白色家电领域的大金空调公司。20 世纪 80 年代，大金工业也曾高举多元化战略，除了空调外，还广泛涉足机器人、地暖、医疗器械以及电子设备。1994 年，井上礼之社长大胆实施了“选择与集中战略”，大刀阔斧地砍掉了空调之外的所有业务领域。改革之后的大金在所谓“日本家电集体溃败”中异军突起，它形成了与众不同的突出特色，独树一帜地发展起大金模式：（1）大胆以并购手段不断进取，登顶全球空调业翘楚；（2）采取“单打独斗”的事业战略，其空调销售占比近九成；（3）形成了“两头在外”的经营特色，即把生产和销售的重头都放置在海外——2016 年大金海外销售占比超过 75%、海外生产比率将近 70%。①

三是半导体装置新领军者东京电子。曾是一家技术商社的东京电子是在第一次石油危机之后进军半导体设备领域的，其战略转型曾花费整整三年时间。“专业化路线”和“差异化道路”是东京电子成功的关键，它一直专注于半导体生产装置领域，并没有像更多的日本企业那样，随着规模扩大而步入多元化道路。其企业治理机制也与传统的日本经营模式形成了巨大反差，其突出特征有两点：（1）企业经营决策速度快捷、高效，正像东哲郎社长所指出的，“经常被外国企业视为非日本企业”；（2）高度重视利润率，以此作为企业发展以及维护股东利益的关键所在，2005 年以来年均经常利润

---

① DAIKIN『サステナビリティレポート2017』、2017 年、4 頁。

率为12%，普遍高于其他日企。

四是剑指“再生医疗世界第一”的富士胶片。作为传统胶片企业，它与2012年美国柯达破产形成了鲜明对照。富士胶片转型成功得益于2003年出任社长的古森重隆，他曾主导富士胶片完成事业大转换，从一家世界最大的感光材料企业转身为服务化业务主导的制造业企业。如今，文件处理事业（复印、打印等办公领域）已经成为富士胶片三大主营业务之首，销售占比高达46%，远远超过传统的影像事业（15%）和信息事业（39%）。

除上述战略转型典型案例之外，日立制作所、普利司通、小松、堀场制作所等企业也都是日本“制造业服务化”的代表案例。

四 一系列造假是日本制造业转型的重要表征

2017年，日本制造业领域爆出了一系列造假丑闻，尤其是日产汽车车检20年造假、神户制钢篡改数据10年造假，对日本制造业长期以来的质量神话形成了巨大冲击。其实，近年来日本制造业企业丑闻事件早已司空见惯。例如东芝会计造假、东洋橡胶工业篡改抗震数据、旭化成捏造建筑打桩数据、三菱汽车伪造燃效数据、铃木汽车人为杜撰燃效数据等，这一系列“不祥事”已令长期津津乐道于质量第一的日本制造遭受重创。

诚然，这一系列问题固然有不同企业的不同原因，但其共性问题则是泡沫经济崩溃以来，日本企业实施战略转型所形成的一系列问题的总爆发。

（一）神钢造假案的破坏性及其深层原因

首先，神户制钢的造假事件可以说最具“破坏力”，因为作为上游材料企业，其爆发的问题将会威胁整个产业链条的安全性。神户制钢数据造假不断发酵，起初只是宣布铝材及其制品、铜制品数据造假，客户涉及200家。随着调查的不断深入，神钢主营业务钢铁、不锈钢等也被卷入了旋涡。于是，随着问题部门从国内工厂蔓延至海外子公司，所涉及客户也增加到国内外500家。之后，据帝国数据银行（TDB）调查，因为神钢海内外业务客户多达6123家，其影响范围也必然不断扩大。

其次，神钢造假案对日本制造的质量神话形成了致命一击。一是影响面极广。神钢身处整个制造体系上游，且作为原料供应企业，神钢的客户非常广泛，涉及丰田、日产、本田等几乎所有日本汽车企业，住友电装、高田、富士通、矢崎零部件等大量汽车部件厂商，此外，三菱重工、石川岛播磨重工（IHI）、NEC 等飞机产业相关企业以及大金工业、松下、三菱电机、日立制作所、日本电产等电机厂商也被殃及。此外，还有 JR 东日本、东京地铁等新干线及铁道列车甚至火箭等军工企业，凡是采购神钢材料的企业均难以脱身。二是追溯时间久远，造假事件被追溯到十年前，这不仅说明了问题的严重性，更从时间范畴上扩大了影响范围。此外，作为跨国经营企业，神钢事件也扩至其全球生产体系。三是“有组织”的造假行为使事件性质变得恶劣。参与造假的人员涉及公司管理层，仅铝材及铜产品业务就有数十人参与造假。另外，神钢最终质量检查人员也牵扯在造假之中。

最后，事件“国际化”更加剧了对日本制造的打击。美国司法部早已宣布介入神钢造假调查，这形成了极大的“国际影响力”。美国政府参与的理由是，神户制钢为许多在美国开展业务的企业供货，如：美国通用汽车、特斯拉电动车，德国戴姆勒，瑞典沃尔沃，法国雷诺、标志汽车，韩国现代等汽车企业；美国波音、欧洲空客等飞机制造商；以及美国通用电气、英国罗尔斯罗伊斯等飞机发动机企业，美国英特尔等电子企业。以经济全球化时代为背景，事件已在全世界掀起波澜。

那么，一个重要问题是，日本企业为何要造假呢？以神钢为例，它首先是受企业经营状况所影响。创建于 1905 年的神户制钢迄今已有 102 年的经营历史。作为“百年老店”，神钢在经营中一直标榜其企业伦理精神。2000 年，该公司甚至为“全球化经营”推出了长达数十页的《企业伦理纲领》，一再重申向客户“提供可以信赖的技术、产品和服务”。关于造假原因，神户制钢公司解释为“生产车间为赶工期、完成生产目标才采取如此下策”。很显然，这是神钢搪塞媒体的一种说辞，只要分析该公司近些年的经营状况，就可以发现其造假驱动力还是经营业绩压力。

首先，近年神钢销售额持续下滑，已经从 2008 年的 21772 亿日元下跌至 2016 年的 16958 亿日元，其经营利润形势更加严峻，该公司已连续两年

200亿日元以上巨亏，其主因是全球资源市场价格的暴跌影响。其次，“出事”业务是该公司铝材及其制品和铜产品业务，这恰恰是被视为神钢“救命稻草”的盈利支柱领域。近几年，因汽车、飞机等产业普遍实施了轻量化措施，铝材需求呈现大增之势。为了能够确保盈利，管理层明知数据有问题，但还是全力蒙混过关。再次，神钢的内部治理也出现了严重问题。近年实施多元化战略——除传统钢铁之外，神钢还广泛涉足了焊接、铝铜、机械、工程技术以及电力等领域，因为各业务间的关联性相去甚远，导致部门间信息沟通不畅，造成了内部闭塞隔阂。最后是研发投入不足的问题，造成了企业技术进步受阻。当然，企业利润下滑以及近年来的大规模海外投资都压迫了研发经费，2016年神钢研发对销售额比仅为1.6%，远不及日本制造业企业平均水平的4.3%。除此之外，竞争对手压力也不容忽视，由古河斯凯与住友轻金属工业合并成立的UACJ集团拥有强大的技术竞争力。

（二）转型令传统日本制造的根基发生转变

其实，日本制造业丑闻不断还有更深层的原因，那就是过去曾支撑日本制造业不断改善、走向强盛的社会环境以及社会基础发生了转变。

第一，泡沫经济崩溃之后，曾于20世纪六七十年代在日本蓬勃兴起的企业家精神已经消失殆尽，如今，诸如松下幸之助、盛田昭夫、本田宗一郎等领军创业人物可以说已经非常鲜见，日本制造业实际从泡沫经济崩溃开始，就整体上从过去那种进攻型转向了防守态势，这正如日本家电行业的衰退案例。

第二，传统生产方式向新的生产方式转型。曾领先世界的日本生产方式自20世纪90年代开始走向衰落，曾被美国麻省理工学院归纳为日本制造模式竞争力源泉的“精益生产方式”遭到全世界模块化浪潮的剧烈冲击。德国大众汽车推出的平台化战略、美国苹果公司建构的全球产业链等新商业模式对日本制造业形成了重压，号称“磨合型”优势的日本制造业遭遇模式困境。于是，日本手机行业陷入所谓“孤岛化”误区，几乎全军覆没；曾占全球半壁江山的半导体产业也因生产模式之困而竞争力大幅衰退；在所谓最后一块“高地”的汽车产业，丰田、日产、本田等企业也被迫实施了战略转型，它们纷纷放弃原有那种封闭性垂直一体化生产体制，走向平台化战略，如丰田汽车的“丰田新全球架构”平台化战略就比大众迟到了20年。

第三，近年来，日本基础研究水平也在不断下滑，各种人才转向短缺，大学和企业已经不再愿意向很难迅速产生效益的基础科学投入大量经费，这不仅造成基础研究整体滑坡，从事基础研究的年轻人更是越来越少。正如诺贝尔奖获得者大隅良典所担心的，今后“日本人可能不会再得诺贝尔奖”。这成为日本科学技术基础研究发展现状的真实写照。

第四，日本制造业滑坡还受到企业自身经营管理模式转型的重要影响。一是近年来日本企业纷纷转向更强调股东利益的欧美经营模式，企业经营层过去更重视长期经营而不断强调质量管理，但现在企业管理者更加关注各种短期财务报表，千方百计地追求利润上升，特别是过去那种日企普遍盛行的一点一滴式的质量改善活动（QC）已经难见踪迹。正如小松公司原会长坂根正弘所指出的，“质量问题已很少提交董事会层面进行讨论”，而是更多地“交给了基层质量负责人处理”。二是日本企业用工体制转型也瓦解了企业质量推进的基础动力。在1995年日本大企业联合会经济团体联合会提出“新日本式经营”之后，经济合作与发展组织曾经盛赞的日本经营模式的经营神器——终身雇佣制、年功序列制等早已“暗淡无光”，大批派遣员工形成的非正式员工人数已经逼近全部就业者的40%，他们很难对企业具有强烈的归属感，因此对企业的技术进步、产品质量等的关心程度有所下降。即便是那些正式员工，也因为企业经营业绩下滑以及经营模式转型而面临更高的被解雇风险，其参与企业质量管理提升的热情大为减退。再加上号称“团块世代”的原有熟练技术人员已经大量退休，因此日本企业质量管理水平出现普遍下滑。三是经营者的傲慢态度也是质量问题不断涌现的重要原因。以神户制钢为例。早在1999年该公司就被曝出向特殊股东输送利益的丑闻，后来又被曝出2003年工厂排放污染问题、2006年工厂排水土壤污染问题等，但该公司历任高层并没有引以为戒，强化企业风险危机管理，而是不断采取隐瞒掩盖手段，没有把社会责任和监督置于应有的高度。无独有偶，几乎与神户制钢同时曝光车检丑闻的日产汽车，因为2017年10月2日记者会上西川广人社长几乎没有“谢罪”的表示而饱受各界诟病。这种傲慢态度也深深根植于企业的实际经营之中，《日本经济新闻》披露，“日产遭曝光后仍由无资格人员进行车检”。很显然，日本企业特别是那些大企业的病已经非常严重。

今天，人类社会已经步入物联网、人工智能、大数据等技术革命的新时代，一场更深刻的生产方式革命以及新的商业模式正呼之欲出，继续躲在过去的光环之下显然已经难以适应时代的变化。

对外关系篇

Foreign Relation Reports

B.9

中日关系：日本“两面下注”背景下的战略博弈

吕耀东 *

摘　要： 中日关系是国际关系中十分特殊的双边关系，事关地区和平与稳定。中国一贯维护中日关系大局，坚持以中日四个政治文件发展双边关系。2017 年日本对对华政策进行策略调整，力图在经贸层面加强对华合作关系，在东亚安全层面加强遏制中国的力度。安倍奉行一贯的“两面下注”的手法。日方呼吁开展日中高层来往、启动对华全方位对话和政党外交，探讨在“一带一路”框架内合作的意向，表面发声改善中日关系，背后渲染“中国威胁论”，这已成为影响东亚和平稳定的不确定因素。具体表现为《日美安全条约》第五条涉及钓鱼

* 吕耀东，法学博士，中国社会科学院日本研究所外交研究室主任、研究员，博士生导师，研究方向为国际关系、亚太地区冲突与合作、日本政治外交及中日关系等。

岛问题的言论已明确日美同盟的对华针对性；日本与印、澳及欧美国家加强海洋安全合作，刻意曲解中国的海洋正当维权活动；以年度外交蓝皮书、防卫白皮书激化钓鱼岛及东海问题以遏制中国。

关键词： 中日关系　日美同盟　钓鱼岛　一带一路　区域经济合作

从 2017 年到 2018 年初，中日关系的多层次对话渐进开展。中方本着努力扩大两国关系积极面、抑制消极面，确保两国关系稳定改善的态度①，明确指出中日关系存在的问题和努力缓和双边关系的建设性意向，希望日方能够坚持中日四个政治文件和“四点原则共识”的相关原则立场，拿出实际行动，诚心诚意发展双边关系。日本首相安倍晋三在 2017 年初第 193 届国会发表的施政方针演说中也表示：“我们欢迎中国的和平发展。我们都充分认识到日中两国肩负确保本地区的和平与繁荣的重任。”②

事实上，尽管中日关系趋于缓和，中日“四点原则共识”得到了一定程度的落实，双方恢复了多层次对话及交流，但安倍仍然以战略性外交、价值观外交继续在国际社会渲染“中国威胁论”，并强化日美同盟的对华针对性，力求构建以美日澳印为主的“自由开放的印太战略”框架。日本在年度《防卫白皮书》和《外交蓝皮书》中一如既往地扩大钓鱼岛、东海和南海问题事态，宣扬强化日本海洋战略的对华海权攻势，力图遏制中国的海洋维权活动。此外，日本总务副大臣赤间二郎出席台北“多彩日本”活动，以及出台涉台《中国安全战略报告 2017》，屡次触碰“一中”底线。这反映出安倍“两面下注”的手法带来的“外交困境”：表面发声改善中日关

① 《习近平会见日本首相安倍晋三》，中华人民共和国外交部网站，http：//www.fmprc.gov.cn/web/wjdt_674879/gjldrhd_674881/t1394821.shtml，登录时间：2017 年 6 月 21 日。

② 『第百九十三回国会における安倍内閣総理大臣施政方針演説』、首相官邸のホームページ、http：//www.kantei.go.jp/jp/97_abe/statement2/20170120siseihousin.html［2018－01－15］。

系，背后渲染“中国威胁论”。这不仅使中日关系常常陷入“反复恶化”的恶性循环，而且成为影响东亚和平稳定及地区安全的不确定因素。

中国意识到，日本经济界和执政党联盟内部有改善对华关系及加强区域经济合作的愿望，因此希望日本政府能够改变对华遏制政策，认真落实中日“四点原则共识”，推进中日战略互惠关系。

一 日本构建“海洋民主安全联盟”的对华针对性

安倍晋三上台伊始，就通过世界报业辛迪加发表文章称，日本外交政策的当务之急是必须扩大本国的战略范围。日本必须成为可以遏制中国“进犯”的一个“民主安全菱形”的组成部分。他构想印度、澳大利亚、日本和美国夏威夷共同组成“民主安全菱形”，“以保卫从印度洋地区到西太平洋地区的公海”，与加强海洋维权的中国相抗衡。接着，安倍宣称：“在开放的海洋之下，世界最大的海洋国家美国与亚洲最大的海洋民主主义国家日本成为伙伴是理所当然的事情，并需要不断强化这种关系。”① 可以说，安倍力图依托日美同盟，整合所谓价值观相同的国家，构建全球性“海洋民主国家”联盟，为推进日本成为政治军事大国的战略目标创造条件。

第一，安倍力主明确日美同盟的对华针对性。加强日美同盟关系是日本外交的根本所在，力图让日美同盟针对中国是日本外交战略的重中之重。近年来，日本基于“新安保法”在日美同盟内行使集体自卫权的对华意向日益突出，尤其是安倍和特朗普确认钓鱼岛问题适用于《日美安全条约》第五条，再次明确了日美通过盟约针对中国的军事合作关系。中国外交部发言人对此多次明确表示，“美日同盟是冷战时期的安排，我们坚决反对利用这一同盟损害第三方利益”②。中方敦促美方谨言慎行，恪守在有关领土归属问题上不持立场的承诺。同时，中方要求日方信守中日四个政治文件精神，

---

① 『第百八十三回国会における安倍内閣総理大臣所信表明演説』、首相官邸のホームページ、http：//www. kantei. go. jp/jp/96_ abe/statement2/20130128syosin. html ［2017 -02 -06］。

② 参见中华人民共和国外交部网站，http：//www. fmprc. gov. cn/web/wjdt _ 674879/fyrbt _ 674889/t1253375. shtml ［2017 -12 -30］。

不要在非法“国有化”钓鱼岛的道路上越走越远。2017 年 2 月 17 日，中国外交部部长王毅对日美首脑会谈确认钓鱼岛是《日美安全条约》第五条适用对象一事进行明确批驳，“表明不予认可”。[①] 中国驻日本大使程永华于同年 3 月 3 日就日美两国政府突出“强化同盟”一事批评称，这明显是冷战思维，违反了改善日中关系的承诺。[②] 应该说，防止美日同盟的对华针对性行动，理应成为维护中国国家安全的重要议题。中国对日本力主日美同盟的对华针对性保持高度警惕和关注。

第二，安倍提出构建“海洋民主安全联盟”构想，是要提升日本整合“价值观”相同国家的号召力。日本以维护“亚太及世界和平和经济繁荣共同目标”的名义，积极构建基于共同价值观的所谓“海洋民主国家”联盟及政治和安全机制。在安倍看来，日本必须成为一个规则推动者、公共资源捍卫者以及美国等民主国家的有效盟国和合作伙伴。为了继续成为全球共有资源的捍卫者，守卫海洋等共有资源，日本必须与美国、韩国、澳大利亚以及志同道合的民主国家进行更加紧密的合作。同时，日本将继续推动各个领域国际规则的贯彻执行与遵守，并规范“试图挑战规则的不安分者”。为此，日本必须与“海洋民主国家”结盟。安倍通过价值观外交，呼吁“拥有自由、民主、基本人权、法治等共同价值观的国家”加强国际合作，强调“海洋民主国家”结盟是亚太乃至全球“安全和稳定的核心支柱”。

在亚太地区海洋安全合作方面，日本加强与美国及其盟友遏制中国海洋维权活动的相互配合。日本、美国和澳大利亚三国防长定期举行亚太海洋安全会谈，就南海问题，表示“反对任何试图强行改变现状的单方面行为”，还提出制订“共享信息和通过联合训练加强警戒监视”的三国防务合作行动计划，充当“航行自由”“遵守国际规范”的捍卫者。日本还力图将“价值观相同”的第三国纳入“美日 +1”模式，加强日美同盟与菲律宾、印度

---

① http://china.kyodonews.jp/news/2017/02/134475.html［2017 -08 -15］.

② 参见《中国驻日大使批评日美强化同盟》，日本共同社，2017 年 3 月 3 日，http://china.kyodonews.jp/news/2017/03/135087.html，登录时间：2017 年 4 月 21 日。

等国家的联合军事训练，主导印度洋、太平洋的海上安全及防务合作，提升日本的亚太地缘战略控制力，形成有效遏制中国海洋维权活动的战略态势。

第三，日本通过外长、防长（2+2）磋商机制与英法等国强化安全合作，着手构建“海洋民主安全联盟”。安倍从“自由开放的印太战略”理念出发，积极与欧美国家推进允许自卫队提供弹药的《物资劳务相互提供协定》的修订或谈判，谋求与这些拥有共同价值观的国家推进防务及安全合作。2017年初，日本和法国举行外长防长磋商，双方确认在亚太地区安全领域加强合作，并就推进防务装备相关技术的合作达成一致，加快签署《物资劳务相互提供协定》的进度。双方发表的联合公报指出，将重视基于国际法的航行自由，就南海局势要求所有当事方“遵守国际法义务”。稻田朋美还就日欧关系发表演讲称，“加强安保领域合作的重要性从未像现在如此之高”，妄称中国加强海洋维权行动“是国际社会共同的关切事项”。[①] 因法国在南太平洋拥有新喀里多尼亚等属地，日本政府希望通过与法国合作牵制中国在东海和南海进行的海洋维权活动。

对日本而言，英国是其与欧洲开展防务合作最紧密的国家。日本航空自卫队战机和英国空军“台风”战斗机，于2016年11月在日本三泽基地举行首次联合训练。2017年4月安倍首相到访英国，与特雷莎·梅首相就实现“自由开放的印太战略”、确保“自由航行”的必要性达成共识，并协商了日本自卫队和英国军队的联合训练及防务装备的研究等安全合作项目。2017年5月3~22日，日本与美、英、法实施了四国框架下的首次联合军事训练。约40名陆上自卫队队员从长崎佐世保基地登上法国“西北风”级两栖攻击舰前往相关训练海域。在西太平洋海域的日本近海、美属关岛和北马里亚纳群岛的天宁岛等亚太地区进行通信、乘船登陆及大型运输直升机的起降联合训练。日本媒体称此举考虑到“推进海洋活动的中国”，显然，日本力图借此开展价值观外交，拉拢和统合欧美国家，共同构建“海洋民主国家”联盟。

---

① 《日法将举行外长防长磋商，加强亚洲安保合作》，日本共同社，2017年1月6日，http://china.kyodonews.jp/news/2017/01/132563.html，登录时间：2017年12月3日。

第四，日本在亚太地区层面对华“战略性外交”的针对性。日本常常以“亚洲一员”谋求“入亚入欧”。安倍执政以来非常重视东盟，积极主动提升与东盟各国的关系，以期纳入以日美同盟为主导的亚太地区安全框架，遏制“海洋活动渐趋活跃的中国”。事实也表明，安倍上台后，以中国在东海、南海进行维权活动为由头，重拾“自由与繁荣之弧”策略，千方百计地割裂、离间东亚国家间的关系，孤立包围中国。

日本不断渲染“南海问题”，希望同南海声索国加强海洋安全合作，以形成对华对抗联盟集团。安倍以“维护海洋权益和航行自由”为借口，倡导所谓基于法律原则的海洋秩序理念，力图在炒作南海问题的大背景下形成对华包围圈。随着美国在亚太地区影响力的相对下降，日本认为应替美分担“地区安全责任”。日本政府将越南、菲律宾、印尼、澳大利亚等国作为“战略性国际防务合作”的重要环节，主动帮助东南亚国家提升海上安全能力，成立专门机构为南海声索国提供人员培训，向合作对象国提供防务装备等。譬如，日本向越南贷款约 1200 亿日元，包括提供六艘海上巡逻船，以加强其海上警备能力。越南允许日本海上自卫队的船舰使用金兰湾，海上自卫队飞机还时常在越南中部的岘港中途停驻。2017 年初，安倍访问菲律宾、澳大利亚、印度尼西亚和越南四国，对印度尼西亚承诺提供 740 亿日元的经济援助，帮助其强化海岸警备力量，开发离岛和修建港口铁路。双方还达成举行两国的外交与国防部长级会议，以强化两国在南海和周边地区的安全保障合作。日本政府在向菲律宾提供大型巡逻船、租借海上自卫队训练机的同时，承诺向菲方提供总计约 6000 亿日元的日元贷款。安倍为了强化越南的海警能力，承诺向其提供六艘新造的巡逻船。2017 年 8 月，河野太郎外相对外宣布，为帮助印度洋太平洋地区沿岸国家在海洋安全保障领域提升应对能力，日本将在 2017 ~ 2019 年的三年间提供约 5 亿美元的援助，将以提供巡逻船、防务装备及人才培养为主，进一步推进与东南亚各国的安保和防务合作。

日本“新安保法”生效后，将“南海争端”界定为“重要影响事态”。因此，加强与地处海上通道要冲、经济持续增长的东南亚国家关系，刻意将东亚系列峰会的议题引到南海问题上，就成为日本遏制中国的战略性外交选项。日本大力加强和提升与东盟各国关系，其战略意图不言自明。

二　以钓鱼岛、东海及南海问题遏制中国海洋维权

安倍再度上台执政后，明确采取对华围堵、遏制的政策。安倍等外交决策者力图将南海、东海及钓鱼岛问题作为对华海权攻势的切入点，频频激化中日海洋权益之争，不断在国际社会渲染“中国威胁论”。安倍再次执政以来，钓鱼岛问题引发中日冲突的潜在危险在增大。[①] 这样的事态已成为日本行使集体自卫权、突破现行“和平宪法”第九条的主要借口。

首先，日本大肆宣扬“中国威胁论”，刻意曲解中国的海洋正当维权活动。日本年度《防卫白皮书》一贯渲染“中国威胁论”，紧盯中国，炒作东海问题，扩大南海事态，为日本政府延续扩张性防卫政策张目。2017 年版《防卫白皮书》肆意歪曲中国的常规军事活动和正当国防建设，对中国海军的例行训练、海警船巡航钓鱼岛海域、在南沙群岛部署国土防御设施等正当维权行为妄加评论，称中国海军舰艇的活动海域趋于扩大。该白皮书称，日本对中国在东海和南海等地的活动“给我国和国际社会安保环境造成的影响感到强烈担忧”。该白皮书还渲染中国对周边“造成威胁”，妄言中国威胁到东南亚的安全、海洋安全、宇宙空间和网络空间的安全。

近年来，日本年度《防卫白皮书》涉华部分篇幅有增无减，目的在于通过渲染“中国威胁论”，为日本自卫队行使集体自卫权、落实安保法制、走向海外寻找理由。“新安保法”解禁了集体自卫权，给了日本自卫队“用进攻性武器进行自卫”的依据。这表明日本力图通过联合国维和行动实现自卫队海外动武，突破“和平宪法”第九条对自卫队的法律约束。

其次，日本不断强化包括中国钓鱼岛在内的所谓西南列岛的防卫力量。安倍第二次执政以来，显著加强日本防卫实力，尤其是突出面向中国的日本西南方防卫政策。基于放大中国在东海和南海开展海洋维权活动的目的，安倍首相在 2016 年 3 月首次出席日本海上保安学校毕业典礼时，就应对“钓

---

① 参见刘江永《以钓鱼岛为视角透视新中国与日本的关系》，《东北亚论坛》2017 年第 3 期，第 3 页。

鱼岛问题”强调：“大家不惧怕大风大浪，忍耐巨大压力，出色地执行任务。你们是日本国民的骄傲。”[①] 此举旨在以“中国威胁论”提高海上保安人员针对中国海洋维权的“士气”。以强化西南列岛防卫能力为名义，日本防卫省于2016年3月在距离钓鱼岛约150公里的与那国岛部署了陆上自卫队沿岸监视部队。该部队约由160人组成，使用雷达对附近的过往船只飞机进行监控。日本不断强化“西南地区”岛屿的军事能力，正在推进向冲绳县宫古、石垣两岛和鹿儿岛县奄美大岛部署陆上自卫队的计划。日本防卫省计划在石垣岛部署500～600人规模的警备部队以及地对空、地对舰导弹部队，在宫古岛部署700～800人规模的自卫队，以强化西南列岛及海域的防卫力。

再次，日本妄言中国军力发展是针对“领土问题”。日本防卫省智库发表的《中国安全保障报告》称，中国快速推进国产航母建造，力求舰船及潜艇的现代化，“试图在领土问题上继续强化存在感”。若这一动向得以持续发展，那么东亚的“美中紧张局势势必升级”，形成地区紧张局势。[②] 这样的言论，显然是希望美国能够进一步加强介入钓鱼岛、东海及南海问题的力度，遏制中国。安倍不惜恶化中日关系，通过价值观外交、俯瞰地球仪外交，不断向国际社会散布“中国威胁论”，恶意歪曲中国的正当海洋维权活动。

三 以“日中邦交正常化45周年”为契机开展日中高层来往

2017年是中日邦交正常化45周年。安倍一反常态，在年初的国会施政演说中表示，要以2017年日中邦交正常化45周年、2018年《日中和平友好条约》缔结40周年为契机，在“战略互惠关系”的原则下，努力改善日中关系。安倍的这一表态表明，在强化日美同盟针对中国的基础上，又要在

---

① 《安倍首次出席海上保安学校毕业典礼》，共同社，2016年3月19日，http：//china.kyodonews.jp/news/2016/03/116832.html，登录时间：2017年5月13日。

② 《日本防卫省智库发布〈中国安保报告2016〉》，共同社，2016年3月4日，http：//china.kyodonews.jp/news/2016/03/115962.html，登录时间：2017年5月14日。

国际社会表达“缓和”日中关系的意愿，展示推动日中战略互惠关系的外交姿态。安倍力求在国际多边场合实现中日首脑会谈，表达对华缓和姿态，展示日本“积极的”对华政策取向。

2017 年 7 月 8 日，中国国家主席习近平应约在于德国汉堡召开的二十国集团峰会期间会见了日本首相安倍晋三。关于中日关系，双方就加强首脑间对话推动关系改善达成一致。双方还确认将以联合声明等过去的共识为基础推动两国关系改善。两位首脑达成一致，将为尽快启用防止偶发性冲突的防务部门间“海空联络机制”做出努力。安倍结合正值日中邦交正常化 45 周年一事，表达了构建信赖关系、推动两国关系改善的想法。他强调“愿进一步大力发展关系改善的势头”。安倍还提出希望实现未能在日本举行的日中韩首脑会谈。关于“一带一路”，安倍表示“期待充分吸收国际社会共同的想法，为地区和世界的繁荣做出积极贡献”，对“一带一路”构想向中国传递了附带条件展开合作的想法。习近平强调，维护好政治基础是中日关系健康发展的前提。邦交正常化以来，两国先后达成四个政治文件和“四点原则共识”。只有坚持这些原则共识，中日关系才能不偏离轨道，不放慢速度。①

2017 年 11 月 11 日，习近平主席和安倍首相在于越南岘港召开的亚太经合组织峰会期间举行了首脑会谈。会场内悬挂中日两国国旗，展示两国的关系已获得了重要改善。习近平在会谈开始时表示，改善两国关系还有许多的课题，希望能够顺应潮流，推进两国关系进一步发展。安倍回应说，2018 年是《日中和平友好条约》签署 40 周年，希望推进两国关系进一步发展。习近平指出，中日关系稳定发展符合双方利益，对地区和世界具有重要影响。习近平强调，改善中日关系，关键在于互信。安倍表示，日方希望同中方加强高层交往，开展互惠共赢的经贸合作，积极探讨在互联互通和“一带一路”框架内合作。② 会谈中，安倍期望尽快举行日中韩三国首脑会谈，

---

① 参见《习近平会见日本首相安倍晋三》，中华人民共和国外交部网站，http://www.fmprc.gov.cn/web/wjdt_674879/gjldrhd_674881/t1476410.shtml，登录时间：2018 年 1 月 5 日。

② 参见《习近平会见日本首相安倍晋三》，中华人民共和国外交部网站，http://www.fmprc.gov.cn/web/wjdt_674879/gjldrhd_674881/t1509735.shtml，登录时间：2018 年 1 月 6 日。

恢复中断多年的日中首脑互访制度。安倍还表示，希望日中两国在经济领域也扩大合作，尤其是在第三国市场能够建立合作机制。可以看出，安倍在发言中尽量避免容易刺激中国的话题，譬如南海问题、“自由开放的印太战略”等。而习近平在发言中着重指出，改善与发展两国关系的关键是“互信”。①

四 日本开始启动对华各领域的全方位对话与磋商

从2017年来看，安倍政府还是能够按照中日“四点原则共识”指出的那样，“积极地”利用各种多双边渠道逐步重启日中政治、外交和安全对话。中日财长对话、中日高级别政治对话、中日海洋事务高级别磋商、中日执政党交流机制会议和中日安全对话等各个领域、部门对话的全面重启，为缓和与推动两国关系回归到“中日四个政治文件”的轨道上起到了一定的作用。

第一，中日举行第六次财长对话，确认进一步深化双边财金务实合作。中国是日本第一大贸易伙伴国和最大的出口对象国，而日本是中国第二大贸易伙伴国和主要的外资来源国，双方相互依存深刻，日本经济对华依赖则更大。为此，2017年3月19日，日本财务相麻生太郎和中国财政部部长肖捷在德国巴登举行会谈，双方就尽早在日本举行由两国财长等出席、围绕经济政策交换意见的“中日财长对话”达成共识。同年5月6日，第六次中日财长对话在日本举行。两国财长一致认为，中日财长对话对于双方具有重要意义，有助于两国在宏观经济形势与政策方面深入沟通。②

第二，中日举行第四次高级别政治对话，杨洁篪告诫日方“应按规矩办事”。中国国务委员杨洁篪于2017年5月29～31日访日。杨洁篪表示，中日关系正处在邦交正常化45周年的重要节点，双方应重温两国关系正常

---

① 《日中首脑会谈到底谈了些什么》，日本新闻网，2017年11月12日，http：//www.ribenxinwen.com/articles/25883，登录时间：2017年11月19日。

② 《第六次中日财长对话在日本横滨举行》，新华网，2017年5月7日，http：//news.xinhuanet.com/world/2017-05/07/c_129592905.htm，登录时间：2017年11月20日。

化的初衷，本着以史为鉴、面向未来的精神，维护政治基础，管控分歧，推动两国关系改善和发展。① 双方就利用国际会议展开首脑对话、改善和发展两国关系达成一致。

第三，中日两次举行海洋事务高级别磋商，就建立并启动防务部门间“海空联络机制”取得进展。中日海洋事务高级别磋商机制是两国涉海事务的综合性沟通协调机制。该机制就东海问题保持积极有效的沟通，为管控潜在危机、维护东海稳定、促进海上合作发挥着重要作用。2017 年 6 月 29 ~ 30 日，在福冈举行第七轮中日海洋事务高级别磋商会议，日本外务省亚洲大洋洲局参事官四方敬之、中国外交部边界与海洋事务司副司长肖建国等官员出席了会议。中日交通、农业、水产、环保和海上执法等部门的与会者共同探讨了开展中日海上合作交流的具体领域和方式。同年 12 月 5 ~6 日，第八轮中日海洋事务高级别磋商在上海举行。中日双方外交、国防、交通运输、环保、海警等十多个部门参加磋商。②

第四，中日举行第 15 次安全对话，中方希望日方坚持和平发展。中日安全对话机制是两国外交、防务部门就双边关系、各自国防安全政策以及共同关心的国际和地区问题进行沟通的重要渠道。2017 年 10 月 27 日，中国外交部部长助理孔铉佑在东京同日本外务审议官秋叶刚男共同主持第 15 次中日安全对话，两国外交、防务部门人员参加。同日，孔铉佑部长助理在会见日本外相河野太郎时表示，近期中日关系积极互动增多，同时仍面临复杂因素。双方应抓住 2017 年中日邦交正常化 45 周年和 2018 年《中日和平友好条约》缔结 40 周年的契机，切实排除干扰，巩固两国关系改善的势头。河野祝贺中国共产党十九大成功召开，表示日方重视对华关系，愿与中方共同努力，推动两国关系改善和发展。③

---

① 《中日第四次高级别政治对话举行》，新华网，2017 年 5 月 29 日，http：//news. xinhuanet. com/world/2017 - 05/29/c_1121056421. html，登录时间：2017 年 10 月 11 日。

② 《中日举行第八轮海洋事务高级别磋商》，新华网，2017 年 12 月 6 日，http：//news. xinhuanet. com/2017 - 12/06/c_1122067173. html，登录时间：2017 年 12 月 15 日。

③ 《第十五次中日安全对话举行》，《人民日报》2017 年 10 月 29 日。

五　日方以政党外交、经济外交试探在“一带一路”框架内合作意向

由于日本政府非法购买钓鱼岛事件导致中日关系恶化，中日执政党交流机制、经济外交就成为双方政治对话的主要渠道。随着中国经济实力的提升，中国关于区域合作及经济一体化的理念及构想，不仅得到东亚国家的认同，也得到了国际社会的普遍认可和参与。这让日本执政党及经济界的一些人对安倍政府一味渲染“中国威胁论”提出质疑，要求政府改善对华关系的呼声日盛，安倍政府调整对华策略成为可能。

首先，基于中日执政党交流机制第六次和第七次会议，展示发展中日战略互惠关系意向。2017 年 8 月 7 ~ 9 日，日本自民、公明两党与中国共产党的定期对话框架“中日执政党交流机制会议”在东京举行。中联部部长宋涛率中共代表团出席会议。自民党干事长二阶俊博在演讲中指出：“不论日中关系面临怎样困难的课题，战略互惠关系都决不可动摇。”会议期间，日本自民党总裁安倍晋三会见了宋涛。安倍表示，将同中方共同努力，扩大交流合作，推动日中战略互惠关系深化发展。①

2017 年 12 月 25 ~ 26 日，中日执政党交流机制第七次会议在福建厦门、福州举行。出席会议的日本自民党干事长二阶俊博、公明党干事长井上义久、经济团体联合（以下简称“经团联”）会会长榊原定征表示，日中执政党交流机制会议对于增进两国政治互信、促进日中关系改善发展具有重要意义。2018 年是《日中和平友好条约》缔结 40 周年，日方愿同中方一道，加强多种形式、多种层次的对话交流，增进理解信任，深化互利合作，为日中关系向好发展不断积聚有利条件，将日中友好传承下去。中共中央对外联络部部长宋涛出席会议，并做了题为“坚持和平友好合作，造福两国人民”的主旨发言。宋涛表示，习近平主席在亚太经合组织岘港会议期间会见安倍

① 《中日执政党交流机制第六次会议在日举行》，人民网，2017 年 8 月 9 日，http：//cpc.people.com.cn/n1/2017/0810/c117005 -29461536.html，登录时间：2017 年 11 月 16 日。

首相，进一步明确改善发展中日关系应遵循的原则和方向。两国执政党应落实好两国领导人达成的重要共识，发挥政治引领作用，夯实政治互信基础，妥善管控分歧，加强互利合作，增进民心互通，努力推动中日关系不断改善、向好发展。会议通过了《中日执政党交流机制第七次会议共同倡议》，表示应始终按照中日四个政治文件和已达成的共识行事，切实维护中日关系政治基础，增进政治互信，改善国民感情，推动中日关系向前发展；愿不断提升双边务实合作水平，积极推进区域经济一体化，并在第三方市场推动中日企业间的合作；愿在“一带一路”倡议基础上，用好福建省作为海上丝绸之路的起点以及海陆丝绸之路的重要连接点的优势，积极探讨两国的具体合作项目；进一步推进文化、媒体、旅游、友城、青少年等领域的交流，开展奥运合作，增强两国关系发展的民意纽带，日方表示将积极研究成立“支持东京、北京奥运会合作议员联盟”；在中日执政党交流机制框架内推进两国年轻政治家交流治党治国经验和做法。①

其次，日本经济界访华团探索中日合作开拓市场。2017 年 5 月，日本经济同友会代表干事小林喜光表示，日本应该积极探讨加入中国主导的国际金融机构“亚洲基础设施投资银行”。经团联会长榊原定征也回应称，“我认为这也是满足（亚洲地区）基础设施需求的有效金融功能”，要求日本政府积极应对。② 同年 11 月 20 日，由日中经济协会、经团联、日本商工会议组成的联合访华团约 250 人访问北京。中日双方召开了旨在扩大经济交流的与中国企业高管的会议，围绕以亚洲为中心对第三国开展基础设施建设和资源开发方面的合作展开了讨论和交流。日本的贸易公司、机械设备建设公司、物流企业的高管等出席了会议。交流的话题有“在完善利用大数据和人工智能的机械设备方面，日中企业可以展开合作的领域众多”、“在港湾管理系统领域，存在日中企业共同扩大商机的可能性”以及日本在城市规

① 《中日执政党交流机制第七次会议在福建举行》，《人民日报》2017 年 12 月 28 日。

② 《日本经济界领袖指出应积极探讨加入亚投行》，共同社，2017 年 5 月 16 日，https：//china. kyodonews. net/news/2017/05/bf513ec040e4. html，登录时间：2018 年 1 月 10 日。

划方面拥有卓越的经验、寻求与日本的贸易公司合作开拓第三国市场等议题。[①] 11 月 21 日，李克强与日本经济访华团举行了会谈。双方就推进在亚太地区的经济合作达成了一致意见。经团联会长榊原定征呼吁尽快签署日中韩自由贸易协定（FTA）和区域全面经济伙伴关系协定（RCEP），李克强也表达了希望以各种形式推动合作的态度。他表示两国关系正逐渐改善，呈现好转势头，必须巩固改善的基础。对于日本经济界，李克强表示希望其为两国关系的发展做出新的贡献。榊原回应称，“作为经济关系发展的基础，希望强化稳定的政治与外交关系”，寻求通过继续举行首脑会谈等维持良好关系。[②] 这是该访华团近两年来首次与中国国务院总理会面。

六　日本对华政策调整及中日关系走向

2017 年，日本对华政策进行策略调整，呈现“两面下注”的手法，力求在经贸层面加强对华合作关系的同时，又在东亚安全层面加强遏制中国的力度。这表现出日本一贯的对华政策的两面性依旧存在，仍未走出左摇右摆的外交困境。

事实表明，安倍政府对华政策的惯用做法是在渲染“中国威胁论”的同时，向国际社会策略性展现缓和中日关系的姿态，并力图将拒绝缓和中日关系的原因归咎于中方，以此展现日本价值观外交、战略性外交的策略手段。可以说，安倍对华“两面下注”的意图是，力求依托日美同盟及南海声索国海洋安全合作行遏制中国之目的，又想借中国“一带一路”构想的区域合作利好谋求经济利益。对此，日本执政党联盟内部亦有不同意见。2017 年，两次出席中日执政党交流机制会议的日本自民党干事长二阶俊博、公明党干事长井上义久向安倍政府呼吁要推动和发展日中战略互惠关系，强调中国推进的“一带一路”构想“是有潜力的构想”，经团联也在组团访华

① 《日本经济界访华团抵达北京，探索携手开拓市场》，共同社，2017 年 11 月 20 日，https：//china. kyodonews. net/news/2017/11/43fd36057d18. html，登录时间：2018 年 1 月 10 日。

② 《李克强面对日本访华团展现经济合作意愿》，共同社，2017 年 11 月 21 日，https：//china. kyodonews. net/news/2017/11/74e8d4788eb6. html，登录时间：2018 年 1 月 11 日。

时探讨了“一带一路”构想下的中日区域合作方式。

日本对华战略贯彻“双轨”方针，“一方面谋求在有限程度上改善关系，另一方面继续进行战略对峙和战略预防”。值得关注的是，中国希望日本能够在中日邦交正常化45周年之际，从东亚共同利益出发共同维护中日关系大局，落实中日四个政治文件和“四点原则共识”，努力推进中日关系正常发展。一个有自信的中国应当尽可能进一步稳定目前的中日关系，继续缓解对抗。① 习近平主席在会见出席中日执政党交流机制第七次会议的二阶俊博、井上义久及日方代表时，积极评价了中日执政党交流机制为推动双边关系发展所发挥的作用。安倍首相在2018年初听取年前访华的二阶俊博和井上义久的汇报时，就日本参与中国倡导的“一带一路”构想问题表示，日本应该做出积极的“应对”。随后，中日两国就重启日本中央省厅年轻官员与中国共产党后备干部间交流项目展开协调，力争在2018年内实现。该项目在日本钓鱼岛“国有化”事件后中断。据日方称，这是安倍首相力争改善对华关系意向采取的“应对”。日本政府希望通过这一项目，构筑与中国的“信赖关系”。不过，两国间依然存在各种各样的不稳定要素，实现中日战略互惠关系之路预计将曲折坎坷。

总之，正如2017年初中国外交部部长王毅所说的那样，日本需治“心病”，否则中日关系难免长期停滞。2018年，日本财界将力促政府改善日中关系，借力“一带一路”谋求互利双赢。在日本执政党联盟内部对华缓和意向的影响下，安倍理应综合国内外局势调整对华政策，治好渲染“中国威胁论”的“心病”，抛弃“两面下注”的手法，回到中日四个政治文件轨道上来，认真落实中日“四点原则共识”，这才是发展中日战略互惠关系的正道。

① 参见时殷弘《中国的东北亚难题：中日、中韩和中朝关系的战略安全形势》，《国际安全研究》2018年第1期。

B.10

日美关系：政军互动与“印太战略”下的政策协调

卢　昊*

摘　要：　特朗普上台后，由于美国调整亚太战略及对日政策，日美关系面临冲击。为了克服特朗普政策的不确定性，日本积极策动对美外交，强化政治合作，得到了美国的响应。日美以朝核问题为抓手，强化军事同盟，并联手推进所谓“印太战略”，加强战略协调，维护地区主导权。在此背景下，日美间相互的“战略性利用”进一步增强，安全主导与霸权护持色彩明显强化。这确保了日美关系相对稳定的基础。日美在具体利益和政策上的矛盾摩擦未来仍有可能扩大，特朗普对日政策也给予了日本在战略上寻求自主的动力。

关键词：　日美关系　特朗普　印太战略　朝核问题

2017年，美国新总统唐纳德·特朗普上台后明确主张“美国优先”原则。基于此，美国对全球及亚太战略进行了全盘调整。作为美国在亚洲最重要的盟友，在外交政策上长期坚持“日美基轴”的日本也因此面临冲击。在特朗普对外政策产生“不确定性”的背景下，一方面，安倍政权主动出击，与特朗普政权加强高层政治协调，并利用作为地区安全焦点的朝鲜问题，强化与美国的军事同盟合作；另一方面，日本积极拉动美国推进

* 卢昊，法学博士，中国社会科学院日本研究所外交研究室副研究员，研究方向为日本外交、日美关系、日本安全政策等。

所谓“印太战略”，联合印、澳等“支点国家”构建“四国同盟”，寻求日美共同主导地区秩序重构。在政治安全互动、共推“印太战略”的背景下，日美间相互的“战略性利用”并未因“特朗普冲击”而减弱，而且还有加强的倾向，日美同盟安全主导、霸权护持的特征进一步强化。与此同时，在美国对日政策倾向于现实主义和利益诉求的情况下，日美之间在战略目标、政策手段方面的分歧与矛盾也有所凸显，将对日美关系的未来走势产生影响。

一　不确定性背景下的日美政治互动

特朗普上台后至今，“不确定性”成为外界分析其对外政策时使用最为频繁的词汇之一。对于日本而言，特朗普上台后调整亚太政策，意味着过去建立在奥巴马“亚太再平衡”基础上的日美战略合作势必会发生变化。特别是特朗普宣布美国退出 TPP，导致日本原本依赖于此的亚太战略“顶层设计”严重动摇，而特朗普在经贸问题上的保护主义立场与强硬态度，使日本担忧贸易不平衡将再次成为日美摩擦的导火索。在日本主流战略及外交人士看来，一方面，特朗普当选美国总统未必导致日美关系“地动山摇”；另一方面，基于其政治理念、政策偏好、行事风格以及决策过程，特朗普的政策给日美关系带来了显而易见的不确定性（参见表1）。日本对美外交面临更复杂的局面。

表1　日方关于特朗普政策不确定性的基本看法（要点概括）

	特朗普的特征（不确定性来源）	对日本的影响（不确定性体现）
政治理念	重视现实利益而轻视“普遍价值”，追逐眼前利益而可能忽视长远战略目标	稳固日美关系的“价值观纽带”或被严重削弱，短期利益、目标分歧对关系全局的影响加深
政策偏好	对同盟政治无特别偏好，特定情况下更注重具有实效性的大国外交	可能导致美国与特定大国（中国）优先进行利益交易，日本在外交竞争中落入被动

续表

	特朗普的特征(不确定性来源)	对日本的影响(不确定性体现)
行事风格	打破常规,无视惯例,秘密主义,强势谈判风格,有意利用不确定性进行博弈	以往美国对日政策原则和承诺可能出现反复。对日施压可能加强,导致摩擦加剧
决策过程	外交安全政策团队不稳定,领导人时常直接干预决策,影响决策的参与角色复杂	政策信号复杂甚至自相矛盾,日本更难把握美方动向,或导致信号误判与认知误差

资料来源：作者归纳整理。参考的日方资料包括：久保文明等『米国の対外政策に影響を与える国内的諸要因』、日本国際問題研究所、2017 年 3 月；中山俊宏「トランプ時代の日米関係」、『国際問題』2017 年 7・8 月合併号；薮中三十二『トランプ時代の日米新ルール』、PHP 研究所、2017 年 6 月；朝日新聞アメリカ大統領選取材班『トランプのアメリカ漂流する大国の行方』、朝日新聞出版、2017 年 2 月。

为了消除或尽可能克服特朗普上台后带来的不确定性，日本积极策动对美外交。2016 年 11 月 9 日即特朗普胜选后，安倍第一时间发去贺电，次日又与特朗普通电话祝贺。11 月 14 日，安倍派遣秘书河井克行及外务审议官秋叶刚男赴美，抢先接触特朗普团队成员，建立联络。11 月 17 日，安倍飞赴华盛顿拜会特朗普，创下日本现任领导人拜见别国候任领导人的罕见先例。同时，日美外交部门迅速展开磋商，敲定安倍于 2017 年 2 月访美，安倍也成为特朗普就任总统后接待的首位外国首脑。2017 年，安倍与特朗普在双边、多边场合多次举行首脑会谈（参见表 2）。出于加强相互信任和应对“突发事件”（如朝核问题）的需要，安倍与特朗普全年还进行了多次电话会谈，次数超过了安倍与奥巴马过去四年通话次数的总和。[①] 日美外长、防长也在双边与多边场合积极接触，进行政策协调。在此过程中，急于摸清美方动向、稳固日美关系的日本是更主动的一方，而美国出于政府更替后调整亚太战略的需要，也积极响应日本要求加强政治沟通的诉求。

① 据日本外务省公开报道资料，2017 年安倍与特朗普进行了 17 次首脑电话会谈。安倍与奥巴马在后者第二任期期间每年首脑电话会谈的次数分别为 2013 年 2 次、2014 年 3 次、2015 年 2 次、2016 年 3 次，合计 10 次。

表 2　特朗普就任总统后日美首脑会谈（2017 年，含三边会谈）

时间	场合及背景	主要议题
2 月 9 ~ 13 日	安倍访美	日美同盟合作、经贸合作、冲绳美军基地问题
5 月 26 日	安倍与特朗普在意大利陶尔米纳参加七国集团峰会期间会谈	朝核问题、东海及南海问题、中日关系
9 月 21 日	安倍与特朗普在纽约参加联合国大会期间会谈，并与韩国总统文在寅举行日美韩首脑会谈	朝核问题（国际制裁、军事压力、日美、日美韩合作、敦促中俄施压）
11 月 5 ~ 7 日	特朗普访日	朝核问题、“印太战略”、对华政策、联合国改革、“日美 2 + 2”会议措施落实（安保合作、基地问题）、经贸合作
11 月 13 日	安倍、特朗普及澳大利亚总理特恩布尔在参加东盟峰会时举行日美澳首脑会谈	朝核问题与亚太安全

资料来源：作者根据日本外务省资料整理。

从具体议程及会谈内容看，日美高层政治互动体现出以下特点。

（1）对外宣示一致，展现同盟团结。对于美国而言，强化对亚洲最大盟友的公开支持有利于安抚其他盟友；对于日本而言，来自美国的支持则意味着在对外战略上提供强有力的后盾。“因为日美不和的传言，而导致同盟强大的形象出现严重动摇，是双方都不能接受的。”① 2017 年 2 月特朗普访日、3 月美防长马蒂斯访日、5 月安倍与特朗普在七国集团（G7）峰会上会面、11 月特朗普访日时，美方均声称美国“坚定地、百分之百与日本肩并肩站在一起”，日美同盟“如磐石般坚固”，反复赞赏“日本在亚太安全与繁荣中发挥的角色”。日方则声称“毫无保留”支持美国的亚太战略，并强调为了迎接“安全挑战”，有必要不断向世界展示日美同盟团结。在具体意见分歧仍存的情况下，日美高调姿态彰显“同盟团结”成为日美政治互动的主要基调。

（2）确认政治承诺，强化相互信任。在日本看来，考虑到特朗普政策

① 柳澤協二・伊勢崎賢治『新日米安保論』、集英社、2017 年 5 月、41 頁。

的不确定性，美国切实对日本履行各项承诺，或至少将其转为“白纸黑字”尤显重要。在日本的积极劝说下，2017 年 2 月安倍访美时，美日首脑会谈共同声明首次写入钓鱼岛适用于《美日安全条约》，这让日本认为在一定程度上排除了特朗普在亚太“战略收缩”的可能，基本确保了美国在中日冲突中支持日本。8 月，在华盛顿日美“2 + 2”会议发表的共同声明中，美国再次强调对日本的核及常规军力保护，并重申《美日安全条约》适用于钓鱼岛。美防长马蒂斯以及后来访日的美太平洋舰队司令小哈里斯向日方保证，亚太美军“时刻准备保卫日本等盟国”。与此相对，在“2 + 2”会议宣言中，美国也明文要求日本履行承诺，继续支持驻日美军，增加防务成本。

（3）交换信息意见，统一政策步调。为了共同主导地区安全事务，日美频频通过政治互动统一政策步调，涉及议题广泛。其中，朝核问题成为过去一年日美高层政治协调的焦点。在特朗普逐步确立对朝“极限施压”政策方针的情况下，日本密切关注美国的政策动向，积极进行协调，寻求作为特朗普在朝核问题上的“首要合作者”，在对朝政策上与美国“利益捆绑”“共同进退”。日美在不断加大对朝施压力度、追加单边制裁、确保联合国制裁措施履行，以及敦促“有关当事国”共同对朝施压等问题上取得了“统一意见”。同时，日美在对华、对俄政策上也频频“对表”。日美首脑及外长、防长多次就各自对华政策交换立场，宣布与中国继续“建设性对话”，但同时对东海及南海形势“表示关切”，“反对单方面通过强力改变现状的举动”，表现出联合遏制中国的态势。

（4）影响对方政策，争取具体利益。在过去一年，日本一直通过对美交涉影响对方政策，劝说特朗普坚持以往日美合作的“遗产”，防止同盟关系出现“倒退”。为此，日方一是反复陈说利害，向美方强调同盟的价值及美国主导亚太事务的意义；二是积极投其所好，首先以扩大对美投资作为切入点，此后又通过朝核问题进一步拉住美国，配合美国，拓展共同利益领域；三是强调共同关切，以针对中国的“问题意识”维系共同合作。而美国则在有选择、有条件地回应日本诉求的同时，也向日本提出具体利益要求，特别是在经贸问题上。例如 2017 年 2 月安倍访美时，在美国的强烈主张下，日美首脑同意“基于自由与公平贸易原则”强化日美经济关系，并基于此启动日美经济对话。9 月安倍与特朗普在纽约会谈时，后者提出更多关注经贸问题，推进日美经济对话。在此后举行的日美第二次经济对话上，美国贸易官员要求启动双边贸易谈判，施压日本扩大国内市场开放。直到 11 月访日时，特朗普依然公开指责日本实施不公平贸易，继续向日本施加压力。①

二　朝核问题背景下的日美军事合作

日美同盟体制转型、双边军事合作的加强有其长期背景与自身惯性，但在特朗普上台后，朝核问题显然成为日美加强军事合作的催化剂。总的来看，美国对朝鲜的施压政策高度依赖军事威慑力，需要发挥日本的作用。而日本作为半岛周边国家和美国盟友，则以自身安全受到威胁为理由介入朝核问题，发挥影响力。日美不仅通过政治渠道不断协调对朝政策，还以应对“朝鲜威胁”为契机，进一步强化双边军事合作，加速落实日美 2015 年出台的新日美防卫合作指针，使同盟合作更有利于各自的战略利益，日美双边军事合作的新进展体现在以下几个方面。

（一）同盟体制建设与角色分工

以应对朝核问题为理由，日美强调迅速强化军事合作体制，使同盟体制足以应对“日益复杂而紧迫的安全挑战”。在美国主导和日本积极响应的情况下，日本在同盟体系中的角色地位进一步被提升。2017 年 8 月日美“2 + 2”会议共同宣言称，日美将加速落实新日美防卫合作指针的具体措施，并在日本新安保法体制下“进一步发展新的合作方式”。具体合作方面，日美不仅将在同盟协调机制（ACM）、情报共享、侦察监视、联合训演、武器装备与技术开发等传统领域深化合作，还将进一步开发新的合作领域，谋求从

① 参见〔英〕罗宾·哈丁《特朗普访日期间指责日本实施不公平贸易》，何黎译，FT 中文网，2017 年 11 月 6 日，http://www.ftchinese.com/story/001074944，登录时间：2017 年 12 月 9 日。

平时到战时军事设施乃至一线部队的“相互运用”与“无缝连接”，形成美军与自卫队密切联动的态势。例如，自卫队与美军共享军事设施，自卫队以“武器等防护”任务的名义为美军提供“后方支援”等。[①] 中长期看，在美国的支持下，日本自卫队在反导、制空、制海、地面及跨区域作战中将逐步拥有自主权。

事实上，在此次日美“2+2”会议前，日本政府已经确定方针，并于2017年5月出动海上自卫队“出云”号“准航母”为美“卡尔·文森”号航母作战群补给舰护航，从而首次执行了日本新安保法规定的“武器等防护”新任务。[②] 根据新安保法的规定，若美舰监视朝鲜导弹或日美军演时遭遇任何“武装袭扰”，则适用“灰色地带事态”，自卫队即可出动保护美舰。2017年12月，日本政府人士透露，日本政府已开始研究“朝鲜有事”情况下，自卫队与美军联合行动的具体方案，预想情景包括美军先发制人打击、朝鲜进攻韩国、朝鲜导弹落入日本等。[③] 显然，日本正在寻求更多机会，让自卫队与美军“联合行动”，从而实质性突破“专守防卫”限制，并使日美军事一体化在实际操作层面显著加强。

（二）军力部署

朝核问题背景下，美国为强化对朝威慑而依托日、韩军事设施，不断扩大军力部署。这无疑是期望加强日美同盟威慑力的日本所欢迎的。2017年2月安倍访美时声称，美国在亚太维持强有力的军事存在“对于地区和平极

---

① 外務省「日米安全保障協議委員会共同発表」、http://www.mofa.go.jp/mofaj/na/st/page4_003204.html［2017-12-18］。

② 2016年12月22日，日本政府召开国家安全保障会议“九大臣会议”，正式出台了自卫队平时保护美国舰艇等的“武器等防护”运用指针。2017年3月29日即新安保法实行一周年之际，日本政府向自卫队下达了开始为美军军舰护航的任务命令。

③ 根据日本政府消息人士透露的方案，如果美军先发制人攻击朝鲜，朝鲜军队将进攻驻韩美军基地，则适用新安保法规定的“重要影响事态”，自卫队将向美军机及军舰提供燃料补给等。如果朝鲜的军事行动升级，则适用“存亡危机事态”，自卫队派遣护卫舰对美国军舰实施援护。若升级为“武力攻击事态”，日本政府将向自卫队发出“防卫出动”命令，正式出兵。参见共同通信「朝鮮半島有事で自衛隊の対応検討」、https://www.47news.jp/news/politics/1112220.html［2017-01-08］。

为重要”，公开要求美国加强在亚太驻军力量。8 月日美“2 +2”会议共同宣言称，在日本承诺积极强化防卫力量的同时，美国“继续将最先进的作战力量部署在日本”。① 2017 年，美国军界高层频繁访日，向日方重申相关承诺。② 例如，12 月中旬美海军作战部部长理查德森访日时宣称，由于美军未来在东亚和西太平洋面临“日益增长的威胁”，美军有可能从东太平洋抽调军舰，进一步强化美国在亚太的军事力量。③。

在空战力量部署方面，日本的角色地位也进一步加强。2017 年 1 月及 11 月，美国海军陆战队共 16 架 F－35B 战机飞抵美军岩国基地。11 月，美军还将 30 架航母舰载机从厚木基地转移至岩国基地。根据美军的计划，2018 年 5 月前岩国基地所驻扎的美军战机将超过 120 架，该基地将成为美军西太平洋最大的海军航空兵基地。2017 年 11 月，美国还将 12 架 F－35A 战机从将本土派驻日冲绳嘉手纳基地，这也是美军 F－35A 战机首次以战斗形式派驻海外。美军还计划从 2018 年开始，在这一基地新部署 26 架 F－35B 战机。

（三）联合军演与作战力量强化

以应对朝核问题为理由，日美在日本本土乃至亚太、印度洋地区频繁举行联合演习。其中，日美海空作战力量、反导部队的联合训演机制得到强化。日本海上自卫队直升机驱逐舰和宙斯盾驱逐舰频频出动，在日本周边、朝鲜半岛附近海域乃至东海、南海与美军航母作战群共同巡航，进行各种战术训练、反导演练，频度创下近几年新高（参见表 3）。以朝鲜频繁试射弹道导弹并进行核试验为背景，日本航空自卫队 8 月上旬在日本西北

---

① 外務省「日米安全保障協議委員会共同発表」、http：//www. mofa. go. jp/mofaj/na/st/page4_003204. html［2017－12－18］。

② 2017 年美军高层访日包括：5 月中旬美太平洋舰队司令小哈里斯访日，8 月中旬美参谋长联席会议主席邓福德访日，9 月中旬美陆军总参谋长马克·米利访日，11 月中旬美太平洋舰队司令小哈里斯再次访日，12 月中旬美海军作战部部长理查德森访日，以上美军高层均得到了安倍的接见。

③「首相、同盟の抑止力強化を　米海軍トップと会談」、共同通信、https：//www. 47news. jp/news/politics/949349. html［2017－12－25］。

空域与美军B－1轰炸机进行了联合训练。8月底，关岛基地的美军B－1轰炸机和F－35战机首次同时飞临朝鲜半岛上空，与日本自卫队F－15战机联合训练。8月底到9月上旬，日本自卫队与驻日美军在横田、岩国、三泽等基地连续进行“爱国者－3”机动部署训练。在做出共同干预地区安全事务态势的同时，日美借机在“模拟实战环境”下加强自卫队与美军协同行动的能力。

表3　2017年日美海上力量在亚太地区主要联合训演（含三边军演）

时间	海域	参演部队	训练项目
3月7～10日	东海附近	日海上自卫队“雾岛”号宙斯盾驱逐舰、“涟”号驱逐舰，美海军“卡尔·文森”号航母作战群	战术训练
3月14～15日	日本附近	日海上自卫队“雾岛”号宙斯盾驱逐舰，美、韩海军数艘军舰	反导训练（情报共享）
3月27～29日	东海附近	日海上自卫队“夕立”号、“五月雨”号、“涟”号、“海雾”号、“滨雾”号驱逐舰，美海军“卡尔·文森”号航母作战群	战术训练
4月3～5日	日本九州西部	日海上自卫队“泽雾”号驱逐舰及P－3C反潜侦察机，美、韩海军数艘军舰及侦察机	反潜训练
4月23日	西太平洋	日海上自卫队“足柄”号宙斯盾驱逐舰、“五月雨”号驱逐舰，美海军“卡尔·文森”号航母作战群	战术训练
4月25日	日本海	日海上自卫队“鸟海”号宙斯盾驱逐舰，美海军“菲茨杰拉德”号宙斯盾驱逐舰	战术训练
5月7～10日	南海	日海上自卫队“出云”号“准航母”、“涟”号驱逐舰，美海军“安德鲁·斯特雷特”号、“杜威”号宙斯盾驱逐舰	战术训练
5月18日	马六甲海峡附近	日海上自卫队“出云”号“准航母”、“涟”号驱逐舰，美海军“科罗拉多”号濒海战斗舰	战术训练
6月3～15日	南海	日海上自卫队“出云”号“准航母”、“涟”号驱逐舰，美海军“卡尔·文森”号航母作战群	战术训练
7月26日	日本海	日海上自卫队“高波”号、“大波”号驱逐舰，美海军“马斯廷”号宙斯盾驱逐舰	反潜训练

续表

时间	海域	参演部队	训练项目
9月11~28日	日本本州岛以南至冲绳	日海上自卫队“伊势”号直升机驱逐舰及“曙”号、“涟”号驱逐舰，美海军“罗纳德·里根”号航母作战群	战术训练
9月12~19日	日本本州岛以南	日海上自卫队4艘“苍龙”级潜艇、4艘驱逐舰及30架侦察机，美、澳海军各1艘潜艇	潜艇战训练
10月7~16日	巴士海峡、冲绳海域直到九州以北	日海上自卫队“岛风”号驱逐舰，美海军“罗纳德·里根”号航母作战群	战术训练
10月24~25日	日本周边	日海上自卫队“妙高”号、“雾岛”号宙斯盾驱逐舰，美、韩海军数艘军舰	反导训练（情报共享）
10月26日~11月12日	日本海、冲绳海域及东海附近	日海上自卫队“雷”号、“卷波”号驱逐舰，“伊势”号直升机驱逐舰；美海军“罗纳德·里根”号、“尼米兹”号和“西奥多·罗斯福”号3个航母作战群	共同巡航、战术训练
11月3~6日	日本海	日海上自卫队“雷”号驱逐舰，美海军“罗纳德·里根”号航母作战群及“查菲”号驱逐舰，印度海军2艘军舰	通信训练
11月10日~11月26日	日本周边	日海上自卫队各类军舰25艘、舰载机60架，美海军各类军舰10艘，加拿大海军军舰1艘	反潜、水面战及防空训练
12月11~12日	日本周边	日海上自卫队“鸟海”号宙斯盾驱逐舰，美、韩海军数艘军舰	反导训练（情报共享）

资料来源：作者根据日本防卫省、统合幕僚监部与海上自卫队官网资料整理。

作为日美间“常规合作”，2017年，美国继续大力支持日本强化部队作战力量，有针对性地协助日本训练快速反应与两栖作战部队，进行各种“夺岛演练”。2017年初，日本陆上自卫队“西普联”精锐部队前往美国加州彭德尔顿营地，与美海军陆战队举行“铁拳”两栖作战训练，这也是该训练连续第12年实行。2017年5月，以法军舰队访日为契机，日美英法首次在日本周边海域及关岛、北马里亚纳群岛举行为期20天的四国联合训练，其中，在关岛和北马里亚纳的演习以岛屿快速登陆和两栖作战为核心内容。10月7日至11月4日，陆上自卫队部队再次前往彭德尔顿营地，与美国海军陆战队进行代号为“黎明闪电战”的夺岛演习。在演习实战性和协作性方面，美军对日本自卫队的“委培”力度达到了近年以来的最高点。

（四）武器装备与技术开发

基于朝鲜频繁试射中远程导弹，日美防务部门公开表示，将进一步加强在反导技术研发及体系建设方面的合作。2017 年 2 月，美日共同研发的“标准 -3” Block 2A 拦截导弹首次实弹拦截测试成功，预计 2018 年将正式投入使用。在美国的技术协助下，日本计划在 2020 年左右将海上自卫队宙斯盾驱逐舰上的导弹系统全面升级为“标准 -3” Block 2A。8 月，日本防卫相小野寺五典在美参加“2 +2” 会议期间，向美防长马蒂斯正式提出引进“陆基宙斯盾”，12 月中旬，日本内阁会议正式批准引进两套“陆基宙斯盾”系统。凭借美国的技术支持，日本寻求构筑起由“爱国者 -3”（PAC -3）、陆基宙斯盾及海基宙斯盾舰所组成的，覆盖本土及周边广域的三层立体反导系统。日本积极推进反导核心技术与美国一体化，不仅可以对导弹防御系统迅速进行升级，强化现实威慑力，还可以提高自身研发能力，为未来可能的“对敌基地攻击能力”准备条件。

日美武器装备合作的深化还体现在其他常规武器方面。在从美国引进 F -35A并逐步推进本土化生产的基础上，日本防卫省正考虑从美国引进可短距起飞垂直降落的 F -35B 战机，或在美国的技术支持下对 F -35A 战机进行改造，使其成为舰载机。为此，日本还计划对“出云”号“准航母”进行改造，使战斗机起降成为可能。2017 年，日本防卫省继续通过美国政府采购“鱼鹰” V -22 大型运输机及 AVV7 水陆两用装甲车，将其作为“水陆机动团”的核心装备。另外，日本防卫省还从美国进口“全球鹰”大型无人侦察机和 E -2D 预警机，改造升级 E -767 大型预警机，提升空中侦查监视能力。[①] 总体来看，日本在主战装备以及军工技术上对美国的依赖正显著加深。

---

① 防衛装備庁『中央調達の報告書（平成 29 年）』、2016 年 8 月、135 頁。

三 “印太战略”背景下的日美地区战略协调

2017 年，日美多次就“印太”（Indo－Pacific）和“印太战略”发表公开声明，并且做出共同推进这一战略的姿态。日美在具体地区事务上进行战略协调非常常见，但双方以如此形式共推一项新的地区战略概念并不多见。这反映出双方在地缘政治格局变动下更密切合作主导地区秩序建构的意识。“印太战略”也成为除朝核问题外日美地区战略协调的另一重要背景。

作为地缘政治概念的“印太”和作为战略概念的“印太战略”并非近期才出现。美国方面，2010 年 10 月，前国务卿希拉里·克林顿在夏威夷讲话中首次提到印太概念。2011 年，她又在美国《外交事务》上发文，从航运和战略的角度称印太为“全球政治的关键引擎”①。2013 年 7 月，时任美国副总统拜登访问印度和新加坡时，公开表示美国将“印太”看作一个地区，该地区国家战略是亚洲未来不可分割的一部分。美国国务院的亚洲政策智囊如科特·坎贝尔曾坦承，如何在操作层面将印度洋和太平洋联系起来是美国战略思维面临的“下一个挑战”。② 奥巴马执政时期，关于“印太”的政策也有所思考，尽管政策话语中出现得很少，而且基本局限在对印政策方面，并不具备“战略”的形式，但依然反映出了美国地缘战略思维的逐渐变化。

日本方面，早在 2007 年 8 月，安倍在印度国会就发表过题为“两洋交汇”的演讲，宣称通过日印联合并联络美澳，使这一“扩大的亚洲”可发展成覆盖太平洋的庞大网络。2012 年 12 月再任首相后，安倍立即抛出“亚洲民主安全菱形”概念，主张在“两洋交汇”的背景下“由澳大利亚、印度、日本和美国的夏威夷组成一个菱形，保卫从印度洋到西太平洋的公海”。2013 年 1 月，安倍访问东南亚三国后提出“日本外交新的五原则”，

① Hillary Clinton，“American's Pacific Century”，*Foreign Policy*，November 2011.

② 关于奥巴马时代的美国“印太战略”，参见夏立平《地缘政治与地缘经济双重视角下的美国“印太战略”》，《美国研究》2015 年第 2 期。

再次主张日美同盟应联合印澳建立“跨越印度洋与太平洋的关系网络”。2月，安倍在美国战略与国际问题研究中心（CSIS）演讲时首次明确使用了“印太”一词，与“亚太”并列。[①] 2016年8月，安倍在第六届东京非洲发展国际会议（TICAD）上，以“自由开放的印太”为前提阐述了日本新的非洲战略。稍后安倍又在对印首脑外交中正式提出“印太战略”一词，将其作为强化日印“战略合作”的基本手段。显然，基于外交战略需要，日本更早地公开提出和积极构建“印太战略”，也较早地与美国进行了政策沟通。这也成为特朗普对前任政策话语进行“更新”而提出“印太战略”的一个重要背景。[②]

进入2017年，“印太战略”背景下的日美互动明显升温。美国利用这一概念调整印度洋政策，进而界定美国整个亚洲战略框架，并在此基础上，将其作为日美地区战略协调新的基础之一。2017年8月21日，特朗普在其南亚新战略中提到，美印能够共同致力于实现印太地区的和平与稳定。9月19日，日美印三国外长在纽约会谈，三方同意为实现“自由开放的印太战略”而加强海洋安全保障合作。10月18日，美国务卿蒂勒森在CSIS做了题为《下个世纪的美印关系》的演讲，宣称美印需要合作，确保印太地区日益成为一个和平、稳定和繁荣的区域。接下来，特朗普借11月初的亚太之行，多次公开提及与阐述“印太战略”。除在日本与安倍联合表示共推“印太战略”外，在越南出席APEC峰会时，特朗普发表了《自由与繁荣的印太愿景》的演讲。演讲中特朗普用“印太”全面取代“亚太”，宣称美国将与该地区更新伙伴关系，“共同强化印度—太平洋国家之间的友谊和商业纽带”。

特朗普访日期间，“印太战略”成为日美进一步强化同盟合作的核心概

① 关于安倍执政早期关于“印太”的构想与表述，参见卢昊《日本外交中的印太概念与日印、日澳关系新动向》，载李薇主编《日本研究报告（2014）》，社会科学文献出版社，2014。

② 一些美国东亚及对日政策专家如迈克尔·格林称，特朗普“印太战略”的基本想法来源于安倍。参见 Howard LaFranchi，“As Trump Takes off for Asia，Region Watches for a Post - 'Pivot' Plan”，https：//www.csmonitor.com/USA/Foreign - Policy/2017/1103/As - Trump - takes - off - for - Asia - region - watches - for - a - post - Pivot - plan［2017 - 12 - 18］。

念。11 月 5 日特朗普抵达日本后，在首站横田美军基地发表演讲，在同盟合作背景下提及“印太”。他表示：“我们将与伙伴和盟友合作，寻求一个自由而开放的印太地区。”① 在首脑会谈中，特朗普支持安倍关于“印太战略”的设想。在会谈公报中，日美两国首脑确认，“基于法律主导的自由开放的海洋秩序是国家社会安定与繁荣的基础”，要求各国“在尊重航行自由和国际法规定的前提下利用海洋”，“从印太地区拥有庞大人口且作为经济枢纽的观点看，应将其打造为全球活力的中心，这是非常重要的”。日美首脑宣称，为了实现“日美主导下的自由开放的印太”，应推进以下三方面的具体措施：普及并落实法律主导、航行自由等基本价值观；追求广泛联系基础上的经济繁荣；“对各国实施海上执法能力构筑支援”。② 这也标志着日美将共同推进“印太战略”正式纳入同盟合作的框架当中。

从目前的情况看，日美基于“印太战略”的战略协调体现出以下特点。

（1）在日美关系全局方面，日美宣布共推“印太战略”，比起具体政策合作，首先追求的目标是“政治宣示”，旨在体现“同盟团结”并增强相互信任。“印太战略”可以统合双方的政策观念及表述，即使作为“政治口号”，也可以在一定程度上带动日美地区政策协调，进而巩固日美同盟的“基本盘”。特朗普认同日本“印太战略”，被视为美国继续看重日本“战略价值”，维持并强化对日本战略支持的又一重要表现。正如一些美国战略学者所指出的，日美共同提出这一设想并做出相互支持的姿态，“在心理上产生的凝聚力是巨大的”，而具体如何实施则是下一阶段的事情。③

（2）在共推“印太战略”的首要议程方面，日美将强化与该地区“支轴国家”即作为地区大国的印度和澳大利亚的联动作为突破口。这也是日美“印太战略”设想中最基本的“固有定式”。2017 年，除继续推进日美

① Terri Moon Cronk，“President Trump speaks to troops in Japan”，https：//www. army. mil/article/196509/president_trump_speaks_to_troops_in_ japan ［2017 - 12 - 18］.

② 外務省「日米首脳ワーキングランチ及び日米首脳会談」、http：//www. mofa. go. jp/mofaj/na/na1/us/page4_003422. html ［2017 - 12 - 18］。

③ Sheila A. Smith，“The Abe - Trump Alliance”，https：//www. ncafp. org/2016/wp - content/uploads/2017/10/The - Trump - Era_NCAFP - Edited - Volume - 2017. pdf ［2017 - 12 - 18］.

澳、日美印三边对话机制作为协调基础外，日本还积极推动日美印澳举行四国外长乃至首脑会谈。[①] 2017 年 11 月 12 日，日美印澳四国局级官员在菲律宾马尼拉首次举行四国战略对话，就如何在“印太”加强海洋安保合作进行了协商。[②] 日美以日美印澳为“骨干”打造“印太”，实质上与过去的“四国同盟”设想，以及通过“日美 +1”模式在亚太拓展同盟网络并无区别。美国设想中“印太战略”的一个基本要点是“在与日韩维持最强劲的同盟关系的基础上把它们扩展到新的伙伴，尤其是印度”。[③] 而日本推进“印太战略”的一大直接目标也是迅速强化与印、澳两国的关系。从另一方面看，日美目前共推的“印太战略”设想中，东盟的权重“明显不足”，也未提及美国另一盟友韩国的角色。基于统合地区战略的考虑，这很可能成为今后日美对“印太战略”进行“修补升级”的要点。

（3）在共推“印太战略”的原则方针方面，日美公开以“价值观推广”和“秩序构建”为手段，声称开放合作但实际具有排外性，战略性针对中国的意味相当浓厚。日美共推的“印太战略”以中国作为基本的“问题意识”，试图借助崛起的印度等区内新兴国家制衡中国。日美继续以意识形态和地缘政治概念划线，主张与地区内的“民主国家”及“支持地区安全与繁荣的海洋国家”优先合作，人为制造分裂阵营，并将中国推到所谓“普遍价值观”和稳定地区秩序的对立面。另外，近几年，南海已经成为日美在“印太”利用安全议题制衡中国的主要战场。在南海形势较稳定的 2017 年，特朗普依然批准美军航母编队巡航南海，“挑战中国过度的海洋权益主张”。日本不仅派“出云”号“准航母”等跟随美军巡航，而且多次公开支持美国在南海的“航行自由计划”，做出与美国深度介入南海、

---

① 2017 年 8 月，在马尼拉，河野太郎外相就与蒂勒森国务卿和澳大利亚外长举行了战略对话，此后 9 月在联合国大会期间又与蒂勒森和印度外长进行了三边会晤。四方同意从 2018 年开始举行日美澳印外长会谈。日本外相河野太郎 2017 年 11 月下旬宣布，日本将提议美国、印度、澳洲进行首脑级别战略对话。

② 外務省「日米豪印のインド太平洋に関する協議」、http：//www. mofa. go. jp/mofaj/press/release/press4_005249. html［2017 - 12 - 18］。

③ Patrick M. Cronin，“Trump's Post - Pivot Strategy”，https：//thediplomat. com/2017/11/trumps - post - pivot - strategy［2017 - 12 - 9］.

制衡中国的姿态。[①] 即使日美领导人、官员及战略学者试图通过表态淡化“印太战略”中针对中国的色彩[②]，但很显然，“印太战略”反映了日美基于现实主义政治逻辑和冷战式心态，与中国进行长期性战略竞争的打算。

（4）在共推“印太战略”的角色分工方面，日美目前的政策联动与同盟体制转型趋势相一致，即在战略层面“美主日从”，而在具体操作层面“日前美后”。2017 年，美国继续支持日本通过传统经济援助手段及“海洋安全保障能力构建”深度介入东南亚和南亚地区，并鼓励日澳之间的“准同盟”关系进一步发展。由于长期经营，日本与一些东南亚国家的军事安全和战略合作在互动频率和深度方面仅次于与美国的合作，甚至某些方面的合作水平还要超过日美合作。目前日印关系的密切程度也强于正处于调整期的美印关系，因此美国基于最大化战略收益而尽可能降低风险成本的考虑，在主导战略方向的前提下，将更多通过“幕后策动”“间接制衡”的方式行动，由更具能力及意愿的日本出面，在前台直接推动战略，作为美国的“战略支点”在美国亚太盟友体系中发挥“联络中枢”的作用。

（5）“印太”在日美各自对外战略体系中所占的比重不同，对于日本而言，“印太”涵盖了其地区外交重点区域的大部分，牵动日本“战略性外交”的全局；对于美国而言，“印太”仅是其全球战略布局的一部分，可替代性更高。这决定了日美在推进“印太战略”时的主动性和目标设定会不可避免地存在差距。特朗普强调本国利益高度优先，坚持保护主义而批判多边机制，与“印太战略”中应有的自由主义、合作主义原则直

① 外務省「日米首脳会談（平成 29 年 5 月 26 日）」、http：//www. mofa. go. jp/mofaj/na/na1/us/page1_000337. html［2017 - 12 - 18］。

② 例如日本共同社 2017 年 12 月 18 日报道说，安倍试图将所谓“印太战略”以及中国的“一带一路”构想“结合起来”，并向中方解释“印太战略”不仅不针对中国，而且有助于中日围绕“一带一路”构想进行合作。前美国务院官员、东亚政策专家科特 · 坎贝尔则表示，美日不会想要通过“印太战略”对抗中国，“这不是一个现实的选择”。但他也承认“这些国家想要平衡中国的影响力”。参见 Kurt Campbell，“ Trump's Vision for Asia：What to Expect from the U. S. Presidential Visit to the Asia - Pacific Region ”，https：//www. wilsoncenter. org/event/trumps - vision - for - asia - what - to - expect - the - us - presidential - visit - to - the - asia - pacific - region［2017 - 12 - 18］。

接相抵触。[1] 这导致“印太战略”的未来走势还有相当大的变数。需要指出的是，日美“印太战略”针对中国的方针是缺乏可持续性的，区域内包括印、澳在内的大多数国家并不希望面临大国对抗升级背景下被迫选边的境地。换言之，日美共推的“印太战略”是否具有乐观前景，取决于这一战略是否真正能够具有其所声称的开放性与包容性。

四　日美关系的趋势与前景

特朗普上台后，外界纷纷猜测日美关系是否会发生大幅度倒退。从目前情况看，特朗普具有鲜明个性的对外政策并未导致日美关系剧烈动荡，日美关系的基础仍较为稳固。这一方面基于过去的关系传统，两国间既有协调机制又联系密切；另一方面则和特朗普上台后日美间在政治、经济及军事方面的互动有着直接关系。频繁的高层政治往来未能完全消除特朗普政策给日美关系带来的不确定性，但至少让双方建立起了相对稳定的沟通渠道和一定程度的相互信任。而处于同盟转型背景下的军事安全合作则继续为日美关系提供强有力的支撑。

（1）日美对同盟关系的“战略性利用”并未减弱，还有所加强。一方面，对于政府更替、政策调整的美国而言，当前首要的目标是以迅速和经济的方式，确保自己的亚太盟友继续信任自己的力量和承诺，从而保证自己的亚太战略体系维持稳定。在这方面日本仍具有重要的价值。另一方面，安倍执政下，日本以“正常国家化”为目标的国家战略转型依然深度依赖日美同盟。2017年4月，日本“富士山会议”特别工作组发表了题为《建立更稳固的同盟》的政策建议书，提出日美应确保在核心理念和原则方面达成共识，为应对“朝鲜威胁”加强同盟军事安排，并通过“日美+1”形式扩展安全框架。[2] 日本“正常国家化”目前的战略逻辑是，日本要在未来最大限度地实

① PrashanthParameswaran，“Trump's Indo - Pacific Strategy Challenge”，https：//thediplomat.com/2017/10/trumps - indo - pacific - strategy - challenge［2017 - 12 - 18］.

② “富士山会议”包括田中明彦、北冈伸一、白石隆、中西宽等对安倍有重要影响的战略智囊。参见田中明彦等『提言：日米同盟を組み直す東アジアリスクと安全保障改革』、日本経済新聞出版社、2017年。

现自主，但为了这一长远目标，以自主行为为代价强化日美同盟仍然是“必要选择”。

（2）日美同盟安全主导、霸权护持的色彩进一步强化。在特朗普更重视现实主义原则和军事威慑手段的政策方针下，日美无论是强化军事合作，还是以海洋安保为核心议题之一共推“印太战略”，以军事安全“硬手段”寻求主导地区的态势都更为明显。而在外交“软手段”方面，日美沿袭奥巴马“亚太再平衡”时的合作路径，将以推广价值观为名义推进“秩序重建”。日美主张在亚太（或印太）构建“维护基于规则和普遍价值观的国际秩序”。这反映出，比起眼前可见的威胁，日美更关注和针对的是中长期意义上、对美国霸权可能造成威胁的战略对手。可以预见，日美同盟将进一步注重霸权护持目标，通过控制秩序和规则主导权联合维持优势地位。

（3）日美分享共同的战略目标，但彼此的矛盾摩擦也将广泛存在，并存在升级的可能。双边层面，日美在贸易问题上的分歧短期内难以弥合，驻日美军费用等防务成本也是潜在的矛盾导火索；地区层面，无论是朝核问题还是对中、俄关系，日美的政策目标也有明显差异，日本对于美国强行牺牲日本立场允许朝鲜事实拥核或抛开日本与中俄直接展开“交易”的担忧始终无法消除；全球层面，特朗普反对多边贸易机制、寻求转变核战略，也与日本既定的立场与方针不符。特朗普的政策给日本外交带来了新的风险，但某种意义上也带来了机遇。美国如在领导全球事务上“大幅后退”“放弃责任”，日本则可以打着国际协调、自由主义、全球主义等价值观“旗号”出面“填补空缺”，提升国际影响力。美国基于自身战略利益持续放松对日本军事安全政策约束，乃至对日本不断“赋权”的举措，也刺激日本抓住“机会窗口”，追求“安全自主”。同时，考虑到日美之间存在的矛盾因素，日本也将更主动地寻找其他出路，强化自主性地区外交，甚至“提前”谋求战略上的独立，以防范日美关系波动乃至重新发生“同盟漂流”的情况。

B.11

日俄“战略接近”：进展与局限

阎德学*

摘　要： 随着国际环境以及东北亚局势的变化，日俄关系趋向战略接近。日俄两国战略接近的驱动力，既有两国战略安排及内政的考量，也有对国际战略环境变化的担忧。安倍内阁在“新方法”外交理念下冀求加强对俄合作，以解决领土悬案，彰显首脑政绩，同时制衡影响力日益强大的中国。而面临国内经济困境以及西方制裁的俄罗斯也非常欢迎日本的主动靠拢，加强俄日关系无疑可以弥补其战略利益上的损失。虽然由于历史以及国内外环境的制约，日俄两国的战略接近必然伴随政经博弈，但毋庸置疑，其进程在步步推进。日俄两国在安全、经济等领域日益紧密的合作，使中国周边又增加了一个不确定的风险因素。

关键词： 日俄关系　政经博弈　首脑会谈　北方领土

作为中国周边的海上邻国，日本最担忧的是中国的崛起引起东北亚国际体系的变化。鉴于日本相对下降的地区存在和影响力，日本政府迫切要求改变地区现状。为了制衡中国，安倍政府认为日俄关系“最富可能性”，因此积极谋求与中国重要的陆上邻国俄罗斯建立战略合作关系。在面临欧美经济制裁和两场危机的背景下，俄罗斯也急需与日本发展合作关系。日俄两国的战略接近在2017年继续稳步推进。

* 阎德学，国际关系学博士，华东师范大学俄罗斯研究中心、周边中心研究员，研究方向为国际关系、日俄关系。

一 首脑会谈推动日俄战略接近

与经济、外交等具体的合作领域相比，首脑会谈更具战略意义，能为两国关系的发展奠定主基调，并从深层次上反映两国关系的走向。2017 年，日本首相安倍晋三与俄罗斯总统普京共举行了四次首脑会谈，分别是 4 月 27 日的莫斯科会谈、7 月 7 日德国汉堡 G20 峰会上的会晤、9 月 7 日俄罗斯符拉迪沃斯托克东方经济论坛上的会谈以及 11 月 10 日越南岘港 APEC 峰会期间的会谈。日俄间的首脑会谈有力地推动了日俄关系在各个领域的长足发展。

（一）和平缔约达成重要共识

北方领土问题是日俄间悬而未决的最大课题。为了寻求突破，2016 年安倍两度访俄、四会普京，提出了“新方法”，即暂时搁置北方四岛主权归属争议，以缔结和平条约为目标，大力开展经贸乃至安全合作，在此基础上聚拢民意、增强互信，希望最终通过领导人间的个人信任与政治决断解决领土问题。该构想的最大特点，是放弃了日本政府一贯坚持的“根据领土谈判进展进行对俄合作”的原则，转而通过加强经贸等领域的合作以及安普二人之间良好的私人关系，谋求在北方领土问题上的突破。对于俄罗斯而言，虽然领土问题不存在谈判的可能性，但由于俄罗斯当前经济发展艰难，急需外界特别是经济大国日本的支持和援助，因此也不愿让领土问题阻碍两国关系的发展。在普京 2016 年底访日前，俄罗斯外长拉夫罗夫暗示两国有可能先缔结和平条约，再处理领土争端。[①] 2017 年 9 月 7 日安倍参加东方经济论坛与普京会晤后说，二人已商定将亲手签署和平条约。[②] 对此，俄方表示，双方“正沿着互信、互利合作道路坚定前行”，这将有助于形成缔结和

① 参见《俄外长称俄日在和约问题上存在一定共识》，俄罗斯卫星通讯社，2016 年 12 月 3 日，http://sputniknews.cn/russia/201612031021316152/，登录时间：2018 年 1 月 3 日。

② 参见《安倍称日本决心与俄缔结和平条约》，人民网，2017 年 9 月 8 日，http://cjkeizai.j.people.com.cn/n1/2017/0908/c368504-29524495.html，登录时间：2018 年 1 月 3 日。

平条约的氛围。[①]

上述情况表明，虽然双方对于缔结和平条约存在一定的温差，但就缔结和平条约本身已达成一定共识。安倍把大力推进四岛联合经济活动作为寻求突破的一个杠杆，同时争取日本国民往来北方四岛的特权，这得到了普京的积极回应。回顾2017年日俄首脑的四次会谈，上述议题都是会谈主题。

在四次首脑会谈的基础上，日俄双方展开了一系列磋商和准备工作。在原岛民返回四岛扫墓的活动方面取得了突破性成果：8月开放了原先关闭的国后岛漱石周边的扫墓；8月末的齿舞群岛扫墓之际，临时增加设置了出入境地点；9月实现了乘坐飞机回岛的“特别扫墓”。在推动联合经济活动方面，于6月组织官民调查团赴北方四岛实地考察，8月下旬在莫斯科举行副外长级磋商。9月7日在东方经济论坛期间敲定了五项早期计划（海产品的联合养殖、温室蔬菜栽培、旅游开发、风力发电、垃圾处理）之后，又于10月派出50多人的官民专家人士赴北方四岛各地参访考察，并设立局长级工作组研讨各项计划。11月10日的首脑会谈，双方一致同意在不损害双方法律立场的情况下加速讨论计划的具体内容，并深入讨论了签订和平条约的问题。[②] 日方相信，“日俄两国人民共同描绘四岛的未来，将会加深相互的理解和信任，对缔结和平条约将会起到很大的促进作用”[③]。

（二）经济合作获得进展

俄罗斯经济结构单一，极度依赖油气出口，加上世界总体经济形势不景

---

① 参见《克宫：俄日两国之间没有签署和平协议的期限》，人民网，2017年9月8日，http://cjkeizai.j.people.com.cn/n1/2017/0908/c368504-29524501.html，登录时间：2018年1月3日。

② 「日露首脳会談平成29年4月27日」、外務省、http://www.mofa.go.jp/mofaj/erp/rss/hoppo/page4_002953.html#section1 [2018-01-03]。「日露首脳会談平成29年7月7日」、外務省、http://www.mofa.go.jp/mofaj/erp/rss/hoppo/page4_003116.html [2018-01-03]。「日露首脳会談平成29年9月7日」、外務省、http://www.mofa.go.jp/mofaj/erp/rss/hoppo/page1_000392.html [2018-01-03]。「日露首脳会談平成29年11月10日」、外務省、http://www.mofa.go.jp/mofaj/erp/rss/hoppo/page4_003435.html [2018-01-03]。

③ 「RIAノーボスチ通信（ロシア）による河野外務大臣インタビュー」（2017年11月22日付）、外務省、http://www.mofa.go.jp/mofaj/p_pd/ip/page4_003492.html [2018-01-03]。

气，同时又因乌克兰问题持续遭到西方制裁，致使俄罗斯经济在2015年再次转为负增长，经济复苏的进程被打断。因此，普京在2016年度国情咨文中着重阐述了国家经济发展问题。安倍政府认识到经济合作将是俄罗斯国家政策的重中之重，于是积极推动对俄经济合作。

2017年是贯彻落实2016年日俄首脑会谈成果的一年。在9月东方经济论坛期间，双方于2016年底敲定的共同投资基金正式成立，签署了修订后的《日俄租税条约》，进一步促进两国间的投资和经济交流。[①] 此外，经济产业相兼俄罗斯经济领域合作担当相世耕弘成与俄方签署了《关于数字经济合作的共同声明》等三个文件，日俄官方和民间共签署了56个文件。[②] 在首脑会谈中，安倍首相确认了与俄在医疗、城市环境等领域的合作，一致同意进一步推动“八项合作计划”的具体实现。在11月举行的“日俄政府间经贸委员会会议”上，河野外相和舒瓦洛夫第一副总理一致同意加速推动国内程序，使《日俄租税条约》尽快生效。此外，双方同意进一步推动远东地区的合作，还针对示范城市（沃罗和符拉迪沃斯托克）环境合作的具体事项、促进西伯利亚铁路的利用以及远东港口的升级展开了讨论。

可以说，安倍政府通过“实利外交”主动接近俄罗斯，迎合了俄方发展经济和开发远东战略的需求，也为和平条约的签订创造了条件，不仅可以推动双边关系的战略接近，也将为解决北方领土问题创造有利条件。日方推动联合经济活动，特别是在远东西伯利亚地区的经济开发活动，其目标在于以经济互动推动政治合作，创造一种解决领土问题的新机制。这种联合经济活动，无论是“新方法”还是“特别制度”，可以说都是一种“共同管理主权”的形式。俄罗斯2004年与中国解决黑龙江流域以及2010年与挪威解决巴伦支海划界问题正是这一模式的成功案例，也给安倍政府解决北方领土问题提供了启示。

---

① 「日・露租税条約の署名 平成29年9月7日」、外務省、http：//www.mofa.go.jp/mofaj/press/release/press1_000168.html［2018-01-03］。

② 「日露首脳会談平成29年9月7日」、外務省、http：//www.mofa.go.jp/mofaj/erp/rss/hoppo/page1_000392.html［2018-01-03］。

（三）安全合作得以重启

对新一届安倍政府而言，其地缘政治战略着眼于价值（民主）和利益（东北亚地区存在）的平衡。这种战略体现在日俄关系中，就是坚持解决领土问题、发展包括能源合作在内的经济关系以及建立相互信任、互惠互利和着眼长远的日俄关系三原则。[①] 安倍政府试图通过对俄外交的突破来化解来自中国的战略压力，进而推动日俄安全合作，在东北亚形成新的日美俄战略格局，以制衡崛起的中国。

俄罗斯也存在与日本安全合作的空间。2012 年 10 月俄联邦安全会议秘书帕特鲁舍夫首次访日，被日本解读为俄方可能将中国视为安全上的一种“潜在威胁”。日方分析，俄罗斯担心在中俄战略伙伴关系中失去对等性[②]，安全方面也存在潜在的对华担忧[③]，而中国经济实力的增长也令俄方担心会增加中方对原苏联国家的政治影响力[④]，特别是中国的海洋战略包括未来向北冰洋的战略拓展成为俄罗斯一度寻求与日美海上安全合作的直接诱因[⑤]。日本政府看到了中俄关系在外交和军事层面的弹性，并积极利用这一机会。[⑥] 2013 年 4 月安倍访俄，在俄方的提议下，双方决定建立外交与国防部长级的“2 +2”会晤机制，日俄安全互动机制得到提升。俄罗斯此举体现了其实现亚洲外交多元化的目标，即通过加强与印度、日本、越南和韩国等国家的双边关系保持外交平衡，防止过度向中国倾斜。[⑦] 日本则希望借此显示日俄特殊关系，实现两国战略接近。2014 年乌克兰危机爆发，日本认为俄罗斯武力合并克里米亚的行为“破坏了乌克兰的主权和领土完整”[⑧]，日

---

① 湯浅剛「安倍政権の対外・安全保障政策におけるユーラシアの位置づけ」、『防衛研究所ニュース』2013 年 8・9 月号（通算 179 号）。

② 防衛省防衛研究所『東アジア戦略概観 2013』、2013 年、252 ~258 頁。

③ 防衛省防衛研究所『東アジア戦略概観 2014』、2014 年、212 ~217 頁。

④ 防衛省防衛研究所『東アジア戦略概観 2016』、2016 年、210 頁。

⑤ 防衛省防衛研究所『東アジア戦略概観 2013』、261 頁。

⑥ Tom Røseth, “Russia's China Policy in the Arctic”, *Strategic Analysis*, 2014, Vol. 38, No. 6, p. 842.

⑦ 防衛省防衛研究所『東アジア戦略概観 2014』、212 ~221 頁。

⑧《菅义伟评乌克兰问题：无法认可用力量改变现状》，环球网，2015 年 3 月 17 日，http://world.huanqiu.com/exclusive/2015 -03/5928521.html，登录时间：2017 年 7 月 19 日。

俄“2+2”会晤机制由此中断，直到2016年底普京访日，两国首脑才决定重启该机制。

2017年3月20日，俄罗斯外长拉夫罗夫、国防部长绍伊古与日本外相岸田文雄、防卫相稻田朋美在东京举行了时隔三年多的第二次“2+2”会谈。双方同意今后在朝核、反恐等议题上加强合作，继续防务部门之间的工作磋商和防务交流，继续开展日本海上自卫队与俄罗斯海军之间的反海盗合作和搜救联合训练，“2+2”会晤机制也将实现常态化。另外，双方在领土问题以及安全关切上的分歧也非常明显，日本对俄方在争议岛屿上部署地对舰导弹系统表示遗憾，并对俄军机在日本周边日益增多的飞行活动以及俄国防部长关于俄方将在包括北方四岛在内的千岛群岛部署一个新师的发言表示担忧。而俄罗斯则指出，美国在亚太地区部署反导系统威胁了本地区的安全稳定，其规模与朝鲜导弹构成的威胁并不相称。[①] 对于日本针对中国的海洋维权活动提出的指责以及日方的立场阐述，俄罗斯明确表示不会与一方发展关系而与另一方陷入敌对状态。[②]

当前，安全合作尚未成为日俄关系的首要议题，双方距离实质性的军事合作还存在诸多分歧。但也不能否定，双方的安全利益存在一定的一致性，而这种一致性也促使两国进行更多的安全合作，共同抵御“想象的敌人”和可能的地缘政治冲击。随着两国在具体合作领域上的成果积累，双方未来可能在更广泛的领域达成更多合作，由此推动两国关系的战略接近。日本要最大限度地促使俄罗斯保持战略中立，放眼中长期目标发展对俄战略关系，在此基础上解决北方领土问题或将水到渠成。

二　日俄战略接近的驱动因素

2012年第二届安倍内阁成立，同年普京第三次就任总统，日俄两国都

① 外務省「日露外務・防衛閣僚協議（「2+2」）平成29年3月20日」、http://www.mofa.go.jp/mofaj/erp/rss/hoppo/page1_000316.html［2018-01-03］。

② 小泉悠「第2回日露防衛・外交トップ会談（2プラス2）—すれ違う思惑と今後の展望—」、『Newsweek』、http://www.newsweekjapan.jp/koizumi/2017/03/22_1.php［2017-03-24］。

出现了强有力的领导人和较为稳定的长期政权，这为日俄战略接近创造了有利条件。2016 年是日俄战略接近取得突破的一年，而 2017 年则是落实首脑会谈成果的一年。可以说，两国的战略接近是在各自战略需求的基础上谋求共识，并因应国际环境的发展变化做出适时调整的结果。

（一）日本的战略需求促成两国战略接近

2013 年 12 月，日本内阁会议通过的《国家安全保障战略》是战后日本政府第一次正式制定的国家安全战略，并成为日本外交、防卫政策的基本方针。其中大肆渲染中国的对外强硬态度和军事动向，强调“中国在东海和南海等海空区域提出违背现行国际法秩序的主张，并据此表现出试图用武力改变现状的倾向……已成为包括日本在内的国际社会的疑虑事由”①，从中可以感觉到日本对于它东海和南海所谓“海上生命线”面临中国的高压态势非常焦虑。因此，日本内外综合施策，谋求有效对策化解中国的战略压力。

为牵制中国，安倍政府展开了战后日本史上最大规模的外交行动，积极拓展与各国的经贸往来，寻求建立更牢固的政治关系。譬如，在对俄关系上，安倍与普京多次会晤，试图通过首脑间的信赖关系获得对俄外交上的突破。关于日本的对俄外交方针，《国家安全保障战略》做了如下表述：“在东亚地区安全环境日益严峻的情况下，在安全以及能源等各领域推动对俄合作、全面提升日俄关系，对确保我国的安全至为重要。”不过，关于北方领土问题，日本判断很难在短期内取得突破，而俄罗斯为了缓解中国崛起的压力而一度表现出加强日俄安全合作的意愿，正好与日本的战略利益吻合。俄联邦安全会议秘书帕特鲁舍夫最为普京所信任，他访日寻求安全合作被日本解读为俄罗斯出现安全忧虑。于是，安倍访俄主动寻求安全合作，并在俄罗斯的提议下建立了“2+2”会晤机制，从而将日俄合作水平推上了一个新台阶。然而，乌克兰危机爆发后俄罗斯与欧美关系急速恶化，日本作为七国

① 内閣官房『国家安全保障戦略』（平成 25 年 12 月 17 日　国家安全保障会議・閣議決定）、http：//www. cas. go. jp/jp/siryou/131217anzenhoshou/gaiyou. html［2018－01－03］。

集团的成员，不得不追随美国参与对俄经济制裁，导致普京当年的访日计划延期。另外，俄罗斯受到西方经济制裁，转而寻求与中国合作，促使中俄全面战略协作伙伴关系迅速推进，东北亚安全均势由此发生决定性的变化①，安倍内阁对俄接近的战略步骤被打乱。

（二）俄罗斯内外环境恶化推动俄日接近

乌克兰危机后，俄罗斯被西方联合制裁，面临巨大的地缘战略压力。同时，国际油气价格大幅下跌，导致俄罗斯经济持续下滑，沉疴宿疾的国内经济结构改革也无起色。俄罗斯在乌克兰危机上的进攻性态势以及在叙利亚问题上的单边行动引起了西方世界的恐惧②，这也加剧了俄罗斯的外交孤立和经济困境。乌克兰危机是一场没有赢家的冲突，冲突的结果是造成世界政治和经济重心转向亚洲，乌克兰转向欧美，而俄罗斯则“脱欧入亚”。③ 乌克兰问题成为美俄关系缓和的最大障碍。面对欧美的制裁，俄罗斯转向寻求与欧美以外国家的合作，多次表示将积极参与亚太经济一体化，将其与西伯利亚及远东地区的经济发展相结合，致力于在亚太地区建立安全与合作发展架构。④ 俄多次举行俄罗斯－东盟峰会、东方经济论坛等活动，一方面彰显其转向亚洲的战略诉求，同时也是为了加强对亚太地区企业的投资吸引力。

日本作为世界第三大经济体，无疑成为俄罗斯亚太外交的重要对象之一，主动接近日本符合俄罗斯的战略利益。与欧美各国相比，日本与俄罗斯之间存在更多的利益一致性，安倍政府也愿意与俄罗斯实现战略接近。因

① Pavel K. Baev, “Russia's Pivot to China Goes Astray: The Impact on the Asia－Pacific Security Architecture”, *Contemporary Security Policy*, 2016, Vol. 37, No. 1, p. 89.

② Gilbert Rozman edited, *Japan－Russia Relations: Implications for the US－Japan Alliance*, Washington: Sasakawa Peace Foundation USA, 2016, preface, p. 7.

③ 下斗米伸夫（法政大学教授・日本国際問題研究所ロシア研究会主査）『ウクライナ危機の現段階と日本』、2014 年 7 月 22 日。

④ 参见《〈俄外交政策构想〉：俄将继续与日本建立睦邻友好关系》，俄罗斯卫星通讯社，2016 年 12 月 2 日，http://sputniknews.cn/politics/201612021021305428/，登录时间：2018 年 1 月 3 日。

此，普京2016年度的国情咨文和2016年度的《俄罗斯外交政策构想》都强调俄罗斯将坚持与日本实现睦邻友好和互利合作的方针，确保整个亚太地区的安全稳定。[①] 具体来说，俄方希望日本扩大对俄罗斯远东和西伯利亚地区的投资、在远东引进日本的先进技术、推动能源等各领域的合作，进而以东部经济的发展带动整体经济的复苏。另外，当美俄在叙利亚等问题上的对立趋缓之后，安倍内阁认为应抓紧当前俄罗斯“有求于日本”的机会访俄，争取在日俄关系上取得突破。2015年日本外相岸田文雄访俄，双方同意就和平条约举行谈判并恢复副外长级对话和“2+2”会晤机制，日俄关系回暖。2016年安倍顶住美国的压力两度访俄、四会普京，并实现了普京时隔11年的再度访日，日俄关系进入了一个新阶段。可以说，安倍不愿看到他就任首相以来良好的日俄关系受到其他因素的干扰和破坏，因而在关键时刻显示出独立性，以赢得俄罗斯的好感。[②]

（三）“新方法”外交理念促成日俄战略接近

北方领土问题是日俄关系发展的最大障碍，而促成北方领土的归还则是日本的夙愿。日俄关于北方领土的谈判有五个重要节点：一是1956年的《日苏共同宣言》，明确写有“和平条约缔结后，向日本归还齿舞、色丹二岛”；二是1993年的《东京宣言》，双方同意解决“归属问题”，早日缔结和平条约；三是被称为“新构想”的1998年“川奈提案”，日本提出，如果在北方四岛北部划定国界，日本就承认俄罗斯对四岛施政的合法性，目前可暂不归还；四是2001年的《伊尔库茨克声明》，双方再次确认《日苏共同宣言》为“和平条约谈判的法律文件”，并将基于《东京宣言》继续谈判，日本提出同时磋商“归还齿舞、色丹的条件”和“国后、择捉岛归属问题”的所谓“同时并行协议”；五是2016年5月的日俄首脑会谈，安倍

① 参见《〈俄外交政策构想〉：俄将继续与日本建立睦邻友好关系》，俄罗斯卫星通讯社，2016年12月2日，http://sputniknews.cn/politics/201612021021305428/，登录时间：2018年1月3日。

② 廣瀬陽子「未来志向の日ロ首脳会談—領土問題の解決と平和条約締結に向けて—」、『a SYNODOS』、http://synodos.jp/international/17009［2016－05－08］。

提出按照“新方法”推进谈判进程，得到普京认同。①

在日本舆论看来，安倍提出的“新方法”有三个要点：第一，在构筑面向未来的日俄关系中解决领土悬案；第二，不同于以往的构想；第三，并不局限于双边关系，而是将全球视野纳入其中。② 也就是说，以签订和平条约为目标，突破迄今为止在法律层面、历史层面讨论的困局，把领土问题放到日俄全面关系之中乃至东北亚地区格局演变的长期战略框架下考虑，“无疑扩大了领土问题解决的可能性和解决方式的选项”③。此前，由于担心参与北方领土的经济合作会变相承认俄方的主权立场，因此日本一直消极对待俄方提出的经济合作建议，始终坚持对俄经济合作必须与领土归还挂钩的原则，致使日俄关系长期处于停滞状态。安倍的“新方法”则试图突破以往的思路，转而积极推动北方四岛的联合经济活动，主动参与俄罗斯远东地区的产业振兴，尝试在全面发展日俄两国政治、经济、文化等各项关系的基础上，通过安普两位领导人的政治决断最终解决领土与缔结和约问题。对于日方关切的领土主权相关立场的问题，双方已经展开磋商。2017 年 11 月 24 日，日本外相河野太郎访俄，双方确认将加快事务级协商，争取以不损害双方法律立场的形式，最快于 2018 年春季完成联合经济活动的具体化工作。④

安倍的“新方法”外交理念能否如其所愿地最终解决领土和缔约问题尚待观察，但显然在这一理念的指导下，日俄关系朝着战略接近迈出了重要一步。

三　日俄战略接近的制约因素

2016 年底普京访日，日俄关系转圜，安普二人再次确认首脑间的政治互信。围绕领土争端，双方采取更为灵活的措施，一面推进争议岛屿上的联

① 「北方領土特集」、『朝日新聞』、http：//www. asahi. com/topics/word/% E5% 8C% 97% E6% 96% B9% E9% A0% 98% E5% 9C% 9F. html［2018 - 01 - 03］。

② 石川一洋「北方領土交涉と新しいアプローチ—ソチ日ロ首脳会談—」、時論公論、http：//www. nhk. or. jp/kaisetsu - blog/100/244582. html［2018 - 01 - 03］。

③ 孙承：《安倍内阁对俄外交新态势与日俄关系走向》，《日本学刊》2015 年第 4 期，第 50 页。

④ 参见《日俄一致同意扩大远东合作及双边交流》，NHK WORLD，https：//www3. nhk. or. jp/nhkworld/zh/，登录时间：2017 年 11 月 25 日。

合经济活动，一面描画未来，务实解决问题。不过，日俄关系中仍存在一些消极因素，制约着两国关系的未来发展。

（一）领土争端制约两国关系有实质性进展

日本以1855年日俄签订的双边贸易边界条约为依据，坚持北方四岛是日本的固有领土，要求俄方予以归还，始终坚持先解决北方四岛的归属问题再签订和平条约的方针。而俄罗斯则主张，四岛成为俄罗斯领土的一部分是二战的结果，是得到国际法承认的；1956年的《日苏联合宣言》只是写入了签订和平条约之后向日本移交齿舞、色丹两岛的内容，并不存在其他领土问题，而这两岛在什么条件下移交以及置于哪国主权之下则是未定的。①

俄罗斯中东和中亚研究中心主任谢苗·巴格达萨罗夫、科学院远东研究所所长谢尔盖·卢贾宁等俄罗斯专家明确给出了俄方不能在领土争端上对日本让步的七个原因：第一，如果俄罗斯将部分领土交割给他国，将对俄国家声誉带来无可挽回的损失；第二，哪怕只向日本交出南千岛群岛中的任何一岛，也会开创改写二战结果的危险先例，可能在全球引起连锁反应；第三，向日本交出千岛群岛的部分岛屿，意味着日本的盟友美国取得了一个小型战术胜利；第四，放弃南千岛群岛会削弱俄地区安全；第五，俄罗斯无法放弃该地区的自然资源；第六，南千岛群岛居住着俄罗斯公民，他们不应受到国家间关系的挟制；第七，放弃南千岛群岛并将其交给日本，会令俄国内政治形势复杂化。②

2017年，日俄双方在北方四岛根据“特别制度”开展联合经济活动并展开磋商，但相关磋商举步维艰，因为日本企业在北方四岛开展活动时究竟是该遵守俄罗斯的法律还是日本的法律，这一问题仍悬而未决。③安倍试图通过联合经济活动打破领土问题僵局，进而为缔结和平条约创造条件的目标，在短期内恐难实现。

---

① 「北方領土問題の概要」、外務省、http：//www.mofa.go.jp/mofaj/erp/rss/hoppo/page1w_000025.html［2018－01－05］。

② 参见《俄专家道出俄罗斯无法将南千岛群岛交给日本的七个原因》，俄罗斯卫星通讯社，http：//sputniknews.cn/politics/201609131020741640/，登录时间：2018年1月3日。

③ 参见冈田美保《专家谈日俄首脑会谈成果与课题》，NHK WORLD，https：//www3.nhk.or.jp/nhkworld/zh/，登录时间：2018年1月3日。

（二）美国因素影响日俄战略接近

美国并不关注日俄领土争端，也不相信安普能在领土问题上达成令双方都满意的协议，但美国因素对日俄关系的走向无疑是至关重要的。[①] 特朗普上台后，美俄交恶的局面并未得到缓解。尽管特朗普私下向安倍透露他对普京有好感，支持日俄关系改善，[②] 但受“通俄门”困扰的特朗普政府难以就改善美俄关系做出积极努力。另外，俄罗斯明确反对美国在韩部署“萨德”导弹防御系统，并与中国合作要求有关国家立即停止部署“萨德”。同时，俄罗斯还扮演着朝鲜核危机“仲裁者”的角色，既把远东的石油卖给朝鲜，又让朝鲜人在远东地区从事建筑工程、林业和农业等工作，以扩大俄罗斯在东北亚的影响力。[③] 这些举措也让特朗普与俄罗斯改善关系的愿望止步不前。因此，美俄关系难以迅速改善。在此前提下，日本积极发展对俄关系特别是安全合作难以取得突破性成果。

特朗普政府重内轻外的执政理念较为明晰，安倍也认识到，在将主要精力放在国内的特朗普时代，日本在外交上需要自力更生，所以当前紧抓美俄在叙利亚问题和国际反恐议题上的和解动向，顶住美国压力，继续实现日俄战略接近的既定目标。不过，俄罗斯合并克里米亚的行为也令日本反感。日本认为，俄罗斯此番动作不仅破坏了战后世界秩序，也给周边安全造成了威胁。[④] 所以，当韩国决定部署“萨德”反导系统后，日本也计划在日部署陆基“宙斯盾”新型反导系统，以此反制俄方。对此，俄外长拉夫罗夫多次表示，俄方提请日本注意美国在亚太地区部署反导系统带来的威胁，不要让

① フランク・ジャヌージ「北方領土、米は関心薄い」、『朝日新聞』、http：//www. asahi. com/articles/DA3S 12699607. html［2018－01－03］。

② Gilbert Rozman，“Unanswered questions about Japan－Russia Relations in 2017”，Asia－Pacific Review，p. 75.

③ ダニエル・スナイダー「金正恩の大暴走をロシアが手放しで喜ぶワケ」、『東洋経済』2017年7月7日。

④ Dmitry Streltsov，“Russia's Approach to Japan under Vladimir Putin：A Strategic Perspective”，edited in Japan－Russia Relations：Implications for the US－Japan Alliance by Gilbert Rozman，Washington：Sasakawa Peace Foundation USA，2016，p. 53.

俄罗斯认为是美国在怂恿日本索求四岛。[①] 当日本决定引进陆基“宙斯盾”之后，拉夫罗夫称“日本此举是给俄日关系泼冷水”，再次强调俄罗斯反对日本部署这一系统。[②] 为了反制日美导弹防御合作，俄罗斯决定最快在2018年将在千岛群岛增加部署地对舰导弹。双方认知上的不对称性以及相互不信任，依旧是两国战略接近的障碍。

（三）东北亚“四边形”地缘政治格局制约日俄关系的发展

当前，东北亚基本形成了以中、俄、日、美构成的“四边形”地缘政治格局。在此“四边形”中，中美两国各与其中的两国（中俄、中美；美日、美中）保持着稳定的战略关系，而日本仅与美国、俄罗斯仅与中国保持着良好关系，美俄、中日和日俄关系都存在着不同程度的问题。如果日俄关系实现突破，则可谓牵“双边”而动全局，美俄关系与中日关系必定会受到一定的力学作用。如果美俄关系或中日关系出现良性发展，则也将对日俄、中美、美日关系产生正向的力学作用。可是，目前中俄关系的牢固程度和务实水平甚至高于美日关系，所以安倍通过加强日俄关系抗衡中国的设想恐难实现。

对于俄罗斯来说，俄中战略伙伴关系无疑很重要，但同时又担心过度依赖中国带来的风险。在东北亚安全上，俄美需要保持战略对话，但俄罗斯当前对美国部署全球导弹防御系统高度警惕，为了保护鄂霍次克海的战略核潜艇，俄表示要在北方四岛部署地对舰导弹。因此，当前维持“非友非敌”状态的日俄关系是俄罗斯的较优选择。安普二人希望通过发展日俄关系维持东北亚地区的稳定，并且将日俄合作拓展到阿富汗、中亚等其他地区。[③] 俄罗斯将日本视为“外交优先方向之一”，希望通过大力开展俄日经济合作，

① 参见《俄外长：俄提醒日本在亚太地区部署美反导系统的风险》，俄罗斯卫星通讯社，http：//sputniknews.cn/politics/201703201022133875/，登录时间：2018年1月3日。

② 参见《俄谴责岸基宙斯盾是给日俄关系泼冷水》，NHK WORLD，https：//www3.nhk.or.jp/nhkworld/zh/，登录时间：2018年1月16日。

③ 石川一洋「北方領土交渉と新しいアプローチ—ソチ日ロ首脳会談—」、時論公論、http：//www.nhk.or.jp/kaisetsu-blog/100/244582.html［2018-01-03］。

削弱美欧对俄的政治孤立和经济制裁，并保证其“东方战略”在多方博弈中获取最大收益。但是，俄罗斯近年来在北方四岛上的一系列强硬举动和表态，比如禁止日本渔民赴俄专属经济区作业、梅德韦杰夫等视察争议岛屿、在争议岛屿推出大型投资建设计划和部署地对舰导弹等，反而加剧了日本的焦虑感。俄罗斯这种增加对日谈判筹码的行为并没有达到效果，反而导致日本国内民众疑俄情绪严重，对日俄关系的未来走向信心不足。

（四）公共外交准备不足

在日俄两国民间，双方彼此认同、认为双边关系良好的人士数量较少。多数日本学者对日俄安全合作持谨慎态度，认为北方领土问题是双方安全合作的主要障碍之一。

在日本学界看来，“日本只是单方期待，以为只要热心于俄方希求的经济合作，俄方就会认真对待缔结和平条约，但俄罗斯在领土问题上没有让步的氛围”①。就算俄罗斯对日本在领土上进行让步，“北方四岛一揽子归还很难，即便日本对四岛的要求降低，也难以很快达成协议”②。“八项计划对俄方来说可谓一大胜果……领土问题只是点到为止，普京总统可能考虑到2018年的总统选举，在那之前估计他很难做出违背舆论和军方意志的决策。”③“对于日本企业而言，在俄罗斯成功进行投资并非易事。鉴于以往的经验，日本企业对在俄开展经济活动存在担忧……这在很大程度上取决于俄经济的未来走向。”④

俄罗斯学者认为，俄方毫无兴趣讨论岛屿问题，未来日俄在领土争端问题上不会有任何突破，最多只是恢复对话，而且这种对话也不太可能取得太多结果。“鉴于双方对领土问题的理解差异巨大，普京此次访日不会在和平条

① 袴田茂樹「領土問題、譲歩の空気ない」、『朝日新聞』、http：//www. asahi. com/articles/DA3S12694168. html［2018－01－03］。

② 岩下明裕「2 島返還、時期逸した」、『朝日新聞』、http：//www. asahi. com/articles/DA3S12695944. html［2018－01－03］。

③ 冈田美保：《专家谈日俄首脑会谈成果与课题》，NHK WORLD，https：//www3. nhk. or. jp/nhkworld/zh/，登录时间：2018年1月3日。

④ 畔蒜泰助：《专家谈日俄首脑会谈成果与对未来的展望》，NHK WORLD，https：//www3. nhk. or. jp/nhkworld/zh/news/ 20161219，登录时间：2018年1月3日。

约问题上达成共识，短期内也看不到解决的可能性。”① 俄罗斯并不将对日安全合作视为唯一选项。在美俄关系交恶的前提下，俄罗斯与中国进行多范围多领域的安全合作，也就意味着对日安全合作难以取得实质性突破。

四 日俄关系展望及中国的应对

2017 年，日俄之间在 2016 年首脑会谈成果的基础上进行了几乎所有级别的磋商，这在战后历史上从未有过，但要说双边关系实现了质的发展却为时尚早。② 日俄两国舆论不看好领土问题能够得到解决，更不看好双方的安全合作。不过，两国从政府到民间都存在一个共识，即日俄经济合作潜力巨大。普京在 2016 年 6 月访华之前接受新华社社长专访时谈道：“我们是现实主义者。……考虑到本地区越来越多的国家对我们的合作感兴趣……我们会努力避免建立封闭性的经贸集团。”③ 普京的选项中显然包括了日本因素。其实，日本提出的“八大项目合作计划”也具有地缘政治学上的意义，表明日本认为俄罗斯的发展有益于日本，日本将助力俄罗斯的发展，并通过“新方法”来推动经济与和平条约的进展。虽然日本采取了完全不同于美国孤立俄罗斯的政策，但在安保方面，美俄对立必然波及东北亚，也势必影响到日本“新方法”的实践。同时，日本也不可能接受北方领土的军事化。至于日俄两国在共同应对朝鲜核导危机方面能做哪些事情、如何不增加东北亚的军事紧张程度，这些都将是日俄安全合作需要面对的难题。

日俄两国通过首脑会谈、经济合作、安全合作等方式进行战略接近，在中国周边增加了一个不确定的风险因素，中国需要对此保持适当关切。今天

---

① 《普京时隔 11 年再次访日 日俄未就领土问题达成共识》，人民网，2016 年 12 月 19 日，http://world.people.com.cn/n1/2016/1219/c1002-28960573.html，登录时间：2018 年 1 月 3 日。

② 「今年の露日関係を総括」、https://jp.sputniknews.com/opinion/201712314440533 [2018-01-03]。

③ 《俄罗斯总统普京接受新华社社长独家专访》，新华网，2016 年 6 月 23 日，http://www.xinhuanet.com/world/2016-06/23/c_1119099713.htm，登录时间：2018 年 1 月 3 日。

的中国拥有更丰富的战略资源、更多的外交渠道和更积极的国家形象，可以回应周边国家的安全关切，并通过双边和多边方式回应他国的战略疑虑。

在双边关系上，中俄和中日关系都还有提升的空间。在中俄关系上，“一带一盟”对接为中俄关系注入了经济活力。中俄两国扩大双方经济合作的领域和范围，鼓励企业参与俄远东开发战略，给俄民众带来“看得见摸得着”的中国利好，对于巩固双方全面战略协作伙伴关系，打消俄罗斯对华战略疑虑具有重要意义。2016 年 6 月的《中俄联合声明》给出了方向，“拓展和深化地方合作，积极运用‘中国东北—俄罗斯远东’和‘长江—伏尔加河’模式的经验，完善合作模式和机制，以推动重点项目，培育新的合作增长点”，中俄需要在认真总结以往的经验教训的基础上，再开展具体的合作。

关于中国周边的安全环境，确实存在风险较高的朝核问题、不支持“一带一路”倡议的周边大国，以及不认同中国提出构建新型国际关系的国家。所以，选择一个最易突破且国际影响力较大的国家综合施策，将其转化为友好国家至关重要。日本无疑是首选对象，恢复中日友好关系更为现实，因为中日两国不仅具有民间外交的良好传统，更受到两国关系发展的历史哲学规律的力学作用。① 同时，新一届安倍内阁正将外交关注重点由中国转向朝鲜，外交突破方向应该是俄罗斯和中国，主要精力将集中在日本国内问题上。在这几大方向上，中国均可发挥影响力，应抓住安倍内阁示好的机遇和两国关系的重大时间节点，从根本上改善中日关系。中日关系可谓地区局势的风向标，中日关系的改善具有积极的外溢作用，是在真正提升中国的国际影响力、感召力和塑造力。

在多边层面上，中国可继续发挥积极作用。一致性的战略利益可促使中国在地区热点问题上凝聚更多共识。譬如，早在 2013 年日俄两国就在联合声明中宣称：“两国对朝鲜执意不放弃制造核武器和弹道导弹的行为表示谴责，强烈敦促其遵守联合国安理会决议和六方会谈共同文件。”中国可借助

---

① 参见阎德学《试论中日关系发展的历史哲学向度》，《华东师范大学学报》（哲学社会科学版）2016 年第 6 期。

日俄力量处理半岛问题，为朝核问题的解决提供更多选项。此外，中国的“一带一路”倡议，不仅已与欧亚经济联盟实现对接，也得到了安倍政府的合作响应。中国通过扎实的区域经济合作积累东北亚安全合作的互信，会逐渐降低周边大国的战略疑虑。同时，日俄北方领土问题的解决模式，将为中日钓鱼岛问题以及中国与东南亚国家的岛屿主权争端提供参考和借鉴。

B.12

日本对朝鲜半岛政策的动机及取向

姜龙范*

摘　要： 日本的朝鲜半岛政策，主要涉及日朝、日韩双边关系及日美韩三边关系。目前，朝鲜核导问题是日朝、日韩以及日美韩关系的重要课题之一。2017 年内，为了应对朝鲜核导威胁，安倍政府对朝鲜保持了强硬态度，同时对韩国积极谋求战略协调。进入 2018 年以后，安倍政府有意继续选择走借朝核之由行修宪之实的老路，但其对朝鲜半岛政策施行的国际环境以及日朝、日韩关系的内部情势都出现了不同以往的明显变化。新年伊始，朝鲜半岛局势出人意料地呈现出走向缓和的趋势，日韩关系却因“慰安妇问题协议”而渐生嫌隙。未来的日朝、日韩关系具有较大不确定性，日本的朝鲜半岛政策同样也充满变数，存在日朝关系因“绑架问题”走向松动、日韩关系因慰安妇问题转向紧张的可能性。

关键词： 日朝关系　日韩关系　朝鲜核导问题　美日韩三边协调机制

日本的朝鲜半岛政策主要包括双边关系与多边关系两个层面：双边层面涉及日朝关系和日韩关系；多边层面则同美日韩三边协调机制密切相关。朝鲜持续进行核武器试验及弹道导弹试射，全力向实现初步获得核武

---

* 姜龙范，历史学博士，教育部国别与区域研究中心——天津外国语大学朝鲜半岛研究中心主任、教授，博士生导师，研究方向为日朝关系、日韩关系、朝鲜半岛问题等。

器实战能力前进，朝鲜半岛局势正滑向战争边缘，地区安全稳定受到严重威胁。朝鲜核导问题无可避免地成为日朝、日韩以及日美韩关系的重要课题之一。就此，本文将在对近期尤其是2017年以来的日朝、日韩关系以及美日韩三边协调机制框架下日美韩三国涉朝多边合作等内容进行系统梳理的基础上，剖析日本对朝鲜半岛政策的动机与取向，并对其进行评估与展望。

一　对朝鲜保持强硬，积极推行单边制裁

安保问题（即朝鲜核导问题）、绑架日本人问题（下文简称“绑架问题”）以及邦交正常化问题，是日朝关系的三大课题。长期以来，日本一直坚持将这三大课题“捆绑解决”作为其对朝鲜外交的基本方针。安倍晋三于2012年12月再次就任日本首相以后，日朝之间围绕“绑架问题”展开了一系列接触，双方最终于2014年5月末取得了重新调查该问题的重大成果。以此为突破口，日朝关系在2014年中至2015年底的这一时段出现了短暂的松动。

然而，朝鲜于2016年1月6日进行了第四次核试验，安倍首相迅即发表声明，表示严正抗议和严厉谴责，称其已对日本的国家安全构成了重大威胁，是绝对不可容忍的。[①] 随后，日本对朝政策开始恢复强硬。同年2月7日，朝鲜发射了“光明星4号”卫星。对此，日本再度开启针对朝鲜的单边制裁。作为回击，朝鲜于同月12日宣布全面停止对“绑架问题”的重新调查，并解散了“日本人被绑架问题特别调查委员会”。而日本则在联合国安理会相关制裁决议通过之前，率先于2月19日对朝鲜实施了新的单边制裁。至此，两国间的关系此前呈现出的缓和势头戛然而止，日朝关系复归停滞状态。2016年8月3日，朝鲜试射弹道导弹并首次落入位于日本海的日本专属经济区内。朝鲜的核武器与弹道导弹威胁，不再是以往日本政府及政

① 「内閣総理大臣声明」、2016年1月6日、http：//www. kantei. go. jp/jp/97_abe/discource/20160106seimei. html［2018－01－14］。

客们的“竭力渲染”，而是变成了迫在眉睫的“严酷现实”。就此，日本政府向朝鲜提出严正抗议，国内各界的反应也颇为强烈。安倍首相重申，朝鲜的相关行为是对日本安全保障的重大威胁，是难以容忍的恶劣行径。[①] 而后，针对朝鲜于 2016 年 9 月 9 日进行的旨在鉴定新研制可供弹道导弹运载的核弹头威力的第五次核试验，日本参众两院一致通过了抗议决议，强调其“是对日本安全的现实性威胁”，谴责其是“决不能容忍的暴行”，并要求政府加强对朝鲜的单边制裁。[②]

（一）对朝连续八次施加单边制裁

进入 2017 年以后，为了尽快实现初步获得核武器实战能力的战略目标，朝鲜不但进行了第六次核试验，而且先后进行了包括“北极星 -2”“火星 -12”等中远程弹道导弹与“火星 -14”“火星 -15”等洲际弹道导弹在内的 20 枚次不同类型导弹的试射（其中成功 14 枚次），最终实现了“完备国家核武力历史大业”[③]。而与此同时，日本对朝鲜核试验与弹道导弹试射的关注程度也不同于以往。在 2017 年度召开的国家安全保障会议中，涉朝会议次数激增至 25 次，其不但同 2016 年相比增长了 50% 以上，而且超过会议总次数的一半还多。其中，直接以朝鲜核试验与弹道导弹试射为议题的会议分别为 2 次和 19 次。[④] 朝鲜核导问题，不仅成为日本国家安全保障会议的核心议题，也几近变成日朝关系的唯一课题。对于朝鲜不顾国际社会的反对持续进行核武器试验及弹道导弹试射，除一贯表示严正抗议和严厉谴责之外，日本还在联合国安理会一系列涉朝制裁决议的基础上，于 2017 年内前所未有地连续对朝鲜实施了多达八次的单边制裁。

---

① 「安倍内閣総理大臣記者会見」、2016 年 8 月 3 日、http：//www. kantei. go. jp/jp/97_ abe/statement/2016/0803kaiken. html［2018 -01 -14］。

② 参见《日本众参两院通过对朝鲜核试验抗议决议》，环球网，2016 年 9 月 27 日，http：//world. huanqiu. com/exclusive/2016 -09/9488791. html，登录时间：2018 年 1 月 14 日。

③ 《金正恩发表 2018 年新年贺词》，朝鲜中央通讯社（中文版），2018 年 1 月 1 日，http：//www. kcna. kp，登录时间：2018 年 1 月 14 日。

④ 「国家安全保障会議開催状況」、2017 年 12 月 22 日、http：//www. kantei. go. jp/jp/singi/anzenhosyoukaigi/kaisai. html［2018 -01 -14］。

2017 年 3 月 6 日，朝鲜同时试射了 4 枚弹道导弹，其中有 3 枚最终落入了位于日本海的日本专属经济区内。就此，安倍首相于次日专门同美国总统特朗普进行了电话会谈。安倍表示，朝鲜试射弹道导弹是对日本国家安全的明显挑衅，不可容忍。特朗普总统则表示，美国对日本百分之百支持，两国同盟关系固若磐石，其对日本的安全保障承诺丝毫没有动摇。5 月 26 日，在出席七国集团首脑会议开幕式之前，安倍首相又同特朗普总统进行了会晤，再次确认了以更进一步制裁来强化对朝鲜施压的必要性。为进一步加大对朝鲜施压的力度，日本于 6 月 9 日实施了年内第一次对朝单边制裁，将 4 个团体、14 名个人追加为资产冻结对象。[①] 7 月 4 日至 12 月末，日本又对朝鲜采取了七次单边制裁。整个 2017 年，通过持续追加单边制裁，日本对涉及朝鲜核武器及弹道导弹开发的总计 51 个团体及 77 名个人进行了资产冻结，其力度之大也是历年鲜见。

除了连续对朝鲜实施一系列单边制裁以外，日本 2017 年还在七国集团首脑会议（5 月下旬）、国际民航组织第 212 次理事会（10 月上旬）、国际海事组织第 30 次大会（11 月末）等重要国际会议场合，积极推动将朝鲜核导问题纳入议题，发起对朝鲜核试验及弹道导弹试射的一致强烈谴责。

（二）积极谋求国际社会对“绑架问题”的理解与支持

自 2016 年 2 月中旬以来，日朝两国关于“绑架问题”的接触已经全面中断。尽管如此，日本仍旧没有停止推动“绑架问题”解决的外交努力。一方面，在首脑会谈（详见表 1）、部长（副部长）会谈、事务性会晤等各级别双边、多边外交场合以及重要国际会议中，日本反复提及“绑架问题”，积极申明立场，努力求得国际社会的广泛理解与支持。

---

① 「国連安保理決議第 2356 号の実施のための資産凍結等の措置の対象者の拡大について」、2017 年 6 月 9 日、http：//www. mofa. go. jp/mofaj/a_ o/na/kp/page22_002852. html ［2018 - 01 - 14］。

表1　2017年安倍首相同外国首脑会谈内容是否涉及“绑架问题”统计对比

时间	涉及	未涉及
1月12日	日菲首脑会谈	
1月16日	日越首脑会谈	
2月10日	日美首脑会谈	
3月13日		日沙（沙特）首脑会谈
3月15日	日莫（莫桑比克）首脑会谈	
3月20日		日法首脑会谈
	日德首脑会谈	
3月21日		日欧（欧盟）首脑会谈
	日意首脑会谈	
4月12日		日斯（斯里兰卡）首脑会谈
4月27日		日俄首脑会谈
4月28日	日英首脑会谈	
5月17日	日新（新加坡）首脑会谈	
5月19日		日阿（阿根廷）首脑会谈
5月26日		日法首脑会谈
		日欧（欧盟）首脑会谈
		日美首脑会谈
5月27日		日马（马耳他）首脑会谈
6月6日	日越首脑会谈	
6月7日	日老首脑会谈	
6月20日	日几首脑会谈	
6月27日	日捷首脑会谈	
7月6日	日美韩首脑会谈	
7月7日		日韩首脑会谈
		日印首脑会谈
		日俄首脑会谈
		日土（土耳其）首脑会谈
7月8日		日美首脑会谈
	日挪首脑会谈	
	日新（新加坡）首脑会谈	
	日英首脑会谈	
	日中首脑会谈	
7月9日	日瑞（瑞典）首脑会谈	
7月10日	日丹首脑会谈	
	日芬首脑会谈	
7月14日		日约（约旦）首脑会谈
8月7日	日柬首脑会谈	
8月31日		日英首脑会谈
9月6日	日蒙首脑会谈	
9月7日		日俄首脑会谈
		日韩首脑会谈
9月14日	日印首脑会谈	
9月18日	日以首脑会谈	
9月19日	安倍首相与联合国秘书长会谈	
	日约（约旦）首脑会谈	
	日伊（伊朗）首脑会谈	
9月20日	日法首脑会谈	
	日土（土耳其）首脑会谈	

续表

时间	涉及	未涉及
9月21日	日美首脑会谈	
	日美韩首脑会谈	
10月25日	日密（密克罗尼西亚）首脑会谈	
10月30日	日菲首脑会谈	
10月31日	安倍首相与北约秘书长会谈	
11月6日	日美首脑会谈	
11月10日		日俄首脑会谈
	日加首脑会谈	
	日墨首脑会谈	
	日新（新西兰）首脑会谈	
	日越首脑会谈	
	日秘首脑会谈	
11月11日	日中首脑会谈	
11月12日	日印尼首脑会谈	
		日马（马来西亚）首脑会谈
11月13日	日中首脑会谈	
	日文（文莱）首脑会谈	
		日澳首脑会谈
		日美澳首脑会谈
11月14日	日印首脑会谈	
11月28日		日卢（卢森堡）首脑会谈
12月5日	日马（马达加斯加）首脑会谈	
12月6日		日拉首脑会谈
12月13日	日塞（塞内加尔）首脑会谈	
12月14日	日缅首脑会谈	
	安倍首相与联合国秘书长会谈	
	涉及　计49次	未涉及　计25次

资料来源：根据日本外务省网站的相关信息汇总。

特别是2017年2月，在日美首脑会谈结束后发表的联合声明中，正式以文字形式明确了“尽快解决‘绑架问题’的重要性”。这在日美首脑会谈中尚属首次。2017年5月下旬，安倍首相在七国集团首脑会议上再次就“绑架问题”发起呼吁，得到了参会各国首脑的赞同。7月上旬，在日欧首脑第24次定期会晤就朝鲜问题发表的声明中，双方明确“包括迅速解决‘绑架问题’在内，朝鲜必须进一步回应国际社会对其人权及人道主义问题的担忧”。[①] 而在9月20日举行的第72届联合国大会一般性辩论发言中，

① 第24回日EU定期首脳協議「北朝鮮に関する両首脳による声明」、2017年7月6日、http://www.mofa.go.jp/mofaj/files/000270695.pdf［2018－01－14］。

安倍首相更是数次提及“绑架问题”。[1] 11月上旬，在美国总统特朗普访问日本期间，安倍首相还专门为其安排了同“绑架问题”受害者家属的会面。同月中旬，在“东盟－日本”首脑会议、“东盟＋3”首脑会议以及东亚首脑会议（EAS）上，安倍首相亦公开表示尽早解决“绑架问题”是其内阁的最重要问题。

二　对韩深化战略协调，竭力排除内部干扰

对于日本而言，韩国是其享有共同战略利益的最重要邻国，良好的日韩关系对亚太地区的和平与稳定至关重要。[2] 朝鲜核导问题、慰安妇等历史问题、独岛（竹岛）领土争端是当前两国交往中最重要的三大课题。

（一）借应对朝鲜核导威胁深化同韩国的战略协调

随着朝鲜全力向实现初步获得核武器实战能力目标的推进，日本同韩国围绕朝鲜核导问题而进行的协调与合作也日益加强。2017年，面对朝鲜仍旧持续进行核导开发，尤其是针对其进行的中远程、洲际弹道导弹试射及第六次核武器试验，日韩两国保持了频繁的外交沟通。在首脑级别，尽管未能互访，但借二十国集团（G20）首脑会议和东方经济论坛举行之机，安倍首相同韩国总统文在寅先后实现了两次直接会晤。两人年内还进行了九次电话会谈（其中，首次电话会谈为安倍首相致电祝贺文在寅当选韩国总统）。而在部长（副部长）级别，两国外长进行了五次直接会晤、八次电话会谈，国防部长进行了二次电话会谈和二次直接会谈，副外长也进行了一次意见交换；在事务级别，两国六方会谈首席代表先后九次交换意见。通过这些及时有效的多层面沟通，就共同应对朝鲜核导问题、密切两国相关领域的合作、对朝进行极限施压和强力制裁等原则立场与政策实践，日韩两国保持了协调

---

① 「第72回国連総会における安倍内閣総理大臣一般討論演説」、2017年9月20日、http://www.kantei.go.jp/jp/97_abe/statement/2017/0920enzetsu.html［2018－01－14］。

② 外務省「外交青書 2017」、2017年9月、20頁、http://www.mofa.go.jp/mofaj/gaiko/bluebook/2017/pdf/pdfs/2_1.pdf［2018－01－14］。

一致。

在军事领域，继2016年11月23日正式签订秘密军事情报保护协定以来，日韩两国间的军事合作也得到了继续深化。2017年4月9日，日美韩在东京举行了第九次三国安全会议。[①] 6月3日，日本防卫相稻田朋美同美国国防部长马蒂斯、韩国国防部长韩民求，在亚洲安全峰会期间于新加坡进行了三边会谈，商定通过加强情报交流和进行联合军事演习等方式有效应对朝鲜核导威胁。[②] 10月24日，利用共同出席东盟防长扩大会议的机会，日本防卫相小野寺五典同美国国防部长马蒂斯、韩国国防部长宋永武举行了第九次日美韩防长会谈，三方一致同意就安全问题持续保持磋商和加强安全合作，"持续采取导弹预警演习和反潜演习等必要措施应对朝鲜核导威胁"。[③] 三国的参谋长联席会议主席还于5月下旬和10月底分别进行了一次多边电视电话会议和直接会谈；陆军参谋长于9月中旬进行了多边会谈；国防相关部门先后召开了十次多边视频会议，共享了同朝鲜弹道导弹试射及核试验相关的情报。2017年1月20日、3月14日、10月24日及12月10日，针对朝鲜的弹道导弹威胁，日美韩三国还先后进行了四次导弹预警联合演习。该导弹预警联合演习首次举办于2016年6月29日，至2017年底已经进行了六次，2017年进行演习的总次数是2016年的两倍。除此之外，日美韩三国还于同年4月3日进行了首次反潜联合演习。

（二）努力排除慰安妇问题等带来的严重干扰

长期以来，历史问题一直是困扰日韩关系发展的重要障碍。而作为历史

---

① 《韩美日开安全会议促华停止反萨》，韩联社（中文版），2017年4月19日，http：//chinese. yonhapnews. co. kr/newpgm/9908000000. html? cid = ACK20170419005400881，登录时间：2018年1月14日。

② 《韩美日商定加强信息交流与军事合作应对朝鲜》，韩联社（中文版），2017年6月3日，http：//chinese. yonhapnews. co. kr/newpgm/9908000000. html? cid = ACK20170603000300881，登录时间：2018年1月14日。

③ 《详讯：韩美日防长商定采取必要措施应对朝核挑衅》，韩联社（中文版），2017年10月24日，http：//chinese. yonhapnews. co. kr/newpgm/9908000000. html? cid = ACK20171023006200881，登录时间：2018年1月14日。

问题之一的慰安妇问题，更是涉及韩国民众情感的最敏感议题，从而也被视为夹在日韩两国之间的“一根刺”。2015 年 11 月 2 日，安倍首相同时任韩国总统朴槿惠举行了会谈，双方商定为尽早解决慰安妇问题加快谈判步伐。随后在同年 12 月 28 日，时任日本外相岸田文雄与时任韩国外交部长尹炳世最终就慰安妇问题达成一致意见，即“慰安妇问题协议”。2016 年 7 月 28 日，向韩国慰安妇受害者提供援助的“和解与治愈基金会”正式成立；8 月 31 日，日本政府履行两国“慰安妇问题协议”，正式向该基金会拨付 10 亿日元。至此，始终困扰日韩关系的慰安妇问题看似得到了“最终的、不可逆的解决”。

但事实上，日韩关系中的慰安妇问题并没有就此得到真正解决。2016 年 9 月 19 日，韩国“和解与治愈基金会”要求日本政府以安倍首相的名义向慰安妇受害者及其家属致道歉信。① 同月 29 日，韩国外交部发言人在例行记者会上表示：“期待日方采取能使受害者的心灵创伤得到抚慰，进一步的内心能感受到的措施”，首次从政府层面公开要求日本采取“进一步措施”。② 对此，安倍首相明确予以拒绝，表示“丝毫未考虑”向韩国慰安妇受害者致信道歉。③ 与此同时，韩国国内朝野上下及社会舆论质疑“慰安妇问题协议”的呼声也日渐高涨。12 月 28 日，在“慰安妇问题协议”签署一周年之际，韩国各地民间组织纷纷举行集会，主张该协议无效。同月 31 日，首尔日本大使馆前“慰安妇少女像”尚未撤走，釜山日本总领事馆前又放置起新的“慰安妇少女像”。就此，日本外务事务次官杉山晋辅、驻韩大使长岭安政分别向韩国驻日大使及韩国外交部副部长提出抗议。④ 日韩之间围绕慰安妇问题的矛盾再度激化。

---

① 《韩国慰安妇团体逼安倍发道歉信 日方：加剧两国不信任感》，环球网，2016 年 9 月 20 日，http：//world. huanqiu. com/exclusive/2016 - 09/9459957. html，登录时间：2018 年 1 月 14 日。

② 《韩国要求日方就慰安妇受害者问题采取进一步措施》，环球网，2016 年 9 月 30 日，http：//world. huanqiu. com/exclusive/2016 - 09/9504614. html，登录时间：2018 年 1 月 14 日。

③ 《安倍拒向韩慰安妇受害者致信道歉令韩政府陷窘境》，韩联社（中文版），2016 年 10 月 4 日，http：//chinese. yonhapnews. co. kr/newpgm/9908000000. html？ cid = ACK20161004003100881，登录时间：2018 年 1 月 14 日。

④ 「在釜山日本国総領事館前の少女像設置に関する韓国側への申入れ」、2016 年 12 月 30 日、http：//www. mofa. go. jp/mofaj/press/release/press4_004121. html ［2018 - 01 - 14］。

2017 年 1 月 9 日，日本驻韩国大使长岭安政和驻釜山总领事森本康敬奉召回国，以示日本政府对韩国釜山新放置“慰安妇少女像”的抗议。此外，日本还采取了暂停两国有关货币互换的磋商、推迟两国高层经济对话等抗议措施。3 月 10 日，时任韩国总统朴槿惠遭弹劾，被免去总统职务。5 月 11 日，安倍首相同刚就职一天的韩国总统文在寅进行电话会谈，重申了原有立场，希望“慰安妇问题协议”能够得到落实。但文在寅总统表示“日本领导人有必要尊重和继承河野谈话、村山谈话以及金大中和小渊惠三签署的《韩日伙伴关系共同宣言》的内容和精神”，并强调“目前多数韩国人无法接受慰安妇问题协议”，“韩日双方需要看清目前的现况，接受民众的看法，共同解决问题”。[①] 这意味着在慰安妇问题上，文在寅总统的对日态度及政策同其前任并不一致。12 日，联合国禁止酷刑委员会（CAT）发表报告，建议日韩两国修改已达成的“慰安妇问题协议”的内容，敦促两国重新谈判。[②] 就此，日本政府专门向联合国禁止酷刑委员会递交了“反驳书”，再度强调“慰安妇问题”已经是“最终的、不可逆的解决”。[③] 6 月 21 日，在同新任韩国外交部长康京和进行的电话会谈中，时任日本外相岸田文雄表示两国政府应切实履行“慰安妇问题协议”，但康京和表示“两国应正视多数韩国人及受害者无法接受协议的现实，共同努力发挥智慧解决问题”。[④] 7 月 19 日，韩国文在寅政府发布未来五年的国家政策行动规划，其中包括 2018 年设立“慰安妇纪念日”、2019 年设立专门机构研究慰安妇问题、

---

① 《详讯：文在寅同安倍晋三通话谈慰安妇问题》，韩联社（中文版），2017 年 5 月 11 日，http：//chinese. yonhapnews. co. kr/newpgm/9908000000. html？cid = ACK20170511006000881，登录时间：2018 年 1 月 14 日。

② 《联合国禁止酷刑委员会建议韩日修订慰安妇协议》，韩联社（中文版），2017 年 5 月 12 日，http：//chinese. yonhapnews. co. kr/newpgm/9908000000. html？cid = ACK20170512006400881，登录时间：2018 年 1 月 14 日。

③ 《韩政府研究日本提交联合国的拒改慰安妇协议反驳书》，韩联社（中文版），2017 年 5 月 23 日，http：//chinese. yonhapnews. co. kr/newpgm/9908000000. html？cid = ACK20170523004400881，登录时间：2018 年 1 月 14 日。

④ 《详讯：韩外长康京和与日外相通电话》，韩联社（中文版），2017 年 6 月 21 日，http：//chinese. yonhapnews. co. kr/newpgm/9908000000. html？cid = ACK20170621004100881，登录时间：2018 年 1 月 14 日。

2020 年建立“慰安妇博物馆”等内容，这引起日本的强烈抗议。7 月底，韩国外交部设立审查“慰安妇问题协议”的专项工作小组，开始对“慰安妇问题协议”的谈判始末和内容进行全面审视与评价。日韩两国之间就“慰安妇问题协议”的激烈冲突继续发酵。2017 年 12 月 19～20 日，韩国外交部长康京和访问日本，安倍首相在会谈中再度强调了切实履行“慰安妇问题协议”的重要性。[①] 最终在 12 月 27 日，韩国外交部专项审查工作小组发布调查报告，称 2015 年 12 月末达成的“慰安妇问题协议”另有隐情，还存有保密协议：韩国政府不但承诺将努力说服同慰安妇问题相关的民间团体接受该协议，而且承诺不援建海外“慰安妇少女像”，并响应日方提出不使用“性奴”一词的要求，而仅以“日军慰安妇受害者问题”为官方口径。协议谈判还存在“以政府为中心，而非以国民为中心、以受害者为中心”的问题，未就“不可逆性”、援助资金数额等相关问题同慰安妇受害者及其家属进行应有的沟通。而且，在谈判过程中，“总统、谈判负责人和外交部之间缺乏沟通，未能根据环境变化及时调整修正政策方向”。此外，该调查报告还暗示美国曾对协议谈判进行干预。[②] 对于韩国外交部的调查结果，日本外相河野太郎发表谈话表示，作为“最终的、不可逆的”解决方案，“慰安妇问题协议”是日韩两国首脑达成的，也是两国政府合法谈判达成的；如果韩国政府改变这一正在实施中的协议，那么日韩关系将变得难以管控；日本强烈要求韩国切实履行这一“最终的、不可逆的”协议。[③] 而韩国总统文在寅对相关调查结果深感沉重，并表示“该协议无法解决慰安妇问题”。[④] 这意味着在文在寅政府看来，2015 年日韩两国间“慰安妇问题协议”，既“未

① 「日韓外相会談」、2017 年 12 月 19 日、http：//www. mofa. go. jp/mofaj/a_o/na/kr/page3_002332. html［2018－01－14］。

② 《韩慰安妇协议审查报告：前届政府与日签署阴阳协议》，韩联社（中文版），2017 年 12 月 27 日，http：//chinese. yonhapnews. co. kr/newpgm/9908000000. html？cid＝ACK20171227004800881，登录时间：2018 年 1 月 14 日。

③ 「『慰安婦合意検討タスクフォース』の検討結果発表について（外務大臣談話）」、2017 年 12 月 27 日、http：//www. mofa. go. jp/mofaj/press/danwa/page4_003587. html［2018－01－14］。

④ 《详讯：文在寅表示韩日慰安妇协议无法解决问题》，韩联社（中文版），2017 年 12 月 28 日，http：//chinese. yonhapnews. co. kr/newpgm/9908000000. html？cid＝ACK20171228002900881，登录时间：2018 年 1 月 14 日。

能从国际谈判意义上”，也“未能从本质意义上”解决慰安妇问题。同时，文在寅政府还表示将尽快制定“有诚意且有效的后续措施”，以恢复慰安妇受害者的名誉和尊严，治愈其内心的伤痛。[1] 这也标志着在慰安妇问题上，日韩关系还存在大幅波动甚至反复的极大可能性。

除慰安妇问题以外，日韩两国在独岛（竹岛）领土争端上也仍旧龃龉不断。继韩国共同民主党（当时最大在野党，现执政党）前党首文在寅、新世界党（当时执政党）议员罗卿瑗率领“国会独岛访问团”，分别于2016 年 7 月下旬和 8 月中旬登临独岛之后，韩国庆尚北道知事金宽容于2017 年 1 月 26 日再度登临独岛。对于韩国地方长官登临独岛宣示主权的行为，日本政府提出了严正抗议。而早在 2014 年 1 月末，金宽容就曾乘直升机前往独岛并发表声明，强烈谴责日本对独岛的领土主张，在当时一度引起轰动。2017 年 6 月中旬和 12 月末，韩国亦先后进行了两次年度例行独岛防御演习。对此，日本同样通过外交渠道向韩国表示了强烈抗议。

纵观 2017 年的日韩关系，尽管有慰安妇问题和独岛（竹岛）领土争端的干扰，但是得益于在朝鲜核导威胁上迫切的共同利益需要，日韩两国在政治领域的往来未受到严重影响，仍保持通畅。2017 年 5 月下旬，韩国总统特使文喜相访问日本，先后与时任日本外相岸田文雄和安倍首相进行了会谈，并向安倍首相转交了文在寅总统的亲笔信，转达了文在寅总统希望恢复韩日首脑“穿梭外交”的意图。[2] 6 月上旬，韩国国会议长丁世均访问日本，并同安倍首相进行了会谈。[3] 作为回访，日本首相特使二阶俊博于 6 月

① 《详讯：韩政府拟尽早出台措施恢复慰安妇名誉尊严》，韩联社（中文版），2017 年 12 月 28 日，http：//chinese. yonhapnews. co. kr/newpgm/9908000000. html? cid = ACK20171228005000881，登录时间：2018 年 1 月 14 日。

② 「文喜相韓国大統領特使一行による岸田外務大臣表敬」、2017 年 5 月 17 日、http：//www. mofa. go. jp/mofaj/press/release/press4_004618. html [2018 - 01 - 14]。《韩特使见安倍晋三呼吁恢复穿梭外交》，韩联社（中文版），2017 年 5 月 18 日，http：//chinese. yonhapnews. co. kr/newpgm/9908000000. html? cid = ACK20170518003400881，登录时间：2018 年 1 月 8 日。「文喜相韓国大統領特使一行による安倍総理大臣表敬」、2017 年 5 月 18 日、http：//www. mofa. go. jp/mofaj/a_ o/na/kr/page4_003005. html [2018 - 01 - 14]。

③ 「丁世均韓国国会議長一行による安倍総理大臣表敬」、2017 年 6 月 8 日、http：//www. mofa. go. jp/mofaj/a_ o/na/kr/page4_003047. html [2018 - 01 - 14]。

中旬访问韩国，先后同韩国总理李洛渊、总统文在寅进行了会谈，并向文在寅转交了安倍首相的亲笔信。① 2017 年下半年，韩日议员联盟会长姜昌一，韩日合作委员会、韩日议员联盟、自由韩国党代表洪准杓等，分别于 7 月下旬及 12 月的 4 日、11 日和 14 日访问日本，均得到了安倍首相的接见并进行了会谈。

三　日本对朝鲜半岛政策的评估与展望

冷战结束以来，恢复正常国家身份、实现国家主权完整以及回归地区大国地位，是日本的国家战略目标。获得政治大国地位是日本实现该战略目标的重要步骤，改变侵略国与战败国的身份是其关键。合法拥有军队，实现国防自主，则是日本拥有完整主权的根本标志。因此，修改“和平宪法”是日本既现实又迫切的需要。日本对朝鲜半岛政策的实践，是为逐一实现这一系列目标而服务的。通过将“绑架问题”以及日朝邦交正常化问题纳入六方会谈之中，日本获得了全面参与地区安全事务的机会，为其谋求政治大国地位创造了有利条件。当前，日益严峻的朝鲜核导威胁，是日本推动修改“和平宪法”的主要借口，而解决“慰安妇问题”是日本同侵略历史进行切割的重要途径。利用美国“重返亚太”和“亚太再平衡”的战略需求，通过推动美日韩三边协调机制向军事同盟转变，日本获得了美国对其谋求政治大国化的默许与支持。对朝外交更是安倍首相缓解因参拜靖国神社、强行解禁集体自卫权、通过“新安保法”等政策导致周边外交困境的重要手段。这一系列内容，不仅是冷战结束以来日本对朝鲜半岛政策的内在逻辑，更是安倍政府对朝鲜半岛政策的动机。

2016～2017 年，因执意持续进行核试验及弹道导弹试射，朝鲜同相关国家几乎都处于对峙和冲突之中。朝鲜半岛局势一直处于高度紧张的状态，

① 《详讯：文在寅会见日本首相特使》，韩联社（中文版），2017 年 6 月 12 日，http://chinese.yonhapnews.co.kr/newpgm/9908000000.html? cid = ACK20170612005100881，登录时间：2018 年 1 月 14 日。

一度滑向战争的边缘。由于“萨德”问题，中韩关系骤然坠入低谷，韩国也随之全面倒向美国。与此同时，在美国“亚太再平衡”战略的推动下，美日韩三边协调机制也开始向事实上的军事同盟转变。日韩关系得到深化发展，两国在朝鲜核问题上实现政策协调，使每当朝鲜在核导方面有所动作，日美韩之间就能迅速展开及时有效的双边或多边沟通。

在2018年1月4日的新年首场答记者问中，安倍首相不但再度提及推动修改宪法，而且仍旧强调朝鲜核导威胁，称日本周边安全环境正处于战后最严峻的时期，需要努力强化必要的防卫能力。① 这意味着安倍首相将继续选择走借朝核之由行修宪之实的老路。

2018年伊始，日本对朝鲜半岛政策施行的国际环境以及日朝、日韩关系的内部情势均出现了不同于以往的明显变化。朝鲜最高领导人金正恩在新年贺词中，除了宣布“实现了完备国家核武力历史大业”之外，还发出了改善南北关系的善意。② 以平昌冬奥会为契机，朝韩双方恢复接触并重启中断两年多的高级别会谈，朝鲜半岛南北关系出现了松动。对此，美国乐见其成，同意在平昌冬奥会期间暂停美韩联合军事演习，特朗普总统甚至还表示愿意同金正恩展开“有条件的”对话。③ 朝鲜半岛局势出人意料地呈现出走向缓和的趋势。如果这一良好势头能够保持下去，那2018年的朝鲜半岛局势将极有可能展现出新的局面。

反观日韩关系，随着慰安妇问题再起波澜，前景恐难以乐观。在朝鲜半岛局势高度紧张之时，慰安妇问题与独岛（竹岛）领土争端皆让位于迫在眉睫的共同威胁——朝鲜核导问题。但是当朝鲜半岛局势趋于缓和之时，慰

---

① 「安倍内閣総理大臣年頭記者会見」、2018年1月4日、http://www.kantei.go.jp/jp/98_abe/statement/2018/0104kaiken.html［2018-01-14］。

② 《金正恩发表2018年新年贺词》，朝鲜中央通讯社（中文版），2018年1月1日，http://www.kcna.kp，登录时间：2018年1月14日。

③ 《详讯：韩美总统商定平昌冬奥期间不联演》，韩联社（中文版），2018年1月5日，http://chinese.yonhapnews.co.kr/newpgm/9908000000.html?cid=ACK20180105000100881，登录时间：2018年1月8日。《特朗普表示愿与金正恩展开有条件对话》，新华网，2018年1月7日，http://www.xinhuanet.com/world/2018-01/07/c_1122221700.htm，登录时间：2018年1月14日。

安妇问题与独岛（竹岛）领土争端自然又会凸显。对日韩两国而言，慰安妇问题都具有极为重要的意义。在韩国看来，这是无法抹去的屈辱性历史记忆与悲怆的民族情感；对日本而言，这事关国家的历史、形象与身份。针对“慰安妇问题协议”，安倍政府与文在寅政府之间的嫌隙正在逐渐扩大。出于竞选承诺、党争所需以及民族情感考虑，文在寅总统必然全力推动重启慰安妇问题谈判。安倍首相则认为慰安妇问题“最终的、不可逆的解决”，有助于日本告别侵略历史、抛弃持续至今的侵略国与战败国身份、改变国家形象，以最终实现国家“正常化”，因此不会在该问题上有任何松动。

朝鲜半岛南北关系的缓和，也将促使美朝关系出现松动。日本为避免再度被排除在朝鲜核问题（乃至整个朝鲜半岛问题）的解决进程之外，或将选择主动与朝鲜进行接触。鉴于双方在核导问题上都难以让步，其突破口便只剩下“绑架问题”。作为政治遗产与功绩，“绑架问题”是安倍首相获取民意来谋求实现长期执政的重要筹码。反观朝鲜，其也将“绑架问题”视作撬动朝日关系的杠杆。然而，日朝关系的改善最终难以超越联合国安理会各项涉朝制裁决议确立的基本框架。日本在 2017 年持续强化的单边制裁，却可以作为其谋求对朝关系缓和的重要工具。部分或全部解除单边制裁既可以缓和日朝关系，又不影响美日韩三边协调机制，更不影响日本对联合国安理会涉朝制裁决议的执行。

2018 年 1 月下旬，在韩国平昌冬奥会临近之际，安倍首相表达了借此次盛会访问韩国的意愿。[①] 与此同时，美国副总统彭斯也计划出席韩国平昌冬奥会开幕式等活动。[②] 安倍首相意图十分明显：借美国之力向文在寅政府施压，不但迫使其履行“慰安妇问题协议”，同时还迫使其恢复对朝强硬态度。唯有如此，安倍首相才能继续顺利推进“修宪大业”。但朝鲜半岛南北关系缓和可谓众望所归，重启慰安妇问题谈判更是韩国民众的强烈诉求。即

① 《详讯：韩总统府欢迎安倍晋三冬奥期间来访》，韩联社（中文版），2018 年 1 月 24 日，http：//chinese. yonhapnews. co. kr/domestic/2018/01/24/0401000000ACK20180124005800881. HTML，登录时间：2018 年 1 月 24 日。

② 《白宫：美副总统将出席平昌冬奥，不让朝鲜“操纵”宣传得逞》，澎湃新闻，2018 年 1 月 24 日，http：//www. thepaper. cn/newsDetail_forward_1965384，登录时间：2018 年 1 月 24 日。

便有美国施压，文在寅政府能否如安倍首相所愿也仍旧是未知数。

综上所述，2018 年日朝、日韩关系具有较大的不确定性，日本的朝鲜半岛政策同样也充满变数。在朝鲜半岛局势缓和的大环境下，存在日朝关系因“绑架问题”走向松动、日韩关系因慰安妇问题转向紧张的一定可能。当然，于其中起到关键作用的还是美国，尤其要看美朝关系在 2018 年的具体发展。

B.13
日本的东南亚“峰会外交”评析

白如纯*

摘　要： 2017年是东盟成立50周年及东盟与中日韩（10+3）合作启动20周年，18国首脑聚集于马尼拉。在东亚特别是东盟，峰会已经成为首脑外交的重要内容。随着东盟一体化加速，东南亚地区重新成为大国关注和争夺的焦点之一。以东亚领导人系列峰会为舞台，每年一度东亚13国及美俄领导人“走秀”东南亚。日本利用峰会外交，展示其与东盟及东南亚国家的“特殊关系”。安倍内阁继承了历届内阁重视东盟峰会外交的惯例，同时，面对新的国际与地区形势，调整外交方针及实施策略，拉拢东盟、配合美国、构筑针对中国的地区外交网络的意图明显。

关键词： 峰会外交　首脑外交　东亚峰会　东盟共同体　日本地区外交

日本作为东盟最早的对话伙伴国之一，于经济、政治、安保等领域在东南亚地区拥有重大利益。日本重视对东盟及东南亚各国外交，特别是首脑外交，具有谋划的长远性、实施的一惯性以及调整的及时性等特点。特别是2005年东亚峰会成功举办并形成惯例，此后每年一度在东南亚十国轮流举办系列峰会成为亚太地区首脑外交的新亮点。对于谋求巩固和扩大在东南亚地区的影响力，最大程度获取政治、经济与安全利益的日本及相关国家而

* 白如纯，法学博士，中国社会科学院日本研究所副研究员，研究方向为日本与东盟关系、日本的东亚区域合作政策。

言，东南亚作为系列峰会舞台的重要性不言而喻。

2017 年 11 月 9 ~ 15 日，在菲律宾举办的第 12 届东亚峰会（EAS）及亚太经合组织（APEC）越南峰会期间，日本首相安倍晋三在东南亚开展了一场密集的峰会外交。除了参加东亚峰会 18 国领导人全体会议，安倍首相还在日本与东盟（10 +1）、日本与中日韩（10 +3）合作框架下分别与东盟和中韩领导人举行了会谈；东亚系列峰会和 APEC 领导人会议同期举办，安倍与东盟轮值主席国菲律宾、APEC 会议主办国越南两国领导人的交流便不只限于峰会期间的交流，而是通过先期进行的双边首脑互访等渠道，提早表达日本对会议主办国的支持与援助姿态。

一　东亚峰会成为日本地区外交新抓手

峰会（summit），是指由多国或多边最高领导人参加的、就国际和地区性问题开展讨论，并预计会达成某些共识或共同纲领性文件的国际最高级别会议。由于峰会是各国元首或政府首脑级人物（个别有部长级官员做代表）参加，讨论的问题各方普遍关切，预期达成共识的可能性、未来的可操作性也相对更有保障，因此受到相关国家及地区组织的重视。根据讨论议题性质和机制规定的不同，峰会有正式和非正式之分；根据参与国家和地区范围的不同则有小区域、跨区域和全球性之分。在经济全球化面临新挑战、全球性问题不断发生并需要世界各国共同面对的背景下，峰会成为被寄望解决全球性和地区性问题的关键场合与必要途径。峰会的频繁举办，使峰会外交顺势被推到了全球治理的台前。

菲律宾主办的 2017 年度东亚系列峰会，正值东盟成立 50 周年及东盟与中日韩（10 +3）合作启动 20 周年。[①] 除例行的东盟首脑峰会、数个东盟“10 +1”峰会以及东盟与中日韩首脑会谈之外，本次东亚系列峰会期间还

① 1997 年亚洲金融危机给东亚各国造成的危害是灾难性的。危机激发了该地区各国推进地区经济合作的强烈愿望。1997 年 12 月，东盟与中日韩三国领导人在马来西亚首都吉隆坡聚会，标志着“10 +3”机制正式启动。

举行了“区域全面经济伙伴关系协定”（RCEP）首次领导人会议，成为东亚区域经济合作进一步提速的新契机。本次东亚峰会与稍早前在越南举办的APEC领导人会议首尾相连，地点又同在东南亚地区，故2017年度的峰会外交对日本及各国政府来说具有特别的分量。

2017年11月9~15日，安倍晋三首相率领他的外交政策相关团队由越南岘港转场菲律宾首都马尼拉，进行了APEC峰会与东亚系列峰会的“连轴战”。对于格外重视外交事务且又长期执政的强势领导人来说，本年度在东南亚举办的“峰会季”自然是安倍宣传日本地区外交政策、拉近日本与东盟及各“友好国家”关系、展示其作为政治家的魅力的绝好机会。

2017年11月14日，安倍首相在东亚首脑会议（EAS）上发言，重点推出了其一再强调的“自由开放的印太战略”，提出在印太两大洋建立基于法律支配的自由、开放的海洋秩序，使其成为为各国带来普遍安全与繁荣的国际公共财产。为此，要着眼于形成航行自由、受法律支配的基本价值，通过建设高质量的基础设施加强连接性，日本将与各国一道加强对构筑海上执法能力的援助，推进人道主义和灾害救援。针对其关注的“积极和平主义”主张，日本承诺将在两年内提供150亿日元的援助，致力于建设“不屈服于恐怖势力的强劲亚洲”①。同时，安倍提出在海上安全、人道援助与救灾、联合国维和三个领域扩大人才培养、物资供给、智力贡献，还表示日本的专业团队将与美国携手实施针对菲律宾、越南、印度尼西亚以及马来西亚同行的培训。

安倍强调基于开放性、透明性、经济性以及确保受援国财政健全性等国际规则，推进“高质量”的基础设施建设，通过完善制度、培养人才，与相关国家和机构携手推进“具有生机的连接性”。尽管特朗普宣布退出TPP，但日本政府希望其余11国继续谈判进程。为此，安倍借在东亚峰会发言之机，强调“东亚应明确自由与开放的贸易与投资的重要性”，认为11

① 此为2017年日美外交安保“2+2”会议上日本提出为加强印度洋、太平洋沿岸各国海洋安全保障能力，三年内提供5亿美元援助的一部分。参见 http://www.mofa.go.jp/mofaj/page4_003452.html［2017-12-30］。

国就 TPP 达成部长级意向显示了各方的强烈愿望。针对东盟主张的 RCEP，安倍强调日本欢迎早日达成高标准的协议，以支撑本地区的经济发展，希望通过推动 RCEP，消除保护主义，推进自由贸易。

日本领导人出席东亚系列峰会期间一个重要的日程，是与东盟十国领导人单独举行的“10 +1”会谈。在 11 月 13 日安倍晋三首相与东盟十国领导人举行“10 +1”框架下的会谈中，安倍首先祝贺东盟成立 50 周年，并展望未来 50 年，希望与东盟一道促进基于法律支配下的自由开放的国际秩序，期待与“面向印太两大洋”的东盟共同“引领世界”。关于与东盟合作的方针，安倍指出：在 2013 年日本与东盟“10 + 1”特别首脑会议上提出的“和平安定的伙伴、繁荣的伙伴、美好生活的伙伴以及心心相印的伙伴”四个领域，发挥亚开行（ADB）等机构的作用，支援东盟共同体建设。东盟方面则对安倍在众议院选举中的胜利表示祝贺，对日本在高质量基础设施以及人才培养等领域的建议给予评价。

日本外务省网站特别注明，2017 年 8 月河野外相在日美“2 +2”会谈后的记者会上提出，今后三年间为加强海上执法能力，提供总额 550 亿日元的援助，如向越南海警提供巡逻船、向菲律宾海岸警备队提供巡逻船、向马来西亚海巡部门提供航行模拟装置等训练器材。①

2017 年 11 月 14 日的东盟与中日韩“10 +3”峰会上，安倍回顾了 1997 年亚洲金融危机以来，“10 +3”合作在粮食安全、能源、环境、卫生保健等领域不断扩大的合作，表示日本欢迎 13 国外长会议上通过的《“10 +3”合作计划 2018 ~2022》，提议合作应对贸易保护主义抬头的势头，提高世界经济预测性、减轻脆弱性。强化相关机构的职能，维护和加强自由贸易体制。关于“10 +3”合作的未来展望，安倍再次强调其力主的“自由开放的印太战略”，以及在此战略框架下从基础设施的硬件建设和人才培养的软件建设方面，强化连接印度洋与太平洋。在谈到积极配合 RCEP 谈判时，安倍再次重申其高规格的 TPP 标准。安倍还表明朝鲜核导问题与绑架人质事件依然是其内阁的最

---

① 「日 ASEAN 首脳会議」、http：//www. mofa. go. jp/mofaj/a _ o/rp/page11 _ 000055. html [2017 - 12 - 30]。

重要课题。①

2017 年度日本在峰会外交方面的重点之一，似乎是希望改善持续紧张的中日关系。在 APEC 越南峰会期间，安倍首相分别与中国、俄罗斯、加拿大、墨西哥、新西兰、越南及秘鲁领导人举行了首脑会谈。在菲律宾东亚峰会期间，安倍则与中国、缅甸、印度、菲律宾、文莱、澳大利亚、美国、印尼及马来西亚等国的领导人实现双边会晤。在两次峰会上均实现首脑正式会谈的只有中日两国，即习近平主席与安倍首相在越南的会谈、李克强总理与安倍首相在菲律宾的会谈。日本外务省网站详细介绍了中日两国领导人会谈的流程与内容，重点涉及中日关系中促进国民交流、强化经济合作、重启中日韩领导人会议以及朝鲜核导问题等，显示出安倍内阁对改善中日关系充满紧迫感。

二　日本重视东南亚峰会外交的背景

日本之所以重视在东南亚的峰会外交，与世界格局的变化和本地区形势的发展密不可分。东亚峰会（EAS）概念的首倡者是马来西亚前总理马哈蒂尔。2002 年第六次“10 + 3”峰会通过的《东亚研究小组最终报告》，提出了推动“10 + 3”峰会转为“东亚峰会”等中长期规划。在东盟各国的大力推动下，2005 年 12 月 14 日，首届东亚峰会在马来西亚吉隆坡举行。

（一）东盟一体化的牵引作用

2005 年首届峰会举办以来，除个别年份因主办国政局及气候等因素外，其余年份东亚峰会与东盟峰会都同期举行。峰会为年度领导人会议机制，由当年的东盟轮值主席国承办，峰会议题由所有参与国共同审议。各方希望东亚峰会成为一个开放、包容、透明并具有前瞻性的论坛，推动东盟在东亚峰会及东亚合作进程中发挥主导作用。

---

① 「第 20 回 ASEAN + 3（日中韓）首脳会議」、外務省、http://www.mofa.go.jp/mofaj/a_o/rp/page3_002293.html［2017 - 12 - 30］。

早在2005年12月举办首届东亚峰会，并在2007年《东盟宪章》发布之前的近十年时间里，以东盟与中日韩（10+3）为主渠道的东亚区域经济合作就取得了长足的进展：（1）东盟自贸区成立（2000年）和中国－东盟自贸区谈判（2001年启动，2010年成立）；（2）清迈倡议提出（2000年）以及将清迈倡议进一步升级为清迈倡议多边化协议（2010年启动，2014年实施）。正是基于这种合作基础，2012年东盟领导人峰会提议东盟与对话伙伴六国开始RCEP谈判。2015年末“东盟共同体”宣布成立，包括中国和日本在内的东盟对话伙伴国，积极表态支持东南亚地区一体化进程。

经过十几年的磨合，东亚峰会为增进东亚乃至亚太地区各国的相互理解、保持各国的经济发展做出了积极贡献。为推进地区一体化目标，东盟率先提出了互联互通计划，得到了各方的大力支持。东盟自身的自贸区建设、东盟与各对话伙伴的自贸协定也取得了积极成果。

作为东亚唯一一个发达国家、具有强大经济实力的日本，在东盟主导东亚区域合作的进程中，一直是不可或缺的角色并发挥着举足轻重的作用。但是，东盟实力日趋壮大，随着其在地区事务中话语权的增强以及东盟与中国经贸、政治及安全合作的推进等，被日本视为传统“势力范围”的东南亚再度成为亚太地区的“香饽饽”，日本更不希望错过这个机会，逐渐加大了对东南亚的关注与投入。

（二）美国亚太战略调整的影响

日美同盟是日本外交绕不开的一个课题。美国政权更替带来的影响，即奥巴马政府“亚太再平衡”战略带来的“机遇”、特朗普上台后美国退出TPP带来的冲击均给日本的外交与安保政策带来了不确定性，可谓悲喜交集。美国“亚太再平衡”战略自2011年11月正式提出以来，对中国的周边外交和安全环境产生了至关重要的影响。该战略的核心内容是奥巴马政府通过强化与日韩等盟国的关系，构筑针对中俄等传统及新兴强国的威慑甚至对抗的网络。近半个世纪以来，东亚地区呈现出整体性崛起的态势。特别是进入21世纪以后的十余年，世界经济版图清晰地呈现出美、欧、东亚三极鼎立的局面。东亚地区不仅是全球诸多产业和产品较为便利完整和深度整合的生产链，也是全球价值链的要端，更是全球贸易至关重要的供给侧要端。东盟则凭借其巨大的人口基数和较快的经济增长，以及以“东盟共同体”为标志的一体化成就，成为世界主要大国争相拉拢的对象。以东盟为中心的各种经济合作框架、贸易与投资网络以及非传统安全对话机制竞相展示其独特的价值。除了传统盟国菲律宾、泰国之外，准盟友新加坡以及地区大国印度尼西亚、与中国有领土（领海）之争的越南等国，都成为美国“亚太再平衡”战略链条上的重要环节。

正当安倍内阁“积极和平主义”的“印太战略”与奥巴马政府“亚太再平衡”战略默契配合之时，特朗普却“意外”当选，并在上台后迅速宣布美国退出日本执着的TPP，这无疑给了安倍首相当头一棒。美国政策摇摆带来的不确定性，将刺激安倍内阁坚定走向“正常国家”的努力，而通过峰会外交广交人脉、树立自主外交形象将是日本今后的转变趋势。每年一度在东南亚举办的系列峰会无疑是日本树立形象、成就夙愿的理想平台。

（三）“平衡术”成就小国施展“大外交”

平衡外交是指小国及小国集团利用大国所具有的优势、大国之间的矛盾以及大国对权力的追求，趋利避害，与其发展政治、经济、安全等全方位关系，防止任何大国的势力过于强大，以实现大国在地区的势力均衡，维护地区安全与稳定。①

小国作为国际体系的被动接受者，其行为和外交战略被它所处的国际体系左右。小国与大国相比具有天然的脆弱性。这种脆弱性主要体现在小国在安全与经济等各方面对外部世界的高依存度。因为国际政治的提倡逻辑是大国作为国际体系中的主体，其实力对比（或者称权力结构）与战略关系决定着国际体系的格局和演进。②

东南亚国家除印尼在领土、人口及国内生产总值（GDP）等指标上称

① 参见王森、杨光海《东盟“大国平衡外交”在南海问题上的运用》，《当代亚太》2014年第1期。

② 参见阎学通等《国际关系分析》，北京大学出版社，2013，第44页。

得上中等国家以外，主要是小国的集合体。这些中小国家需要借助大国的力量，达到安全方面的保障和经济社会发展的目标，即实现自身风险的最小化和利益的最大化。由于自身因素的限制，长期以来，东南亚各国基本上形成了依赖美国保安全、依赖中国求发展的外交模式和经济战略。东盟希望通过平衡外交，力求避免出现中美联合或单独主导本地区事务的局面。①

进入21世纪以来，东盟利用地区十国轮流主办东亚峰会的机会，通过主办国设定议题的便利，在中、美、日、俄、印度等大国之间寻求政治、经济、安全等方面自身利益的平衡。

日本认识到了东盟及东南亚小国在经济发展、政治稳定与安全保障等方面的需求，也认识到了东盟充当地区事务平衡角色的重要性，长期以来通过提供巨额经济援助、技术转让等惠及民生的务实经济外交，通过首脑互访、军事援助、民间交流等政治与安全领域的接触，保持在该地区的影响力。

（四）中国与东盟“黄金关系”的刺激作用

自20世纪90年代中国与东盟开启对话进程以来，中国－东盟面向21世纪的睦邻互信伙伴关系不断向前迈进。2003年，双方宣布建立战略伙伴关系，2013年是中国与东盟建立战略伙伴关系10周年，中国－东盟关系在“黄金十年”取得了丰硕的成果。2014年中国－东盟“钻石十年”开局，2017年是东盟与中国“10＋1”首脑会谈开启20周年，中国－东盟关系步入起点更高、内涵更广、合作更深的新阶段。

作为东亚经济起飞的赶超者，崛起中的中国与东盟的经济关系发展迅速。根据中国海关总署的统计，2014年中国与东盟贸易额接近5000亿美元大关。中国连续多年成为东盟第一大贸易伙伴，东盟则是中国第三大贸易伙伴。中国和东盟设定的近期目标是，双方贸易额在2020年达1万亿美元，2013年到2020年新增双向投资达1500亿美元。②

---

① 参见王树春、王洪波《冷战后小国推行平衡外交的不同结果》，《战略决策研究》2016年第3期。

② 参见中国－东盟中心网站，http：//www. asean－china－center. org，登录时间：2017年12月30日。

日本在东南亚进行了长期经营，积累了巨大的经济利益。进入21世纪后，特别是近五年来，日本对东南亚的投资再度创下新高。日本东南亚学者西口清胜教授综合日本贸易振兴会（JETRO）发布的各年《世界贸易投资报告》，指出“日本对东盟的投资余额由1996年末的532亿美元锐减到2001年末的284亿美元，但之后投资不断增加，2006年投资余额上升到498亿美元，2011年激增至1100亿美元，到2015年更增加到1670亿美元，增长趋势明显。在日本对亚洲国家的投资中，东盟成为最大的投资对象，占比46.5%，远远高于对中国30.3%的投资比例”。①

三 日本在东南亚推展峰会外交的特色与途径

2017年11月，日本在菲律宾首都马尼拉的峰会外交作为年度日本首脑外交已经画上句号。纵观进入21世纪特别是东亚峰会举办以来日本地区外交的特色，可以总结以下几个方面的特点：一是保持对东盟政策的一贯性，不惜投入巨大的人力、物力；二是除了领导人之间的密切交往之外，利用民间资源自下而上强化双边关系；三是灵活运用各种时机，高调宣示双边的“特殊关系”。除了前文提到每年例行的日本与东盟“10+1”首脑会议、东盟“10+3”首脑会议以及频繁的双边首脑互访等固定模式之外，日本政府还利用“日本－东盟特别首脑会议”“日本－湄公河流域国家首脑会议”以及通过接待和访问东盟轮值主席国政府首脑，在政治、经济、人文等领域加强交流，高调展示对东盟国家的另一种“峰会外交”。

（一）十年一遇的日本－东盟特别首脑会议

2013年12月12~15日，“日本－东盟特别首脑会议”于日本东京迎宾馆举行，这是东盟十国领导人第二次齐聚域外，而首次域外聚会是十年前的小泉内阁时期。两次由日本政府建议举办的“特别首脑会议”具有共同的

① 西口清勝「日本の ASEAN 直接投資の『新しい波』」、『立命館経済学』第65巻第5号、2017年3月。

目的，就是日本希望拉近与东盟国家的关系，平衡与遏制中国在本地区的影响力。

2003 年 12 月中旬，首次“日本 – 东盟特别首脑会议”召开。在中国与东盟签署建立自贸区协议、双边关系走上良性发展轨道之际，日本出于平衡中国日益增强的经济实力和地区影响力的目的，力图拉近与东盟国家的关系，巩固东南亚作为日本重要的资源、能源来源地与商品市场的地位。

十年后的 2013 年 12 月中旬，第二次“日本 – 东盟特别首脑会议”是在中日钓鱼岛主权争端导致中日关系持续紧张的背景下举办的。这是日本意欲争取东盟，特别是为密切与中国有领土（领海）争议的国家的关系，配合美国重返亚太战略而采取的举措。另外，2010 年起中国和东盟的贸易额已经超过了中国和日本的贸易额，“10 + 6”的贸易结构已经从以日本为中心转向了以中国为中心的格局。

日本政府为了营造此次峰会的气氛，做了大量的前期准备工作。自民党夺回政权之后不到一个月，副首相兼外相麻生太郎便迅速出访缅甸，重申民主党野田内阁免除债务的承诺，为安倍首相访问缅甸铺路。安倍首相更是在 2012 年 12 月上台后不到一年的时间内访问了全部东盟国家，创造了日本首相地区出访的纪录。

2013 年第二次“特别会议”上，通过了“为未来双边关系指明方向”的《日本东盟关系中长期展望》。安倍首相在与东盟首脑的会谈中表示，日本将在 70 个项目上对东盟提供援助，主要集中在软件设施、消减贫困、医疗保健等民生方面，并继续为东盟克服各国经济发展差距等硬件基础设施建设提供支援，即在五年内向东盟提供 2 万亿日元 ODA 贷款，设立 1 亿美元日本 – 东盟统合基金（JAIF）。

日本也表示愿意为东盟 2015 年实现“东盟共同体”的目标提供有力帮助，参与并推动东盟主导的 RCEP 谈判等。东盟国家则感谢日本一贯支持东盟一体化及经济发展，希望日本在经济发展与安全保障方面继续发挥积极作用。

（二）每年一度的日本与湄公河五国峰会

日本 – 湄公河流域国家首脑会议，始于民主党政权的鸠山由纪夫内阁。

2009 年 11 月，上台仅两个月的民主党政权首任首相鸠山由纪夫接待了柬埔寨首相洪森、老挝总理波松、缅甸总理登盛、泰国总理阿披实和越南总理阮晋勇，由此，每年一度的日本与湄公河流域五国首脑会谈机制形成。首届会议通过了《东京宣言》和《63 项行动计划》。

2012 年 4 月，民主党野田佳彦内阁时期，在与湄公河流域五国举行第四次峰会时，双方发表了《东京战略 2012》的共同宣言，承诺免除缅甸 37 亿美元的债务，并明确了日本将继续对湄公河流域五国提供 2000 亿日元贷款援助的意向。

2015 年安倍首相与五国首脑会谈期间，签署了名为《日本－湄公河合作 2015 东京新战略》（以下简称《新东京战略 2015》）的共同文件，实施第三期对湄公河五国的援助计划。该计划包括硬件、软件、自然、人文等方面的内容。硬件方面：强化产业基础设施及区域内外的硬件连接。建设需求庞大的高质量基础设施，包括产业基础设备，陆、海、空硬件连接等。软件方面：包括产业结构升级和相关人才培养。软件连接主要是指制度连接、经济连接以及人与人的连接。提出建设绿色湄公，实现高质量经济增长和可持续发展，并为实现高质量经济增长提供支援。

2015 年 8 月，第八届“日本－湄公河流域国家外长会议”上，发布了与《新东京战略 2015》相关的“行动计划”。随后的经济部长会议采纳了《湄公河产业开发展望 2016～2020》。该“展望”指出，湄公河地区不只是生产和出口的据点，也是潜在的消费市场。要推动以驻泰国日本企业为中心的“泰国＋1”模式，实现柬埔寨、老挝及缅甸的工业化。通过打造各国的优势产业并相互补充，达到可持续发展的一体化目标。该“展望”确定了三大支柱：一是与近邻国家的伙伴关系，二是构筑高端产业结构，三是支撑价值链的基础设施投资。

湄公河地区处于连接中国、印度及东盟国家的枢纽，并将成为囊括这些地区的亚洲乃至世界的价值链核心。日本经济产业省预期“展望”的实施到 2020 年的五年内将为湄公河地区新增 200 亿美元产值，相当于该地区 GDP 的 2%。

通过日本与湄公河流域五国首脑会议，日本找到了东盟外交的新重点。

缅甸和越南等国成为日本在东南亚地区争取的新目标。安倍首相特别提到了日本支援缅甸政府民主化改革、强化依法治国、经济改革和国内和解的努力。第四次日本与湄公河流域五国首脑峰会上，日本和越南还就促进海上安全保障以及早日缔结《南海行动规范》达成了一致。

2017 年 11 月 13 日，日本首相安倍晋三在马尼拉主持了第九次日本与湄公河流域五国首脑峰会。安倍首相在致辞中提出：（1）促进与快速发展的湄公河五国的合作极为重要，2017 年是《新东京战略 2015》签署的第二年，取得了积极成果；（2）今后在官民一体为湄公河流域提供援助的同时，日本需要按国际规范加强高质量的基础设施建设，并在人才培养、医疗保健、环境技术等领域推广日本的经验；（3）2017 年是日本在柬埔寨参与国际维和行动 25 周年，日本将在“积极和平主义”理念下，为湄公河流域的和平、安定与繁荣做出贡献，并积极协助湄公河流域各国推进“自由开放的印太战略”。①

（三）重视对东盟轮值主席国外交

加强与东盟轮值主席国外交是日本近年来峰会外交的一个新重点。以本届担任轮值主席国的菲律宾为例，2017 年日本与菲律宾首脑会见多达五次。按安倍首相在 2017 年 10 月 30 日接待来访的菲律宾总统杜特尔特致辞时表述的，“在年初 1 月访问菲律宾以来，这已经是一年间的第四次会谈，频繁的交往加深了友谊”，并期待“两周后再次（借参加东亚系列峰会之机）访问菲律宾”，表示日本将全力支持菲律宾作为轮值主席国的工作。

在 2017 年初访问菲律宾时，安倍承诺今后五年内向菲律宾提供总额高达 1 万亿日元的各种援助。在东亚峰会开幕前夕，杜特尔特总统访问日本，双方交换了五年合作的备忘录，向世界宣示两国强有力的“战略伙伴关系”。日本的援助中除包括首都圈铁路项目及与地方城市连接等基础设施之外，安倍还强调在反恐及海上安全方面提供援助。同年 10 月 25 日，日本向

① 「第九回日本メコン首脳会談」、外務省、http：//www.mofa.go.jp/mofaj/s_sa/sea1/page3_002290.html［2017 - 12 - 30］。

菲律宾国家警察机构提供了40台警备车辆，11月举行了三艘巡逻艇服役和三艘小型高速艇交接仪式。为了保证巡逻艇的使用效果，日本将提供监视雷达，海上保安厅成立技术支援团队于11月赴马尼拉进行初期培训等。

杜特尔特称，这些对于菲律宾来说，无一例外，都是重要的过程。他认为日本是菲律宾真正的朋友，希望加强两国的战略伙伴关系。两国首脑就朝核问题、海上安全问题以及东亚领导人系列会议等日本认为重要的领域交换了意见。安倍重申将在未来五年为菲律宾提供经济援助。①

四 日本的东南亚峰会外交展望

峰会外交已经成为全球治理的重要渠道。首脑会谈及其生成的结果，如达成的共识、发表的公报、签署的协议等，具有权威性、协调性与指导性作用，是与之相关的事务性外交接触与谈判的钉锤之音。冷战结束以后，特别是进入21世纪以来，首脑会谈所表现出的议题的现实性、参与的广泛性与达成结果的平衡性等特点，给首脑外交增添了色彩感和亲和力。东盟以集体主办、各国家轮流承办的形式，使东亚领导人系列会议成功延续并取得了很多积极的成果。中日作为东亚两个最大的经济体，在东南亚都具有巨大的影响力，两国都重视在首脑外交平台上，强化与东盟及各方的政治协调、经济合作、文化交流。

日本政府重视以东亚领导人系列会议、日本与湄公河流域国家首脑会议等为平台的峰会外交。外务省、经济产业省等政府部门以及学术机构、民间智库等，通过各种方式和渠道努力营造日本与东盟友好合作的氛围。东盟多数国家对日本的印象相对温和友好，尤其是个别国家出于国家利益的考虑，甚至积极主动拉近与日本在政治、安全方面的“特殊”关系。但多数东盟国家并不愿意看到中日两国在本地区展开政治及安全层面的恶性竞争，也力避作为小国夹在中美或者中日等大国之间“选边站”的尴尬处境。

① 「日・フィリピン首脳会談」、外務省、http：//www.mofa.go.jp/mofaj/s_ sa/sea2/ph/page4_ 003402.html［2017－12－30］。

就地区层面而言，中国－东盟－日本三边关系如何维系与调整，对中国的地区外交具有突出的重要意义。在中国与东盟关系中，日本的分量不是比以前减少了而是增加了。2017 年迎来中日邦交正常化 45 周年，2018 年是《中日和平友好条约》签署 40 周年，中日关系出现回暖迹象。包括安倍首相在内的日本内阁重要成员在多个场合表达了推动中日关系改善的积极信号，对中国“一带一路”倡议也表现出了正面意向。东南亚是中日两国都重视的地域，东盟也是中日政府都积极争取的合作对象。东南亚未来庞大的基础设施需求，以及由此产生的资金与技术需求，将给中日两国提供竞争与合作的平台。

保持对东盟外交政策的连续性和稳定性，对东亚地区的和平、稳定和经济发展发展具有积极的意义。以中日相互理解为基础，加强各领域合作，共同推进以东盟为核心的东亚区域经济合作，在“一带一路”框架下发挥中国、日本、东盟各自的优势，是促进亚太及各国共同繁荣发展并将惠及“亚太命运共同体”与“人类命运共同体”的理想路径。

B.14
日本亚太经济合作新趋向

陈友骏*

摘　要： 受自身政治大国的战略诉求以及亚太经济与政治的重要性日益提升等因素综合影响，日本的亚太经济合作战略在2017年重点表现在两大维度上，即引领不含美国的TPP谈判进程和对美经济合作。特朗普政府的“经济单边主义”成为制约并影响日本亚太经济合作战略展开的主要因素，但美国退出TPP也为日本引领亚太经济合作提供了一定的政治空间。日本尽管对美国贸易保护主义政策相当不满，但在处理日美贸易摩擦问题上依然保持克制和隐忍的态度，并积极推动与美经济政策协调、能源领域战略性合作等。未来，日本对美经济合作存在“贸易问题”和“路线问题”两大隐忧，这也将在一定程度上制约其亚太经济合作战略的实施与延伸。

关键词： 日本经济　亚太经济合作　TPP　对美经济合作

2017年美国特朗普新政府启动之后，亚太区域政策就成为其对外战略的核心部分。尽管特朗普政府并未公开表示愿意延续奥巴马政府时期提出的“亚太再平衡”战略，但其实际外交动作基本上延续了奥巴马政府的亚太战略，意图借助亚太域内主要力量的再平衡，达到维护或扩大美国在亚太地区的国家利益。对此，日本安倍政府予以积极的关注和回应，并将其对外战略

* 陈友骏，经济学博士，上海国际问题研究院世界经济研究所副研究员，研究方向为日本问题、亚太政经关系等。

的重心放在了包括美国在内的亚太地区。与此同时，日本依托于积极推动亚太地区发展的经济合作，一方面与美国“亚太再平衡”战略形成遥相呼应之势，另一方面借助经济合作等常规议题，稳固并提升日本在亚太地区“政治大国”的地位。

本文将概括性地梳理日本亚太经济合作方面的新举动，探析其背后隐藏的政治动因与潜在利益，并适度展望未来的政策走向及可能的发展图景。

一　日本亚太经济合作的新动态

总体来看，近来日本亚太经济合作的动向主要集中于两大支点：（1）引领不含美国的跨太平洋伙伴关系协定（TPP）谈判进程，推动其尽快达成并生效；（2）稳固日美同盟关系，进一步深化对美经济合作关系。

（一）日本在 TPP 问题上的追求

2017 年 1 月 20 日，唐纳德·特朗普在国会山宣誓，就任第 45 任美国总统。当日，特朗普就对外宣称美国将退出 TPP。果不其然，三天后的 1 月 23 日，特朗普签署行政命令，正式宣布美国退出 TPP。

特朗普的决定令所有 TPP 成员大为震惊，尤其是对于对 TPP 问题寄望颇多的日本而言，美国的退出简直是“晴天霹雳”，一时间难以做出合适的政策应对。为此，首相安倍晋三随即于 2 月 9 日开启对美国的游说外交。在美期间，安倍大谈特谈贸易投资新规则的重要性，竭力试图挽回特朗普政府对 TPP 的兴趣与参与。但事与愿违，安倍的努力并没有换来特朗普的回头。

对此，日本国内的反应褒贬不一。部分精英阶层人士对特朗普政府不顾日本等 TPP 参加国的政治投入和心理感受，“随意”宣布退出 TPP，深感失望和愤懑，认为特朗普政府脱离 TPP，并且轻视作为战后国际经济体系最为重要的支撑——世界贸易组织，致使 TPP 成员国倍感恐慌。[①] 日本主流媒体之一的《产经新闻》发表社论，公开指责特朗普政府，称“美国的退出导

① 「日米経済対話　大きな目標忘れずに」、『東京新聞』2017 年 4 月 9 日。

致 TPP 成员国失去了经济自由化所创造的潜在利益，而且，美国仍自私地觊觎超越 TPP 的经济利益，对此无理的要求，日本唯有果断拒绝”①。

与之相对立，日本国内仍不乏对此事的积极看法。日本共同社的民调结果显示，日本国内的多数民众及有识之士对特朗普就任总统后安倍晋三的首次访美及日美两国在经济领域达成的多项共识持较为肯定的态度；对于日美两国首脑同意新设贸易及投资领域的经济对话机制，67.7% 的受访者表示肯定；关于日本为美国创造就业岗位一事，60.2% 的人回答“可予以协助”。② 此外，日本国内的部分保守派人士认为，美国的持续介入是维护亚太地区稳定与繁荣的先决条件，而 TPP 构建了亚太经济的制度基准，因此，说服美国“回心转意”重新回归 TPP 是二者实现统一的最佳路径。③ 日本国内的 TPP 支持派人士则认为，日本亟须主导制定“没有美国参加的”、涵盖 11 个国家的 TPP 构建路径。④

面对国内在 TPP 问题上莫衷一是的态度，作为坚决的 TPP 派代表人物，首相安倍晋三实际上做了两手准备：一方面，主动担当起 TPP“掌门人”的角色，并意图主导后续的谈判进程；另一方面，仍积极争取特朗普政府的回心转意，并尽可能在 TPP 条款中为美国的回归留有余地。

为此，2017 年 1 月 20 日，日本召开第 17 次 TPP 问题主要阁僚会议，明确缔结 TPP 的决定并商讨今后日本政府的相关应对举措。2 月 8 日，日本经济财政大臣石原伸晃与新西兰贸易部长托德·麦克莱举行会谈，双方共同确认了 TPP 的经济及战略价值。3 月 15 日，TPP 部长会议在智利的比尼亚德尔马召开。会后发表的共同声明显示，11 个 TPP 成员国均重视 TPP 的高标准和基本原则。4 月 18 日，石原伸晃又与澳大利亚贸易与投资部长乔博举行会谈，双方就 TPP 的发展方向达成共识。5 月 21 日，TPP 部长会议在

① 「日米経済対話　保護主義阻む姿勢崩すな」、『産経新聞』，2017 年 4 月 19 日。

② 参见《七成日本人肯定日美首脑会谈 安倍支持率攀升》，环球网，2017 年 2 月 13 日，http://world.huanqiu.com/hot/2017-02/10120951.html，登录时间：2017 年 9 月 14 日。

③ 菅原淳一「TPPを土台とした新協定の可能性：再考迫られる日本の通商戦略」、『みずほインサイト』、みずほ総合研究所、2017 年 3 月 28 日、3 頁。

④ 「TPP11の道筋を早くつくれ」、『日本経済新聞』2017 年 5 月 9 日。

越南首都河内举行。会后发表的共同声明显示，各方再度确认了 TPP 的经济及战略价值，并希望能在 11 月举行的 APEC 会议期间达成协定。5 月 26 日，石原伸晃又与加拿大国际贸易部长尚帕涅举行会谈，双方均表示愿就尽快实现亚太地区高水平的贸易投资规则进一步加强合作。5 月 30 日，日本召开第 18 次 TPP 问题主要阁僚会议，首相安倍晋三与会，并就 TPP 的下一步谈判计划及日本的应对举措等做了具体部署。① 7 月 12 ~ 14 日，TPP 高级事务代表谈判移师日本箱根，各方就尽早达成 TPP 商讨具体对策，力争在 11 月 APEC 首脑会议期间达成协定。7 月 18 日，日本 TPP 问题的主要担当大臣石原伸晃与墨西哥经济部长瓜哈尔多举行会谈，双方表态愿在 TPP 问题上加强双边合作。8 月 28 ~ 30 日，TPP 高级事务代表谈判会议于澳大利亚的悉尼举行。会后发表的共同声明中肯定了三个工作组的协商成果。9 月 13 日，日本经济再生大臣茂木敏充在东京与新加坡、越南、文莱和马来西亚四个参加 TPP 的东南亚国家的驻日大使举行会谈，希望四位大使能向各自国内积极做工作，以实现 TPP 的尽早达成。之后，茂木敏充又与美国驻日大使威廉·哈格蒂举行会谈，并向后者通报了日本在 TPP 问题上的基本立场，以谋求美方的理解与支持。9 月 21 ~ 22 日，TPP 高级事务代表谈判会议在日本东京举行。会后发表的共同声明要求各方加速讨论进程，促使 TPP 能在 11 月举行的 APEC 首脑会议中达成协定。10 月 30 日至 11 月 1 日，TPP 高级事务代表谈判会议又转场至日本舞滨。本次会议再度确认 TPP 的高标准原则，并为举办 TPP 首脑会议做辅助性准备。

2017 年 11 月 11 日召开的 TPP 部长会议决定，将 TPP 正式更名为 CPTPP，即“全面且先进的跨太平洋伙伴关系协定”。尽管如此，但因加拿大不满日本主导整个谈判进程，TPP 首脑会议未能按原计划举行。② 这一突

① 内閣官房「TPPに関する主要閣僚会議（第 18 回）の開催について」、2017 年 5 月 30 日、http://www.cas.go.jp/jp/tpp/torikumi/pdf/170530_tpp_kakuryokaigi18_gaiyo.pdf [2017-11-23]。

② 参见《TPP 首脑会议因加拿大提出异议而未能举行》，共同社，2017 年 11 月 10 日，ttps://china.kyodonews.net/news/2017/11/9dbea418f7a7-tpp.html，登录时间：2017 年 11 月 30 日。

发事件暴露出 TPP“朋友圈”内部仍存在不可调和的矛盾，同时日本始终希望并尽可能地主导美国退出后的 TPP 谈判进程。

纵观 2017 年日本在 TPP 问题上的种种表现，不难发现，其在 TPP 问题上凸显出三方面主要特征：（1）积极主导谈判进程及相关议题设置，并愿意主动为推动 TPP 谈判投入政治资源和经济资源；（2）坚持 TPP 的“高水平”和“高标准”两大原则，并希望将 TPP 标准推广至整个亚太地区乃至全球范围；（3）始终为美国的回归创造机会或留有余地，并不失时机地游说美国，希望后者能尽早回归。

（二）日本对美经济合作的新动向

特朗普政府上台后，美国加大了对日贸易的制裁力度，并针对一些日本的主要对美出口商品启动反倾销等相关调查程序。尽管很多贸易救济措施仍未落实到位，但日美间再度爆发“贸易战”的可能性却与日俱增。值得注意的是，特朗普政府发布的《2017 贸易政策议程及 2016 年度报告》中就明确指出，2016 年美国对日贸易合作的最主要目标是去除日本的贸易壁垒及降低日本市场的准入门槛。① 随后，特朗普政府发布的首份《贸易壁垒报告》② 用足足 16 页纸，详细罗列了日本农产品及汽车领域的贸易保护行为以及以金融和保险为代表的日本服务业的投资壁垒，并将日本邮政（Japan Post）作为批判的典型加以鞭笞，劝诱日本政府尽快清除国内的电信、保险、医疗、教育、法律等服务业准入限制。除此之外，特朗普政府起用对日贸易强硬派人物威尔伯·罗斯和罗伯特·莱特希泽分别担任商务部长、贸易代表等与对外贸易政策密切相关的重要职务，同时又新设隶属于白宫的国家贸易委员会，并将该机构的主席职位同样授予了以贸易强硬派著称的经济学家彼得·纳瓦罗。显然，特朗普政府这一激进的人事安排是在释放“均衡”

① USTR（Office of the United States Trade Representative），*2017 Trade Policy Agenda and 2016 Annual Report of the President of the United States on the Trade Agreements Program*，p. 138，https：//ustr. gov/about – us/policy – offices/press – office/reports – and – publications/2017/2017 – trade – policy – agenda – and – 2016［2017 – 11 – 30］。

② *2017 National Trade Estimate Report on Foreign Trade Barriers.*

贸易政策的信号，更是在为实施强硬的对日贸易政策做政治铺垫。

面对特朗普政府在对日贸易政策上释放出的强大压力信号，安倍政府一方面选择了妥协与配合的无奈之举，但另一方面仍在积极斡旋、游说，希望将美国制裁的损失降到最小。为此，安倍政府主要做出了以下回应。

（1）通过隐秘的市场操作行为，遏制住日元持续贬值的势头，并使日元汇率在短时期内维持在一个相对较为稳定的浮动区间（1 美元兑换 108 ~ 113 日元的浮动空间）。

（2）加强与特朗普政府的政策沟通。除了首相安倍晋三短时间内连续两次访美并拜会特朗普之外，日本对外经济政策的核心人物之一——经济产业大臣世耕弘成也于 2017 年 3 月和 6 月两次访问华盛顿，并分别会晤了白宫国家经济委员会主席加里・科恩、商务部长罗斯、贸易代表莱特希泽和能源部长里克・佩里等多位在美国贸易政策中握有绝对主导权的重量级人物。[①] 这不仅有助于加强日美两国在经济政策上的沟通与协调，更有助于加强双方政治家之间的个人感情与政治信任。

（3）派遣重量级游说团体，并通过民间力量影响政府的贸易政策。2017 年 5 月，日本最大的经济团体——经济团体联合会组织三菱、三井、伊藤忠等 18 家主要大企业的负责人一同访美，走访了威斯康星、肯塔基、伊利诺伊和华盛顿，与州长、副州长、国会议员等重要政治人物进行了广泛交流。[②] 此外，日本三大经济团体之一的经济同友会又分别于 2017 年的 1 月、3 月和 8 月派出多路访美团。[③] 日本经济代表团一方面在美国宣介日本的产业政策、对美经济政策等，另一方面对美实施政治游说，以促使美国政治精英及基层社会改变对日美贸易摩擦的传统认识。

除了上述应对性的举措之外，安倍政府还意图借助不同的政策手段，一

① Ministry of Economy, Trade and Industry, *METI Minister Seko Visited the United States*, 2017 March 17, http: //www. meti. go. jp/english/press/2017/0317_003. html ［2017 - 11 - 30］; Ministry of Economy, Trade and Industry, *METI Minister Seko Visits the United States*, 2017 July 4, http: //www. meti. go. jp/english/press/2017/0704_001. html ［2017 - 11 - 30］。

② 日本経済団体連合会「アメリカ委員会訪米ミッション」、2017 年 6 月 20 日，http: // www. keidanren. or. jp/policy/2017/051. pdf ［2017 - 09 - 07］。

③ https: //www. doyukai. or. jp/newsrelease ［2017 - 09 - 07］。

则缓和日美贸易间的结构性矛盾，并将其产生的负面影响压制到最小；二则进一步拓展日美经济合作的战略维度与深度，促使日美两国在经济领域形成所谓的“同盟关系”。

第一，积极鼓励日企赴美投资设厂，解决美国国内的就业问题。为此，首相安倍晋三积极摇旗助威，俨然成为美国吸引日本投资的“明星啦啦队长”。受其影响，日本SOMPO控股公司于2016年10月5日正式宣布，斥资约63亿美元收购美国财产保险公司耐力专业控股公司（Endurance Specialty）；12月6日，日本软银集团（Softbank）社长孙正义在纽约与美国候任总统特朗普举行会谈，表示将向美国国内的新兴企业等投资500亿美元，创造5万个新就业岗位；之后的12月27日，松下公司正式宣布，将与美国电动汽车（EV）制造商特斯拉汽车公司在美国纽约州布法罗共同建设生产住宅用太阳能电板的工厂；2017年1月24日，丰田汽车公司宣布将向美国中西部印第安纳州（美国副总统彭斯曾任该州州长）的工厂投入约6亿美元，以增产运动型多功能车（SUV），并新雇用约400人；同年5月24日，日本大金工业公司在美国得克萨斯州的休斯敦举行新工厂启用仪式；等等。

第二，扩大对美能源贸易范围，实现自身能源进口结构的有序转型。诚如日本国内负责对美经济合作的重要游说团体——日美经济协议会所指出的那样，美国因“页岩气革命”一举转变为能源出口国，这对于正在寻求最佳能源结构的日本而言，无疑是重大利好消息，并且，这更有助于日美两国在能源领域建立中长期的结构性互补关系。[①] 鉴于此，安倍政府加大了对美的相关政治游说。受其影响，2014年美国政府授予与日本企业相关的所有在美液化天然气（LNG）项目的对外出口权；2015年美国又取消了尘封约40年的石油出口禁令；得益于此，2016年5月日本首次成功从美国进口由页岩油制成的原油。[②] 之后的2017年1月6日，一艘装载着由美国产页岩气

① 日米経済協議会「日米経済対話への期待」、2017年4月13日、http：//www.jubc.gr.jp/active/pdf/JUBC0413.pdf［2017-09-05］。

② 経済産業省　資源エネルギー庁『エネルギー白書2017』、2017年、253~254頁。

制成的 LNG 的船舶抵达日本中部电力公司的上越火力发电站。这是日本首次从美国进口由页岩气制成的 LNG，标志着日本进口美国能源正式步入全方位、无障碍化的新里程。日美能源合作半径由此再度扩大，日本进口能源的多元化布局也随之得以扩展。

第三，拓展能源技术领域的全方位交流。日本竭力提升对美能源合作的覆盖面和战略层级，并得到了美国的积极响应。2015 年 2 月，日美双方将“日美清洁能源政策对话会”更名为“日美能源政策对话会”。① 显然，此举意在拓展日美能源合作的讨论范围，将电力系统、化石燃料甚至网络安全等不同议题纳入双边协商框架之内。

第四，共同研究、推进核能源的安全利用。2011 年日本发生福岛核事故以来，核安全就已成为日美能源合作的焦点之一。此后，围绕核能源的共同开发和安全利用等战略性议题，日美在双边层面建立了不同层级的沟通与交流机制。2016 年 12 月 6 日，日美两国更是共同发布了《日美核安全合作情况说明书》，其中明确提出，为进一步加强二者合作防止核恐怖事件的发生，两国将共同努力，尽快就相互交换核安全领域的秘密信息等重大议题达成协议。② 此外，日美双边科学技术交流所涉及的战略性议题，完全与“工业 4.0”“第四次工业革命”等新兴经济理念相契合，更可以直接应用于物联网、大数据、人工智能等新兴经济领域的实践与操作之中。

第五，日本还积极加强与美国在发展第三方经济领域的政策协调。比如，为了更好地促进日美两国对第三方经济援助的政策合作，尤其是针对发展中国家或欠发达国家的经济发展政策合作，日本与美国于 2014 年建立了高层次级别的“日美发展对话会”，且每年举办一届，至今已成功举办了三届。

---

① 経済産業省「第6回『日米クリーンエネルギー政策対話』を開催しました」、2015 年 3 月 4 日、http://www.meti.go.jp/press/2014/03/20150304001/20150304001.html [2017－09－07]。

② 外務省「核セキュリティ協力に関する日米ファクトシート」、2016 年 12 月 6 日、http://www.mofa.go.jp/mofaj/files/000209175.pdf [2017－09－05]。

（三）日本对RCEP、中日韩FTA的合作意愿走向

总体来看，日本对参与RCEP和中日韩FTA的合作意愿出现了阶段性衰减，这也是导致二者在2017年内并未取得相对重要的实质性成果的主要动因之一。

一方面，以中日韩FTA为例。2017年1月9日，中日韩三国在北京举行了第11次中日韩FTA谈判会议，会期三天。日本外务审议官片上庆一参会。此次谈判的重点聚焦于货物贸易、服务贸易及投资领域的相关问题。[①] 之后，2017年4月10日，第12次中日韩FTA谈判会议移步东京，会期四天。日本首席代表、外务审议官片上庆一参会。[②] 尽管日本是此次会谈的东道主，但这并没有成为其积极妥协的理由或借口。与此同时，受政治因素的持续干扰，此后应由韩国主办的第13次谈判会议却迟迟未能如期举行，致使中日韩FTA谈判陷入僵局。

另一方面，RCEP谈判也同样深陷难有突破的尴尬。2017年内相关国家共举行了四次RCEP谈判会议，分别是2月、4月、7月和10月。应该说，这一进程具有一定的延续性，且谈判内容涵盖较广，除涉及货物贸易、服务贸易、投资准入等传统议题，更融入了原产地规则、知识产权、电子商务等新兴议题。但客观地说，因为各参与方的谈判要价不同，尤其是日本对RCEP的要求过高，且其“高水平、高标准”的框架设计理念明显超出其他参与谈判的发展中国家的预期与底线，导致参与RCEP谈判的各方在短期内难以形成统一意见，未来谈判面临巨大挑战。

综合来看，RCEP和中日韩FTA的相关谈判在2017年内未能获得重大突破，而日本因素在其中产生了巨大影响。具体表现在以下几个方面。

第一，日本主要的外交资源集中于TPP问题，“单极化”的结果，促使

---

① 外務省「第11回日中韓自由貿易協定交渉会合（首席代表・局長/局次長会合）の開催（結果）」、2017年1月11日、http://www.mofa.go.jp/mofaj/press/release/press4_004149.html［2018-01-18］。

② 外務省「第12回日中韓自由貿易協定交渉会合の開催（結果）」、2017年4月13日、http://www.mofa.go.jp/mofaj/press/release/press4_004507.html［2018-01-18］。

日本越发忽视其他的谈判进程。美国退出 TPP 后，日本试图引领 TPP 并促使其尽快生效，客观形势变化对日本参与 RCEP 和中日韩 FTA 等其他亚太域内合作的态度产生了一定的影响，即日本将主要的外交资源和谈判重心放置于 TPP 问题上，导致其相对性地削弱或忽视了对 RCEP 和中日韩 FTA 的资源投入。

第二，政治因素的干扰成为 RCEP 和中日韩 FTA 的主要谈判障碍。日本与中国、韩国之间分别存在领土争端，且安倍政府保守主义的对外政策加剧了中日、日韩之间的政治龃龉。以此为背景，日本在许多涉外经济领域逐渐出现与中国“对着干”的倾向，而原先对华经济政策的主题也由“合作竞争”转变为“竞争合作”。受其影响，中日韩 FTA 及 RCEP 的谈判进程实际上失去了必要的政治支撑，很多亟须政治高层引领或拍板的关键性议题面临“胎死腹中”的困境。

综上所述，日本在 2017 年亚太经济合作中主要展现出两大特点：“倚强”和“捡漏”。一方面，紧随美国，不违背美国的意愿和需求，尤其是在处理日美贸易摩擦问题上保持克制和隐忍的态度；另一方面，积极寻找没有美国参与的空白区域，强推自身的存在感和引领性，塑造日本地区政治大国的形象。

二　日本参与亚太经济合作的背景

或许对于日本而言，特朗普政府的上台是影响其外交政策的最大变数，也是左右其亚太经济合作战略的最主要因素。特朗普政府启动后，随即宣布美国正式退出 TPP。这对于安倍政府而言可谓当头一棒，因为其对 TPP 抱有极大的幻想。与此同时，特朗普政府的这一决定，迫使日本不得不重新评估亚太经济合作形势，甚至被动性地转变身份，成为引领 TPP 谈判的新旗手。

除 TPP 谈判以外，日本同时参与了 RCEP、中日韩 FTA 等亚太域内不同形式的经济合作谈判议程，希冀通过所谓的日本方式推动亚太经济的一体化进程。总体来看，日本参与亚太经济合作的种种表现，折射出其内政、外交及地区形势发展等各方面的复杂背景。

第一，日本意图通过推动亚太经济一体化进程，构建其作为亚太地区乃至全球范围“政治大国”的特殊地位。自二战后日本成长为世界第二大经济体之后，“政治大国”的目标就成为历届日本政府的追求，而 20 世纪 80 年代中曾根康弘政府提出了“战后政治总决算”，可视之为日本“政治大国”野心的集中显现。基于此，日本一直寻求在不同场合、不同平台上树立其“政治大国”形象的战略机遇，而引领亚太经济合作的走向与趋势就成为日本目下的主要抓手和突破口。

这里需要指出的是，起初日本参加美国主导的 TPP 谈判，就是希望能与美国“平分秋色”，共同引领亚太经济一体化的未来走向。但特朗普政府的“背信弃义”致使日本失去了 TPP 的重要盟友，并一度陷入 TPP 政策空白。尽管如此，美国退出 TPP 其直接后果是，一方面，TPP 被迫放弃既定的发展方向，参加国重新回归至谈判桌前，寻求新的战略妥协；另一方面，美国的失位为日本创造了绝佳的政治突破口，即日本在亚太经济合作的政治空间中，意外地收获了一片美国走后遗留下的“真空地带”，而填补这一空缺有助于其实现自身的政治抱负。对此，日本国内有部分观点认为，日本亟须主导制定“没有美国参加的”、涵盖 11 个国家的 TPP 构建路径，更为重要的是，TPP 一旦生效，它也可以成为日本对美谈判的“有力武器”。① 此外，日本国内也抛出了警示性观点，即若安倍政府强行要求美国回归 TPP 谈判，则可能引发日美关系的恶化，鉴于此，日本应积极推动建成“没有美国参加的”、缩小版的 TPP。②

第二，亚太经济与政治的重要性日益提升，促使日本将经济外交乃至政治外交的重心放置于此。实际上，经过长时间的发展与积累，整个亚太地区的经济规模已经实现几何倍数的增长。APEC 官网公布的统计数据显示，截至 2015 年底，APEC 成员的 GDP 总量业已攀升至 44.04 万亿美元，约占世界 GDP 总量（74.29 万亿美元）的 59.28%；APEC 区域的人均国民生产总

① 「TPP11の道筋を早くつくれ」、『日本経済新聞』2017 年 5 月 9 日。

② 瀬口清之「米国トランプ政権の米国内評価と対日・対中外交姿勢：2017 年 3 月 1 日 ~16 日 米国出張報告」、キヤノングローバル戦略研究所、2017 年 3 月 28 日、8 頁。

值超过1.55万美元，显著高于这一数据的世界平均值（1.01万美元）；APEC区域的年均经济增长率也高于世界平均值0.4个百分点，达到3.1%。与此同时，2015年APEC成员的人口总数超过28.47亿人，约占世界人口总数（超过73.46亿人）的38.76%。而在吸引外部资金流入方面，2015年APEC地区成为全球外国直接投资（FDI）流入的最大目的地，FDI流入总量高达9525亿美元，占世界FDI流入总量的一半以上；与其相对，2015年APEC区域的FDI流出总量高达8214.6亿美元，同样占世界FDI流出总量的半壁江山。从各项统计指标来看，亚太经济表现出强劲的增长动力和发展潜力，并成为世界经济有效增长的主要动力源。

除了经济地位的提升之外，亚太地区在全球政治舞台中的重要性亦与日俱增。需要强调的是，美国提出“亚太再平衡”战略，促使亚太地区再度成为全球政治、经济甚至军事领域关注的焦点，这无形中也提升了亚太地区在全球地缘政治中的地位和价值。[①] 鉴于此，日本政府在亚太地区倾注了大量的经济资源和外交资源，并意图在亚太域内率先实现日本“政治大国”目标的第一步。诚如首相安倍晋三所言，日本应与美国携手，共同主导制定适用于整个亚太地区的贸易投资高标准。不仅如此，安倍甚至抛出“印太”新概念，意图扩张日本经济外交及政治外交的视域。[②]

第三，延续战后日本对亚太经济的战略布局，以达到“深耕亚太、放眼全球”的对外经济战略。实际上，经过战后70多年的发展与积累，日本逐步形成了成熟且系统的亚太经济合作战略，即“为了确保日本经济的稳定增长和持续发展，分阶段、分步骤地在亚太域内构建不同形式的经济合作机制，以不断提升亚太地区经济合作的水平与质量，并为完善全球经济合作体系奠定重要基础”。[③] 更为重要的是，尽管战后的日本一度陷入了民生凋敝、经济难以为继的境地，但随着国内经济的恢复和政治地位的相对性提

① 参见陈友骏《中国引领亚太经贸合作机制转型分析》，《国际关系研究》2017年第4期，第119页。

② 首相官邸「日米共同記者会見」、2017年11月6日、http://www.kantei.go.jp/jp/98_abe/statement/2017/1106usa.html［2017-11-22］。

③ 陈友骏：《日本亚太区域经济合作战略研究》，《日本学刊》2017年第2期，第82~91页。

升，日本又重新将战略视野投放至亚太地区，并辐射整个世界。20 世纪 70 年代末，日本提出了“跨太平洋”的战略构想，时任首相大平正芳提出“环太平洋经济圈”的设想。之后，日本提出建立 APEC 的构想并成为创始成员国之一。亚洲金融危机发生后，日本又提出建立亚洲货币基金组织的设想，但因遭到美国的强硬反对而胎死腹中。进入 21 世纪之后，日本开始通过缔结双边、多边经贸合作协定等，在亚太域内谋划以其为核心的新“经济合作圈”。

由此，目下的日本亚太经济合作举措是对其传统政策的继承与延伸，是日本亚太经济合作战略在新形势下的转型与发展，其主要目标侧重于以下三个方面：（1）主导构建“高质量”“高标准”的亚太经济合作新体系；（2）重构以日本为核心的亚太价值链分工体系；（3）以亚太经济治理为突破口，实现日美同盟关系从安全领域向经济领域的辐射与延伸。

三　日本参与亚太经济合作的问题与展望

由前文可见，2017 年日本的亚太经济合作主要集中在对美攻关与 TPP 两大焦点上。尽管表面上上述两个问题是割裂的，而且因特朗普政府退出 TPP，二者之间的相关性也越发弱化，但实质上二者之间是关联的、互动的，共同揭示出日本在对外经济合作及参与全球经济治理中的战略思维与政策安排。

有鉴于此，日本亚太经济合作战略如同其外交战略一般，仍凸显出强烈的对美依赖性，换言之，日本亚太经济合作战略的落实进程很大程度上仍取决于或服务于其对美的整体战略。而就目下的情况而言，日本对美经济合作存在两大隐忧：一是“贸易问题”，二是“路线问题”，这两大现实问题也对日本亚太经济合作战略的部署与推进形成了掣肘。

一方面，“路线问题”主要集中在 TPP 和日美 FTA 两大焦点上。2017 年 4 月 18 日，美国副总统彭斯在东京与日本副首相兼财务相麻生太郎举行了首次日美经济对话，双方就“经济及结构性改革”、“贸易投资规则”及

“个别领域合作”等三大经济议题进行了深入探讨。[①] 尽管日美两国均对未来双边性质的经济合作表现出积极且务实的协商态度，但双方未能在 TPP、日美 FTA 等各自关心的主要议题上取得任何实质性共识，凸显了日美双边经济合作的不确定性。2017 年第二次日美经济对话过程中，双方也未能在上述两大问题上取得共识，且日美两国的会谈一触碰敏感问题，双方均即刻顾左右而言他，相互扯皮，相互推诿，致使旨在形成战略性合作意向的日美经济对话成为毫无成果的“空谈会”“茶话会”，失去了其应有的战略价值。

另一方面，“贸易问题”实则是长期困扰日美双边关系的老问题，其背后的主要动因是日美两国经济的结构性矛盾。战后日美贸易摩擦滥觞于 20 世纪中期的纺织品贸易，之后延伸至钢铁、电视机、电子零部件、汽车，甚至货币汇率、产业政策、宏观政策等多个经济领域，成为阻碍日美双边战略性合作的关键性议题。特朗普政府执政以来，显现出强烈的“经济单边主义”和“贸易保护主义”政治色彩，并对包括日本在内的主要贸易对象国出台了反倾销、反补贴、汇率监控等不同形式的“贸易制裁”。受其影响，日本被迫放弃了在对美经济合作进程中的主动性和积极性，转而以经济为工具、以政治为目的，并以美国利益最大化为基本原则，对美实施经济合作的战略性妥协。这不仅打乱了日本在对美经济合作中的节奏与部署，更迫使日本动态性地不断修正其既定的亚太经济合作战略，致使后者因失去完整性而残缺不齐，推进效率极为低下。

概言之，尽管在特朗普政府上台之后，日美经济合作关系发生了较大幅度的突破，并建立了具有高度战略性的日美经济对话机制，但短期内并不能从根本上解决日美间的经济摩擦。更为重要的是，日美间围绕贸易失衡问题的龃龉可能因特朗普政府的贸易保护主义而进一步升级，再加之双方在“路线问题”上存在分歧，日美经济关系的未来发展显现出更多的不确定性。

---

① 外務省「麻生日本国副総理とペンス米国副大統領による日米経済対話に関する共同プレス・リリース」、2017 年 4 月 18 日、http：//101. 96. 10. 64/www. mofa. go. jp/mofaj/files/000248234. pdf［2017 -09 -04］。

鉴于此，日本未来亚太经济合作战略的部署与推进不可能是一帆风顺的，也不可能完全顺从于日本的既定安排及战略意图，它更多地取决于美国的亚太战略及日美关系的战略走向。说到底，日本的亚太经济合作战略如同其对外战略一般，带有强烈的“对美依赖性”特征，尽管在个别层面有一定的“独立性”追求，但在可预期的未来较长时间内，其仍受到美国因素的严重制约，更多表现为积极的妥协与修正。

此外，特朗普政府振兴美国实体经济的方向或许是日本加强对美经济合作，尤其是对美投资的政策导向。值得参考的是，美国经济学家加里·皮萨诺和威利·史在其最新出版的畅销书中指出，美国唯有振兴产业公地，才能实现美国制造业的复兴，而他们所指的“产业公地”是指“能够对多个产业的创新发展提供支持的技术能力和制造能力的集合”。[①] 换言之，就是美国政府应积极出资筹建有助于国内创新发展的经济类公共产品，其中包括相关的产品、技术及制度等。借此，皮萨诺等学者所提出的“产业公地”领域，或许会成为未来日本追加对美投资的主要攻坚对象。

① 参见〔美〕加里·皮萨诺、威利·史《制造繁荣：美国为什么需要制造业复兴》，机械工业信息研究院战略与规划研究所译，机械工业出版社，2014，第6页。

B.15

日印关系：从经济到安全的全方位外交升级分析

庞中鹏*

摘　要： 近年来日印关系日益密切，双方高层互动频繁，两国首脑更是成功实现了年度互访。日本与印度深化合作关系有其深层次动因，包括：印度自身经济发展取得的瞩目成就，印度是陆海复合型国家、在印度洋沿岸拥有得天独厚的地缘战略优势，日印在成为“大国”的战略目标上有相互的战略需求与利益契合点。日印深化合作关系也面临着一些挑战，双边关系中存在着一些分歧。日印两国各自的外交传统与外交长远战略目标不尽相同，日印双方发展合作关系的出发点、双方自身国情的不同以及要达到的目标不尽相同，中国因素的存在对于日印关系而言也是一把“双刃剑”。未来日印关系会继续得到发展，但不会一帆风顺，其潜在的隐忧会在某个时候给双方关系的发展带来麻烦。

关键词： 日印关系　海上安保合作　日印核能协定　高铁项目　地缘战略

近年来日本和印度的关系日益密切，尤其是自2012年底安倍晋三再次担任日本首相、2014年印度莫迪政府上台后，日印关系更是取得了飞速发

* 庞中鹏，法学博士，中国社会科学院日本研究所副研究员，研究方向为日本外交、日本能源安全与能源外交等。

展。日印双方高层互动频繁，两国首脑更是成功实现了年度互访，安倍与莫迪在双边与多边场合共举行了 11 次会晤（截止到 2017 年 11 月）。

2013 年 5 月，印度总理辛格访问日本，双方发表了《关于超越建交 60 周年强化日印全球战略伙伴关系的共同声明》。2014 年 1 月，安倍首相访问印度，双方发表了《关于强化日印全球战略伙伴关系的共同声明》。2014 年 9 月，印度总理莫迪访问日本，双方发表了《关于日印特殊全球战略伙伴关系的东京宣言》。2015 年 12 月，安倍首相访问印度，双方发表了《日印新时代的启幕——日印 2025 年愿景》。2016 年 11 月，莫迪总理访问日本，双方发表了《日印共同声明》。2017 年，日印关系继续得到发展与提升，而这一年的重要标志性事件就是延宕多年的日印核能协定得到了批准与通过。2017 年 7 月 20 日，日本驻印度大使平松贤司和印度副外长贾伊尚卡尔在位于首都新德里的印度外交部交换了外交文件，该协定正式生效。此前的 2017 年 5 月 16 日和 6 月 7 日，日印核能协定先后在日本众议院和参议院分别获得通过。印度外交部于 7 月 20 日发表声明称："这将开启印度与日本在能源安全和清洁能源等领域的合作道路。"① 根据该协定，日本将可以向未加入《不扩散核武器条约》的印度转移核物质以及核能相关技术。

一　2017 年安倍内阁对印外交的具体动向

2017 年，日本与印度继续深化双边关系。日本首相安倍晋三通过利用正式访问印度以及参加多边国际会议的机会，与印度总理莫迪举行了三次会谈，而日本外相河野太郎也利用多边会议场合与印度外长斯瓦拉杰举行了会谈。

（一）日本首相安倍晋三与印度总理莫迪举行多次会谈

1. 德国二十国集团峰会举行会谈

2017 年 7 月 7 日，在出席德国二十国集团峰会的间隙，日本首相安倍

① 参见《日印核能协定生效 阻止印度核试验问题成焦点》，中国新闻网，http：//www.chinanews. com/gj/2017/07 -21/8283786. shtml，登录时间：2018 年 1 月 4 日。

晋三与印度总理莫迪举行了会谈。安倍表示，日印关系进入了“新时代”，两国可以在“印太区域主导和平与繁荣的地区秩序”，接下来日印两国可以在日本提出的“自由开放的印太战略”与印度提议的“东进行动”中进行政策对接。对此，印度总理莫迪表示，印日两国在“民主价值观”与“构建基于国际法的国际秩序”方面发挥着重要作用，印日应进一步携手加强合作。[①] 另外，安倍首相与莫迪总理就继续推进日美印三国“马拉巴尔”海上联合训练、促进日印核能协定早日生效、推进日本投资建设的印度孟买—艾哈迈达巴德高铁项目尽早开工等进行了协商，双方还就共同关心的地区与国际问题坦率交换了意见。

2. 安倍晋三正式访问印度

2017 年 9 月 13 ~ 14 日，日本首相安倍晋三对印度进行了正式访问，与印度总理莫迪举行了会谈，双方发表了《日印共同声明——面向自由、开放与繁荣的印度洋与太平洋》这一重要文件（长达 12 页）。

在该文件中，日印双方着重就（1）海洋安保合作，（2）经济贸易合作，（3）文化、教育、旅游与体育等领域的交流，（4）防止大规模杀伤性武器扩散、恐怖主义、宇宙太空与网络安全，（5）联合国安理会改革，（6）气候变化，（7）日本、印度、美国与澳大利亚多边合作框架等各个方面的议题进行了协商或交换了意见。[②] 具体内容如下。

（1）海洋安保合作：日印两国首脑强调了双方在防务与安保领域加强合作对巩固两国战略伙伴关系的重要性，两国首脑欢迎双方开展年度防务部级官员之间对话、国家安保顾问对话、“2 + 2”对话以及防务政策对话等；日印两国首脑高度赞赏 2017 年 7 月在孟加拉湾举行的马拉巴尔演习对提升双方海洋安保合作水平所起的作用，并期望该演习能够继续扩大规模并使之进一步复杂化；两国首脑注意到日本海上自卫队与印度海军在双方互相关心的各种领域进行密切合作的重要性；两国首脑认识到双方要在海洋安保领域

---

① 「日印首脳会談」（平成 29 年 7 月 7 日）、外務省、http://www.mofa.go.jp/mofaj/s_sa/sw/in/page4_003114.html［2017 - 12 - 28］。

② 「日印共同声明——自由で開かれ，繁栄したインド太平洋に向けて」、外務省、http://www.mofa.go.jp/mofaj/files/000290053.pdf［2017 - 12 - 29］。

继续加强合作，并进一步掌握印度洋与太平洋海域具体情况的重要性。

（2）经济贸易合作：日印两国首脑注意到，日本的政府开发援助（ODA）对印度经济与社会发展做出的巨大贡献，特别是近两年日本通过日本国际协力机构（JICA）给印度提供了历史上最高的日元贷款；安倍首相表明，日本将继续向主要包含基础设施建设等在内的印度社会发展与产业开发领域提供援助。

两国首脑认识到引进清洁廉价能源对两国经济发展的重要性；两国首脑决定加强日印能源合作，希望早日举行第九次日印能源对话；两国首脑高度评价由日本提议的日印“清洁能源与节能合作计划”；两国首脑期待日印在制造混合动力与电动汽车、节约能源、提高能效及能源贮藏等领域能够加快合作的步伐。

两国首脑表明，期待日本与印度在高铁领域进行合作以及日本承诺向印度转让高铁技术；两国首脑欢迎日本川崎重工与印度巴拉特重型电力有限公司（BHEL）[①] 之间洽谈业务对接的可能性；两国首脑讨论了在高铁领域加强构建合作伙伴关系的可能性；两国首脑意识到将来日印两国在印度既有铁路系统以及地铁建设现代化方面进一步扩大合作的可能性；两国首脑强调了提升印度既有铁路安全性的重要性，两国首脑还对从 2017 年 8 月开始由日本派遣铁路安全技术专家、召开有关铁路安全的研讨会以及推进其他合作项目等举措给予了积极评价。

（3）文化、教育、旅游与体育等领域的交流：两国首脑承诺将强化与构建日印全球战略伙伴关系相契合的人文联系，双方对把 2017 年定为“日印友好交流年”而举行的系列文化交流活动表示欢迎。日印双方为了达到更宽广、更紧密的产业合作水平，需要在印度扩大日语教育规模。故此，两国首脑决定，拟在今后五年间在印度的 100 家高等教育机构设立日语讲座，并培养 1000 名日语教师。

---

① 印度巴拉特重型电力有限公司（BHEL），是印度最大的电力工程公司之一。该公司从事设计、工程、制造、施工、测试与调试等业务，可以提供广泛的产品和服务，涉及动力、传动、工业、交通运输（铁路）、可再生能源、石油与天然气等，拥有 180 多种产品，以满足这些行业的需求。

两国首脑强调日印两国要加强旅游交流合作，2017 年 3 月在印度新德里开设了日本政府观光局事务所（JNTO），并放宽签证条件，以加强两国商务与旅游之间的联系。

安倍首相对莫迪总理提议的大力支援 2020 年东京奥运会以使之成功举办表示衷心欢迎。两国首脑认识到东京奥运会正为日印加深合作提供难得的机会。

（4）防止大规模杀伤性武器扩散、恐怖主义、宇宙太空与网络安全：两国首脑再次确认承诺要完全废止核武器；安倍首相强调了要促成《全面禁止核试验条约》（CTBT）早日生效的重要性；两国首脑决意在应对处理核扩散与核恐怖主义问题等方面加强国际合作；安倍首相对印度参与《导弹技术控制制度》① 以及关于制止弹道导弹扩散的《海牙行为准则》② 并对导弹输出加强管制的举措表示欢迎。

两国首脑共同强烈谴责不断增多的恐怖主义威胁与极端暴力主义行为；两国首脑对一切形式的恐怖主义持“零容忍”态度，主张通过全球共同的行动与合作，并采取果断措施应对恐怖主义的威胁；两国首脑主张所有联合国成员国采取坚决行动打击联合国安理会第 1267 号决议以及其他决议指定的恐怖主义组织；两国首脑主张所有联合国成员国不要给恐怖分子提供逃避罪责的“避风港”，彻底切断资助恐怖分子的资金链，坚决阻止恐怖分子跨国逃跑；两国首脑强调并确认了所有联合国成员国都要避免自己的国家被恐

---

① 《导弹技术控制制度》（Missile Technology Control Regime，MTCR），是美国等西方七国建立的集团性出口控制制度，旨在防止可运载大规模杀伤性武器（WMD）的导弹和无人驾驶航空飞行器及相关技术的扩散。1987 年 4 月 16 日，在美国的倡导下，美国、加拿大、法国、西德、意大利、日本和英国等西方七国经过秘密磋商，达成了《导弹技术控制制度》。该制度不是一项正式的国际条约，而是一份关于限制导弹和导弹技术、零部件出口的意向性文件，对成员国没有法律约束力，各成员国可根据本国的政策和立法参照实施，自愿遵守。该制度作为导弹领域的多国出口控制机制，在延缓导弹及相关物项和技术扩散方面发挥了一定的积极作用。截至 2016 年 6 月，该制度共有 35 个成员国，包括了亚洲的日本、韩国与印度。

② 全称《防止弹道导弹扩散海牙行为准则》，于 2002 年 11 月在荷兰海牙制定。“准则”的目标是通过透明和建立信任措施等手段，防止可运载大规模杀伤性武器的弹道导弹扩散。目前“准则”有 134 个参加国。

怖分子利用而成为实施恐怖袭击的“基地”的重要性；两国首脑主张要在共享应对恐怖主义以及极端暴力主义的情报领域加强合作；两国首脑强烈呼吁加强应对恐怖主义的双边合作。

两国首脑认识到宇宙太空是人类尝试不断扩大的新的疆域，两国的太空机构要在地球观测、卫星发射、宇宙科学以及月球探测等领域加深合作；两国首脑欢迎在2016年11月签署的日印太空合作谅解备忘录的基础上设立的印度空间研究组织（ISRO）与日本宇宙航空研究开发机构（JAXA）协同研究工作小组；2017年11月，在印度举行由日印两国共同承办的第24届亚太地区太空机构会议，两国首脑对此表示欢迎；两国首脑还强调了加强太空合作的重要性。

双方对于2017年8月17日在新德里举办的第二届日印网络安全对话表示欢迎；双方认识到网络安全对经济发展与公众创新的巨大作用；双方再次确认要尽可能开放、自由、安全、和平地利用网络空间。

（5）联合国安理会改革：两国首脑再次确认了推进联合国安理会改革进程，两国共同主张联合国安理会应适应21世纪国际社会的现实状况，成为高效率的、有广泛代表性的国际机构；两国首脑寻求继续与支持安理会改革的“四国联盟”（日本、德国、印度及巴西）进行协调；两国首脑再次表明应相互支持印度与日本等国家成为联合国安理会常任理事国正式候补国家的举措与努力。

（6）气候变化：两国首脑强调，应参照各国不同的国情、基于各国的能力、奉行共同但有区别的责任原则应对全球气候变化；两国首脑再次承诺要按照《联合国气候变化框架公约》近200个缔约方一致通过的《巴黎协定》，到2018年底前完成应该实施的行动计划。另外，莫迪总理对包含“清洁恒河”在内的“清洁印度”计划中日本提供的合作表示欢迎。

（7）日本、印度、美国与澳大利亚多边合作框架：两国首脑对日印与美国和澳大利亚进入新的合作时代表示欢迎；两国首脑强调了构建日美印澳四国合作框架的战略重要性，双方意欲扩大四国框架具体合作的领域；两国首脑决意为了确保印太区域基于规则的地区秩序，与其他国家以及地区合作伙伴共同合作。

3. 菲律宾东亚系列首脑会议举行会谈

2017 年 11 月 14 日，在菲律宾马尼拉出席东亚系列首脑会议的安倍首相与印度总理莫迪举行了会谈。

安倍首先对其 9 月访问印度时受到的盛大欢迎向莫迪总理表示感谢。安倍表示，日印关系正在全面发展，将会实现基于国际法支配的自由且开放的印太区域秩序，日印关系已经进入“新时代”。对此，莫迪总理也表示印日两国要继续携手实现自由且开放的印度洋与太平洋。安倍对能与莫迪一起出席于 9 月举行的印度高铁项目开工仪式感到十分高兴，莫迪表示，衷心希望双方继续在高铁项目上大力合作，该高铁项目对印度来说非常重要，期盼能早日开通运营；安倍首相期待印度拟准备引进 US－2 水上飞机的合作项目能早日取得具体进展，两国首脑一致认为需要继续就具体事宜加深探讨；安倍首相谈及要以高质量的基础设施建设为纽带，进一步加深两国的合作关系；安倍首相表示，为扩大与方便两国人员交流，从 2018 年 1 月 1 日起对印度公民采取放宽签证条件的举措，对此莫迪总理表示感谢。安倍首相与莫迪总理还讨论了朝核问题，基于 9 月的日印共同声明，对朝鲜继续施加最大的压力，并呼吁朝鲜以非核化为前提进行对话；莫迪总理表示，朝鲜应切实履行联合国安理会决议，印日两国应就此问题保持密切合作。①

（二）日本外相河野太郎与印度外长斯瓦拉杰举行会谈

2017 年 8 月 22 日，新任日本外相河野太郎与印度外长斯瓦拉杰举行了电话会谈。河野太郎感谢斯瓦拉杰对他当选日本外相的祝贺，河野希望利用参加联合国大会的机会早日举行双方外长战略对话；河野提出在有关联合国安理会改革方面，日印要继续合作；斯瓦拉杰外长也希望早日举行印日外长战略对话，希望双方继续就推进联合国安理会改革进行合作；斯瓦拉杰指出，印日两国在促进印太地区稳定方面可以发挥很大的作用，双方可以在政

① 「日印首脳会談」（平成 29 年 11 月 14 日）、外務省、http：//www. mofa. go. jp/mofaj/s_sa/sw/in/page3_002294. html ［2017－12－30］。

治与经济等各个方面加强合作。[①]

9 月 19 日，在美国纽约举行了日美印三国外长会议，由日本外相河野太郎、美国国务卿蒂勒森与印度外长斯瓦拉杰共同出席。本次日美印三国外长会议是继 2015 年之后第二次举行，也是日美更换新外长后第一次举行三国外长会议。日美印具体就包含朝核问题在内的地区形势以及海洋安全保障等共同关心的问题坦率交换了意见。三方谴责了朝鲜不断进行导弹发射的行为，敦促朝鲜完全履行联合国安理会通过的第 2375 号决议，三方呼吁国际社会防止制裁漏洞，并对朝鲜施加更大的压力。三国外长一致认为，为了让印度洋和太平洋保持自由与开放，要在海洋安全保障与地区合作领域加强合作；为了确保印太区域航行自由与基于国际法的地区秩序，今后应把以日美印三国共同参与的“马拉巴尔”海上联合训练为代表的海上安全保障合作进一步细化，三国为此应进一步加强合作。三国外长一致认为今后应继续交换有意义的意见与看法，继续加强三国间的对话与合作。

二 日本加强与印度关系的深层动因

近年来，日本不断拓展和加深与印度的双边合作关系，日印关系在经济与政治乃至安全保障领域都获得了发展。若是回顾日印关系的发展历程，可以简要概括为：冷战期间在缓慢发展，冷战以后其双边关系呈现为积极发展势头，进入 21 世纪以后，特别是安倍重新执政后的五年来，日印关系得到了快速提升。那么，究竟是什么深层动因推动日印关系不断发展与提升？

第一，印度是目前世界上拥有较大影响力的经济体，庞大的人口中适龄劳动人口占比较大，且经济发展保持了较快增速，印度的经济优势使日本高度重视印度这一潜在的巨大市场。印度是金砖国家的重要成员国，而印度之所以能成为金砖成员国，自然与印度的经济发展成就分不开。

总部位于伦敦的英国智库经济与商业研究中心发布的报告称，印度将在

---

① 「河野外務大臣とスワラージ・インド外務大臣との電話会談」、外務省、http：//www. mofa. go. jp/mofaj/press/release/press4_004931. html［2017 - 12 - 29］。

2018 年超过英国和法国，成为全球第五大经济体。经济与商业研究中心在其年度排名报告中称，目前经济总量排名第七的印度将在 2018 年升至第五位，并在 2032 年升至第三位。报告称，能源价格走低和数字革命兴起将推动全球经济增长，包括印度、中国和日本在内的亚洲经济体将主导这一进程。[①]

日本贸易振兴机构称，2016 年日本对印度的直接投资额，扩大到了史上第二高的水平。过去 10 年间的投资额跟之前的 10 年相比扩大了 8 倍；日本政府开发援助从 2001 年度开始，在 15 年里扩大了约 5 倍。另外，日本贸易振兴机构还认为，在包括农业在内的、从工业机械到服务领域的各个行业，日本企业进驻印度都将持续。比如铃木汽车公司，近年来就不断加大对印度的投资力度，该公司从 20 世纪 80 年代进驻印度，子公司马鲁蒂铃木在印度汽车市场上拥有的份额超过 50%，目前其在印度的汽车年产量约为 150 万辆，该公司计划到 2020 年使年产量扩大到 200 万辆。[②]

另外，印度作为股票投资对象的吸引力也在增加。日本投资者正苦于长期低利率的环境，个人投资者为谋求更高的利润，投资了很多印度股票。鉴于印度未来几年仍有望实现高速经济增长，而且印度莫迪政府在切实推进改革，会打造出在投资者眼里富有吸引力的市场，而这也会推动更多的日本投资者购买印度股票。[③]

作为印度主要的战略和经济合作伙伴，日本在当地的投资实现了跨越式发展。印度目前来自日本的投资更趋于多样化，不少行业都获得了日本外商直接投资，包括零售、纺织、耐用消费品、食品饮料和银行业（信用卡服务）。此外，日本还在印度各邦建立了 12 个工业园区，并将工作重心放在这些园区的建设进度上，一旦完工，这些园区将会有助于扮演印度和日本“经济走廊”的角色。现阶段，日本是印度第三大投资国，也是在印度独立

① 参见《英智库报告称印度明年有望成为全球第五大经济体》，人民网，2017 年 12 月 27 日，http://world.people.com.cn/n1/2017/1227/c1002-29732200.html，登录时间：2017 年 12 月 30 日。

② 参见《日印推“亚非增长走廊”意在中国》，《参考消息》2018 年 1 月 10 日。

③ 同上。

投资最多的一个国家，2000～2017年日本在印度的外商直接投资规模达到了256.7亿美元，而且在此期间，日本对印度的外商直接投资规模占该国外商直接投资总规模的8%。[①] 2006～2016年的日印贸易额和日本对印度直接投资额参见表1、表2。

表1 日印贸易额

单位：亿日元

年份	2006	2007	2008	2009	2010	2011	2012	2013	2014	2015	2016
向印度出口	5181	7233	8186	5913	7917	8821	8454	8390	8610	9813	8892
从印度进口	4716	4906	5442	3478	4989	5433	5585	6903	7391	5887	5093

资料来源：外務省「インド（India）基礎データ」、http：//www.mofa.go.jp/mofaj/area/india/data.html#section4［2017－12－30］。

表2 日本对印度直接投资额

单位：亿日元

年份	2006	2007	2008	2009	2010	2011	2012	2013	2014	2015	2016
投资额	597	1782	5429	3443	2411	1814	2228	2102	2824	3521	4654

资料来源：外務省「インド（India）基礎データ」、http：//www.mofa.go.jp/mofaj/area/india/data.html#section4）［2017－12－30］。

第二，从海洋地缘政治角度来看，印度享有重要的地缘战略位置，印度次大陆地处波斯湾—霍尔木兹海峡—孟加拉湾—马六甲海峡这一印度洋海上战略航线的要冲。对于日本来说，其必需的海外进口能源无法绕开或回避环绕印度海岸线的印度洋海上航线。

印度洋是仅次于太平洋与大西洋的世界第三大洋，从海洋地缘政治角度看，印度洋占有重要的地缘战略地位。印度洋北面是亚洲的西部与西南部，正是在这个地理位置，有亚丁湾、波斯湾、阿曼湾与孟加拉湾等世界重要海湾，同时还有世界海运咽喉要道——霍尔木兹海峡。而濒临印度洋的印度，

① 参见竺道《作为最大投资国之一的日本在印度投资日趋多样化》，白鲸出海网，2017年6月2日，http：//www.baijingapp.com/article/11345，登录时间：2017年12月30日。

在该地区不仅拥有7000多公里的海岸线、200多万平方公里的专属经济区、12个大型港口和200多个中小型港口以及数百个大小岛屿，而且其95%的对外贸易途经海上，约50%的石油和80%的天然气来自近海。①

印度海权理论的奠基者潘尼迦，特别强调印度洋对于印度的重大意义。潘尼迦认为，谁控制了印度洋，谁就掌握了印度，印度的安危系于印度洋。② 其主要表现为：积极扩展海军实力，称雄印度洋，争当世界一流海洋强国，实现“立足南亚，称雄印度洋”的战略目标，并提高远洋作战能力；把印度洋视为印度的海洋，希望在印度洋广阔的水域航线上起到关键性作用；争夺对印度洋的支配地位等。③

近年来，印度海军的注意力不断向靠近马六甲海峡的孟加拉湾倾斜，而安达曼-尼科巴群岛就是印度在孟加拉湾最大的海洋前哨基地。安达曼-尼科巴群岛地缘战略位置非常重要，它坐落在国际能源战略通道——马六甲海峡的西北端。从地图上看，安达曼-尼科巴群岛呈南北纵向排列，安达曼群岛地处北端，而尼科巴群岛处于南端，在安达曼群岛与尼科巴群岛之间则是十度海峡④，十度海峡就是从中东波斯湾往来于东南亚马六甲海峡的必经通道。正因为安达曼-尼科巴群岛地缘战略位置重要，印度近年来不断加强在该群岛的军事战略部署。⑤

日本是一个石油天然气严重依赖进口的国家，其中又特别依赖中东地

---

① 参见殷方《从地缘政治理论看新世纪的印度海洋战略》，《解放军外国语学院学报》2001年第5期，第104页。

② 参见朱翠萍《印度洋与中国》，社会科学文献出版社，2014，第9页。

③ 参见卫灵《从地缘政治逻辑看印度的对外战略与策略》，腾讯网，2017年8月11日，http://cul.qq.com/a/20170811/027232.htm，登录时间：2017年12月30日。

④ 十度海峡（Ten Degree Channel）：印度两大海外领地安达曼群岛与尼科巴群岛之间的海峡，即介于小安达曼岛与卡尔尼科巴岛之间（东经93度零分），北纬10度零分线穿过，故名。

⑤ 从20世纪末开始，印度开始高度重视安达曼-尼科巴群岛在其军事战略中的重要作用。1999年初，印度海军开始在该群岛组建“远东海军”舰队。近年来，随着印度世界大国战略目标的进一步确立，印度的军事战略也发生了很大变化，印度海军提出了“海洋威慑”和“远海歼敌”的战略思想，2001年8月15日，印度就在安达曼-尼科巴群岛建立了印军历史上第一个三军联合司令部。自2011年以来，印军不断加强在安达曼-尼科巴群岛的兵力。印度陆军在该群岛的兵力已增至1个旅，未来计划将驻防兵力增加至1个师，群岛上建有4个空军和海军航空兵基地，并准备进一步增加机场数量。

区。近年来，日本需要从中东地区进口的石油占日本海外石油进口的90%左右，而来自中东的天然气也占到日本天然气海外进口的20%左右。[①] 进口的大量石油天然气需要靠海运运输，所以对日本来说，印度洋海上航线堪称一条“生命线”。鉴于印度在印度洋上拥有的海上影响力，与印度关系的好坏直接关系着日本海上能源运输是否能确保万无一失，这成为日本加强与印度关系的一个重要动因。

第三，印度是南亚地区的大国，近年来其国际影响力不断扩展与提升，在稳坐南亚地区第一把交椅的同时，还欲在世界其他地区谋求大国影响力，而日本一直想要摆脱“政治侏儒”的不良国际形象，极力谋求成为一个拥有极大国际影响力的“政治大国”，日印在成为“大国”的战略目标上有相互的战略需求与利益契合点。

近年来，特别是莫迪政府上台后，印度的“大国外交”战略日益凸显，2014 年莫迪在宣誓就职时表示，要为印度创造一个辉煌的未来，打造一个强大、发达、包容并致力于世界和平与发展的印度。自莫迪任职以来，印度的政治改革、经济增长和外交战略都呈现出强劲的发展势头。2015 年 2 月，莫迪声称要带领印度发展成为“全球领导大国”，而不只是一支制衡力量。莫迪的“全球领导大国”战略，不是简单地等同于“世界大国”，更多的是强调一个国家对其他国家跨越国界的战略影响力。[②] 在莫迪的“全球领导大国”战略中，“东进行动”是其中重要的一环，而加强与日本的关系就是“东进行动”的重要内容。正如中国学者指出的那样：“新德里内心颇愿看到日本在印太地区提高战略地位，彼此呼应；虽是同床异梦，但对来自日本的殷勤颇感受用，半推半就。”[③]

2012 年底安倍二次执政以来，安倍以四处出访“践行”其提出的“俯

---

① 経済産業省「平成 28 年度エネルギーに関する年次報告」（エネルギー白書 2017）、http：//www. enecho. meti. go. jp/about/whitepaper/2017html［2017 - 12 - 29］。

② 参见王晓文《印度莫迪政府的大国战略评析》，《现代国际关系》2017 年第 5 期，第 33 ~ 34 页。

③ 陆忠伟：《安倍访印，“西行外交”有玄机》，中国新闻网，2017 年 9 月 17 日，http：//finance. chinanews. com/gj/2017/09 - 17/8332944. shtml，登录时间：2017 年 12 月 30 日。

瞰地球仪外交”思想，而印度更是安倍外交棋盘上的重要棋子。印度亦是安倍提出的“民主安全菱形”中的重要一环。日本之所以不断拉近与印度的关系，相同的大国战略诉求可以说是其中的一个重要诱因。

三　日印深化关系面临的问题

尽管日印两国在经济、地缘战略与大国战略等方面有战略契合的地方，且正因为双方有战略契合的“交集”，才不断推动两国战略“走近”，但是，日印毕竟是两个在文化、宗教、经济与社会发展水平、人口以及国家发展战略目标等方面不尽相同的国家。两国在深化关系的过程中，不可避免地会遇到各种分歧与矛盾，且正是日印双边关系中的矛盾与分歧以及其他国际因素的存在，会牵制乃至阻滞日印关系的进一步发展。

首先，由于日印两国各自的外交传统与外交长远战略目标并不尽相同，日印关系向深层次发展的步伐将会迟滞。

日本外交长期以来奉行“附强结盟”的传统，从20世纪初期的日英同盟到第二次世界大战中与德国和意大利结成三国军事同盟，再到二战后与美国结成同盟关系，在100多年的时间里，“附强结盟”成为日本外交鲜明的特色。特别是二战后的日本，由于成为一个战败国，在其后的日美同盟框架中，日本始终作为一个从属角色而存在。尽管近年来安倍内阁处心积虑地想要修改“和平宪法”（这部宪法本身是美国主导制定的），且想要让日本在军事安全上成为一个“由守变攻”的真正拥有军力的国家，但是，在日美同盟关系上，日本仍旧不能达到与美国并驾齐驱的地步，尤其是在政治与军事领域，日本仍旧受到美国的牵制与羁绊。日本距离真正成为一个在国际社会能够“独立”掌握话语权并能独立“彰显”巨大国际影响力的大国仍旧很远。

对于日美同盟关系，日美两国是持不同看法的（即有的学者概括的“同盟的悖论”）：日本依赖美国，但时刻提防美国抛弃自己；美国有能力控制日本，但也必须防止日本摆脱自己走向防卫政策自主的路线；特别是日美在安全保障领域相互依赖，一旦日本摆脱美国获得自主权，必将使日美信赖关系寿终正寝。日美同盟关系充满了复杂性，可以概括为互相依赖、互相对立与互相猜疑：日本担心被美国抛弃，美国担心日本摆脱自己；日本对美国拉自己卷入与自己的利益无直接关系的战争感到不安，美国也对日本把自己拖入与其他国家之间的冲突感到不安。①

既然日美同盟关系充满了复杂性，那么，在与印度加深关系上，日本仍旧会受到美国潜在的掣肘与影响。美国不会愿意看到日印关系的发展程度超出日美关系抑或美印关系的高度，日印关系的发展只能在美印关系与日美关系这个大框架内进行，日本难以完全撇开美国而单独另行发展与印度的关系。以安倍热衷于的“民主安全菱形”、“日美澳印”四国合作框架以及美日印“马拉巴尔”海上联合训练为例，这之中都可以看见美国的影子，美国的存在可谓“如影随形”，不妨假设，如果美国不参与，抑或单独抛下美国，日印都难以顺利在军事安全领域发展合作关系。再以日印共同参与的“入常”为例，不管日印德巴四国多么“团结一致”与“卖力吆喝”，但正是因为美国对四国集团“集体入常”持谨慎态度，才致使日印的“入常梦”一拖再拖。

印度外交的传统是“不结盟”，在“不结盟”外交的基础上，印度又发展出了全方位外交、平衡各国关系的左右逢源外交。冷战时期，印度与苏联关系友好，但印苏并未完全结成同盟关系。冷战以后，特别是进入 21 世纪以来，印度巧妙地在大国间周旋，对于印美关系、印俄关系、印日关系以及印度与欧盟的关系，印度左右逢源，以从中获得最大的利益。印度外交的这一“灵活性”对于日本来说，或许会冲淡日本想要加深与印度关系的意愿。由于日美同盟关系的存在，日本外交须得首先看美国的“脸色”行事，难以像印度那样可以和任何国家发展友好合作关系。比如，印度和俄罗斯保持了长期传统合作的关系，特别是在军事领域，印度大量购买俄罗斯的武器装备，即使近年来印度购买俄罗斯军火的数量有所下降，但长期的积累使印度难以彻底摆脱对俄罗斯武器装备的依赖。2014 年 3 月克里米亚事件发生后，美国鼓动各国制裁俄罗斯，但印度并没有加入制裁俄罗斯的行列。反倒是日本碍于和美国的同盟关系，加入了制裁俄罗斯的行列。从这一点上就可以看

① 参见廉德瑰《试论日美关系的复杂性》，《国际观察》2014 年第 4 期，第 107 页。

出，日印关系中存在着潜在的隐忧。

其次，鉴于日印双方发展合作关系的出发点、双方自身国情的不同以及要达到的目标不尽相同，日印关系走向“质的提升”将受到牵制。

从出发点来看，对于日本来说，近年来之所以与印度的关系日益热络，主要出发点在于，一是日本与印度拥有相同或相似的价值观，二是日本与印度都是海洋型国家，三是日印两国都与美国保持了良好的关系。对于印度来说，之所以也愿意和日本发展合作关系，主要出发点在于，日本是印度“大国平衡外交”中的一个角色，日本是一个经济发达国家，可以吸引来自日本的资金与技术。

从各自的国情抑或国家定位来看，对于日本来说，其不仅是世界经济发达国家，还要重新恢复成为全球政治军事大国，不仅要保持在亚洲的影响力，更要扩展在全球的影响力；对于印度来说，它首先是南亚地区首屈一指的大国，其次是世界人口大国（未来若干年将成为世界头号人口大国），也是不结盟运动的重要倡导国，目前还是世界新兴经济体之一、金砖成员国之一。

从双方合作要达到的目标来看，日本与印度合作的目标是，扩大与占领印度这一巨大的经济市场份额；看重印度独特的地缘战略地位，既能为维护日本海上贸易运输的安全而服务，又能为日本拓展海上影响力做好铺垫；印度与中国有着矛盾纠葛，可以借用印度达到牵制中国发展的目的。印度与日本合作的目标是，借助日本的经济实力推动印度经济继续得到快速发展，让印度的经济水平再上一个大台阶，尽早成为发达经济体；借助日本这个平台，可以进一步充实印度提出的“东进行动”的战略内涵。

正是因为双方发展合作关系的出发点、双方自身国情的不同以及要达到的目标不尽相同，所以日印双方在发展关系时各怀心思，双方都不一定会把对方看作可以真心坦诚相待的“朋友”，只是把对方看作可以借用从而服务于本国的国家利益的“战略工具”。如果“战略工具”的认知大于“朋友”的认知，那么也决定了未来的日印关系难以有实质性飞跃与提升。

最后，中国因素的存在对日印关系而言是一把“双刃剑”，既可以看作日印关系拉近的一个动因，又可以看作日印进一步深化关系的“减速阀”。

近来日印关系之所以“火爆”，一个普遍的看法是，日印双方都与中国有着矛盾与纠葛，日本与中国之间有着很深的历史和领土纠葛，印度与中国之间也存在着难以明言的分歧，正是中国因素的存在直接推动了日印各自走进对方的视线，但中国因素的存在，就一定能使日印合作关系保持长久吗?

如果说中国因素对于日本还有些可以说的，但是中国因素在印度眼里并没有多么重。

2017 年对于中印关系而言，是颇为不平静的一年。“洞朗对峙” 曾经是国际舆论的焦点，但幸运的是，“洞朗对峙” 没有最终走向 “兵戎相见”，而是 “和平落幕”，因为在印度眼里，保持与中国的合作关系，而不是与中国陷入冲突当中，符合印度的国家利益。2017 年 9 月，莫迪总理赴厦门出席中国主办的金砖国家领导人第九次会晤，中国国家主席习近平会见了莫迪总理。正如习近平主席所指出的那样：“一个健康稳定的中印关系符合两国人民根本利益，也是本地区和国际社会共同期待”，“中印两国要坚持双方互为发展机遇、互不构成威胁的基本判断。希望印方能够正确、理性看待中国发展。要向世界表明，和平相处、合作共赢是中印两国唯一正确的选择。双方应相互尊重、求同存异，维护好边境地区的和平安宁”。①

由于印度奉行 “灵活” 与大国平衡的外交政策，所以，在中国因素问题上，印度不会完全随着日本走 “日印联合制华” 的险路，印度更不会因为意图牵制中国而与日本结成 “准同盟关系”。一是这与印度的 “不结盟” 外交政策相悖；二是印度也不想成为日美地缘棋局中的一枚小棋子，因为印度历来是要独立成为一个 “响当当” 的大国，难以容忍自己被当成对付别国的 “工具”。2017 年 12 月 11 日，中俄印三国外长第 15 次会晤在印度首都新德里举行。2002 年以来，中俄印三国外长会晤已举行 15 次，已经成为一种独立、固定的多边会晤机制。中国外长王毅出席了此次会议，并会见了印度外长斯瓦拉杰。中俄印三国外长会晤机制继续运行、中印外长在新德里会晤至少表明了一点，中国因素在日印关系发展中并不一定起到助推作用，相反，在某些时候，由于印度外交的特点，日本 “打中国牌” 起不到应有的作用。

① 参见《习近平会见印度总理莫迪》，新华网，http：//www. xinhuanet. com/world/2017 - 09/05/c_ 1121609181. htm，登录时间：2018 年 1 月 3 日。

四　日印关系未来发展展望

日印关系的主要内容包括经贸（包括高铁与核能）、海上安保合作、人文交流以及其他双方共同关心的多边框架合作等，但是这些内容在各自合作名单上的排序是不同的。

从日本来说，日本首先关心的是日本的技术与投资合作等能否顺利在印度落实，比如日本的高铁技术、核能技术、节能与环保、汽车制造以及宇宙航天等技术，日本迫切希望印度能够大量引进与吸收来自日本的资金和技术，这样就能对“安倍经济学”承诺的让日本经济尽快走上快速复苏的轨道起到提振作用；其次是海上安保合作与对中国的牵制等。可以概括为，日本关心的内容主要是经贸与安保。

从印度来说，印度首先关心的是，尽快吸引来自日本的资金（包括政府开发援助）与先进的技术，为印度快速发展的经济态势提供外部支撑；其次是日本作为印度“东进行动”的重要一环，能为印度的影响力进入东亚地区提供助力；其他的比如军事安保合作以及牵制中国等，与日本相比，印度显得不是那么迫切（尽管印度与中国有矛盾分歧）。可以概括为，印度关心的内容主要是经贸与印度的大国影响力。

从以上的总结可以看出，虽然日印两国相互关心的合作内容都有了“交集”——经贸，但这并不是说日印两国在经贸合作上就完全一致，这里也有个侧重点的不同：日本关心的“经贸”主要侧重于输出，因为日本是老牌经济发达国家，与印度合作有种“居高临下”的感觉；印度关心的“经贸”主要侧重于引进，因为印度毕竟还是新兴经济体，尽管近年来印度经济增速亮眼，但与日本相比，印度经济无论从成熟度还是从人均 GDP 来衡量，都与日本相差甚远，在印度眼里其“经贸”有种“有求于人”或“被动接受”的感觉。

通过对日印合作关系内容及结构的分析与总结，可以研判未来几年日印关系的发展概况，笔者尝试做出如下预测。

首先，日印将在经贸合作上继续保持合作的势头，比如在能源合作上，日印有合作的动力，印度经济飞速发展需要进口大量的能源，但能源消耗高、节能环保任务繁重，日本拥有成熟的降低能耗与节能环保技术，在降低二氧化碳排放、抑制与消除烟尘中的细颗粒物（即 PM2.5）等领域，印度需要与日本加深合作。

其次，日印在海洋安保合作领域会维持现在的水平，但不排除提升合作档次可能性。例如，2017 年 9 月，印度国防部长贾伊特利访问日本，他与日本防卫大臣小野寺五典会谈后发表的《日印防长共同声明》中就明确提到，2018 年的“马拉巴尔”海上联合训练中，日本要派遣 P-1 海上巡逻机参与演习。另外，声明中还提到，今后日本海上自卫队与印度海军将加大反潜训练，比如先进的 P-3C 反潜机参与共同训练，还要举行海上扫雷联合训练等。①

最后，未来的日印关系并不会一帆风顺，其潜在的隐忧会在某个时刻给双方关系的发展带来麻烦。印度与俄罗斯长期保持了合作关系，印俄关系的稳定发展会使印美关系的深入发展迟滞，那么，将来因为印美关系的不睦，肯定会给日印关系带来消极影响。印度已经于 2017 年 6 月正式成为上海合作组织（以下简称“上合组织”）成员国。正式加入由中俄主导的上合组织后，日本谋划借助印度之手达到牵制中国发展的目的将会变得困难，因为上合组织奉行“相互尊重独立、主权和领土完整，互不干涉内政，互不使用或威胁使用武力；加强成员国的相互信任与睦邻友好；奉行不结盟、不针对其他国家和组织及对外开放原则”等宗旨与原则，如果日本怂恿印度在中印边界纠纷上做文章，那么就有违上合组织的宗旨。

另外，尽管日印核能协定已正式生效，但鉴于印度没有加入《不扩散核武器条约》，一旦日后印度重启核试验，那么日印核能协定何去何从将考验日本致力于“核裁军及核不扩散”的基本政治立场。今后让印度不进行核试验的措施如何能够确保实效性而不至于沦为一纸空文，未来几年将成为日印间的重要课题。

① 「日印防衛相会談　共同プレスリリース」、防衛省、http：//www.mod.go.jp/j/approach/exchange/nikoku/docs/2017/09/05_jpr_j.html［2018-01-04］。

B.16
日本对中东政策动向综合分析

程　蕴*

摘　要： 2017 年是日本中东战略推进的关键一年。在政治安全方面，日本通过与阿拉伯国家建立多边对话机制，试图进一步将其纳入自身的全球战略轨道。在经济能源方面，日本致力于建立以自身为核心的跨国经济环流，维持并扩大在中东的油田权益，力图改善能源贸易领域的交易机制。在教育文化方面，日本继续在中东推广日式教育，强化对人的塑造，拓展“宽容”与“中庸”的价值理念。2018 年，作为日本外交的五大支柱之一，日本将会投入更多的精力去经营中东。如何在既保持与中东国家友好的同时，又能与同盟国美国实现政策上的协调，将是日本中东外交的一大挑战。

关键词： 日本中东外交　日本、阿拉伯政治对话　中东和平问题　日本·沙特愿景 2030

安倍第二次执政以来，日本外交的战略性日益凸显，中东成为其全球战略中的一个重要组成部分。自 2013 年开始，日本政府高层就连续访问中东，谋求与中东主要国家建立战略伙伴关系，加强政治、经济、文化等各个方面的对话与合作，并积极参与构建地区政治经济秩序。2017 年是日本中东战略推进的关键一年。一方面，通过与阿拉伯国家进行第一次政治对话，日本按照既定政治战略又向前迈进了一大步；另一方面，通过与沙特阿拉伯实现

* 程蕴，政治学博士，南开大学日本研究院讲师，研究方向为日本外交。

经济战略的对接并与主要国家签署投资协定，日本在中东地区的经济布局也初具规模。当然，中东给日本带来的并不总是惊喜，在纷繁混乱的地区政治和纵横交错的利益格局中，安倍政府在确保自身战略优先的同时，也需要考虑与中东国家以及域外大国关系的平衡。在一些情况下，这会使日本的中东外交处于两难的境地，成为日本中东战略的考验。

一　战略与安全政策动向

作为在战略层次上推进的外交，安倍政府在成立之初就反复强调中东的重要性。而在2017年8月内阁改组后，新上任的外相河野太郎又将中东列为日本外交的五大支柱之一。[①] 可见，作为实现大国目标的基石，中东对于日本来说具有特殊而重要的意义。这不仅表现在传统的能源供应方面，在未来地区乃至全球秩序的构建中，中东既充当了日本大国外交的实验场，也成为其大国地位的战略依托。2017年的日本中东外交在政治安全方面就表现出了这些特点。

（一）通过发展与阿拉伯国家间的多边对话，在介入中东政治的同时进一步将其纳入自身的全球战略轨道

作为全年日本中东外交的重头戏之一，2017年9月11日，日本同阿拉伯国家举行了首次政治对话。它是日本第一次作为域外大国单独与阿拉伯国家设立的多边定期政治对话机制，这意味着日本影响力的增强和阿拉伯国家对其大国地位的承认。

新上任的外务大臣河野太郎代表日本参加了此次对话会，并在会上将日本中东外交的基本姿态规定为如下四条（所谓的“河野四条”）：（1）“（来自日本的）知识和人员方面的贡献”，（2）“对（培育当地）‘人’的投资”，（3）“长期性的举措”，（4）“政治举措的强化”。表面上看，除了最

① 「河野外務大臣会見記録」、http://www.mofa.go.jp/mofaj/press/kaiken/kaiken1_000027.html［2018-01-08］。

后一条外，日本的中东政策都强调贡献而不关注政治上的影响。但在对以上各项做出解释时，河野强调，在提供知识和人员帮助方面，“日本应为解决纷争出谋划策，充分利用日本引以为傲的人才优势，采取比过去更加积极的姿态去介入解决中东地区直面的各项课题”；在培养当地人才方面，日本应推动扩散本国现代化的先进经验，并尽可能地将整套的日式教育战略性地引入中东地区；在长期性的举措方面，日本并不追求一项政策或措施的短期效果，而是站在中长期的立场上谋求未来的政治收益。①

在四条基本原则的基础上，河野又在会上提出了中东外交的五大倡议，以表明当前日本外交集中关注的五项课题。它们分别是：“和平与繁荣走廊”的升级、强化对西奈多国部队观察员团（MFO）的援助、教育人才领域合作的扩大、政治举措的强化以及难民和人道主义的新的相关援助。这些课题都是 2017 年日本中东外交所涉及的主要内容，本文会在相关部分中提到，在此仅对政治举措的强化做一分析。

所谓“政治举措的强化”，既包含了对地区安全的关注，也与日本的全球战略相连。2013 年安倍政府刚刚成立时，日本对中东地区的政治安全介入主要依靠双边层次的对话和战略互信关系的建立。而随着形势的发展，这种政治介入自 2017 年开始向多边层次升级。这也意味着日本在整个中东政治秩序的架构建设方面开始投入更多的外交资源。

多边对话不仅涉及地区层次，更是日本扩展其全球秩序观的重要途径。河野强调，国际社会安定繁荣的关键在于发展迅速的亚洲和充满潜力的非洲这两块大陆，以及连接两地的自由开放的太平洋和印度洋所迸发出的活力。在这一构想下，日本提出了“自由开放的印太战略”。而作为亚洲与非洲、印度洋与太平洋相汇合的关键地区，中东是这一战略成功的关键所在。如果失去中东的繁荣和稳定，所谓的“印太战略”就无从谈起。因此，日本在从全球视角界定了中东战略定位的同时，也要求通过多边层次的战略对话加强彼此互信、稳定地区秩序，并让更多的中东国家认同日本的战略理念和秩

---

① 「第 1 回日アラブ政治対話における河野外務大臣スピーチ」、http：//www. mofa. go. jp/mofaj/files/000291517. pdf [2018 - 01 - 08]。

序观。

除此之外，日本在与中东国家的政治对话中，还加入了东亚局势的沟通，通过与中东国家的对话，使它们支持日本在东亚政治中的立场。2017年，日本政府重点在朝鲜核问题及对朝制裁方面积极对中东国家做工作，试图切断朝鲜的外汇来源，确保制裁的有效性。9月3日朝鲜进行了第六次核试验后，日本外相河野太郎就在其9月8日开启的中东之旅中，极力敦促中东各国强化对朝施压，不要接受来自朝鲜的劳工，以免劳工所得外汇被汇回朝鲜国内用于核试验和弹道导弹开发。9月11日举行的首次日本阿拉伯政治对话会上，河野又重申上述主张，极力渲染朝鲜威胁，并明确关闭对话窗口，要求阿拉伯国家同日本一道对朝鲜发出强烈信号，推动联合国安理会通过更严厉的制裁决议。同日，联合国安理会通过强化对朝制裁的第2375号决议。而日本则继续敦促中东各国严格履行该决议，在9月18~22日出席联合国大会期间，安倍专门与伊朗、土耳其等中东国家举行首脑会谈，讨论朝鲜核问题，并强调安理会的决议只有被真正履行才具有价值。

（二）在相关国家间采取平衡外交，介入中东政治而避免选边站队

自1973年第一次石油危机后，日本的中东外交就天然需要在相关国家间保持平衡，无论是域外大国与中东国家，还是中东国家之间，都是如此。出于获得各方友谊的需要，日本的中东外交有时会陷入进退两难的境地。但对于日本来说，游走于各方之间依然是日本中东外交的最佳选择。这反映了日本中东外交在期望不断介入政治领域的同时尽量避免选边站队的特点。而这一特点在2017年的中东外交中多有体现。

1. 巴勒斯坦问题

日本政府历来在巴勒斯坦问题上持“亲阿拉伯”的立场，不断强化对巴勒斯坦建国的支持和援助，极力促成相关各方之间实现互信与和解。而作为日本参与中东和平进程的重要手段之一，2006年提出的“和平与繁荣走廊”计划一直持续至今。经过10年的经营，2017年该计划取得了阶段性成果，截至2017年7月已有36家企业签署入园合同，其中有7家企业开始实际运营，雇用员工约130人。作为日本独立推动巴以双方合作和解的典范，

外相河野太郎在出席首次“日本阿拉伯政治对话”时又将该事业全面升级，提出要加强出入境和物流设施的建设，将该工业园生产的产品销往海湾、阿拉伯乃至欧美和世界各地。此外，河野还表示，未来的“和平与繁荣走廊”建设将不仅仅局限于农业生产，而是要将范围扩大到信息等尖端技术和旅游观光领域。

日本的政策虽然也得到了以色列和美国的支持，但其辛苦构建的和平与互信却总被两国的政策轻而易举地摧毁。2017 年 7 月，以色列当局公布了在东耶路撒冷修建定居点的计划，立刻引发了在耶路撒冷老城区的袭击事件，使巴以间的和平再次面临挫折。而 12 月 6 日，美国总统特朗普又批准了耶路撒冷作为以色列首都的法案，并将驻以色列大使馆迁至该地，引发了国际社会的强烈担忧。这些都对日本的中东外交造成冲击。

然而，安倍政府在处理这些问题的时候，采取了尽量避免卷入冲突的做法。对于以色列的行为，日本仅呼吁其停止修建定居点的计划，对所发生的事件表示遗憾，而与以色列的战略伙伴关系则不受任何影响地推进。对于美国的行为，最初日本政府极力避免表态，河野太郎在 12 月 7 日的记者招待会上强调特朗普一贯致力于推动和平协议的签署和支持两个国家的解决方案，并对法案签署可能引起的中东形势恶化表达了担忧，但唯独没有像其他国家那样表明在这一问题上的立场。① 显然，日本需要在看清风向后再做表态。12 月 8 ~ 17 日，河野太郎启程访问阿拉伯诸国以及法国、英国、美国，同各国进行了沟通。在看到美国的政策遭到大多数国家尤其是中东国家的反对后，当在 12 月 21 日的联合国大会上表决要求美国撤回关于承认耶路撒冷为以色列首都的决议案时，日本政府站在了多数一边投了赞成票。② 然而，仅仅如此是不够的，日本仍需在中东政治中显示存在感。12 月 25 日，河野太郎再访中东，同以色列和巴勒斯坦首脑进行了会谈。在访问中，河野避开自身立场的过多阐述，仅强调耶路撒冷的最终地位应由当事者之间谈判解

---

① 「『和平促進』トランプ氏強弁　日本あいまい姿勢」、『朝日新聞』（国際版）2017 年 12 月 8 日。

② 「国連総会、米に撤回要求」、『朝日新聞』（国際版）2017 年 12 月 23 日。

决，而在面对巴勒斯坦拒绝美国继续作为中东和平问题调停人的立场时，河野依旧表示美国的继续参与是重要的。[①] 可见，日本虽然做出了异于美国的表态，但充其量也只是对美国主导下的中东和平进程给予了微小的修正。

之所以这么做，正如河野自己所透露的那样，第一，“相比特朗普声明本身，中东各国政要更害怕过激派以此为借口发动暴动和恐怖袭击。（所以）虽然各地发生了冲突，但各国政府都对其采取了抑制性措施”。第二，“在阿拉伯各国与伊朗的对立不断加深，一部分阿拉伯国家与卡塔尔的对立仍在持续之时，以色列拥有足够的自信认为阿拉伯各国会在背地里同其加深关系”。[②] 显然，在当前形势下，日本政府认识到，美以的做法即使出格，阿拉伯国家也很难采取实质行动予以应对。日本这样做，既保住了阿拉伯国家的颜面，也暗中默许了美以的行动。

2. 卡塔尔断交危机

2017 年 6 月发生的卡塔尔断交危机，对雄心勃勃介入中东政治的日本政府来说又是一个考验。作为重要的原油进口国和天然气进口国，来自沙特和卡塔尔的友谊对日本来说都是不可或缺的。然而，双方的纠纷涉及教派冲突以及背后沙特与伊朗在中东的政治角力，对于秉承不选边站队原则的日本来说，又显得颇为棘手。这些考虑从 6 月 9 日日本外务省发言人的公开谈话中就可以反映出来。日本表示：（1）对当前中东和海湾地区的局势表示担忧，并密切关注事态的发展；（2）中东的和平与稳定与海湾阿拉伯国家合作委员会（海合会，GCC）国家的团结是分不开的；（3）日本将继续重视与 GCC 各国维持良好的双边关系。[③]

当得知科威特愿意居中调停后，6 月 27 日、28 日，日本首相安倍晋三又分别给沙特王储和卡塔尔埃米尔打电话，除向双方表达支持科威特居中调

---

① 「中東和平　仲介に意欲　河野外相、両首脳と会談」、『朝日新聞』（国際版）2017 年 12 月 27 日。

② 「河野太郎『中東出張その3』衆議院議員　河野太郎公式サイト」、http：//www. taro. org/［2018 - 01 - 08］。

③ 「中東・湾岸地域の状況について（外務報道官談話）」、http：//www. mofa. go. jp/mofaj/press/danwa/page4_003054. html［2018 - 01 - 08］。

停的立场外，对于沙特方面，安倍表示希望在作为阿拉伯、伊斯兰盟主的沙特的指导下，GCC 国家实现团结。而对于卡塔尔方面，安倍则表示从共同应对恐怖主义和极端主义的角度出发，希望 GCC 国家维持团结。事实上，日本最担心的是断交危机继续升级，进而对日本在海湾地区的经济利益造成影响。6～8 月，薗浦健太郎（外务副大臣，8 月内阁改组后任首相助理）先后访问阿联酋、科威特、卡塔尔，对相关国家做工作，希望各国对日企给予特别的考虑，不要让事件对企业的经营活动造成负面影响。在得到相关保证后，日本政府才开始考虑更加直接介入两国纷争，在 9 月 9～10 日与卡塔尔和沙特外交部长的会谈中，外相河野太郎表示日本将在力所能及的范围内为双方通过对话早日解决纷争提供帮助。在整个卡塔尔断交危机中，日本采取的是逐步卷入的策略，在确定形势允许其作为中立的调停者后，才选择进一步介入到危机中发挥作用。

3. 伊朗核协议

和美国的强硬政策不同，日本对伊朗一向持一种接触的姿态。2015 年中美等六国与伊朗签署核协议后，日本结束了对伊朗的制裁，日伊双边合作也重新活跃了起来，并于 2016 年 2 月签署了双边投资协定。

然而，2017 年特朗普就任美国总统后，美国政府开始威胁退出核协议并重开对伊制裁。这令伊朗核问题面临再次升级的危险。日本自然不希望重获发展的日伊关系倒退到 2015 年前，所以它倾向于该协议能够得到相关各方的切实遵守。幸运的是，2017 年 5 月的伊朗大选中，改革派领袖鲁哈尼再次当选总统，这为伊朗遵守核协议、继续走国际协调路线打下了基础。在确认伊朗履行了核协议后，2017 年 9 月 5 日，高村正彦作为首相安倍晋三的特使访问伊朗，并递交了安倍的亲笔信。在会谈中，高村正式表示日本支持核协议，并继续敦促所有相关国家遵守该协议，同时希望在此基础上，伊朗为地区和平与稳定做出贡献。[①] 9 月 19 日召开联合国大会期间，安倍再次对鲁哈尼的国际协调路线表示赞赏，并重申了日本对核协议的支持。日本之

① 「高村正彦総理特使のイラン・イスラム共和国訪問」、http：//www. mofa. go. jp/mofaj/me_a/me2/ir/page1_000389. html［2018－01－08］。

所以选择支持伊朗，一方面是因为伊朗在国际原子能机构的监管下确实履行了核协议，另一方面是因为美国威胁退出核协议招致了国际社会的一致反对，而美国国内对此也存在意见分歧。10 月 12 日，特朗普最终做出妥协，同意保留伊朗核协议的框架，但要求对伊朗采取更严格的限制措施。①

在核协议问题上虽然日本站在伊朗一边，但事实上日本的政策并非单纯偏向伊朗，只是在美伊两国之间保持一定的平衡。虽然相比美国日本更愿意执行对伊朗接触的政策，但由于受到美伊两方面国内政局变化所导致的双重政治周期的影响，自 2015 年制裁解除后，即使在伊朗政府的再三提议下，日本也并不急于与伊朗在能源领域展开深入合作。加之当前沙特与伊朗在中东的对立，日本实质上对伊朗也保持了一定的距离。

（三）在地区秩序构建问题上与西方国家保持一致的同时，注重有效治理的实现

作为中东政治的动荡地带，伊拉克、叙利亚、阿富汗等地一直是日本介入中东政治时重点关注的区域。在涉及这些国家的问题上，日本一方面与西方国家保持一致，推进民主化进程；另一方面也尽可能地发挥自身影响力，确保在已建立选举制度的国家帮助政府实现有效治理，遏制恐怖主义的滋生和蔓延。

在伊拉克，2017 年 1 月 10 日外务副大臣薗浦健太郎在访问该国时表示，日本为了支持伊拉克的反恐作战、已解放区域的稳定化以及人道主义状况的改善，在国会的补充预算成立后将给予 1 亿美元的援助，同时也将为伊拉克电力基础设施的建设提供日元贷款。② 而当伊拉克摩苏尔解放、反恐战争取得决定性战果后，日本又建议伊拉克政府一边回收武器，一边通过职业训练恢复整个社会的和平与稳定，并在 9 月 20 日欧盟主办的“关于伊拉克人道主义危机部长级会议”上呼吁国际社会为这一计划的实施提供援助。

---

① 「イラン核合意　米離脱せず」、『朝日新聞』（国際版）2017 年 10 月 14 日。

② 「日・イラク協力関係の強化に関する共同プレスリリース」、http：//www. mofa. go. jp/mofaj/files/000220997. pdf ［2018 - 01 - 08］。

在阿富汗，自2015年国际社会通过建立相互责任帮助阿富汗实现自立的新的援阿方针后，日本在2016年的布鲁塞尔会议上宣布2017～2020年日本将保持每年不超过400亿日元的对阿援助，其中用于维持治安的部分保持在每年1.3亿美元。同时，日本强烈要求阿富汗政府消除腐败，进行选举改革并改善人权。日本政府将根据阿富汗政府改革的努力程度提供相应的援助。2017年1月，外务副大臣薗浦健太郎实现了政务层次上三年来的首次访阿，对阿富汗总统加尼再次重申了以上要求，并表示将给予第一阶段190亿日元的援助。

在叙利亚，在2017年4月5日召开的关于叙利亚问题的布鲁塞尔会议上，日本政府在确定了2.6亿美元援助的同时，强调叙利亚危机的解决并不仅仅是人道主义援助的问题，还需要政治解决的同步推进和联合国斡旋下的人道主义对话。而在叙利亚疑似发生化学武器袭击、特朗普政府兑现承诺对叙实施军事打击后，安倍又于4月9日同特朗普通电话，表示支持美国遏制化学武器扩散和使用的态度，高度评价了特朗普兑现承诺的行为。

总之，在政治战略与安全方面，日本既有主导构建中东政治秩序的战略野心，也有自己独特的外交推进方式。在中东这个大舞台上，日本通过平衡外交锻炼着自己的外交手腕；通过对构建地区秩序的摸索，提高了冲突管控和危机管理能力，这都为其未来成长为世界性大国打下了基础。而“积极和平主义”“自由开放的印太战略”等政治理念的传播，更是在观念和话语权上为未来全球秩序的构建提供了准备。当前，由于日本军事能力的欠缺，中东国家对日本维护秩序的能力尚存怀疑。而随着中东战略和国内立法的进一步推进，日本会逐渐弥补这一缺憾，进一步强化其在中东的存在感。

二　经济能源与教育文化外交

日本的中东外交布局不仅体现在政治安全领域，在经济能源和教育文化方面也相互配合，既谋求外交综合影响力的实现，也注重实际利益的获得。2017年，日本的中东外交在经济能源方面更加注重海外扩张和规则的建立，在教育文化方面则注重教育体系和观念的输出。这些既是日本中东战略中的一个重要组成部分，也是其推进中东外交的重要手段。从推进阶段上看，2017 年，日本在中东的经济能源与教育文化外交虽然尚处于布局的初期阶段，但已较为明显地显现出了未来的战略意图。

（一）在中东构建以自身为核心的跨国经济环流

在当今世界贸易体系中，价值链贸易的发展越来越成为国际贸易的主流趋势。而在这一趋势下，主导区域价值链贸易的规则制定就成为日本近年来在经贸领域的核心战略，这一点在中东也不例外。当然，在中东，日本需要与地区大国共同合作来构建区域生产供应链的框架并协商制定规则。对于日本来说，最重要的战略合作伙伴就是沙特。安倍二度上台之初，就致力于将日沙经济关系提升至战略层面。2016 年沙特政府推出“愿景 2030”战略后，日本政府又看到了与沙特之间实现战略对接的可能性，在当年即表示愿意协助沙特实现“愿景 2030”所制定的目标，并立即与沙特政府成立了部长级的“日本·沙特愿景 2030 共同小组”，讨论部门间的具体对接和实施细节。①

2017 年 3 月，沙特国王访日，两国就进一步提升战略伙伴关系达成一致，并公布了此前共同小组制定的“日本·沙特愿景 2030”，签署了《关于实施日沙愿景 2030 的合作备忘录》等一系列文件。② “日本·沙特愿景 2030”旨在实现“日本振兴战略（2016）”和沙特“愿景 2030”战略的对接，在帮助沙特完成全方位的改革，成为连接三大洲的国际贸易中心的同时，也积极推进日本企业在制造业、能源、基础设施、农业等领域对沙特的投资，并强化文化、娱乐领域内的日沙合作。③

重要的是，日沙合作不仅仅局限于双边领域，共享利益的经济伙伴关系

① 「安倍総理大臣とムハンマド・ビン・サルマン・サウジアラビア副皇太子との会談」、http：//www. mofa. go. jp/mofaj/me_ a/me2/sa/page4_ 002309. html ［2018 －01 －08］。

② 「サルマン・サウジアラビア王国国王陛下の訪日」、http：//www. mofa. go. jp/mofaj/me_ a/me2/sa/page3_ 002033. html ［2018 －01 －08］。

③ “*Saudi Japan VISION* 2030”，http：//www. mofa. go. jp/mofaj/files/000237093. pdf ［2018 －1 －8］.

也要求两国共同拓展第三方市场，尤其是对中东、北非地区的开发。为此，日本在推进与沙特战略伙伴关系的同时，也在逐步理顺与中东其他国家的经济关系。随着日本与中东国家间经济合作委员会的相继建立，2017 年，日本与阿曼、沙特、伊朗、以色列签署的投资协定相继生效，加上此前已签署并生效的与科威特、伊拉克等国家的投资协定，日本在构建投资规则方面已基本实现对中东主要国家的全覆盖。

（二）力图改善能源市场规则，进一步扩展海外石油权益

2017 年，日本的能源战略仍旧聚焦于能源贸易领域的规则改变。根据 2016 年发表的《天然气市场战略》，日本试图废除天然气采购合同中的发货地条款并推动价格机制透明化。为此，日本在同中东天然气出口国进行谈判的同时，也与印度这样的天然气消费大国签订了合作备忘录，与美国签订了《战略能源合作伙伴关系》等文件，以试图加强它在谈判中的地位。此外，日本继续扩展海外的石油、天然气权益，努力在当前的国际能源市场版图中占据一席之地。

2017 年，日本政府最为关心的海外权益之一就是如何保住国际石油开发帝石（INPEX）在阿联酋的海上油田权益。这些油田属于阿联酋阿布扎比海洋石油公司的矿区，从 1973 年开始已经由日本石油开发株式会社参与持股（INPEX 的子公司）长达 40 余年。然而，原有的持股模式已在 2018 年 3 月到期。由于该地区开采成本低廉且原油质量很高，所以原来一同持股的英国石油公司（BP）和法国托塔尔公司（TOTAL）都试图增加持股比例，而中国、韩国的石油公司也希望能够参与进来。这导致了一场激烈的石油争夺战。经过谈判，INPEX 在 2017 年 1 月仅实现了该矿区中两个较小油田的增资和续期，但剩余的四个油田前途仍不明朗，而这四个油田的权益占到了 2018 年到期所有权益的 90%，所以这些股份权益是日本所必争的。[①] 2017 年 1 月 14 日，日本派出经产相世耕弘成专门赴阿联酋做工作，4 月阿联酋

① 「アブダビ2 油田権益延長でUAEと合意　残る9 割焦点に」、https：//mainichi. jp/articles/20170117/k00/00m/020/092000c［2018 -01 -08］。

外交部长阿卜杜拉访日之际，首相安倍晋三和外相岸田文雄又轮番做工作。7月阿联酋阿布扎比国家石油公司CEO访日时，安倍再次提及此事并表示关心。鉴于阿联酋方面极有可能在国际石油巨头云集的阿布扎比石油展（ADIPEC）上初步确立新的油田股份分配方案，日本政府又提前一个月于10月7~9日派遣经产相世耕弘成访问阿联酋进行公关。访问期间，世耕同阿联酋方面的关键人物一一举行了会谈，并就两国在石油天然气领域的上中下游产业强化战略性的商业开发、技术合作、人才培养签署了合作备忘录。[①] 与此同时，日本还防患于未然，在油田持股权益远未到期之前就进行续期。处于同一矿区的阿布扎比上扎库姆油田在2014年刚将持股权益延长至2041年，又在2017年11月将该权益再次延长十年至2051年。

（三）日式教育体系和文化观念的输出

从战略实施的角度看，日本中东外交的另一个主要举措，就是加强文化领域的对话与观念的输出。尤其是在2015年经历了人质危机后，日本政府提出了“中庸最善”主张，迫切希望中东社会摆脱伊斯兰极端主义思潮的泛滥，确立理性化思维观念的主导地位。为此，作为中东政策的长期举措之一，日本政府对文化教育领域进行了持续性投入。

在中东，与日本在教育文化领域进行深度合作的代表性国家是埃及。2016年埃及总统塞西访日，两国达成了《日埃共同声明——合作将两国关系推向新阶段》的政府间文件，将教育文化领域的合作列为两国间重点推进的合作领域之一。而在该领域，两国政府又进一步达成了《日埃教育伙伴关系计划》，确立了在埃及全面引进日式教育的12项具体措施。

2017年是这些措施的实施之年。5月2日，日埃双方交换了有关《人才培育计划》的换文，确定给予埃及101.92亿日元的低息长期贷款。9月12日，外相河野太郎访问埃及时又表示，作为推进日式教育的财政援助，未来

① 「アブダビ国営石油会社（ADNOC）、石油天然ガス・金属鉱物資源機構（JOGMEC）との間で、協力覚書に署名しました」、http：//www. meti. go. jp/press/2017/10/20171010001/20171010001. html［2018－01－08］。

将提供 186 亿日元的贷款，并为埃及日本科学技术大学配备教育科研器材提供约 10 亿日元的无偿资金援助。最终，12 月 18 日，日埃双方在东京交换了《第二次埃及日本科学技术大学教育科研器材采购计划》，日本给予了埃及 9.93 亿日元的无偿资金援助。

此外，以沙特为代表的海湾国家，也是日本文化教育外交的主要对象。在 2017 年 3 月制定的“日本·沙特愿景 2030”中，“软价值”（soft values），即通过构建强有力的合作基础来激活改善沙特的社会文化面貌，成为两国合作的三大支柱之一。具体来讲，就是将“酷日本”（cool Japan）战略与“温暖沙特”（Warm Saudi）构想相结合。在阿拉伯世界推广日本文化，增强日本旅游产业的吸引力，在为日本商业在海外扩张做出贡献的同时，也帮助沙特在教育、体育、娱乐等领域为年轻人构建一个适宜的环境，在世界范围内树立一个热情好客的形象，进而更加强化沙特作为伊斯兰世界中心的吸引力。不可否认，沙特的目的是借助日本在文化娱乐产业的成熟经验，来扩展它自己的价值观。但是，通过双方的深度合作，日本政府也可以期望以沙特为代表的海湾国家成为“宽容”与“中庸”精神的典范。

总之，在经济能源领域日本注重规则的建立，在教育文化方面日本注重软实力的输出。它们与日本在中东的政治安全战略相辅相成，共同构成了一个体系化的中东外交，为日本中东战略的推进提供了有力支撑。而中东战略的布局也是未来日本全球战略构想的缩影。以日本自身为核心构建跨国经济环流、输出西方价值观和日本模式等，也都成为日本未来追求一流大国地位的重要手段和目标。

三　综合评估与前景展望

2017 年是日本加速推进中东战略的关键一年。在政治、经济、文化等各方面，中东既是日本大国战略的实验场，也是其“自由开放的印太战略”的重要依托。作为战略依托，日本通过与阿拉伯国家展开政治对话，在不断输出政治理念的同时，将其纳入自身的全球战略轨道；通过布局构建以自身为核心的跨国经济环流，谋求掌握地区贸易规则制定的主导权；通过在全球能源市场的攻城略地、合纵连横，以图改善能源贸易规则，弥补能源短缺的短板。而作为大国战略的实验场，日本在中东国家间采取平衡外交，磨砺自己的外交手腕；在地区秩序构建问题上，探索更加有效的治理模式；通过教育文化领域的软实力输出，日本的软性外交手段也更加趋于成熟。

然而，从国家实力的角度来看，日本的综合国力尚无法支撑其雄心勃勃的战略野心，它必须依靠美国和地区大国的力量，在与各方的协调中推进其中东战略。这就不可避免地使日本的中东外交存在内在矛盾性。日本的解决方案是尽量不激化矛盾，通过长期培育彼此间的互信和软性的观念渗透来从源头化解冲突。这也正是河野太郎在首届日本阿拉伯政治对话中所强调的日本中东外交的基本姿态。但这种长期渐进的方式能否抵御频繁冲突激化所带来的负面影响，尚不容乐观。

2018 年，日本将继续按照既定战略推进中东外交。但中东形势的复杂多变和各方利益的相互交错，预示着日本的中东外交推进并不会一帆风顺。

在政治方面，日本的不足之处在于很难对潜在的冲突实施有效管控，而冲突的爆发又很可能破坏日本的平衡外交，使其面临选边站队的尴尬境地。如果说在巴勒斯坦问题上由于有国际舆论一边倒的支持和巴方对日本的足够信任，使日本政府有相对宽松的回旋余地的话，那么未来如果美伊冲突、沙伊冲突激化，日本外交将面临更加严峻的考验。

在经贸方面，“日本·沙特愿景 2030”的签署，将会更加有利于日本与中东经济的融合与对接。2006 年开始迁延至今的日本与海合会的 FTA 谈判也很可能会因此而迎来大的转机。中东国家对与域外大国的经济合作保持了足够的开放性。在与日本加强经济联系的同时，海合会国家同中国、印度等国家的 FTA 谈判也在同步推进。因此，未来中东地区的跨国经济环流必定不是封闭性的，是否能主导地区贸易规则的制定，对于日本来说，仍面临诸多变数。然而，即使存在诸多的不确定性，日本的中东战略仍在有条不紊地推进。未来这一战略的成功，不仅取决于日本外交的灵活性，还与这一战略是否拥有更大的包容性息息相关。

B.17
日非经济关系评析

苏　杭*

摘　要： 2017年，日非经济关系持续向前发展。为了扭转日本在对非经济交往中的落后地位，日本加快了对非洲投资的步伐。为了推动日本企业对非投资，日本政府及相关机构采取了积极措施，并加大了对非人才培养的力度。面对不断扩大的非洲基础设施市场，日本政府和企业采取积极的促进措施，谋求对非洲"高质量"基础设施出口，并刻意与中国的"价格"优势拉开距离。强化与中国的竞争是日非经济合作的突出特点。日本对非投资项目落地性不强、对非经济合作明显的政治意图以及刻意防范中国的政策导向，都制约着日非经济关系的深入发展。

关键词： 日非经济关系　基础设施出口　东京非洲发展国际会议

2017年，日本与非洲国家的经济关系持续向前发展，相互间的经济交流进一步扩大，日非经济关系整体呈现出扎实推进的特点。在日本政府的大力推动下，日本与非洲国家的经济关系渐趋密切，合作领域不断拓宽。2017年，日非经济关系呈现出以下几个突出特征。

---

* 苏杭，经济学博士，东北财经大学国际经贸学院副院长、副教授，研究方向为日本经济与企业国际生产网络。

一　进一步强化对非投资

2017 年日非经济关系的首要特点，是继续突出对非投资在推动非洲经济发展以及深化日非经济关系中的重要作用。

2017 年 8 月 24 日，日本外相河野太郎出席在莫桑比克举行的东京非洲发展国际会议部长级后续会议时表示，日本将官民携手，全力扩大对非洲的投资。“为加强亚洲和非洲的联系，日本政府将继续积极采取措施。”[①] 日本着力强调对非投资重要性的一方面，是与非洲国际经济地位的转变密不可分的。全球价值链分工的发展，降低了非洲国家嵌入全球价值链的门槛，借助全球价值链分工，非洲的工业化水平有了较大程度的提升，经济呈现出快速发展的态势，非洲也因此成为国际投资者瞩目的投资热点。

根据《2017 年世界投资报告》，2016 年非洲 FDI 流入量为 593.7 亿美元，虽然较 2013 年的峰值[②]有所下降，但与 21 世纪初 100 亿美元左右的流入量相比[③]，仍维持在较高水平。非洲经济的快速发展、国际资本的加速流入与日非经济合作水平形成鲜明对比，推动日本政府强化日非经济关系，由传统的“援助者”向“投资者”转变。[④] 另一方面，日本经济发展面临的诸多现实挑战，也推动日本政府重视日非经济关系，希望借助非洲经济的发展潜力来提振日本经济。

以往，日本与非洲各国的经济关系主要表现为资源能源贸易。国际金融危机和欧洲债务危机爆发后，作为日本对外投资重点的发达国家和新兴市场国家经济增速放缓，这迫使日本企业加快发掘新市场。对于深陷国内经济低迷和人口少子老龄化旋涡的日本而言，非洲人口总量和消费市场的同向扩张

① “Tokyo International Conference on African Development (TICAD) Ministerial Meeting”, http://www.mofa.go.jp/af/af1/page3e_000721.html [2018-01-20]。

② 2013 年非洲 FDI 流入量达到 775.01 亿美元。

③ UNCTAD, “World Investment Report 2017”, http://unctad.org/en/Pages/DIAE/World%20Investment%20Report/Annex-Tables.aspx [2018-01-05]。

④ 参见苏杭《日非经济合作评析》,《日本学刊》2014 年第 2 期，第 125 页。

意味着巨大的海外市场，如果能够借助对外投资打开非洲市场，无疑会给内需不振的日本经济注入新的活力。

日本贸易振兴机构（JETRO）所做的《日资企业进出非洲实态调查（2016年度）》显示，2000年后进入非洲市场的日资企业呈递增态势，其中，有37.0%的受访企业是在2011年以后进入非洲市场的。同时，该调查还发现，有52.4%的企业有扩大在非投资的计划，扩大投资的主要原因是在非经营收益增加和非洲市场的成长性，这反映出在非投资的日资企业对非洲经济发展有信心。①

（一）“官民合作”扩大对非投资

长期以来，日本政府在日本企业的国际化发展中都扮演着重要角色，以官民一体的方式开展对外投资。在开拓非洲市场的过程中，日本政府也多次强调官民合作，采取多种措施促进民间企业开展对非投资。

2017年8月24日，在东京非洲发展国际会议部长级后续会议召开期间，日本政府专门举办了“日本—非洲民间企业对话会”，49家日本民间企业以及来自130家非洲民间企业的400余名代表出席了对话活动。在对话会上，5家日本企业与3个非洲国家签署了合作备忘录。② 日本与非洲相距遥远，对非投资起步也相对较晚，因此日本企业普遍缺乏对非洲市场和企业的了解，迫切需要相关机构提供沟通和交流的渠道。为了进一步加深日本企业对非洲的了解，日本贸易振兴机构于2017年3月27日发起成立了“非洲商务研究会”，为日本企业和非洲国家搭建商务沟通平台。2017年5月和9月在神户举办的“非洲商务研究会”上，日本贸易振兴机构向与会日本企业介绍了非洲国家的投资环境，日本企业进入非洲市场的优势、面临的挑战，以及日本国际协力机构（JICA）等为赴非投资企业提供的支持

---

① 日本貿易振興機構「2016年度アフリカ進出日系企業調査」、https：//www.jetro.go.jp/news/releases/2016/8d61770d701c1e8e.html［2016－12－19］。

② “Tokyo International Conference on African Development (TICAD) Ministerial Meeting”，http：//www.mofa.go.jp/af/af1/page3e_000721.html［2018－01－20］。

措施①，希望借助这样的沟通平台扩大日本企业对非洲市场的认知度，激发日本企业投资非洲市场的积极性。截至2017年底，“非洲商务研究会”共举办了四次类似的商务洽谈和人才交流活动。

（二）加快双边投资协定的签署

随着日本企业对非洲投资的扩大，开展投资促进与投资保护成为日本政府对非交往的工作要点。日本政府与莫桑比克政府于2013年6月1日签署了投资协定，这是日本与撒哈拉以南非洲国家签署的首个投资协定。投资协定的签署，推动了三井物产、新日铁等日本企业在莫桑比克参与天然气、煤炭等大型开发项目。

为了进一步发挥双边投资协定对日本企业对非投资的促进作用，2017年8月25日，日本与肯尼亚两国外长举行会议，表示双方国内程序均已完成，日本－肯尼亚双边投资协定将于9月14日正式生效。根据日本－肯尼亚双边投资协定，双方企业在法律上享有与对方国内企业相同的待遇，并可以向对方国家的政府索赔。② 日本－肯尼亚双边投资协定的签署，有助于降低日本企业对肯尼亚投资的商业风险和政治风险，促进日本企业扩大对肯尼亚的投资。在同日于莫桑比克召开的东京非洲发展国际会议部长级后续会议上，日本还宣布计划与包括阿尔及利亚和摩洛哥在内的13个非洲国家缔结新的双边投资协定。

（三）重视对非“软投资”

日本与非洲不仅地理距离遥远，在经济发展、语言、宗教和法律等方面也差异悬殊。为了降低日本企业投资非洲的制度距离和进入成本，安倍政府启动了“ABE倡议”③，旨在选拔优秀的非洲年轻人进入日本大学或研究生

① 「アフリカビジネスセミナー in 神戸」、https://www.kic.ac.jp/news/3824［2018－01－18］。

② 「投資の促進及び保護に関する日本国政府とケニア共和国政府との間の協定」、http://investmentpolicyhub.unctad.org/Download/TreatyFile/5375［2018－01－17］。

③ African Business Education Initiative for Youth.

院学习，并为其提供在日本企业实习的机会，使其有机会切身了解日本企业的先进技术和经营理念。这一倡议重在人才培养，一方面是为了弥补日本缺乏了解非洲投资市场的人才；另一方面也是希望借助这些非洲留学生，为日本企业进军非洲市场搭建桥梁。

2017 年 ABE 人才培养计划进入第五批次①，这一计划在为非洲国家培养人才的同时，也通过这些非洲留学生将日本的技术与管理经验带回非洲，为下一步日本企业开展相关投资创造条件。在日本政府的推动下，日本国际协力机构也加入了培养对非洲投资人才的行列。同年 2 月 13 ~ 14 日，在内罗毕举行的非洲财务与投资论坛（AFIF）上，日本国际协力机构派出的专家参与了为期两天的人才培训项目，在向非洲国家展现日本企业管理经验的同时，帮助非洲国家企业掌握开辟新市场和获得财务支持的能力。② 通过开展人才培养的“软投资”，日本政府弥补了对非投资的人才短板，也在一定程度上提升了日本在非洲的“软实力”，为日本企业开展对非投资创造了必要的环境支持。

二　重视对非洲基础设施出口

进入 21 世纪以来，非洲工业化和城市化的推进在推动非洲经济高速增长的同时，也催生出了巨大的基础设施建设需求。与不断增长的需求相比，基础设施供给不足已成为制约非洲经济可持续发展的主要瓶颈。非洲开发银行发布的《2017 非洲竞争力报告》显示，在过去十年中，非洲的交通基础设施供应质量下降了 6.0%，而 ICT 基础设施普及率低下直接阻碍着非洲大陆进入第四次工业革命。③ 潜力巨大的非洲基础设施市场，吸引着各国投资

① “ABE Initiative Master's and Internship Program 5th Batch（for 2018 September Enrolment）（Deadline for Application：23rd October，2017）”，https：//www.jica.go.jp/southafrica/english/office/others/abe.html［2018－01－05］．

② “JICA to Share Management Best Practices with African Entrepreneurs During the AFIF 2017 in Nairobi”，http：//africabusiness.com/2017/02/10/jica－nairobi［2018－01－20］．

③ AfDB，“Africa Competitiveness Report 2017”，https：//www.afdb.org/fileadmin/uploads/afdb/Documents/Publications/Africa_Competitiveness_Report_2017.pdf［2017－12－31］．

者的目光，而急于寻求海外市场的日本基建企业自然也不甘落后。2017 年，在日本政府的助力下，日本基建企业在自身具有技术优势的核电、高铁、水电、火电等项目上积极扩大对非洲的出口。

在网络经济时代，传统的地理边界不断淡化，基础设施大发展所带来的互联互通重塑着各国在全球生产网络中的角色，如何有效利用生产要素并与全球市场对接成为网络经济时代一国所面临的新挑战。那些能够提供更多互联互通基础设施的国家不仅可以更好地适应网络化生产这一新生产模式，而且可以确立起该国在全球生产网络中的新优势，即额外的治理能力（extra statecraft）①。基础设施不仅是一国为所在地区及国际社会提供的重要公共产品，而且是一国国际竞争新优势的重要来源。中国发起的“一带一路”倡议，在提升沿线国家基础设施互联互通水平的同时，也大幅提升了中国在沿线地区的非制度性话语权，这无疑引发了谋求海外扩张的日本政府的焦虑。为此，安倍政府提出了到 2020 年实现日本基础设施出口 30 万亿日元的目标。

（一）强化基础设施出口的支持政策

为推动基础设施出口，2017 年日本政府先后出台了一系列保障措施。针对非洲国家因资金困难而放弃向日本基础设施出口企业招标的现象，日本贸易保险公司（NEXI）引入了新的贸易保险服务。非洲国家在向日本企业招标基础设施建设项目时，要先向日本贸易保险公司支付保险费。中标的日本企业一旦无法收到非洲国家的工程款，就可以从日本贸易保险公司领取贸易保险金。此举旨在推动日本基建企业进军非洲基建市场，进而扩大日本基础设施的出口规模。此外，2017 年日本政府还陆续调整了一些法律规定，包括缩短日元贷款的手续时间、解禁在非洲需求较高的日本国际协力机构基于欧元的海外投融资等。

在机制建设方面，日本政府在“日非官民基础设施会议”的基础上建

① “extra statecraft” 的提法出自耶鲁大学教授 Keller Easterling 所著的 *Extrastatecraft: The Power of Infrastructure Space*，Verso Books，2014。

立了非洲基础设施协议会（JAIDA）①。截至2017年12月，非洲基础设施协议会已吸纳民间基础设施关联企业和团体159家。② 作为扩大日本基础设施对非出口的专门机构，非洲基础设施协议会负责向驻日非洲政府机构和企业宣传日本的基础设施。2017年12月8日，日本国土交通省和非洲基础设施协议会组织非洲14国19位驻日大使参加旨在介绍日本高质量基础设施的“城市旅行”，这已经是非洲基础设施协议会成立以来举办的第三次相关活动。活动内容是组织驻日非洲大使参观位于横滨青叶的JCT工地现场以及作为横滨港发展的标志性历史建筑物红砖仓库，让大使们直观感受日本的建筑技术和抗震设计，为日本基础设施走入非洲做宣传。

（二）突出基础设施出口的“高质量”

鉴于中国在非洲基础设施市场上的地位，日本在面向非洲出口基础设施时刻意突出日本基础设施的“质量”，意在与中国的“价格”优势拉开距离。在遭遇了与中国争夺印度尼西亚高铁订单的失利之后，日本政府在2016年七国集团伊势志摩峰会上提出“建设高质量基础设施”的口号，意图确立日本在基础设施出口领域的优势。“高质量”也成为近年来日本争夺海外基础设施市场的核心宣传词之一。③

进入2017年，日本政府进一步谋求对非洲国家“高质量”基础设施的出口。在西非国家尼日利亚，为缓解首都拉各斯日趋严重的堵车现象，日本政府与尼日利亚政府探讨在连接拉各斯岛和维多利亚岛的铁路建设上开展合作。铁路将采用日本先进的“百合海鸥”号。为了促成项目，日本政府还承诺将通过日元贷款予以资金支持。在日本具有技术优势的地热发电领域，日本政府与联合国工业发展组织（UNIDO）合作，通过追加预算提供15亿

---

① 非洲基础设施协议会的功能包括：负责官民基础设施会议的召开、非洲市场的信息共享、与非洲国家驻日大使馆保持联系以及与日本驻外使领馆的交流。

② 「第3回在京アフリカ大使館向けシティ・ツアーの開催結果について」、http://www.mlit.go.jp/report/press/sogo07_hh_000474.html［2017-12-13］。

③ 参见李清如《日本对非经济外交及其动态趋势分析》，《日本问题研究》2017年第5期，第14页。

日元用于地热相关支出，以帮助能源短缺但地热资源丰富的东非国家开发地热资源，缓解能源短缺问题。2017 年 8 月 24 日，在东京非洲发展国际会议部长级后续会议召开期间，日本外相河野太郎再次提及日本首相安倍晋三在援非领域倡导的“建设高质量基础设施”，强调日本将通过协助非洲国家建设“高质量”的基础设施，为非洲经济的发展做出积极贡献。在会议结束时发表的《2017TICAD 日本倡议》中，日本政府提出了针对非洲“高质量”基础设施出口的三个重点推进领域，即东部非洲的北部回廊、安卡拉走廊以及西部非洲的“成长之环”。①

三　与中国的竞争日渐强化

2017 年，日本政府愈加强化在对非经贸合作中与中国的竞争。强化与中国的竞争，源于日本政府对日非经贸合作落后于中非经贸合作的忧虑感的加强。从数字上看，在过去十年间，中非双边贸易年均增长 20%，中国对非直接投资年均增速达 40%。② 尤其是“一带一路”倡议实施四年以来，中国企业面向非洲市场的投资更加积极。南非、赞比亚、加纳、莫桑比克等非洲国家，吸引了大量来自中国企业的投资。中非经贸合作的迅猛发展让日本政府倍感压力。对日本而言，非洲丰富的自然资源和能源、巨大的市场发展潜力，对急于摆脱国内长期低迷、人口少子老龄化引发的需求不振的日本经济而言无疑具有极大的吸引力，而非洲国家又是日本谋求联合国安理会改革、实现政治大国地位的重要依托力量。因此，全面加强与非洲国家的经济合作与政治联系，已成为日本对非交往的重要课题。在深化对非经贸合作的国家中，日本尤其关注中非经贸合作的发展。

2017 年是中非“十大合作计划”落实的关键之年。仅仅在 2017 年上半年，中非贸易额就达到 853 亿美元，同比增长 19%。中国企业对非洲非金

① 「TICAD 日本の取組 2017 年」、http：//www. mofa. go. jp/files/000282791. pdf［2018 - 01 - 20］。

② 参见《麦肯锡最新报告：中国对非投资为当地带来红利》，中非合作论坛网，2017 年 7 月 4 日，http：//www. fmprc. gov. cn/zflt/chn/zxxx/t1475188. htm［2017 - 07 - 04］。

融类的直接投资流量达16亿美元，同比增长22%。[①] 2017年11月和12月，第五届中非工业合作发展论坛大会和2017中国非洲产能合作展览会相继举行，中非经贸合作不断实现新的突破。为了平衡中国在非洲不断增长的影响力、扭转日非经贸合作相对落后的局面，日本政府在采取措施提高日非经贸合作水平的基础上，着力在非洲市场与中国展开全面竞争，以凸显日本在非洲的“存在感”。

2017年，日本政府除了在上文提及的基础设施出口领域与中国展开竞争之外，还进一步强化与中国在对非经贸合作机制上的竞争。中日两国都非常重视对非交往的机制建设，分别建立起了中非合作论坛机制和东京非洲发展国际会议机制。东京非洲发展国际会议，具有向投资非洲的日本企业提供资金、人员和法律支持以及培育非洲民间经济的作用，在日非经济合作中发挥着重要作用。因此，日本政府与中国在对非经贸合作机制上的竞争，主要围绕东京非洲发展国际会议和中非合作论坛展开。[②]

为打造强有力的对非经贸合作机制，日本政府对东京非洲发展国际会议部长级后续会议的内容颇下了一番功夫。2017年8月25日，在部长级后续

---

① 《2017中非产能合作展将于12月13日至16日在肯尼亚内罗毕举办》，新华网，2017年11月13日，http://news.xinhuanet.com/world/2017-11/13/c_1121949677.htm［2018-01-21］。

② 首先，从第六届东京非洲发展国际会议开始，日本政府将原本每五年举行一次的会议缩短为每三年一次，与中非合作论坛的会期一致。缩短会议间隔是为了顺应非洲经济不断发展变化的实际以及更密切日本企业与非洲企业和社会间的联系。其次，从会议举办地点来看，第六届东京非洲发展国际会议由日本转移至非洲国家肯尼亚，这是东京非洲发展国际会议创立以来首次在日本之外的国家举行。对照中非合作论坛，论坛创立伊始就是在中国和非洲国家间轮流举行，彰显了中国所积极主张的中非合作共赢、共同发展的理念。相比之下，东京非洲发展国际会议始终在日本举办，为了改变日本“强势、掌握话题设定权”的负面印象，也是为了顺应非洲国家的要求，日本政府将会议地点转移至非洲国家肯尼亚。再次，是会议涉及的内容。2015年12月，在中非合作论坛约翰内斯堡峰会上，中国政府宣布将在三年里出资600亿美元，专门用于支持非洲的基础设施建设和农业现代化发展，这一举措与非洲国家正在实施的“2063议程”相契合，顺应了非洲国家实现经济可持续发展的需求，得到了非洲国家的积极响应。在第六届非洲发展国际会议召开之前，安倍政府原本想把“安倍倡议”当作此次内罗毕会议的重点，但非洲国家希望日本也能像中国一样在工业化和基础设施建设等这些非洲急需的领域加强投资，对“安倍倡议”反应冷淡。为了应对中国的影响力以及回应非洲国家的诉求，安倍政府不得不做出妥协，在财政紧张的情况下，承诺三年内由日本政府和民间向非洲投资300亿美元发展基础设施建设、医疗领域及推动工业化，并实施1000万人次的人才培养计划。

会议召开的第二天，日本政府连续举办了三场全体会议，主题分别为“第五届东京非洲发展国际会议以来的进展回顾”、“以经济改革推动非洲经济增长”和“促进人的安全和韧性社会建设”。同日，日本政府还发布了《2017TICAD进展报告》和《2017TICAD日本倡议》两个文件，以此作为会议的标志性成果。除了全体会议，日本政府还在部长级后续会议期间举办了多场专题活动，包括日本—非洲民间企业对话会、与联合国工业发展组织一起发布《撒哈拉以南非洲收入不平等报告》以及“非洲清洁城市平台”活动。[①] 参考中国外长每年开年都会访非的做法，日本外相河野太郎将此次东京非洲发展国际会议部长级后续会议办成了双边外交对话会，不仅与参会的11个非洲国家的外长举行穿梭会谈，而且专门访问了埃塞俄比亚，与非洲联盟（AU）领导人举行会谈，就深化日非关系进行战略性对话。如此密集的会议日程，反映出日本政府急于通过部长级后续会议强化与非洲国家的经济联系的心理，同时也映射出日本政府试图充实东京非洲发展国际会议的功能，使其更好地发挥作为日非经贸合作促进机制和保障机制作用的战略考量。

四 日非经济关系发展的制约因素及前景展望

在经历了2016年的低迷之后，2017年的非洲经济迎来了“脆弱复苏”。为了推进经济的持续复苏和发展，非洲国家大力推进结构性改革，推动经济多元化，努力改善投资环境，以吸引更多来自域外国家的投资和技术支持。因此，2017年日本对非投资的持续扩大以及对非洲人才的培养无疑有助于非洲经济的发展，同时也将进一步密切日本与非洲主要经济体之间的经济联系。但与此同时，我们也应该看到，日本政府发展日非经济关系的功利心理和政治考量都在制约着日非经济关系的全面、可持续发展。

（一）日本对非投资项目的落地性不强

在经历了21世纪第一个十年的经济发展后，非洲国家迫切需要在基础

① “Tokyo International Conference on African Development（TICAD）Ministerial Meeting”，http：//www. mofa. go. jp/af/af1/page3e_000721. html ［2018－01－20］．

设施、工业化、城市化发展中引入符合当地实际情况且具有实效的项目。2017 年日本对非投资虽然保持增长态势，但真正具有实效的工业和民生项目却并不多见。制约日本对非投资项目落地性的一个因素是成本问题。非洲是世界上最不发达国家最集中的大陆，非洲国家需要的是适用但造价低的项目，而成本恰恰是日本企业的短板。2017 年日立公司在利比亚获得了一个发电厂项目，非洲客户虽然认可日立公司的技术和产品，但考虑到成本因素，希望在订单中引入中国制造以降低成本。最终日立公司选择与中国东方电气集团有限公司合作，共同承建该项目，以降低项目总成本。除成本因素外，施工人员短缺也是制约日本对非投资项目落地性的重要因素。项目落地需要派遣一定数量的施工人员，而非洲国家项目所在地往往条件恶劣。以 2017 年 5 月交工的肯尼亚蒙巴萨—内罗毕标准轨距铁路（以下简称“蒙内铁路”）项目为例。该铁路被称作“疯狂铁路”，之所以被冠以“疯狂铁路”的称呼，就是因为蒙内铁路施工现场条件恶劣，当地湿热的气候加上众多沼泽，使蚊虫疟疾传播迅速，野外施工人员的健康随时都会受到威胁。受制于自然条件，日本企业很难派出充足的施工人员，工期自然也就难以保障。此外，日本对非援助和投资不具有普遍性，部分非洲国家无法通过日本对非援助和投资，实现经济多元化发展目标。如何扩大投资的落地性和覆盖范围，无疑是日非经济合作下一步需要解决的优先课题。

（二）日本政府开展日非经济合作的政治考量

经历了西方殖民历史的非洲国家所渴望的是不附带任何政治意图的经济合作，而日本开展日非经济合作的政治意图和功利性十分强烈，除了传统的将非洲国家视为日本“入常”的“票仓”之外，近年来日本更是将防范中国列入了日非经济合作的框架之内。在 2017 年 8 月举办的东京非洲发展国际会议部长级后续会议上，日本外相河野太郎大谈“航行自由”，表示维护基于航行自由等国际法各原则的、自由开放且以规则为基础的海洋秩序是世界和平、稳定和繁荣的基础。在一个以日非经贸合作为主题的国际会议上，日本外相这一表态显然“跑题了”，其用意明显是要挑拨非洲国家与中国的关系。不仅如此，日本还炮制了所谓“主席声明”，试图挟持非洲国家共同反对中国。日本政府这种将自己的政治和外交考量强加给非洲国家的做法遭到了非洲国家的抵制，会议东道国莫桑比克外长在与日本外相共同举行的记者会上就明确表示，东京非洲发展国际会议是讨论发展合作的平台，不应被政治化，强调会议所涉海上安全内容仅限于大西洋和印度洋。日本政府此举必然降低非洲国家对东京非洲发展国际会议这一机制的参与热情，与日本政府借力东京非洲发展国际会议深化日非经贸合作的出发点背道而驰。

与十年前相比，今天非洲的经济面貌及其在世界经济版图中的地位已发生很大的变化，非洲国家希望日方在促进非洲发展方面能够充分尊重非洲国家，真心诚意地帮助非洲国家，而不是把自己的意志强加进来，挑拨非洲国家与其他国家的关系。日本政府将经济合作与政治利益挂钩的做法显然不符合非洲国家的需要，也会从根本上制约未来日非经济关系的深入发展。

（三）日本政府强化与中国竞争的政策导向

如前所述，日本政府把“高质量”和先进技术视为与中国在基础设施出口领域展开竞争的着力点。所谓“高质量”，意指日本的基础设施出口与投资不重大而重精、不求量而求质，不同于中国的大规模基础设施建设，是“以质取胜”。但实际上，中国对非洲基础设施出口优势已跨越单纯的成本优势和人员优势，以蒙内铁路为例，该铁路全部采用“中国标准、中国技术、中国装备、中国管理”建造，中国企业还帮助肯尼亚培养了一批铁路专门人才。因此，日本如果要构建在非洲基础设施市场的出口优势，应该考虑与中国形成“差异化”，发挥日本企业在产业、服务、技术等领域的优势，而不是以质量高低进行简单区分。况且，日本的所谓“高质量”可能并不符合非洲国家的发展实际。

随着中非经贸合作的深化，中国已深度参与非洲经济发展。日本要加强对非贸易投资合作，应把中国视为合作伙伴而非竞争对手。近期日本有意邀请中国参加其非洲开发项目①，并将这些项目视为中国“一带一路”倡议的

---

① 「アフリカ援助で日中が協力する提案の意味」、http：//blogos. com/article/270684［2018－01－18］。

延伸，下一步两国的合作能否深入仍有待观察。非洲市场具有巨大的发展潜力，但投资风险与不确定性也较大，选择与中国及其他国家共同开发与合作，日非经济关系才有可能取得实质性突破。

有鉴于日本国内的政治、经济形势，尤其是安倍政府所推出的具有强烈的防范中国色彩的“印太战略”，无论是在经济发展还是政治、外交考量上，非洲对于日本都具有十分重要的价值。基于此，加强与非洲国家间的经济关系，推动非洲基础设施和经济多元化发展必将成为日本对非洲经济外交的核心架构。2018 年，中国将在北京举办新一届中非合作论坛峰会，届时中国将推出深化中非经济合作的新举措，这必然会对日非经济关系形成新的“外部冲击”，引发日本政府新的焦虑，推动日本政府和企业加快进军非洲市场、深化日非经济关系的步伐。与此同时，未来日本政府在非洲市场上强化同中国竞争的色彩将更加浓郁，日非经济关系的“第三国效应”将越发显现。

B.18
2017年中日关系舆论调查解析

金 嬴　朱晓丹*

摘　要：　“北京－东京论坛”自2005年以来已举办13届，是目前中日间高层次的公共交流平台之一。年度性舆论调查是该论坛的重要组成部分。十余年来的调查显示，由于历史问题、领土争端、地缘政治与国家安全等多重因素的复合作用，中日相互负面认知占主流且呈现固化趋势。2017年的调查结果出现了一些积极变化，但是基本面并没有改变。在新的历史起点上，中日两国需要认真研究认知现状背后的深层次问题，通过转变思维方式、改善认知结构，推动彼此印象向善向好，在此基础上构建相互尊重、公平正义、合作共赢的新型中日关系。

关键词：　中日关系舆论调查　中日相互认知　新型中日关系

“北京－东京论坛”是由中国日报社（2005～2014年）、中国外文局（中国国际出版集团，2015年至今）与日本民间非营利法人机构言论NPO于2005年创立的中日两国民间交流年度性论坛，每年在北京和东京轮流举办。① 十余

---

* 金嬴，法学博士，中国社会科学院日本研究所社会研究室副主任、研究员，研究方向为日本媒体、中日舆论、中国对日国际传播等；朱晓丹，中国社会科学院研究生院日本研究系2016级硕士研究生。本文的资料搜集工作还得到了中国社会科学院日本研究所网络资料室林肖，中国社会科学院研究生院日本研究系研究生毕亚娜、王蕾、赵珍慧的大力帮助，在此表示感谢。

① 中方论坛官方网站，http：//www.beijing－tokyo.com/；日方论坛官方网站，http：//tokyo－beijingforum.net/。

年来，该论坛广泛聚集中日多领域的知名人士，围绕涉及中日关系的重大问题进行交流研讨，推动双方沟通观点、缩小分歧、增进互信，影响和引导两国公众舆论，为促进中日关系的发展做出了积极贡献。

作为该论坛的重要组成部分，自2005年起，中日两国每年一度同步组织实施“中日关系舆论调查”。13年来，此项调查已成为反映中日两国民意、相互了解对方的“晴雨表”，不仅每届论坛的讨论话题由此切入，而且已经成为两国外交决策的重要民意参数。2017年是中日邦交正常化45周年，2018年将迎来《中日和平友好条约》缔结40周年。值此之际，把握民调舆情信息，分析双方认知状况，将有助于两国准确把握中日关系当下发生的一些重要变化，突破传统惯性思维，在新的历史起点上开创新型中日关系。

一　调查基本情况

2017年中日双方接受舆论调查者的情况分别如下。

（一）中方调查基本情况

中方调查样本包括北京、上海、成都、沈阳、西安、广州、武汉、南京、青岛和郑州等十个城市的居民，分为公众调查和精英调查两部分，调查由中国零点有数科技公司完成。抽样设计、样本分布、执行周期等信息如下。

1. 公众样本

根据随机抽样结果，公众样本在上述十个城市采集，调查时间为2017年10月20日至11月1日，十个城市同步进行。

调查采用入户访问方式。规定总样本量为1500人，样本分配到各城市时采用等分法，即每个城市至少应执行150个样本。实际回收有效样本1564个。在置信水平为95%的条件下，抽样误差约为2.48%。调查对象的性别分布为，男性占48.4%，女性占51.6%；年龄分布为，18～35周岁占40.4%，36～50周岁占39%，51周岁及以上占20.5%；最终学历分布为，高中及以下学历

45.7%，本专科学历53.7%，研究生（硕士、博士）学历0.2%。

2. 精英样本

针对精英公众进行的调查与公众调查同期进行，调查方案与往年整体保持一致。调查采用电话访问方式。调查对象涵盖五类精英人群——企业人士、政府人士、媒体人士、专家学者和公民组织专业人士，调查规定样本量为600人。调查对象的最终学历分布为：初中及以下学历0.2%，高中、职业高中学历4.3%，专科学历10.6%，本科学历55.2%，双学士学位本科学历4.1%，研究生以上学历20.1%，博士学位研究生学历5.5%。

（二）日方调查基本情况

日方调查样本包括全日本各地居民，分为公众调查和精英调查两部分，调查由日本舆论调查协会完成。抽样设计、样本分布、执行周期等信息如下。

1. 公众样本

根据日本全国性别、年龄（18周岁以上）组成比例，公众样本在全日本50个地点，以每个地点20人的规模采集，共计1000个样本。调查时间为2017年10月21日至11月5日。

调查采用上门发放问卷统一回收方式。调查对象的性别分布为，男性占48.6%，女性占51.4%；年龄分布为，未满20岁2.4%，20～29岁11.8%，30～39岁14.8%，40～49岁17.5%，50～59岁14.5%，60岁及以上39.0%；最终学历分布为，初中及以下学历7.7%，高中学历47.3%，短期大学、高等专科学校学历21.0%，本科学历21.0%，研究生学历1.6%，其他0.9%。

2. 精英样本

针对精英公众进行的调查时间为2017年11月2～24日，调查方式是向此前参加过言论NPO活动的全国2000位精英，邮寄或发送电子邮件，内附与舆论调查内容相同的问卷，收回341人回答。调查对象最终的学历分布为：小学、初中学历0.0%，高中学历2.1%，短期大学、高等专科学校学历1.5%，本科学历58.9%，研究生以上学历30.5%。

需要说明的是，本文所做分析是基于对中日公众群体部分的调查数据进行的。

二 调查基础数据

基础数据主要来自五个方面。

（一）对于对方国家的认知途径及评价

1. 两国绝大多数公众不具有游历对方国家或与对方国民直接交往的经历

84%的中国受访者没有去过日本，没有直接与日本人交往经验的比例为93.4%。86.2%的日本受访者没有去过中国，没有直接与中国人交往经验的比例为79.6%。

2. 两国公众对对方国家与两国关系的认知途径主要是本国新闻媒体

调查数据显示，86.8%的中国受访者通过接触中国媒体（电视、报纸、杂志、网络等）了解日本及中日关系的相关信息。在各类新闻媒体中，电视媒体的影响最为广泛（58.1%）；网络媒体尤其是移动设备的影响在持续扩大，为36.4%；报纸的影响则在继续下降，仅为4.4%。

86.8%的日本受访者通过接触日本媒体（电视、报纸、杂志、网络等）了解中国及日中关系的相关信息。在各类新闻媒体中，电视媒体的影响最为广泛（75.7%）。但影响力排在第二、第三位的媒体的情况则与中国很不相同，分别是：报纸媒体11.2%，网络媒体5.4%。

3. 中国公众对新闻媒体的综合评价高于日本公众

调查数据显示（参见图1），75%的中国受访者认为中国新闻媒体报道日本和中日关系是客观公正的，77.8%的中国受访者认为中国媒体对改善中日关系和促进两国民众相互理解做出了贡献。对于有关中日关系的网络言论，也有高达81.7%的中国受访者认为“确切”或“大体反映民意”。

相比之下，日本受访者其本国新闻媒体这方面的认可度则较低。仅有16.4%的日本受访者认为日本新闻媒体报道中国和日中关系“客观公正”，31.8%的日本受访者认为日本媒体对改善日中关系和促进两国民众相互理解做出了贡献。而对于有关日中关系的网络言论，也只有23.2%的日本受访者认为“确切”或“大体反映民意”。

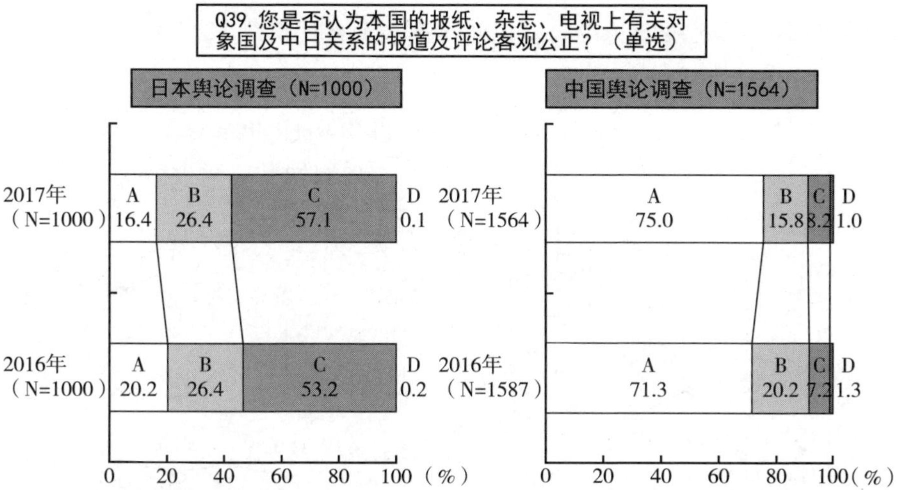

		A	B	C	D
		认为	不认为	说不清/不知道	拒答
公众	2017年	16.4%	26.4%	57.1%	0.1%
	2016年	20.2%	26.4%	53.2%	0.2%
精英群体	2017年	13.5%	57.2%	24.0%	5.3%
	2016年	15.5%	52.0%	30.4%	2.1%

		A	B	C	D
		认为	不认为	说不清/不知道	拒答
公众	2017年	75.0%	15.8%	8.2%	1.0%
	2016年	71.3%	20.2%	7.2%	1.3%
精英群体	2017年	61.4%	24.0%	10.8%	3.8%
	2016年	38.6%	36.9%	11.6%	12.9%

图1　本国媒体报道的客观公正度

（二）对于对方国家的认知

1. 中国公众对日本的印象评价逐渐有所改善，日本公众对中国印象评价的改善幅度则不明显

近年调查结果显示（参见图2），在经历了2013年低谷后，中国公众对日本的印象呈逐年向好的趋势，这种趋势在2017年得到了延续。在本次调查数据中，虽然目前对日本的印象持“不好”和“相对不好”态度的中国公众仍为多数，占受访者总数的66.8%，但对日本的印象持“很好”和“较好”态度的中国公众占受访者总数的31.5%，比2016年上升了9.8个百分点。

日本公众对中国的印象在经历了2014年低谷后缓慢改善。在此次调查中，对中国的印象持“很好”和“较好”态度的日本公众占受访者总数的

11.5%，比上年上升了3.5个百分点。与此同时，对中国的印象持“不好”和“相对不好”态度的日本公众仍然占据主流，比例为88.3%。

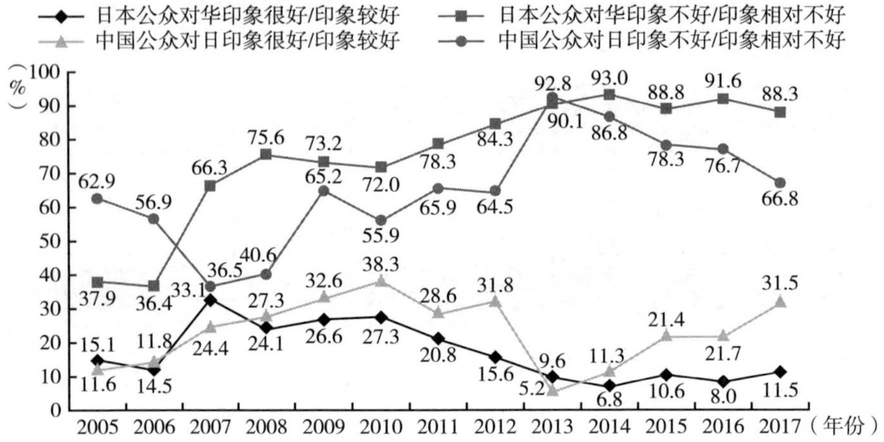

图2　两国公众对对方国家的印象

2. 在彼此正面印象形成的具体因素上，社会文化因素的影响作用明显

中国受访者对日正面印象影响因素的选项集中于三项：“日本人讲礼仪、懂礼貌、文明程度高”（61.8%）、“日本产品质量可靠”（53.5%）以及“日本经济发达，国民生活水平高”（53%）。日本受访者对华正面印象影响因素的选项集中于三项：“游客的增加及各种民间交流使中国人成为离自身越来越近的存在”（47.8%）、“喜欢中国历史和文化”（34.8%）以及“喜欢中国的旅游景点和自然风光”（29.6%）。

3. 在彼此负面印象形成的具体因素上，政治军事因素的影响作用明显

中国受访者对日负面印象影响因素的选项集中于三项：“日本对侵略中国的历史没有真诚道歉和反省”（67.4%）、“日本对钓鱼岛进行‘国有化’，引起两国对立”（63%）以及“日本联合美国和其他国家欲在军事、经济、意识形态等方面包围和对抗中国”（53.2%）。日本受访者对华负面印象影响因素的选项集中于三项：“中国屡次侵犯日本在钓鱼岛（日本称尖阁诸岛）周边的领海领空”（56.7%）、“就历史问题批判日本”（46.4%）以及“将本国利益置于国际法和规则之上”（40.2%）。

4. 在对对方国家政治社会体制的看法上，双方国民对彼此国家的认知差异明显，且以负面评价为主

中国受访者对日本政治社会体制的选项集中于三项：资本主义（41.5%）、军国主义（36%）、霸权主义（35.9%）。相对正面评价的选项比例都较低，如“民主主义”9.7%、“和平主义”7.4%、“国际协调主义”3.5%。

日本受访者对中国政治社会体制的选项集中于四项：社会主义/共产主义（53.9%）、极权主义（34.4%）、大国主义（20.1%）、军国主义（19.1%）。相对正面评价的选项比例较低，如“民主主义”5.1%、“和平主义”5.2%、“国际协调主义”1.3%。

（三）对于两国关系总体状况的认知

1. 两国公众对中日关系现状的积极评价有所上升，但总体上仍以消极评价为主。认为过去一年两国关系没有明显变化的比例在两国均居首位

认为当前中日关系“非常好”和“比较好”的中国受访者的比例为22.8%，较2016年（14%）上升了8.8个百分点；认为当前中日关系“差”或“比较差”的比例为64.2%，较2016年（78.2%）下降了14个百分点。认为当前日中关系“非常好”和“比较好”的日本受访者的比例为6.7%，较2016年（1.9%）有所增长；认为当前日中关系“差”或“比较差”的比例为44.9%，较2016年（71.9%）下降幅度较大。（参见图3）

对于过去一年间中日关系的变化，中国受访者明确的负面评价，如“变差很多”的比例明显减少（11.1%），较2016年（33.8%）下降了22.7个百分点；认为“没有明显变化”的比例（37%）在各选项中居首位，较2016年（20.4%）上升了16.6个百分点。日本受访者明确的负面评价，如“变差很多”的比例（10.7%）较2016年（5.5%）有所下降；认为“没有明显变化”的比例也有所增多（49.1%），较2016年（38.3%）上升了10.8个百分点，同样在各选项中居首位。

2. 多数两国公众认可两国关系的重要性

68.7%的中国受访者认为中日关系“重要”或“比较重要”，71.8%的日本受访者持同样的观点。两国的这一比例与上年基本相当。在认为重要的

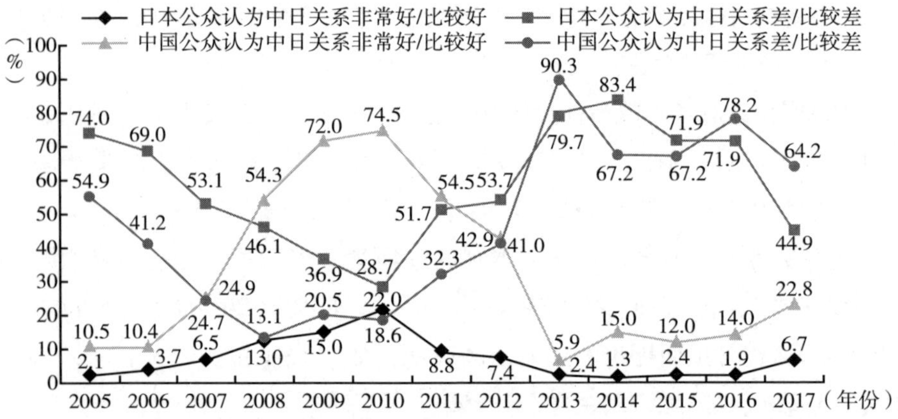

图 3　两国公众对中日关系的看法

理由上，中国受访者的选项集中于“互为重要邻国”（75.4%）、“日本是全球第三大经济体，是中国重要的贸易伙伴”（55.6%）、“中日经济和产业依存度高，具有众多共同利益”（30.6%），日本受访者的选项集中于“亚洲的和平与发展需要两国合作”（57%）、“中国是全球第二大经济体，是日本重要的贸易伙伴”（52.5%）、“互为重要邻国”（49.9%）。

3. 两国公众对未来两国关系前景的乐观程度有所提升

对于两国关系的前景，28.7%的中国受访者相信中日关系未来会“变好”或“相对变好”，较 2016 年（19.6%）上升了 9.1 个百分点；认为将“相对变差”与“变差”的比例大幅下降（29.7%），较 2016 年（50.4%）下降了 20.7 个百分点。13.1%的日本受访者相信中日关系未来会“变好”或“相对变好”，较 2016 年（8.8%）有所增加；认为将“相对变差”与“变差”的比例为 23.6%，较 2016 年（34.3%）明显下降。

4. 在中日美、中日韩两组三边关系中，两国公众的意见结构趋同，具有平衡感的意见比例均略微超过倚重一方的意见比例，但亲近感上有所差异

在中日美三边关系中，认为“中日关系与中美关系同样重要”的中国受访者的比例为 40.3%，居首位，“相较中日关系，中美关系更重要”次之（38.3%）；认为“日中关系与日美关系同样重要”的日本受访者的比例为 46.8%，居首位，“相较日中关系，日美关系更重要”次之（35%）。

在对日本和美国的亲近感上，“对两国都没有亲近感”的中国受访者的比例居首位（46.7%），“对美国更有亲近感”次之（25.1%），“对两国有同样的亲近感”位居第三（14.1%），“对日本更有亲近感”的比例为5.2%。在对中国和美国的亲近感上，“对美国更有亲近感”的日本受访者的比例居首位（50.5%），“对两国都没有亲近感”次之（18.7%），“对两国有同样的亲近感”位居第三（12.4%），“对中国更有亲近感”的比例为3.9%。

在中日韩三边关系中，认为“中日关系与中韩关系同样重要”的中国受访者的比例为44.3%，居首位，“相较中韩关系，中日关系更重要”次之（24.3%）；认为“日中关系与日韩关系同样重要”的日本受访者的比例为52.3%，居首位，“相较日韩关系，日中关系更重要”次之（21.7%）。

在对日本和韩国的亲近感上，“对两国都没有亲近感”的中国受访者的比例居首位（47.4%），“对韩国更有亲近感”次之（20.7%），“对两国有同样的亲近感”位居第三（13.9%），“对日本更有亲近感”的比例为8.3%。在对中国和韩国的亲近感上，“对两国都没有亲近感”的日本受访者的比例同样居首位（40.1%），“对韩国更有亲近感”次之（21.4%），“对两国有同样的亲近感”位居第三（14.3%），“对中国更有亲近感”的比例为7.4%。

在对本国未来发展重要性的认识上，中国受访者选择俄罗斯（32.6%）、美国（28.4%）的比例超过日本（12%）、东盟国家（6.5%）、韩国（1.6%）等周边国家和地区；日本受访者选择最多的是美国（64.5%），表示“说不清”的比例为16.3%，选择中国的比例为7.3%，选择东盟国家的比例为4.9%，选择韩国与俄罗斯的比例均未超过2%。

（四）对于两国关系中具体因素的认知

1. 领土争端

（1）在对阻碍两国关系发展问题的认识上，领土争端依旧是两国公众关注的首要矛盾。

中国受访者对阻碍中日关系问题的认识，从占比高低排序上可分为三个层级：最高层级为领土争端（超过六成），比例为64.7%；其次层级为历史问题（超过三成），即“日本的历史认识和历史教育问题”，比例为

34.8%；第三层级（接近三成）分别为“海洋资源纠纷”（27.7%）、“经济摩擦”（27.7%）、“中日政府缺少政治互信”（27.6%）。

日本受访者对阻碍日中关系发展问题的认识的三个层级分别为：最高层级为领土争端问题（超过六成），比例为66.5%；其次层级（超过三成）分别为“日中政府缺少政治互信”（35%）、“海洋资源纠纷”（33.6%）、“日中民间缺少相互信任”（31.9%）；第三层级（接近三成）为历史问题，即“中国的历史认识和历史教育问题”，比例为25.1%。

（2）公众对两国因钓鱼岛争端发生军事冲突的预期进一步趋向缓和。

对于两国是否会因钓鱼岛争端发生军事冲突，中国受访者认为“未来会发生”的比例居首位（37.3%），“不会发生”次之（29%），“说不清”位居第三（17.4%），“几年内会发生”的比例为16%。与2016年比较可以看到，中国受访者对未来因此发生军事冲突的忧虑有所减少，选择“未来会发生”的比例目前虽居于首位，但较2016年下降了7.5个百分点；选择“不会发生”的比例明显增加，较2016年上升了11.7个百分点。日本受访者的态度与2016年基本相同，认为“不会发生”的比例居首位（37%），“说不清”次之（35.2%），“未来会发生”位居第三（25.2%），“几年内会发生”的比例为2.4%。

（3）关于领土争端的解决办法，两国公众的态度有一定的差异，但选择“长期搁置，实现共同开发”的比例在两国均不高。

关于领土争端的解决办法，中国受访者首选“为守卫领土，应该加强中方的实际控制”（67.5%）；选择“两国应尽早通过协商争取和平解决”位居其次（55.3%），较2016年上升了9.1个百分点；选择“诉诸国际法庭，按照国际法规裁决”的比例（24.4%）也有所增加，较2016年上升了7.4个百分点；选择“首先要回避偶发性军事冲突，不急于解决”的比例为24.1%；选择“长期搁置，实现共同开发”的比例为17.8%。

日本受访者首选“两国应尽早通过协商争取和平解决”（46.4%）；其下的三个选项比例相当，分别为“诉诸国际法庭，按照国际法规裁决”（25.2%）、“首先要回避偶发性军事冲突，不急于解决”（22.4%）、“为守卫领土，应该加强日方的实际控制”（21.9%）；选择“长期搁置，实现共同开发”的比例仅为6.6%。

2. 历史问题

（1）在历史问题对阻碍两国关系发展的认识上，虽然比例数据差异较大，但两国公众的首要选项一致，均认为“历史问题没有解决，是中日关系决定性的大问题”。

在有关历史问题对两国关系造成障碍程度的认识上，中国受访者有超过半数（56.3%）选择“历史问题没有解决，是中日关系决定性的大问题”，较2016年上升了8.5个百分点；选择“得到了一定程度的解决，但仍旧是个大问题”的比例为30.9%。日本受访者比例最高的选项也是“历史问题没有解决，是中日关系决定性的大问题”，为36.5%，与2016年持平；选择“得到了一定程度的解决，但仍旧是个大问题”的比例（29.1%）次之；选择“说不清”的比例（25.4%）位居第三。

（2）在解决历史问题与两国关系发展相关性的认识及历史问题需要解决的事项上，两国公众的态度差异明显。

关于解决历史问题与两国关系发展的相关性（参见图4），中国受访者首选“中日历史问题不解决，中国和日本的关系就无法发展”（51%），这一比例连年持续上升，12年来首次超过半数；选择“随着中日关系的发展，历史问题会慢慢得以解决”的比例次之（33.1%）。日本受访者的意见则呈比较分散的状况：“无论中日关系如何，要解决历史问题都很困难”（29.4%）、“随着中日关系的发展，历史问题会慢慢得以解决”（28.8%）、“中日历史问题不解决，中国和日本的关系就无法发展”（21.7%）、“说不清”（19.5%）。

关于解决中日历史问题的必要做法，中国受访者首选“日本尊重有关侵略战争的历史定论”（73.1%），这一比例较2016年上升了8个百分点，第二位是“日本全面、客观、公正地进行历史教育”（62.9%），这一比例较2016年也上升了近8个百分点。此外，选择“日本真诚地对侵略历史反省和道歉”的比例为59.9%，“日本对强征劳工及慰安妇予以赔偿”的比例为45.6%。日本受访者的首选为“中国的反日教育和教材内容”（71.6%），第二位是“中国媒体对日本的报道”（41.5%），第三位是“日本对侵略战

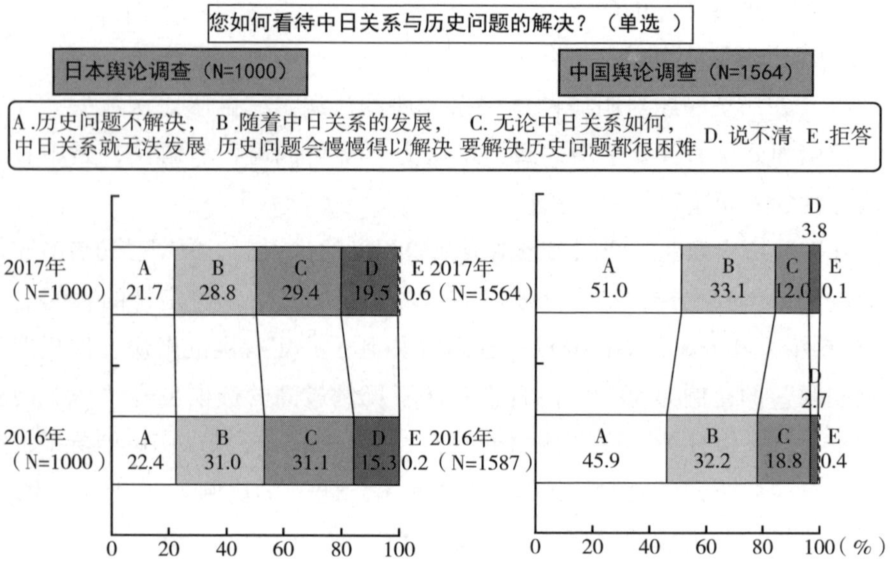

		A	B	C	D	E
公众	2017年	21.7%	28.8%	29.4%	19.5%	0.6%
	2016年	22.4%	31.0%	31.1%	15.3%	0.2%
精英群体	2017年	12.6%	45.2%	34.6%	2.9%	4.7%
	2016年	12.4%	52.0%	31.4%	1.5%	2.7%

		A	B	C	D	E
公众	2017年	51.0%	33.1%	12.0%	3.8%	0.1%
	2016年	45.9%	32.2%	18.8%	2.7%	0.4%
精英群体	2017年	42.8%	37.3%	17.1%	2.7%	0.2%
	2016年	29.9%	38.1%	28.1%	1.3%	2.6%

图 4　中日关系与历史问题

争的认识”（37.5%），第四位是“日本的战争赔偿等问题”（36.4%），各项比例均与 2016 年持平。

3. 安全问题

（1）日本公众对外部军事威胁的感受强于中国公众。过去一年，两国公众对于对方国家作为本国军事威胁的危机感均有所缓解。领土及海洋争端是造成目前两国公众感受到军事威胁的主要因素。

调查数据显示，中国受访者认为“存在对中国构成军事威胁的国家或地区”的比例为 59.1%，较 2016 年下降了 14 个百分点。在被问及具体国家或地区时，日本居首位（67.6%），较 2016 年下降了 8.3 个百分点；其次是美国，比例为 65.7%。

日本受访者对外部军事威胁的危机感较中国受访者强烈，认为“存在对日本构成军事威胁的国家或地区”的比例为 80.5%，较 2016 年上升了

6.3个百分点。在被问及具体国家或地区时，朝鲜居首位（89.2%），这一比例较2016年上升了8.6个百分点；其次是中国，比例为45.3%，较2016年下降了21.3个百分点。

在感觉对方国家构成军事威胁的理由中，中国受访者首选“日本与美国联手在军事上围堵中国”，比例为79.5%，较2016年上升了10.1个百分点。第二位是“日本长期侵占中国钓鱼岛及其附属岛屿，并在该领土争端中否认存在争议”，比例为57.6%，较2016年上升了6个百分点。第三位是“日本曾发动过侵略战争，至今仍存在否认和试图掩盖历史事实，淡化反省和道歉的倾向”，比例为54.6%，与2016年持平。第四位是“日本在防卫计划大纲中把中国设定为假想敌国”，比例为47.2%，较2016年下降了5.1个百分点。

日本受访者首选“中国经常侵犯日本领海”，比例为70.1%，与上年即2016年基本持平。第二位是“中国军事力量强大”，比例为45.2%，较上年上升了11个百分点。第三位是“中国军事力量持续增长，且目的不明”，比例为44.9%，较上年下降了近11个百分点。第四位是“中国军事力量不透明，信息少”，比例为39.2%，也与上年基本持平。

（2）关于设立两国军事冲突热线，两国均有超过半数的公众认为需要。

关于两国间是否需要“应尽早设立避免偶发性军事冲突热线”的问题，51.3%的中国受访者认为“应尽早设立”，认为“不需要设置”的比例为21.4%，认为“需要设置，但不急于一时”的比例为20.1%，表示“说不清”的比例为7.1%；认为“应尽早设立”的日本受访者的比例为33.6%，表示“说不清”的比例同为33.6%，认为“需要设置，但不急于一时”的比例为28.7%，认为“不需要设置”的比例为3.9%。

（3）关于建立东北亚安全保障多国机制的问题，两国公众均未形成共识，中国公众的意见分布更为分散，日本公众中持不明确意见者居多。

对于是否需要“东北亚安全保障常设平台”，中国受访者没有形成共识：48.3%的中国受访者认为需要东北亚安全平台，但也有30.4%的受访者认为“没有必要”，21.2%的受访者选择“说不清”。日本受访者同样没有形成明确的认识或共识：53.8%的日本受访者选择“说不清”，认为“有必要”的比例为37.9%，认为“没有必要”的比例为7.8%。

（4）关于东北亚安全保障多国机制成员国的问题，两国公众对参与国家的权重认识有明显的差异。

在东北亚安全保障多国机制成员国的选择上，中国受访者在首选本国（88.4%）外，各选项比例的高低排序依次为：日本（54.5%）、俄罗斯（52.1%）、美国（48.1%）、韩国（39.2%）、朝鲜（32.1%）；日本受访者在首选本国（92.3%）外，各选项比例的高低排序依次为：中国（91.6%）、韩国（83.4%）、俄罗斯（62.8%）、美国（60.4%）、朝鲜（52%）。

4. 经济关系

（1）关于中日经济的“合作与竞争关系”及未来两国经贸关系的发展，中国公众的态度较日本公众更为积极乐观。

在对中日经济“合作与竞争关系”的看法上，认为“两国经济互补性强，可以实现合作共赢”的中国受访者的比例为58.8%，与2016年持平，认为“两国经济竞争性强，难以实现合作共赢”的比例为34.9%，选择“说不清”的比例仅为5.6%；认为“两国经济竞争性强，难以实现合作共赢”的日本受访者的比例（41%）超过认为“两国经济互补性强，可以实现合作共赢”的比例（27%），选择“说不清”的比例为31.2%。

调查数据显示，中国受访者对两国经贸合作回暖的信心平稳回升，认为中日经贸关系发展“将会明显增加”和“将会有所增加”的比例为36.7%，较2016年上升了6.1个百分点；认为“将有所恶化”和“将明显恶化”的比例为21.6%，较2016年下降了12.7个百分点。与此同时，认为“保持不变”的比例为38.3%，较2016年上升了8.9个百分点。

日本受访者比例最高的选项为“说不清”（31%）。认为中日经贸关系发展“将会明显增加”和“将会有所增加”的比例为10.7%，与2016年持平。认为“将有所恶化”和“将明显恶化”的比例为35.9%，较2016年下降了8.3个百分点。认为“保持不变”的比例为22.4%，与2016年持平。

（2）两国公众均倾向认为稳定良好的政治关系有利于两国经贸关系的发展。关于对“一带一路”倡议与亚投行的态度，超过六成的中国受访者欢迎日本加入，但超过六成的日本受访者表示“不知道”是否应该加入。

在作为中日经贸关系发展的有效措施上，选择“改善两国政府关系”的中国受访者的比例为46.4%，日本受访者为59.1%，均居首位。

在被问到“是否希望日本加入‘一带一路’与亚投行”时，超过六成（62.7%）的中国受访者给予了肯定回答。日本受访者比例最高的选项是“不知道”（61.4%），认为“不应该加入”的比例为29.9%，认为“应该加入”的不到一成（8.6%）。

5. 民间交流

（1）中国公众访问日本的意愿略强于日本公众访问中国的意愿。旅游观光与访问历史文化遗产最受欢迎。

伴随近几年中国公众对日印象呈逐年向好的趋势，中国受访者在“有机会去日本”的意愿上，表示“想去”的比例继续上升，为44.2%。对于选择“想去日本”的中国受访者，旅游观光最具吸引力（87.4%），“访问历史文化遗产”愿望上升明显（31.3%），较2016年上升了近10个百分点。

日本受访者在“有机会去中国”的意愿上，表示“想去”的比例接近三成（29.9%），与2016年基本持平。对于选择“想去中国”的日本受访者，旅游观光最具吸引力（76.3%），“访问历史文化遗产”的比例为59.2%。

（2）两国多数公众均认为民间交流对改善和发展两国关系具有重要作用。

超过七成（71.5%）的中国受访者、超过六成（63%）的日本受访者认为民间交流对改善和发展两国关系具有重要作用（参见图5）。但对于民间交流的现状，两国公众总体上都不太满意，56.3%的中国受访者认为过去一年中日民间交流“不太活跃”或“不活跃”；日本受访者中认为“不太活跃”或“不活跃”的比例为39.8%，还有38.7%的日本受访者表示“说不清”。在改善和发展两国关系的效果上，中国受访者较为重视的是“媒体间交流”（46%）与“相互接收留学生”（34%），此外，“文化、音乐、艺术等交流”受到的重视程度（21.8%）增幅最大；日本受访者较为重视的是“相互接收留学生”（38.9%）、“各种民间对话”（37.8%）、“文化、音乐、艺术等交流”（31.6%）。此外，“民企间的人才交流”受到的重视程度（27.6%）增幅最大。

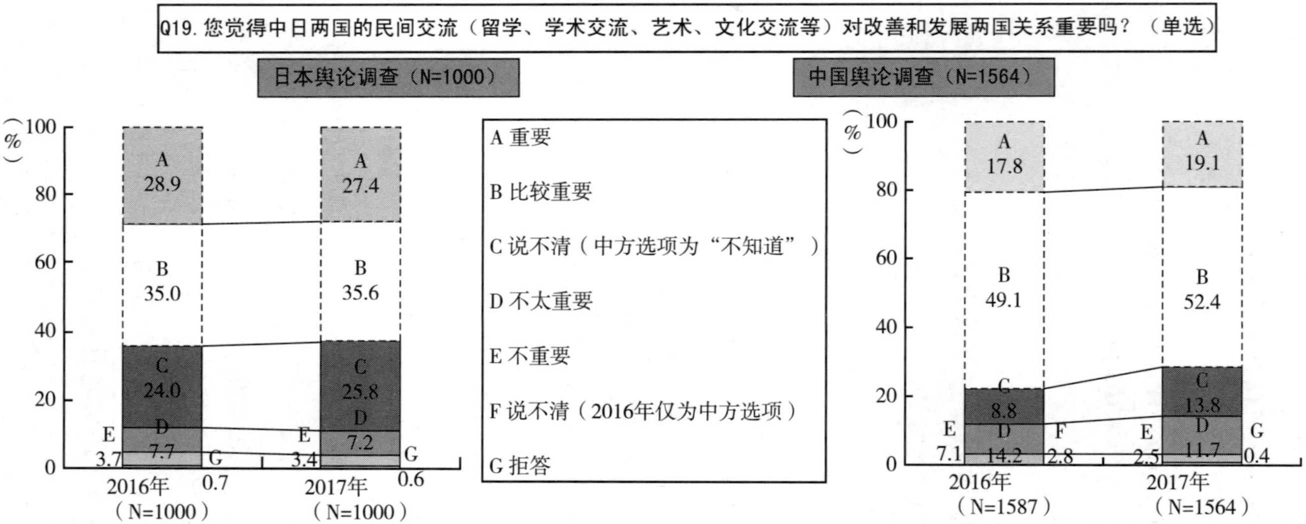

		重要	比较重要	说不清	不太重要	不重要	拒答
公众	2017年	27.4%	35.6%	25.8%	7.2%	3.4%	0.6%
	2016年	28.9%	35.0%	24.0%	7.7%	3.7%	0.7%
精英群体	2017年	67.4%	18.8%	3.5%	2.9%	3.2%	4.1%
	2016年	76.1%	16.4%	3.4%	2.5%	1.0%	0.6%

		重要	比较重要	不知道	不太重要	不重要	说不清	拒答
公众	2017年	19.1%	52.4%	13.8%	11.7%	2.5%	–	0.4%
	2016年	17.8%	49.1%	8.8%	14.2%	7.1%	2.8%	0.2%
精英群体	2017年	34.3%	52.6%	5.3%	7.1%	0.5%	–	0.2%
	2016年	44.0%	33.7%	2.9%	10.1%	4.9%	2.6%	1.8%

图5　中日关系与民间交流

（五）对于两国关系未来发展的认知

1. 在两国关系的未来发展方向上，和平共处、共同发展具有较为广泛的民意基础

调查数据显示，表示确信未来“两国能够实现和平共处、共同发展”的中国受访者的比例保持在三成水平（29%），“希望两国能够实现和平共处、共同发展，但不确定是否能实现”的受访者比例（50.5%）较上年略有上升，两项合计约为八成（79.5%），认为“中日两国今后会持续对立”的受访者比例与2016年持平，为15%。确信未来“两国能够实现和平共处、共同发展”的日本受访者的比例接近一成（9.3%），“希望两国能够实现和平共处、共同发展，但不确定是否能实现”的受访者比例为55.4%，两项合计超过六成（64.7%），表示“说不清”的比例为20.7%，认为“两国今后会持续对立”的受访者比例较上年有所降低，为14.6%。

与此相呼应，在对两国关系未来发展模式的认识上，“和平”与“合作发展”也被中国受访者视为最重要的价值观，公众选择“和平”的比例为54.2%，较上年上升了12.7个百分点，选择“合作发展”的比例为46.2%。日本受访者选择“和平”的比例为68.2%，选择“合作发展”的比例为40.4%，两项较上年均略有上升。

2. 两国多数公众均认为两国应构建更加牢固的新型合作关系，并支持两国在地区和全球事务上的合作

调查数据显示，73.5%的中国受访者、59.2%的日本受访者认为“为构建一个和平稳定的秩序，中日两国应该构建更加牢固的新型合作关系”。

对于中日两国在亚洲事务上的合作，近六成（58.3%）的中国受访者表示支持。具体合作的议题聚焦在：朝核问题（39.3%）；维护东北亚和平（36%），加强贸易、投资方面的合作，建立自由贸易区（32.3%）；节能技术，风力、太阳能发电等可再生能源方面的合作（29.8%）等。

超过六成（62.8%）的日本受访者表示支持两国在亚洲事务上的合作。具体合作的议题聚焦在：朝核问题（76.6%）、大气及水污染等环境问题（58.8%）、维护东北亚和平（46.3%）、食品安全（38.7%）等。

对于两国在全球事务上的合作，超过六成的中国受访者（68%）和日本受访者（67.3%）认为两国合作解决世界性课题“重要”或“比较重要”。

两国公众的诉求比较集中于维护和平与促进发展。中国受访者选择合作的具体议题聚焦于：维护包括中东、北非在内的世界和平（42.6%），国际反恐（41.4%），防止核扩散和核裁军（39.5%），世界基础设施开发和与发展中国家的经济合作（37.1%），加强应对国际性环境问题和气候变化（32%）等。

日本受访者选择合作的具体议题聚焦于：国际反恐（58.4%），防止核扩散和核裁军（47.3%），加强应对国际性环境问题和气候变化（44.9%），世界基础设施开发和与发展中国家的经济合作（32.8%），维护包括中东、北非在内的世界和平（32.2%）等。

三　综合评估与建议

2017年12月，第13届“北京－东京论坛”在北京召开，论坛的主题是“中日共建更加开放的世界经济秩序与维护亚洲和平”。这一年，国际形势继续呈现新旧秩序交替的过渡期特征，全球治理体系的变革也在加速推进。与此同时，亚洲地区的安全问题日趋复杂，由历史纠葛和现实矛盾引发的传统热点问题不时升温，非传统安全的新挑战也接连不断，对地区稳定构成了严重威胁。该论坛把中日关系放在全球秩序与地区和平的大背景下，把经济发展与安全治理相互联系，可谓正当其时。但要将愿景转变为现实、将理念转化为行动，中日两国都需要准确把握机遇和挑战，努力扩大积极面，抑制消极面。为此，认真研究2017年度舆论调查结果、分析其中反映的认知状况与问题，也比以往更为重要。而这个民意“晴雨表”，有助于双方扭转思维误区、改善认知结构，推动中日关系逐步改善、向好发展。

总体来看，当前中日两国国民相互认知状况中有五个方面的现象值得思考。

第一，2017年在高层交往的引领下，两国公众对对方国家的印象和对双边关系的评价呈现出一些向好态势，但依然没有摆脱负面印象为主的局面。但在认知与态度上，中国公众较日本公众更为明确、积极。

2014 年中日达成“四点原则共识”、同年 11 月两国领导人在亚太经合组织领导人非正式会议上见面后，双方的官方互动逐渐恢复并有所发展，两国民意中对对方的负面评价和印象也随之出现双双触底反弹的现象。2017 年 7 月以及 11 月两国领导人的两次会见，进一步释放出积极信号。这说明，中日关系的民意基础归根结底还是“民间看官方”，以首脑会谈为标志的政治高层交往在两国关系中发挥着重要的基础性主导作用。

但是，由于两国历史与现实相互纠结的结构性矛盾，尤其是思维惯性的制约，目前负面看法在两国的总体认知中仍然占据主流，而且日方的消极态度较中方更为显著。例如，对对方国家持有不好印象的比例，中国受访者为 66.8%，日本受访者为 88.3%，中方数字低于日方数字约 22 个百分点；对对方国家持有好印象的比例，中国受访者为 31.5%，日本受访者为 11.5%，中方数字高于日方数字 20 个百分点；对当前两国关系进行积极评价的比例，中国受访者为 22.8%，日本受访者为 6.7%，中方数字高出日方数字 16.1 个百分点。

年度对比的趋势数字也验证了中日两国间的认知“温差”。从 2013 年至 2017 年的五年间，中国受访者对日本持有好印象的比例上升了 26.3 个百分点，持有不好印象的比例下降了 26 个百分点。相比之下，日本受访者对中国持有好印象的比例仅上升了 1.6 个百分点，持有不好印象的比例仅下降了 1.8 个百分点。考虑到抽样调查误差率因素，可以说，五年间日本受访者对中国的印象没有发生可以观测到的好转。在对两国关系的评价上，五年间，中国受访者对两国关系积极评价的比例上升了 16.9 个百分点，消极评价的比例下降了 26.1 个百分点；日本受访者对两国关系消极评价的比例下降明显，降低了 34.8 个百分点，但积极评价的比例仅上升了 4.3 个百分点。

2017 年调查结果中还有一个比较突出的现象，即日本受访者在回答对两国关系的感受和预期时，“说不清”或“不知道”的选择多、比例高。例如，对于当前的两国关系，表示“说不清”的比例为 48.4%（中国 12.9%），在各选项中居首位；对于两国关系的未来，表示“说不清”的比例为 25.7%

（中国9.1%），在各选项中位居第二；对于过去一年两国国民感情的变化，表示“不知道”的比例为30.5%（中国1.8%），在各选项中位居第二；对于过去一年两国民间交流的活跃度，表示“说不清”的比例为38.7%（中国4.9%），在各选项中居首位；对于中日能否和平共处、共同发展，表示“说不清”的比例为20.7%（中国4.2%），在各选项中位居第二。

日本公众的“不知道”“说不清”可从多个角度解释，如信息不足、立场分歧、利益冲突等，但这也反映出，目前全球和地区格局的深刻变化给日本社会带来了巨大的心理冲击，其国内正在经历一场有关外交政策的深刻的调整转型，日本公众面对这种外交上的游移不定，对国际局势及周边关系形成了模糊不清的“心理真空”。相比之下，中国公众的态度之所以更明确、积极，也源于其对国家发展的目标感和方向感越来越明确、越来越自信。

第二，历史问题、领土争端、地缘政治等多种因素相互纠缠、叠加作用，是当前制约和阻碍中日关系发展的主要原因。美国利用、日本倚仗双边安全同盟是影响中日两国关系最重要的外部因素，造成中日间老问题复发、新问题不断。中国特别需要警惕日本国内涉华舆论泛安全化和反华舆论扩大化的趋势。

近几年，中日两国公众在对对方国家持有负面印象的选项上结构逐渐趋同，主要集中于历史问题、领土争端和地缘政治与安全政策上。例如，2017年调查结果显示，中国受访者选择“日本对侵略中国的历史没有真诚道歉和反省”（67.4%）、“日本对钓鱼岛进行‘国有化’，引起两国对立”（63%）、“日本联合美国和其他国家欲在军事、经济、意识形态等方面包围和对抗中国”（53.2%），日本受访者选择“中国屡次侵犯日本在钓鱼岛（日本称尖阁诸岛）周边的领海领空”（56.7%）、“就历史问题批判日本”（46.4%）、“将本国利益置于国际法和规则之上”（40.2%）。

中日之间多问题共振的纠结现象，究其原因在于美国因素。至今已有70年历史的美日同盟使中日关系被深深地嵌入域外大国的强权影响中。自第二次世界大战结束以来，中日关系长期受制于三重秩序逻辑：战后逻辑、冷战逻辑、冷战后逻辑。[①] 以《旧金山对日和平条约》为标志的冷战逻辑及

① 参见姚遥《国际秩序转型与中国对日韩公共外交》，《东北亚论坛》2018年第1期。

随后的冷战后逻辑，基本上是一种美国操控、日本受益、中国受损的模式。在性质上，历史问题与领土争端同属冷战逻辑造成的战后遗留问题，其最大的特点就是貌似法理并立，实则是非不明。冷战后美日同盟非但没有消解，反而在制衡中国的考量下进一步强化，先后进行了三次调整：1996 年的美日同盟“再定义”、21 世纪初配合美国反恐的“变革与改组”以及近年来一度甚嚣尘上的美国的“亚太再平衡”。[①] 我们可以看到，恰恰是在这三次同盟调整的当口，中日间历史问题、领土争端相继爆发或同时爆发。例如，20 世纪 90 年代中期是日本右翼修改教科书及对中国所谓“反日教育”的舆论大批判，21 世纪初期是前首相小泉纯一郎连续五年参拜靖国神社，十年后是 2010 年撞船事件、2012 年日本“国有化”钓鱼岛及日本政府在历史问题上的立场倒退。

从日本国内角度分析，不断延续和扩展的美日同盟使其形成了对域外强权的“路径依赖”和情感依赖。在“娇宠”心理的作用下，日本不愿顾及中国的感受，甚至损害两国关系也在所不惜。[②] 同时，对于日本国内的新保守主义者们而言，强化日中对立意识有利于提升或保有自己在日本国内的政治地位。冷战后的 20 余年来，中日关系中的问题和矛盾在日本舆论场中逐渐被零和思维主导，而且最终都与安全议题挂钩。这种涉华舆论泛安全化与反华舆论扩大化以一种潜移默化的渗透模式，主导了当今日本社会的对华负面认知。由此形成的“厌华”“戒华”“恐华”社会心理，既表现为日本公众在上述各涉华议题上的消极意见，也在一定程度上造成了他们对未来两国关系发展的茫然，甚至影响了他们对地区和全球形势变化的感受与判断。

2017 年调查结果验证了日本在中日美三角框架中，尤其是独自面对中国时对美日同盟的“路径依赖”和情感依赖。虽然在理性上有近半数（46.8%）的日本受访者认为“日中关系与日美关系同样重要”，但“对美国更有亲近感”的日本受访者超过了半数（50.5%），而“对中国更有亲近

① 参见陶文钊《冷战后美日同盟的三次调整》，《美国研究》2015 年第 4 期。

② 关于“娇宠”理论，参见尚会鹏《土居健郎的“娇宠”理论与日本人和日本社会》，《日本学刊》1997 年第 1 期。

感”的比例仅为3.9%。此外，64.5%的日本受访者认为美国对本国未来发展重要，选择中国的比例只有7.3%。在地缘战略形势的认知方面，59%的日本受访者选择美国作为“应发挥国际领导力的国家”，选择中国的比例为7.8%。与2016年调查结果相比变化不大。但是，这种依赖并没有使日本获得真正的安全感。虽然日美两国不断对外界展示同盟的坚固，但在深层心理层面，日本对被美国剥削、利用乃至越顶的感受和担忧始终存在。尤其是特朗普上台执政后，日本对美国的担心与日俱现，与“北京－东京论坛”舆论调查几乎同一时期进行的盖勒普全球领导力调查验证了这种心理。盖勒普调查结果显示，过去一年日本对美国全球领导力的认可度出现明显下降，认可比例31%（较2016年下降了16个百分点），不认可比例36%，不知道或拒答比例32%，由此可见日本国内对美国以及日美同盟关系充满忧虑。此外，在整个亚洲地区，各国的总体评价是对中国的全球领导力认可度超过美国，不认可度低于美国，这又显示出日本与其他亚洲国家在地区和世界局势判断上存在落差。[①] 因此，未来中国需要以足够的耐心，在对日公共外交中增强“去冷战化”“去同盟化”的意识，针对普通公众和精英阶层摆事实、讲道理，为构筑“亚洲命运共同体”积累条件。

第三，当前受中日关系改善、朝鲜半岛局势紧张和美国战略调整等因素综合影响，中日公众在领土争端、安全问题上的态度趋于缓和，为下一步中日探索构建新型安全关系提供了民意基础。

此次舆论调查结果显示，2017年中日两国公众对对方国家作为本国军事威胁的危机感均有所缓解，相较于2016年，中国受访者感觉日本军事威胁的比例下降了8.3个百分点，日本受访者感觉中国军事威胁的比例下降了21.3个百分点。虽然领土及海洋争端是造成目前两国公众感受到军事威胁的主要因素，但对两国因钓鱼岛争端发生军事冲突的预期进一步趋向缓和，有相当比例的两国受访者选择“两国应尽早通过协商争取和平解决”领土争端（中国55.3%，日本46.4%）。

① “Rating World Leaders：2018 the U.S. vs Germany，China and Russia”，https：//www.politico.com/f/? id=00000161-0647-da3c-a371-867f6acc0001［2018-01-19］.

在日本，领土争端和安全问题可以被看作整个日中关系和日本国民对华印象的一个风向标。首先，近几年虽然两国因领土争端关系恶化，但民众不希望战争的心理是始终存在的，而且从调查数据上看，日本公众较中国公众更加不希望两国因领土争端爆发战争，例如，认为“未来会发生”或“几年内会发生”的比例中国高于日本（中国53.3%，日本27.6%），认为“不会发生”的比例日本高于中国（中国29%，日本37%）。其次，2017年日本国民关于中国安全威胁意识的转变，与安倍政府基于日本政治、外交、经济形势变化，做出主动改善两国关系的决策密切相关。2017年10月27日，日本内阁府公布了有关钓鱼岛（日本称尖阁诸岛）舆论调查结果，回答“关心”和“比较关心”钓鱼岛的受访者比例为62.2%，较2014年11月实施的上次调查明显减少，下降了12.3个百分点。① 这与日本政府淡化两国安全矛盾、强调合作前景的舆论导向有直接关系。再次，2017年朝鲜半岛局势的紧张造成日本公众的威胁感总体上升。在应对朝鲜核导问题上，由于安倍政府显示出要与中俄等国加强合作的意愿，客观上也淡化了日本公众的“中国威胁”感。

此外，2017年特朗普上台执政以及显示出的“美国优先”姿态，也进一步使日本公众对现有日美双边军事同盟的可信性产生怀疑。此次舆论调查结果显示，明确表示“没有必要建立东北亚安全保障多国机制”的日本受访者比例仅有7.8%，认为“有必要”的比例为37.9%。虽然目前表面上看“说不清”的比例最高（53.8%），但这种“说不清”也从另一个侧面显示出了日本公众的深层矛盾心态，即不满足于现状，但又看不清未来。因此，未来中日两国，尤其是中国应该积极倡导一个更加包容、更加开放、更加多元和多极的安全机制，以共同、综合、合作、可持续的亚洲安全观主导人们的意识，并通过运用和升级现有的地区多边安全机制，维护各自的安全和地区的稳定。此外，在抢险救灾、海上联合救援、人道主义援助、环境保

---

① 参见《民调：日本关心钓鱼岛的民众大幅减少》，联合早报网，2017年10月28日，https://www.zaobao.com/realtime/china/story20171028-806604，登录时间：2017年10月30日。

护非传统安全方面，两国也可以推进务实合作。作为两个贸易大国，在条件成熟时，两国应该共同维护海上交通线的安全，打击海盗、反海上恐怖袭击、为国际商船护航，共同为地区提供安全公共产品，在合作中化解双方在安全问题上的零和思维。[①]

第四，经贸一体化是中日关系的基本趋势，也是基本利益。对此两国公众高度认可，并认为稳定良好的政治关系对发展两国的经贸关系意义重大。在全球发展和经济一体化进程持续推进的大形势下，“一带一路”倡议正迅速从理念成为现实，它也是未来中日双方互利合作、共同发展极具潜力和前景的新平台。把握这一历史机遇，中日需要共同努力，使“和则两利，斗则两伤”成为两国国民的高度共识，使“和平共处、共同发展”的信念更加深入人心，携手为地区和全球的和平与繁荣做出贡献。

经贸关系既是中日关系的压舱石，也是推进器。[②] 这次舆论调查结果显示，中日两国公众对此有高度共识。55.6% 的中国受访者认为“日本是全球第三大经济体，是中国重要的贸易伙伴”，发展双边关系对中国重要；52.5% 的日本受访者认为“中国是全球第二大经济体，是日本重要的贸易伙伴”，发展双边关系对日本重要。

45 年来，中日经贸关系虽然历经风雨，但基本上沿着健康发展的道路前进，取得了巨大的成果。改革开放后尤其是中国加入世界贸易组织后，随着中国迅速崛起，日本对亚洲尤其是中国进行大量投资，东亚其他新兴工业化经济体参与本地区一体化进程，形成了东亚地区乃至亚洲地区最具活力的产业链，东亚才得以在较短时间内摆脱亚洲和世界金融危机的影响，中国和日本才得以稳步发展，成为共同的受益者。[③] 目前，中国是日本的最大贸易伙伴，日本是中国的第五大贸易伙伴，双方互惠、互补、互利共赢，呈现出积极良性的“竞合关系”：既竞争又合作，在竞争中寻求合作，在合作中又

① 参见姚云竹《中日在亚太安全领域有众多合作机制》，人民网，http：//world. people. com. cn/ni/2017/1216/c1002 - 29111032. html，登录时间：2017 年 12 月 18 日。

② 参见张季风《缓慢回升的经贸关系是中日关系的压舱石》，人民网，world. people. com. cn/n1/2017/0827/c1002 - 29496942. html，登录时间：2017 年 9 月 5 日。

③ 参见胡鞍钢《新时代的中日关系》，清华大学国情研究中心国情报告总第 774 期，2007。

有竞争，相互促进、共同发展、共同获益。此次舆论调查结果显示，中日两国均有过半比例的受访者对两国和平共处、共同发展持“希望但不确定能否实现”的态度（中国 50.5%，日本 55.4%），说明这既是两国的人心所向，也因这些年中日关系的风风雨雨，双方公众对经贸合作前景已心存疑虑。所以，中日双方当下的“相向而行”，首要的就是采取切实举措，千方百计维护好、发展好中日关系，特别是政治关系，保障中日经贸一体化的趋势和竞合关系性质继续向好。

同时要看到，对于双边经贸关系的性质，即竞争多还是合作多的问题，两国公众的认知状况存在差异。中国受访者选择“两国经济互补性强，可以实现合作共赢”的比例（58.8%）大于选择“两国经济竞争性强，难以实现合作共赢”的比例（34.9%）。与中国受访者相对乐观的态度相比，日本受访者则相对消极，选择“两国经济竞争性强，难以实现合作共赢”的比例（41%）大于“两国经济互补性强，可以实现合作共赢”的比例（27%），此外，还有 31.2% 的日本受访者表示“说不清”。这种认知状况无疑会影响双方公众对未来两国经贸合作回暖的信心，说明两国进一步增强互信的空间还很大。

“一带一路”倡议在两国交往过程中，尤其是在日本方面也面临同样的问题。自 2017 年下半年开始，日本高层接连释放信号，多次表示愿与中国的“一带一路”倡议“大力合作”。但与官方的积极态度不同，此次舆论调查结果显示，日本受访者关于日本是否应参与“一带一路”与亚投行，表示“不知道”的比例竟高达 61.4%（中国 13.6%），在各选项中居首位，认为“不应该加入”的比例为 29.9%，认为“应该加入”的不到一成（8.6%）。这进一步说明，未来两国需要加强沟通，深化公众对双方经济竞合关系性质的准确认识和全面了解，使“和则两利，斗则两伤”“和平共处、共同发展”的观念深入人心，成为两国社会的高度共识，为中日关系进一步全面发展增添新动力。只有这样，“为构建一个和平稳定的秩序，中日两国应该构建更加牢固的新型合作关系”的公众愿望（中国 73.5%，日本 59.2%）才能有坚实的民意基础，中日两国在地区和全球事务上的广泛合作才能跳出零和博弈和势力范围的思维模式，不断走向新境界。

第五，国之交在于民相亲，民相亲在于心相通，心相通在于常联系。当前中日旅游，尤其是中国赴日游客增幅明显，对增加两国公众相互接触、改善印象发挥了积极作用。在此基础上，中日两国的人文交流与媒体交流还有待拓宽拓深，形成多轨并行、多元发力的新局面，推动中日民间感情升温。

在中日两国两千年交往史中，人文交流始终发挥着重要的作用。20 世纪 80 年代日本三千青年访华，成为战后中日关系史中的佳话。近年来，随着中国人民生活水平的提高，大批游客赴日观光旅游。据日本观光厅发布的数据，2017 年访日中国大陆游客达到 735.6 万人次，名列首位，台湾 465.4 万人次，香港 223.1 万人次，中国游客全年共计 1415 万人次，占据日本旅游市场的半壁江山。① 此次舆论调查结果也表明，访日中国游客的增加使日本公众有机会直接接触普通中国民众，提升了对中国的好印象。但从总体上看，两国公众的绝大多数尚不具有这种亲身体验对方国家或直接与对方国家的民众交往的机会，中日未来的民间交流仍具有广阔的空间。

也应注意到，一方面，中日公众对目前的民间交流都认为重要（中国 71.5%，日本 63%）；另一方面，双方又都认为现状不够活跃（中国 56.3%；日本 39.8%，另有 38.7% 表示“说不清”）。因此，如何从旅游这种浅层次接触向人文交流这种深层交往发展，是目前摆在中日民间交流方面的一个迫切课题。

中日之间的文化交往源远流长，对推动两国人文交流与文明互鉴、发掘和发展东亚文化价值观，具有重要而深远的意义。在经济共同体之后，文化共同体的构建是大势所趋，也是通向东亚乃至亚洲和人类命运共同体的必经之路。② 在互利合作、和平发展的过程中，双方应共同推动中日人文交流的渠道更加畅通、平台逐步多元、内容和形式日趋丰富，在日积月累的过程中形成一批为双方公众喜闻乐见的人文交流品牌；既增进双方在传统文化以及各种非物质文化遗产方面的交流，也在美术、音乐展演、大型体育赛事举办

① 2017 年全年访日游客 2900 万人次，参见日本观光厅网站，https://www.jnto.go.jp/jpn/statistics/data_info_listing/pdf/180116_monthly.pdf，登录时间：2018 年 1 月 20 日。

② 参见崔世广《中日相互认识的现状、特征与课题》，《日本学刊》2011 年第 6 期。

和重点体育项目等现代文化交往方面加强合作。

此外，对于大多数无法直接接触的公众来说，媒体的作用至关重要。此次舆论调查结果显示，绝大多数两国公众（中国86.8%，日本86.8%）通过本国新闻媒体获得关于对方国家和两国关系的信息。但是，在新闻媒体对改善两国关系和促进两国民众相互理解方面，所做的还不尽如人意。当前，中日关系正处于又一个关键时期。对于中国来说，要思考的是如何正确、全面认识日本经验对于日方来说，要思考的是如何正确、全面认识中国机遇；对于两国来说，要思考的是如何以中国机遇+日本经验为地区和全球繁荣与稳定做出贡献。在此过程中，媒体能够也应该发挥重要作用。双方应结合当前的新形势，推动广播影视、出版机构、新闻媒体开展联合制作、联合采访、合作出版，促进双方的影视节目互播交流，加强图书、影视、文艺演出等领域的专项交流与合作。

在今天，新媒体日益成为人们须臾不可离的交往手段，因此还要加强“互联网+人文交流”的广泛合作，实现实体交流与虚拟交流的相互补充和良性互动。在这个过程中，媒体需要增加对普通人和平常事的报道，以此讲好生动可感的中国故事和日本故事。实现这种媒体合作的机制化和日常化，把各自国家主张的“大道理”与相互间民生、民情、民心的“小道理”紧密结合在一起，将增加双方民众的亲切感和认同感，在促进“民心相通”方面起到不可替代的桥梁和纽带作用。

社会文化篇

Society and Culture Reports

B.19 日本社会热点与发展动向评述

李国庆　袁 媛*

摘　要： 2017年，日本少子老龄化形势进一步加剧，波及日本社会的方方面面。结婚率下降，家庭规模缩小，独居家庭及夫妇家庭增加，家庭育儿、养老压力过大；企业劳动力不足问题凸显；中间阶层缩小、低收入阶层扩大；人口向东京一极集中的趋势继续加剧。在这一背景下，“超智慧社会——社会5.0”作为一项社会政策得以确立，促进第四次工业革命的高新技术成果进入社会服务领域、破解少子老龄化带来的各种社会问题成为日本社会未来的发展目标。日本政府制定了一系列政策措施，提出利用大数据建立新型医疗护理系统；推进工作方式改革，执行带惩罚措施的工作时间限制制度；推

* 李国庆，社会学博士，中国社会科学院城市发展与环境研究所城市政策与城市文化研究中心主任、研究员，博士生导师，研究方向为城市社会学、可持续发展社会学、日本社会论；袁媛，文学硕士，北京第二外国语学院日语学院，研究方向为可持续发展经济学、日本社会论。

进“同工同酬”，缩小非正式员工与正式员工之间的待遇差距；促进地方创生，加强人才投资，改革大学教育制度，缓解东京一极集中趋势。

关键词： 日本社会 少子老龄化 社会问题 智慧城市 超智慧社会

2017 年，日本少子老龄化形势进一步加剧，对日本的家庭结构、企业经营、阶层差异、城市发展等社会子系统产生了深刻影响。

在少子老龄化社会背景下，2017 年 6 月 9 日，日本内阁会议审议通过了日本经济再生本部（未来投资会议）提出的新增长战略《未来投资战略 2017——实现社会 5.0 的改革》和《经济财政运营与改革的基本方针 2017》（“骨太方针”），提出了一系列措施，力图实现旨在利用先进科技提高社会生活各个层面的便利性以及解决社会问题的“超智慧社会——社会 5.0”。这一构想被作为社会政策正式提出，标志着“超智慧社会”构建成为少子老龄化背景下日本社会发展的新目标。

一 2017年日本社会结构现状与总体描述

人口数量和结构是社会存续与发展的基础条件之一。2017 年日本人口总数继续减少，少子老龄化趋势进一步加剧。根据日本总务省统计局 12 月 22 日发布的 12 月 1 日人口推算值，日本总人口为 1 亿 2670 万，同比减少 22 万人，下降比例 0.17%。根据日本厚生劳动省 12 月 22 日发布的 2017 年人口动态统计数字，日本国内全年出生的孩子为 94.1 万人，连续两年低于 100 万人，也是自 1899 年开始统计以来的最低数字。而全年死亡人数为 134.4 万人，同比增加 3.6 万人，全年日本人口自然减少 40.3 万人。日本人口的老龄化速度是世界上最快的，妇女总和生育率从 2 下降到 1，欧洲用了 50 余年，而日本仅用了 25 年，日本的 27.6% 老龄化率是目前世界上的最高水平。其中，截至 2017 年 9 月 15 日，90 岁以上人口数量继续增加，

2017 年首次突破 200 万人，达到 206 万人，占总人口的 1.6%，比 2016 年增加 14 万人和 0.1 个百分点。[①] 当然，人口老龄化比例上升意味着人的健康水平提高和寿命延长，但同时也给社会各个子系统的发展带来了挑战。

社会学一般将社会结构分为基础群体、功能群体、地域社会（城市、农村）、社会阶层和国家等结构范畴，本节试图通过统计数字对上述领域加以描述，对少子老龄化背景下 2017 年的日本社会进行宏观剖析。

（一）家庭——家庭规模缩小，家庭育儿、养老压力过大

从家庭规模来看，2017 年日本家庭规模继续呈缩小趋势，根据日本总务省 2017 年 7 月 5 日发布的基于“住民基本台账”的人口动态调查数据，截至 2017 年 1 月 1 日，日本居民家庭以及拥有复数国籍家庭（外国人和日本人组成一个家庭）的平均家庭户规模为 2.23 人，比 2016 年的 2.26 人减少了 0.03 人。[②] 从家庭结构来看，根据日本厚生劳动省发布的 2016 年《国民生活基础调查》，截至 2016 年 6 月 2 日，日本家庭数量为 4994.5 万户（熊本县除外），其中核心家庭数量最多，为 1474.4 万户，占 29.5%；其次，独居家庭为 1343.4 万户，占 26.9%；仅由夫妇二人组成的夫妇家庭为 1185 万户，占 23.7%。含 65 岁以上老人的家庭数量为 2416.5 万户（熊本县除外），占全国家庭总数的 48.4%。[③]

随着家庭规模缩小化、核心家庭化、独居家庭及夫妇家庭的增多，尤其是含 65 岁以上老人的家庭增多，家庭功能弱化，从而提出了新的社会需求。在家庭功能方面，一方面，由于双职工家庭数量不断增加，大量儿童因父母工作或者疾病等原因虽达到了保育园入园条件，却因为保育园设施满员或保育员人手不足而无法入园、在家排队等候空位的“待机儿童”问题凸显。

---

① 総務省統計局「統計からみた我が国の高齢者（65 歳以上）—『敬老の日』にちなんで—」、http://www.stat.go.jp/data/topics/topi1030.htm［2017－11－27］。

② 総務省「住民基本台帳に基づく人口、人口動態及び世帯数（平成 29 年 1 月 1 日現在）」、http://www.soumu.go.jp/main_content/000494130.pdf［2017－11－28］。

③ 厚生労働省「平成 28 年国民基礎調査」、http://www.mhlw.go.jp/toukei/saikin/hw/k－tyosa/k－tyosa16/dl/02.pdf［2017－11－28］。

近年来，“待机儿童”人数持续增加，2015 年“待机儿童”人数为 23167 人，2016 年上升至 23553 人，2017 年达到 26081 人。① 另一方面，随着产业化的发展，虽然家庭养老功能大部分转移至了养老服务设施，但家庭成员的老人护理压力仍然很大。2016 年，因护理家庭成员而辞职的人数达 9 万人，其中女性有 7 万人，占总人数的八成。② 日本政府在“骨太方针”中提出了“零看护离职率”的政策，要实现这一目标需要增强社会的看护能力。但是，现实中社会养老面临着因护理任务繁重、待遇低而引起的护理人才匮乏问题。2016 年 11 月的日本护理人员的有效求人倍率达到 3.40，为 2012 年 3 月以来的最高水平。③

（二）企业——劳动力短缺、“人手不足破产”企业增加

少子老龄化给企业这一功能群体带来的问题，主要体现为由家庭向企业提供的劳动力不足、劳动参加率下降。根据厚生劳动省 2017 年 6 月 30 日公布的统计数据，2017 年 5 月的有效求人倍率达到了 1974 年 2 月以来的最高水平。日本帝国数据银行 2017 年 2 月 21 日发表的对全国 1 万家以上企业进行的调查显示，43.9% 的企业表示正式员工数量不足。④ 不仅如此，2013 年 1 月至 2017 年 6 月，因人员不足而破产的企业达 290 家。帝国数据银行将以员工离职或雇佣困难等无法保证人员充足为主要原因破产的企业（负债 1000 万日元以上，包括个人企业主）定义为“人手不足破产”企业。其中，仅 2017 年上半年因人员不足破产的企业数量就高达 49 家，同比增加 44.1%，是 2013 年上半年破产企业数量的 2.9 倍，企业破产数量缓慢增加的趋势明显。从负债规模看，2013 年 1 月至 2017 年 6 月，负债规模不足 1

① 内閣府男女共同参画局「男女共同参画白書　平成 29 年版」、http：//www.gender.go.jp/about_danjo/whitepaper/h29/zentai/pdf/h29_genjo.pdf［2017－11－28］。

② 内閣府男女共同参画局「男女共同参加白書　平成 29 年版」、http：//www.gender.go.jp/about_danjo/whitepaper/h29/zentai/pdf/h29_genjo.pdf［2017－11－29］。

③「人手不足の介護職、どう打開　有効求人、最高の3.4 倍」、『朝日新聞』2017 年 1 月 12 日、http：//www.asahi.com/articles/ASK1B2VPGK1BUTIL005.html［2017－11－30］。

④ 帝国データバンク「人手不足に対する企業の動向調査（2017 年 1 月）」、2017 年 2 月 21 日、https：//www.tdb.co.jp/report/watching/press/p170206.html［2017－11－30］。

亿日元的破产企业累计达137家，占47.2%，可见小企业破产的现象较为显著。从行业类型看，建筑业和服务业企业的累积破产数量最多，分别占36.2%和31.7%。[①] 2017年度新语、流行语30个候选词语之一是“宅急送危机”。日本是最早开始宅急送门对门服务的国家，用户可以精准地指定取货和收货时间，从成田机场出发的乘客可以利用宅急送托运行李，空手轻松到达机场。这标志着日本流通产业高度发达。然而，这一产业不仅需要物联技术和发达的交通，更是以丰富的劳动力资源为人力支撑的。雅玛多运输公司的“黑猫宅急便”是日本最大的快递企业，而由于货物量猛增、快递员短缺，其无奈退出日本亚马逊当日达业务，昔日的精准速递遭遇危机，造成这一结果的主要原因正是人手不足无法应对市场的需求。

为防止员工流失，企业出现了将临时工、合同工等非正式员工转为正式员工的趋势，一定程度上体现了日本企业长达数十年的雇佣廉价非正式员工的做法开始逆转。2017年11月14日，日本广播协会（NHK）播出了专题片《非正式员工全部转正：摆脱非正规雇佣的机会》。该片记录了日本世尊信用卡公司的一项新人事制度：将该公司的2200名非正式员工全部转正，享有奖金、养老金等福利；同时，考虑到员工家庭育儿以及照料老人的情况，引入短时间工作、在家办公制度。此外，在其他企业中也出现了将非正式员工转为正式员工的动向。早在2014年，拥有优衣库等品牌的迅销公司就将大约1.6万名临时工转为正式员工，2016年，日本航空公司将约1100名空乘人员由合同工转为正式员工。[②] 日本企业为保证员工充足而将非正式员工转正的动向明显。

（三）社会阶层——中间阶层缩小，低收入阶层扩大

2017年3月28日，日本政府出台的《工作方式改革总体实行计划》中

---

① 帝国データバンク「特別企画：『人手不足倒産』の動向調査（2013年1月～2017年6月）」、2017年7月10日、http://www.tdb.co.jp/report/watching/press/pdf/p170701.pdf［2017-11-30］。

② 「全員、正社員にします脱非正規のチャンス!?」、http://www.nhk.or.jp/gendai/articles/4063/index.html［2017-11-19］。

提出了实现“同工同酬”的重要举措，目的是消除正式员工与非正式员工间不合理的待遇差距。这一举措是在日本曾经颇感自豪的“一亿总中流”的中间阶层缩小、低收入阶层扩大的社会背景下提出的。

“中间阶层”的划分要根据收入、职业、消费、生活方式等综合指标。日本学者筱崎武久将“中间阶层”定义为年收入占收入中位数的75%～167%的家庭，并利用厚生劳动省公布的《国民生活基础调查》数据，从收入层面对中间阶层的范围进行了估算，得出1985～2012年中间阶层比重由57.4%下降至50.2%、低收入家庭比重由28.9%上升至31.9%、高收入家庭比重由13.7%上升至17.9%的结论。[①] 中间阶层缩小、低收入阶层扩大的趋势明显。日本中等收入家庭数量减少、低收入家庭数量增多的主要原因之一是，20世纪90年代以来日本陷入经济不景气，企业为削减劳务成本而大量雇用临时工、合同工等非正式员工。2017年爆出的日产汽车公司使用不具备质检资质的人员丑闻，原因与此有直接关联。1988年，日本非正式员工人数为817万人，占员工总数的19.1%；正式员工人数为3452万人，占80.9%。[②] 截至2017年9月，日本非正式员工人数为2028万人，比重增加至36.8%；正式员工人数为3483万人，比重减少至63.2%。2016年，日本正式员工的平均月工资为32.17万日元，非正式员工的平均月工资为21.18万日元，两者相差10.99万日元，比例相差34%。可见，非正式员工与正式员工的收入差距显著，且享受不到与正式员工同等的社会福利待遇，社会贫富差距呈现出扩大化趋势。

（四）城市与地方——人口向东京一极集中，中小城市缺乏活力

2017年，促进人口由大城市向地方流动，解决东京一极化发展问题依然是日本面临的重要课题。总务省统计局公布的数据显示，2016年大阪圈

① 篠崎武久「所得の観点から見た中間層の把握の方法について」、『人文社会科学研究』(55)、199～216頁。

② 厚生労働省「『非正規雇用』の現状と課題」、http://www.mhlw.go.jp/file/06－Seisakujouhou－11650000－Shokugyouanteikyokuhakenyukiroudoutaisakubu/0000120286.pdf［2017－12－05］。

（大阪府、京都府、兵库县、奈良县）和名古屋圈（爱知县、岐阜县、三重县）已连续四年净迁入人口均为负值，2016 年大阪圈的净迁入人口为 -9335 人，名古屋圈为 -2363 人，人口大量迁入的趋势发生逆转。而东京圈（东京都、埼玉县、千叶县、神奈川县）的迁入人口达 47.8 万，迁出人口为 36 万，净迁入人口为 117868 人，虽比 2015 年的 119357 人略有减少，但东京圈的净迁入人口已连续 21 年为正值。① 2016 年东京圈人口达 3629.4 万，占全国人口总数的 1/4 以上，仍然保持着东京一极集中的态势。造成这一现象的最主要原因是小城镇由于人口减少导致就业机会日益缺乏，年轻人进入城市。在千叶县成田机场到东京都沿线地区，大量厂房和仓库被拆除，代之以高层住宅公寓，以满足来自地方新迁入人口的居住需求。

在日本人口减少、少子老龄化加剧的情况下，当务之急是阻止地方人口持续减少、创造地方就业机会，以缓和东京一极集中趋势。东京一极集中不仅引来了交通拥堵、通勤时间长等城市问题，还存在自然灾害带来的诸多风险，而且近年来大规模自然灾害接连不断，特别是 2011 年 3 月发生的东日本大地震、2016 年 4 月发生的熊本大地震等。假设类似的大规模自然灾害将来在东京都或首都圈发生，一极集中的首都功能陷入瘫痪，将会给整个日本带来不可估量的严重后果。

（五）国家——提出“超智慧社会”构建的社会发展新目标

从以上家庭、企业、社会阶层、城市与地方这四个社会结构范畴综合来看，2017 年日本社会主要呈现出以下特征：少子老龄化加剧导致家庭规模进一步缩小，以核心家庭为主要形态的家庭结构呈现出独居家庭、夫妇家庭数量增加的趋势，家庭功能面临着家庭内部成员育儿和养老压力过大、家庭外部服务设施不完善等一系列问题。日本人口减少使企业面临的劳动力不足问题越发显著。非正式雇佣所引起的日本社会中间阶层缩小、低收入阶层扩大的趋势迫切需要政府有所作为。此外，2017 年东京一极集中趋势并没有

① 総務省「住民基本台帳人口移動報告平成 28 年（2016 年）結果」、http：//www.stat.go.jp/data/idou/2016np/kihon/youyaku/index.htm［2017 - 12 - 06］。

得到缓解，增大了整个日本的风险程度。

2017 年是日本探索破解少子老龄化带来的社会发展困境的关键一年，并确定了“超智慧社会”的社会发展目标。2017 年 6 月 9 日，日本内阁会议审议通过了《未来投资战略 2017——实现社会 5.0 的改革》，指出日本先于其他各国更早地面临生产年龄人口减少、地域老龄化、能源、环境等社会问题，这对于第四次工业革命带来的新产品、新服务而言，则提供了巨大的潜在需求空间。因此，今后应把物联网、人工智能等第四次工业革命的技术革新应用到医疗、物流运输及老年人移动服务等移动革命、基础设施产业和社会生活领域中，以解决当前的社会问题，实现“超智慧社会”目标。①

二 “超智慧社会”发展目标的制定基础

“超智慧社会”构想被确立为社会政策是 2017 年日本社会发展的一个新动向。由于这一政策刚刚出台，还处于传播和普及阶段，普通民众还没有切身感受到该政策的具体作用。然而，这一政策并非政府官员闭门造车提出的空中楼阁式的口号，而是建立在已经有近 20 年历史的数字社会构建技术和六年智慧城市建设的实践基础之上。

（一）“超智慧社会”新概念的提出

“超智慧社会——社会 5.0”这一新概念，最早是在 2016 年 1 月日本内阁府综合科学技术创新会议制定的《第五期科学技术基本计划》中提出的。这一概念与德国提出的“工业 4.0”② 有着直接的对应关系。“工业 4.0”概念出台于 2013 年，如今已经广为人知。日本提出的“社会 5.0”概念虽然尚未成为全球通用概念，但随着 2017 年日本政府将其确立为日本社会未来

① 首相官邸「未来投資戦略 2017—Society 5.0 の実現に向けた改革—」、http://www.kantei.go.jp/jp/singi/keizaisaisei/pdf/miraitousi2017.pdf［2017-12-29］。

② “工业 4.0”是 2013 年德国提出的未来制造业与产业形态的概念。“工业 4.0”的核心内容是连接，将客户、生产线、工厂、物流、售后服务紧密连接，实现智能化、信息化生产与流通。

发展的基本目标，“社会5.0”概念将在日本国内迅速传播和普及。

“超智慧社会”是由日本首次提出的新概念，是指继狩猎社会、农耕社会、工业社会、信息社会之后的新型社会。其主要特征是，由通信技术和物联技术构成的智能系统为人类的生活提供支援。在“超智慧社会”中，网络空间与物理空间高度融合，物联网、大数据、人工智能、机器人和共享经济等高新技术将进入社会生活的各个领域，为了技术开发而收集的庞大数据还原于生活，在必要的时间为必要的人提供必要的物品、服务，精准地应对社会中的各种需求，超越年龄、性别、地域、语言等差异，为所有人提供高质量服务，让包括老年人、残疾人等在内的社会弱势群体都能舒适便捷地生活，从而挑战各种社会问题。日本政府把实现世界领先的“超智慧社会”作为其未来社会的发展目标，主张“超智慧社会”以科学技术创新为先导，不仅促进产业发展，还将与健康长寿、移动革命、新一代供应链、舒适型基础设施建设、金融技术相联系，进而促进社会变革。“超智慧社会”概念的最大亮点，是与未来社会发展方向相关联，即运用信息技术和物联网技术建立合理便捷的社会基础设施，提高生活的便捷性，创造新的社会价值。日本政府提出了四点实现路径：（1）促进未来型产业创造和社会变革领域价值创新的相关举措；（2）应对经济社会领域的挑战；（3）强化科学技术创新的基础力量；（4）构建可创造创新型人才、知识、资金的良性循环系统。为了实现世界领先的“超智慧社会”，必须把“促进未来型产业创造和社会变革领域价值创新的相关举措”作为核心目标加以努力实现。

（二）“超智慧社会”发展目标的信息技术基础——数字社会建设

“超智慧社会”的构建理念是运用大数据、网络信息技术、人工智能等高新技术解决各种社会问题，而日本的数字社会建设为“超智慧社会”的构建奠定了坚实的信息技术基础。

日本的数字社会建设是循序渐进地展开的。2001年，日本出台IT基本法，实施e－Japan战略（electronic－Japan），由内阁总理大臣出任IT战略本部部长，在全国各地均衡配置高速和超高速宽带网络，最终共有3590万户家庭实现了超高速宽带连接。2006年日本总务省推出的u－Japan战略是最为核心的数字社会建设政策，旨在建设有线与无线相互补充的泛在网络环境，实现全国“任何时间、任何地点、任何人、任何事”都能够轻松连接互联网的网络通信环境。为保障弱势群体也能够享受数字社会的便捷，政府支援开发特殊的人机交互界面，并为老年人提供信息通信知识培训等。这一理念也体现了把数字社会建设从信息化层次上升到问题破解的新高度，即积极运用信息技术破解少子老龄化、医疗福利、物流交通、能源环境、雇佣劳动、人才教育、治安防灾等社会问题。2009 年 7 月，日本 IT 战略本部出台《i－Japan 战略 2015——迈向国民主体的安心与活力数字社会》，目标是让国民可以像获得水和空气一样获得和利用数字信息，开发便于使用的数字技术，消除妨碍数字使用的壁垒，促进数字技术和信息对经济社会的渗透，从而实现日本社会创新。这一战略把政府、医院和学校列为三大重点领域，推进政府公共服务的可视化，设立“国民个人电子信箱”，提供一站式行政服务；推进医疗领域的电子病历、远程医疗；普及数字教育技术，促进地方再生，加强日本产业的国际竞争力。另外，2016 年日本内阁会议也决定强化对于构建“超智慧社会”服务平台所必需的基础技术，如网络安全技术、互联网系统、大数据解析、人工智能、驱动系统等，还包括日本具有优势的创造新价值的核心技术，如机器人、传感器、纳米材料、光量子等。

网络空间建设是城市和地方实现上述产业创新、挑战社会问题不可缺少的前提条件。数据流通功能、数字孪生功能和安全功能将成为“社会 5.0”时代网络空间的核心功能，人们对网络获得的大量数据加以分析，构建精密模型，精准预测，以实现资源配置的最优化。因此，一是促进大数据的流通与共有，超越机构壁垒及业务壁垒，实现政府与企业系统之间的合作，实现数据共有；二是改善数字孪生基础，数字孪生是指通过在网络平台获得大数据，构建精密模型；三是保障网络安全，确保“社会 5.0”网络空间的可信性、健全性、牢固性，实现发生灾害也不会瘫痪的网络环境；四是确立促进数据流通灵活运用的制度，实现可安心流通活用的数据环境；五是消除数字鸿沟，合理支援老年人、残疾人的 ICT 利用；六是加强基础技术研究和人才培养，确保目标实现。

（三）“超智慧社会”发展目标的实践基础——智慧城市建设

“超智慧社会”这一揭示日本未来社会发展目标的战略，实质上是从智慧城市建设实践中提炼出来的新概念，因而具有牢固的实践基础。日本智慧城市建设将高新技术运用到城市的建设、规划和公共服务管理之中，从而解决城市面临的环境、能源、生活等各种社会问题，其实践成果尤为值得关注。

在数字社会的基础上，日本制定了一系列“智慧城市”建设政策。2010年4月，日本经济产业省制定了《新一代能源与社会体系实证计划》，选定京都—大阪—奈良、爱知县丰田市、神奈川县横滨市和北九州市四个地区为智慧城市示范城市。2011年，日本内阁府提出“环境示范城市”和“环境未来城市”构想。“环境示范城市”旨在建设低碳社会，提炼低碳社会形态，形成“未来环境社会”的基础。“环境未来城市”构想是为了应对能源环境与老龄化等人类共同课题，创新环境、社会、经济三大价值，提出开展先导性项目，实证检验“人人愿居住”“人人有活力”的城市结构。2012年，日本总务省在《灵活运用信息技术的城市建设与全球化恳谈会报告书》中提出了“信息技术智慧城市”构想，运用信息技术帮助解决少子老龄化、劳动年龄人口减少、城市基础设施老化、地球温室化等现代课题，引导经济发展，建设抗灾能力强、有能力解决地区复合性课题、搞活经济创造就业、加强国际社会贡献、提高国际竞争力的“信息技术智慧城市先行模式”。[①] 日本首个智慧城市“柏之叶校园城市”确立了能源节约、环境共生、城市安全、健康养老、振兴智慧产业等五大课题，通过在城市规划中引进高效空调、高能玻璃以及断热材料，解决城市能源问题；建设城市农园，创造亲水空间，促进环境共生；及时提供灾害信息，配置紧急发电设备，提高城市防灾性能，增强城市安全；建立充分利用信息通信技术的健康长寿医疗体系；建设创业支持体系，支持具有高附加值的产业发展，振兴智慧产业。日本建设智慧城市的动力来源于城市所面临的生产、生活、生态问题，是运用高科技手段直面城市现实问题的实践活动。

① 参见李国庆《日本智慧城市建设特征及对中国的启示》，《中共福建省委党校学报》2017年第6期。

三 “超智慧社会”构建理念的实施

2017 年，日本出台了一系列政策措施，试图将高新技术的运用扩大到社会各个领域，以应对少子老龄化带来的社会问题。但是，由于“超智慧社会”目标刚提出不久，运用科学技术解决社会问题的发展理念在短时间内难以在社会各个领域得到全面贯彻，需要有一个循序渐进的过程。因此，本节从 2017 年日本政府出台的运用高新技术手段解决社会问题的举措和运用其他手段解决社会问题的政策措施两个方面展开论述，力图客观地描述和分析当前日本“超智慧社会”发展理念的贯彻现状。

（一）减轻家庭育儿、护理压力，建立大数据医疗护理系统

为了解决“待机儿童”问题，日本政府于 2013 年提出了《消除“待机儿童”加速计划》。该计划提出，从 2013 年至 2017 年五年间扩大 40 万个保育园儿童名额，2015 年政府将保育园儿童名额目标扩大到 50 万人，以实现“零待机儿童”目标，并将提高儿童入园水平作为实现希望出生率 1.8 的必要条件。2017 年本应是验收安倍政府“零待机儿童”计划成果的一年，然而，由于安倍经济学的实施带动了约 90 万名女性就业，“待机儿童”人数连续三年增加，截至 2017 年 4 月 1 日，“待机儿童”人数达 26081 人，同比增加 2528 人。[①] 为此，2017 年 5 月 31 日，安倍晋三首相表明将推后“零待机儿童”计划，从原定的 2017 年底延迟到 2020 年底。按照 6 月 2 日出台的《育儿安心计划》，日本政府将从 2018 年起 3 年内新增保育园儿童名额 22 万个，计划到 2022 年末之前再追加保育园儿童名额 10 万个，以彻底解决“待机儿童”问题。[②]《育儿安心计划》还提出建立从妊娠期到育儿期的无缝支援体制，以促进生育率的提高。

---

① 厚生労働省「加藤大臣会見概要」、http://www.mhlw.go.jp/stf/kaiken/daijin/0000176294.html［2017－11－29］。

② 厚生労働省「『子育て安心プラン』について」、http://www.kantei.go.jp/jp/singi/syakaihosyou_kaikaku/dai7/shiryou7.pdf［2018－01－08］。

为了减轻家庭护理压力，2017 年，日本政府一方面着手改善护理人才的工资待遇，提出将护理人员的月工资上调约 1 万日元。① 为引进外国护理人才，2017 年 9 月 1 日开始实施的《出入境管理及难民认定法修正案》中新设“护理”这一在留资格，规定新成为“福利护理员”的外国人最高可获五年日本在留资格。② 另一方面，为了应对 2025 年“团块世代”（1947 ~ 1949 年日本战后婴儿潮出生的约 800 万的人群）全部达到 75 岁以上的“2025 问题”，2017 年 6 月 9 日，日本政府在《未来投资战略 2017——实现社会 5.0 的改革》中提出，日本国民保险制度和养老保险制度的相关数据非常丰富，要最大限度地利用大数据、人工智能等高新技术，建立以健康管理、疾病预防及护理、自立支援为主轴的新型医疗护理系统。通过建立覆盖全日本的数据利用基础、提供符合个人健康状况的高效服务，实现健康寿命延长及老年人的自立生活。同时，配合使用人工智能、机器人，建立即使在老龄化、人口减少的情况下也能够提供高效的医疗护理服务的新模型。为此，需要加强培养和普及高效率的民间服务，促进日本医药品、医疗器械的研究开发，于 2020 年建成新型健康、医疗、护理体系，到 2025 年在国民生活中实现让国民安心的医疗、护理。③

（二）消除长时间劳动，采取远程办公等灵活工作方式

2017 年 3 月 28 日，日本政府在工作方式改革推进会议上通过了《工作方式改革实行计划》（以下简称《实行计划》），在战后首次规定了带惩罚措施的加班时间限制制度，修改劳动基准法，以法律形式限制加班时间，消除长时间劳动，忠实推进工作方式改革。工作方式改革的一个重要内容，就是实施工作时间管理，减少工作时间。纠正长时间劳动不仅可以促进员工平衡

① 内閣府『平成 29 年版高齢社会白書』、http：//www8. cao. go. jp/kourei/whitepaper/w－2017/html/zenbun/t_2_2. html［2017－12－29］。

② 入国管理局「平成 28 年入管法改正について」、http：//www. immi－moj. go. jp/hourei/h28_kaisei. html［2018－01－08］。

③ 首相官邸「未来投資戦略 2017—Society 5.0 の実現に向けた改革—」、http：//www. kantei. go. jp/jp/singi/keizaisaisei/pdf/miraitousi2017. pdf［2017－12－29］。

工作与生活，也有利于提高劳动参与率。《实行计划》规定，加班时间上限为每月45小时及每年360小时，同时还专门设定了繁忙期包括休息日在内的特别上限单月不得超过100小时，如果繁忙期持续2~6个月的话，则每月平均不得超过80小时，每年加班上限为720小时。每月超过45小时的次数不得超过6次。另外，汽车司机、建筑工人和医生拥有五年的缓冲期。5年之后开始将司机的加班时间上限设定为每年960小时；建筑工人只有在灾害发生后从事修建临时住宅等恢复、重建等工作的情况下，不适用繁忙期上限规定；医生的加班时间限制以两年后为期限做出最终结论，研究开发人员不在此列。[①] 要改变工作方式，实现“同工同酬”，必须提供相应的法律保证，修改兼职劳动法、劳动契约法、工人派遣法等法律条文，为非正式就业者提供均等待遇，规定雇佣者有义务向兼职职工说明劳动待遇，确立除法庭判决之外的劳动纠纷调节手段。

此外，作为灵活的工作方式，《实行计划》提出将制定电传工作大纲，照顾职员的健康，大力普及居家远程办公，促进副业与兼业。其中，远程办公是借助信息通信技术，在办公室以外的场所工作的方式，《实行计划》修改了远程办公方针，除居家远程办公以外，卫星办公室、移动办公也被纳入了雇佣型远程办公类型。《实行计划》同时指出，企业在引入远程办公制度时，应明确如何处理弹性工作时间制度和通常的劳动时间制度中因育儿、护理而中途离开的时间以及如半天等部分时间居家远程办公情况下的通勤时间等。另外，为防止“过劳”，《实行计划》还有意促进对劳动时间的管理，提出限制深夜劳动、抑制在深夜或休息日发送工作电子邮件等对策。

工作方式改革还提出了改善高级外国人才的就业环境与生活环境、支援向高雇佣能力产业转业、促进年轻人就业和老龄者再就业的环境治理等政策措施。

（三）实现“同工同酬”，加强人才投资与教育

为消除社会贫富差距，扩大中间阶层，日本政府于2016年12月20日

---

① 首相官邸「働き方改革実行計画」、http：//www. kantei. go. jp/jp/headline/pdf/20170328/01. pdf［2017－12－04］。

出台了“同工同酬”指针方案，明确提出在非正式员工与正式员工在职业经验和能力、工龄、业绩贡献、工作内容、责任范围等方面相同的前提下，企业应一视同仁，向非正式员工提供与正式员工相同的基本工资、提薪机会、津贴和福利保障。① 为确保指针方案的实效，《实行计划》中提出要实现“同工同酬”，消除正式员工与非正式员工间不合理的待遇差距，同时还提出了今后修订法律的四个方向：（1）制定劳动者申请司法裁决的法律依据；（2）雇佣单位有向劳动者说明具体待遇内容的义务；（3）调整非诉讼纷争的调解程序；（4）整顿与派遣劳动者相关的法律规定。②

与“工作方式改革”相并列的是“人才投资”，其强调教育对于实现“一亿总活跃社会”发挥着极为重大的作用。第一，“骨太方针”中政府提出要早日实现幼儿教育和保育园免费化的目标。为确保目标实现，日本政府在2017年内确定要提高财政效率、改革税制、导入新的社会保险方式，确保稳定财源，预计实现这一改革需要1.2万亿日元的财源。第二，全面提升大学教育质量，研究推进大学组织改革的框架。第三，支援离职女性的复职与再就业，援助社会人员的继续教育，充实回流教育（recurrent education）。

（四）实现地方创新，增强地方活力

为了解决日本地方社会面临的严重少子老龄化、急速人口过疏化等经济社会问题，2017年6月9日，日本政府出台了《城镇、人、工作创生基本方针2017》。为促进人口向地方流动，增强地方活力，该方针提出了以下措施：（1）创造地方就业机会，营造安心工作的环境。有效利用地方观光、文化等地域资源和闲置店铺、农地、传统民宿等闲置资本，创造更多的就业机会；加强地方投资；促进共享经济，发展新型生活产业。（2）推动人口由大城市向地方流动。推动有助于地方创生的大学改革；提供地方企业实习机会；鼓励政府机关、企业总部由大城市向地方迁移；探讨在地方建立中央省厅卫星办公室；

① 首相官邸「同一労働同一賃金ガイドライン案」、http：//www.kantei.go.jp/jp/singi/hatarakikata/dai5/siryou3.pdf［2017-12-04］。

② 首相官邸「働き方改革実行計画」、http：//www.kantei.go.jp/jp/headline/pdf/20170328/01.pdf［2017-12-04］。

大力宣传地方生活魅力。（3）推动落实地方工作方式改革，满足年轻人结婚、生育、育儿的需要。（4）建设和守护安心生活的地域，加强区域间合作。推进紧凑化、网格化城市建设；建设能够维持分散的农村基本生活的服务设施基地和地域运营组织；实现地域共生社会；推动地方公共团体实现可持续发展目标。①

为实现自主成长的富裕地方社会发展目标，2017 年，日本政府在“骨太方针”关于提高生产率的部分提出要设置“提高生产率国民运动推进协议会”，向全国各地的中小企业普及提高生产率的技能，为致力于生产率提高的中小企业、服务业提供支援。具体措施包括：推进企业、大学、地方自治团体在产学官联合体制下建设研究基地，推进合作共治，促进企业收益用于研究开发投资、设备投资、人才投资，培养对地区发展的有用之才，创造自主发展的富裕地方社会；在农业、保育与护理、防灾等领域重建基础设施；创造人和自然共生的富裕地域价值，增强产业竞争力。实现上述目标的途径：一是构建实现省力化、智能化的农业支援计划和地方农业计划的基础，包括充实卫星和地表监控带来的繁殖培育信息、智慧农机收集的土壤信息，推广机械带来的省力化等农业技术。二是建立地域综合护理体系，以创造先进的保育与护理环境，改善年轻人的就业环境，解除后顾之忧，使之发挥地区发展的中坚作用。三是通过地域能源供给系统的最优化，享受氢燃料车、插电式混合动力汽车、电动汽车带来的快速舒适的移动，通过监控基础设施建立防灾减灾体系，确保灾害时期的能源供应，同时确保灾害后运输路线的快速恢复。

由此可见，2017 年，日本政府在解决各种社会问题时提倡应用大数据、人工智能、信息通信技术等先进技术，使先进技术在少子老龄化社会中发挥实际作用。2017 年，日本政府为了降低家庭护理压力，在着力提高护理人员待遇、增加护理人员数量的同时，提出利用大数据、人工智能等技术建立新型医疗护理系统。在工作方式改革中，日本政府在首次以法律的形式限制

① 首相官邸「まち・ひと・しごと創生基本方針 2017」、http：//www. kantei. go. jp/jp/singi/sousei/info/pdf/h29 －06 －09 －kihonhousin2017hontai. pdf［2017 －12 －06］。

加班时间的同时，提出借助信息通信技术大力普及远程办公等灵活的工作方式。此外，在缩小社会贫富差距方面，日本政府提出要实现“同工同酬”，并探讨了今后法律修改的方向。如果这一举措不是仅仅停留在政府的口号上，而是在现实中得到严格落实，那非正式员工的待遇无疑将得到改善。为了缓解东京一极集中趋势，2017 年日本政府加大地方改革力度，促进人口向地方流动，从地方就业、产业发展、能源环境、安心的生活环境等多个方面，提出了今后地方发展的措施。

四　“超智慧社会”建设的展望

正如日本经济评论家大前研一在《低欲望社会》一书中所描述的那样，日本从 2005 年开始人口出现负增长，少子化现象日益严重，人口结构加速老龄化，劳动年龄人口减少，地域人口老龄化趋势加快；社会差距扩大，大量年轻人由于难以找到正式的职业而陷入贫困状态。人口老龄化带来的健康养老、产业创新等一系列经济社会问题，成为日本需要破解的新的主要矛盾。①

与此同时，还应当看到，2017 年对于日本来说更是探索破解困局途径的关键一年。日本在这一年确定了社会发展的新方向，尝试走出困局。正是因为日本的少子老龄化在世界上走在前列，所以才有了强烈的创新意愿和寻找新出路的内在动力。2016 年日本在世界上率先提出的与“工业 4.0”相对应的“社会 5.0”新理念、新目标，旨在借助日本具有显著优势的高科技力量，破解健康长寿、能源环境和创业就业等主要问题，促进第四次工业革命的高新技术成果进入社会服务领域，破解少子老龄化带来的各种社会问题，创造超越工业社会、信息社会的“超智慧社会”新时代。

日本社会并没有失去创新和扎实进取的能力，“超智慧社会”并非单纯的科学技术发展规划，而是以“生活中心主义”为文化基础的社会工程，是基于近 20 年数字社会建设和六年智慧城市建设实践提出的切实可行的目

① 大前研一『低欲望社会——「大志なき時代」の新・国富論』、小学舘、2015 年。

标。“超智慧社会”建设的发展，要求首先确定社会当前面临的问题以及未来将会面临的问题，如健康养老问题、创业问题、能源环境问题。这些迫切需要解决的问题确定之后，再去选择适当的高新技术手段，而不仅仅是通过信息技术帮助人们解决问题。“超智慧机会”是一种因地制宜的问题解决型社会发展模式。

确保“超智慧社会”的健康发展，需要确立人的主体地位，搭建政府、企业、大学与居民的社会网络，以社区为基本单位科学确定建设主题，全面借助企业的高新技术，有针对性地破解问题。实现安全、安心的生活环境，是“超智慧社会”建设的目标。

B.20 日本人口与社会保障动向分析

丁英顺 *

摘　要： 2017 年，日本人口少子老龄化形势进一步加剧，影响社会经济发展的情况没有得到缓解。日本社会保障制度也面临诸多问题，出现了漏发补助养老金、多发遗族养老金等问题，日本养老金制度再度失信于国民。在这种情况下，日本社会保障制度要想实现可持续发展必须不断进行深化改革。2017 年，日本在社会保障制度改革方面，少子化对策、养老金制度改革、修改护理保险法、转换社会保障模式等做法引人注目。改革的进展是否顺利，主要取决于各领域能否实现具体落实。切实实施社会保障制度改革方案，构筑中长期稳定的社会保障制度，依然是日本面临的重要课题。

关键词： 日本　社会保障　人口少子老龄化　养老金　医疗护理

二战后，日本社会保障制度在经济高速发展的背景之下，逐渐形成了法制化程度较高、政策领域比较完整的体系。然而，随着经济社会的变动及日益严重的少子老龄化进程，日本社会保障制度面临巨大挑战。为应对少子老龄化带来的日渐严重的财政压力，日本不断对社会保障制度进行改革和完善。

2017 年，日本在社会保障制度的深化调整与改革方面采取了对策措施，包括通过《加强地区综合护理体系法》，促进地区共生社会的建立；提出"育人革命"，完善免费教育方面的制度建设；实施《技能实习优化法》，确

* 丁英顺，中国社会科学院日本研究所副研究员，研究方向为日本社会、日本人口。

定在护理领域接收外国实习生等，力图恢复国民对社会保障制度的信心，保证社会保障制度的可持续发展。

一　日本少子老龄化进一步加剧

根据日本总务省统计局公布的数据，截至2017年11月，日本65岁及以上的老年人口达到3519万，占总人口的比例达27.8%。其中，75岁及以上的“高龄老年人口”[①]为1753万，占总人口的比例为13.8%；0~14岁的少儿人口只有1558万，占总人口的比例为12.3%；15~64岁的劳动年龄人口为7594万，占总人口的比例为59.9%。[②]日本少子老龄化进一步加剧。

另据日本国立社会保障与人口问题研究所的预测，2018年，日本75岁及以上的高龄老年人口占总人口的比例将达到14.3%，开始超过低龄老年人口（14.0%），两者将开始出现逆转。2025年，日本高龄老年人口占总人口的比例将达到17.8%，而低龄老年人口占总人口的比例将减少到12.2%，两者之间的差距将越来越大。[③]日本老年人口高龄化趋势非常严峻。而且，日本老年人口中女性的比例明显高于男性，这是日本人口老龄化的又一个重要特征。根据日本总务省的统计，截至2017年9月，日本65岁及以上的老年男性为1525万人，占男性人口的24.7%，老年女性为1988万人，占女性人口的30.6%，女性老年人数量远多于男性老年人数量。[④]截至2017年9月，日本全国100岁以上的老年人达到创纪录的67824人。其中，男性8197人，女性59627人，女性占比87.9%。[⑤]日本人口高龄化、长寿化趋势愈加

① 在日本，65岁及以上的老年人分为“低龄老年人”（65~74岁）和“高龄老年人”（75岁及以上）。

② 総務省統計局『人口推計—平成29年11月報—』、http://www.stat.go.jp/data/jinsui/pdf/201711.pdf［2017-12-18］。

③ 国立社会保障・人口問題研究所『日本の将来推計人口（平成29年推計）、推計結果表』、82頁、http://www.ipss.go.jp/pp-zenkoku/j/zenkoku2017/pp29_Report3.pdf［2017-12-03］。

④ 「65歳以上3514万人」、『朝日新聞』2017年9月18日。

⑤ 「100歳以上最大6万7824人」、『産経新聞』2017年9月16日。

明显，正由“人生80年”向“人生90年”甚至“人生100年”发展。

同时，日本已进入人口减少和超老龄社会，由此带来的最大问题是劳动年龄人口的减少和社会抚养比的上升，这导致社会保障费用持续增加。2017年10月，厚生劳动省发布了《2017年版厚生劳动白皮书》，在“社会保障和经济增长”部分提出了目前日本社会保障所面临的问题。白皮书指出，2010年，日本2.8名劳动年龄人口抚养1名老年人，而到2015年，2.3名劳动年龄人口抚养1名老年人，到2025年，日本的“团块世代”将全部达到75岁，届时1.9名劳动年龄人口抚养1名老年人，社会保障财政将面临巨大挑战。①

老年人口抚养比，是衡量一个国家养老负担的重要指标。1970年，日本总抚养比为44.9%，其中，少年儿童人口抚养比为34.7%，老年人口抚养比只有10.2%；到2000年，日本总抚养比为46.9%，其中，少年儿童人口抚养比下降到21.4%，老年人口抚养比则上升到25.5%，老年人口抚养比超过少年儿童人口抚养比；2017年，日本总抚养比上升到67.1%，其中，少年儿童人口抚养比为20.3%，老年人口抚养比达到46.8%。如果按照这种趋势继续发展下去，到2060年日本总抚养比将达到96.3%，其中，少年儿童人口抚养比只有17.9%，而老年人口抚养比将达到78.4%，两者之间的差距将越来越大（参见表1）。

表1　日本人口抚养比的变化情况

单位：%

年度	人口抚养比		
	总抚养比	少年儿童人口抚养比	老年人口抚养比
1970	44.9	34.7	10.2
1975	47.6	35.9	11.7
1980	48.4	34.9	13.5
1985	46.7	31.6	15.1
1990	43.5	26.2	17.3
1995	43.9	23.0	20.9

① 厚生労働省『平成29年版厚生労働白書—社会保障と経済成長—』、http://www.mhlw.go.jp/wp/hakusyo/kousei/17/backdata/01-01-02-08.html［2017-10-26］。

续表

年度	人口抚养比		
	总抚养比	少年儿童人口抚养比	老年人口抚养比
2000	46. 9	21. 4	25. 5
2005	51. 3	20. 8	30. 5
2010	56. 7	20. 6	36. 1
2011	57. 1	20. 5	36. 6
2012	59. 0	20. 6	38. 4
2013	61. 1	20. 6	40. 5
2014	63. 2	20. 7	42. 5
2015	64. 8	20. 6	44. 2
2016	66. 1	20. 5	45. 6
2017	67. 1	20. 3	46. 8
2030	72. 2	17. 8	54. 4
2060	96. 3	17. 9	78. 4

资料来源：国立社会保障・人口問題研究所「人口統計資料集 2017 年版」、http：//www. ipss. go. jp/syoushika/tohkei/Popular/P_ Detail2017. asp？ fname = T02 – 08. htm&title1 = ［2017 – 12 – 03］。

老年人口已经成为日本社会的主要抚养对象，这样的人口结构变动不利于社会经济的良性运行，将导致劳动力短缺和社会保障负担急剧增加。

二　日本社会保障制度面临财源及信任危机

老年人增多和年轻人减少，一方面意味着日本社会保障财政将日益紧张；另一方面意味着今后年轻人的负担越来越重，却得不到更多的回报，出现较为明显的代际负担义务不平衡。这些问题导致人们对日本养老金制度丧失信心。

（一）少子老龄化速度的加快导致日本社会保障面临财政困难

2017 年，在日本社会保障费用当中，养老金、医疗支出无论是总金额还是占国民收入的比例均呈快速增长的态势，其中养老金的比例增长最为明显。根据日本厚生劳动省公布的统计资料，2017 年，日本社会保障总预算为120.4万亿日元，其中养老金支出为56.7万亿日元，占社会保障支出总额的47.1%；医疗费用支出为38.9万亿日元，占社会保障支出总额的32.3%。而1970年，在日本社会保障支出中，养老金支出只有0.9万亿日元，1980年为10.5万亿日元，2000年剧增到41.2万亿日元，2010年为53.0万亿日元，分别占社会保障支出总额的24.3%、42.2%和52.6%。日本养老金支出逐年增加，社会保障面临沉重的财政压力。

另外，在经济增长缓慢甚至负增长的情况下，这也意味着对劳动年龄人口收入分配的减少，对被抚养人口收入分配的增加。这不仅加重了劳动年龄人口的负担，也给国家财政带来巨大挑战。如果养老金及医疗费用的负担进一步加重，国民对社会保障的负担有可能超过他们能力能够承受的范围，严重影响国民的生活水平。日本社会保障支出占国民收入的比例持续上升，1970年为5.77%，2000年为20.31%，2010年为29.11%，2017年增长到29.79%。这说明日本国民的负担在不断加重。① 人口少子化进程使年轻人口数量逐渐减少，而他们所承受的社会保障负担却越来越重。2017年，日本少儿人口占总人口的比例下降到12.3%，而老年人口占总人口的比例则达到了27.8%。②

同时，日本人均寿命不断延长。2016年，日本女性的平均寿命为87.14岁，男性的平均寿命为80.98岁。而1947年时，日本女性的平均寿命只有53.96岁，男性的平均寿命也只有50.06岁。③ 这说明缴纳养老金的年轻人越来越少，领取养老金的老年人越来越多。加上日本的工作方式出现多元化趋势，终身雇佣制度发生变化，非正式员工增多，造成年轻人收入减少，无法缴纳养老金保费的人越来越多，进一步影响今后日本养老金基金的财务情况。

日本的养老金制度面临收支赤字、逃避缴费、代际分配不公等诸多问题，严重影响了养老金制度的可持续发展。如果不对养老金制度进行改革，不久的将来日本养老金制度有可能陷入瘫痪，无法继续维持下去。

---

① 厚生労働省「社会保障給付費の推移」、http://www.mhlw.go.jp/file/06－Seisakujouhou－12600000－Seisakutoukatsukan/0000128233.pdf［2017－11－29］。

② 総務省統計局「人口推計―平成29年11月報―」、http://www.stat.go.jp/data/jinsui/pdf/201711.pdf［2017－12－18］。

③「延びる平均寿命　男女で世界2位」、『朝日新闻』2017年7月28日。

2017 年 10 月 22 日，日本进行了众议院选举，朝日电视台进行了相关舆论调查。该调查主要列举了八项政策课题，请受访者回答在选择投票对象时最为看重的三项政策课题。受访者所选择的政策课题和占比分别为：社会保障制度（49%）、经济政策（49%）、外交安全保障（45%）、育儿及教育（31%）、核能发电问题（26%）、财政重建（20%）、宪法改革（19%）、其他（1%）、不回答（4%）。[①] 由此可见，民众最看重的是社会保障问题和经济政策，日本社会保障制度的改革及完善迫在眉睫。

（二）日本养老金制度面临信任危机

养老金是社会保障制度的重要组成部分，其主要目的是保障老年人的基本生活需求。但日本养老金制度屡屡发生问题，加剧了国民对社会保障制度的不信任感。2017 年 9 月，日本厚生劳动省公布了 10 多万日本人被漏发 598 亿日元养老金的消息。未支付的金额为每人平均 56 万日元，最高达到 590 万日元。[②] 日本养老金制度再度失去国民的信任，引起国民的严重不满。虽然日本养老金机构之前也偶有漏发或多发养老金的案例，但漏发近 600 亿日元养老金的情况还是首次。

其主要原因，首先是日本养老金制度的复杂性。日本公共养老金形式主要有国民年金、厚生年金、共济年金等三种。国民年金是日本养老金制度当中最基础的部分，由国家直接管理和运作。企业雇员和公务员等分别加入厚生年金和共济年金，同时自动加入国民年金。厚生年金的保险对象是正式员工在五人以上的企业中的雇员，收益与工资收入挂钩。共济年金的保险对象是公务员和私立学校教职员。此次被漏发养老金的对象主要是公务员的妻子。日本政府曾于 1991 年发布的针对低收入者的补助金规定，丈夫如果已缴纳厚生年金或共济年金超过 20 年，而且家里有未成年的子女或妻子不到 65 岁，丈夫可以领取补助养老金。当妻子的年龄超过 65 岁时，将停发丈夫

---

① 「Poll 選挙舆论调查（2017 年 10 月調査众议院选）」、http：//www. tv－asahi. co. jp/hst/poll/201710/index. html［2017－11－3］。

② 「年金支給漏れ閉会中審査」、『日本経済新聞』2017 年 9 月 20 日。

的补助养老金，同时给妻子发放每月 0.6 万日元到 1.9 万日元不等的养老补助金，而此次漏发的正是这部分补助养老金。[①] 而且，日本养老金管理制度也存在漏洞。日本于 2010 年成立了日本养老金机构，取代了过去负责养老金事务的社会保险厅。国民年金和厚生年金都由日本养老金机构进行管理，而共济年金则根据保险对象分别由国家公务员共济组合、地方公务员共济组合、私立学校教职员共济组合等进行管理。2015 年，日本将厚生年金和共济年金合并为厚生年金，但业务手续并未及时统一，出现了管理共济年金的部门漏报数据、业务处理失误等问题。

日本在发放遗族养老金方面也出现了问题。截至 2017 年初，日本养老金机构对已经失去领取遗族养老金资格（主要是丈夫去世之后再婚的人）的大约 1000 人发放了 18 亿日元的遗族养老金。其中，8 亿日元已经超过五年时效期，无法追回。[②] 这是日本在养老金管理方面出现的又一个问题。遗族养老金指的是被保险人死亡时，在没有拖欠保费的前提下，其家属可以领取他的遗族养老金。其家属包括被保险人所扶养的妻子、不满 18 岁的子孙、父母、祖父母等。

这些问题的出现，与日本的养老金制度种类多、各项制度的领取资格及养老待遇各不相同等有着密切的关联，各不相同的管理方式容易造成养老金发放混乱。日本养老金在管理上出现的各种问题，对一直以细致谨慎为傲的日本社会带来了不小的冲击。由于对养老金制度的不信任，有些人或拒绝加入国民年金或滞纳保费，从而在很大程度上影响到支撑老年人经济基础的养老金制度的可持续运转。

三　日本社会保障制度改革的主要领域和措施

2017 年，日本社会保障制度改革主要集中在养老金制度、诊疗报酬、护理保险制度、确保护理人才等领域。各个领域具体的改革方案主要是确保

① 「複雑な仕組み、現実と微妙なズレ」、『産経新聞』2017 年 9 月 21 日。
② 「遺族年金 18 億円過払い」、『日本経済新聞』2017 年 10 月 12 日。

财源、控制支出。虽然这些措施有待今后逐步完成，但仍将对日本社会保障制度改革的方向产生较大的影响。

（一）养老金领域的改革

随着人口老龄化问题的日益严重和家庭规模的缩小，人们对养老金制度的依赖性逐渐增强。为了缓解养老金制度面临的财政不足及管理混乱等问题，日本采取了各种相应的措施。事实上，保证社保财源、抑制社保支付水平，一直是日本社会保障改革的主要方向。特别是，2017 年这方面政策措施的出台更加密集。

首先，2017 年 8 月，日本开始把国民年金领取资格年限从原来的 25 年缩短到 10 年，让那些没有交满 25 年保费的 64 万人也能够拿到养老金。① 国民年金是日本养老金制度当中最基础的部分，由国家直接管理和运作。此次改革的目的是希望促使更多的人加入国民年金，一方面增加养老金财政的保费收入，另一方面让更多的人老后能领取养老金。日本的养老社会保障是以年金保险的形式实现的。年金保险从结构上基本分为两层，第一层是国民年金，第二层是厚生年金和共济年金，也可称为双层结构。日本法律规定，凡生活在日本年满 20 周岁的人都必须加入国民年金。国民年金是以市町村为单位的个人缴费和国家出资为财源的保险制度，遵循以个人为单位的原则，缴费期间最低为 25 年，年满 65 岁时根据投保的具体情况，每月可领取到额度不等的养老金。为了让更多的人加入国民年金，并确保社会保障的财政来源，日本将国民年金的缴费期间从 25 年缩短为 10 年，以期缓解一些无养老金收入人群的后顾之忧。

其次，减少接受生活保护②的人过度就医看病问题。2017 年 12 月，厚生劳动省公布了关于改进生活保护制度的报告书。该报告书指出，在 2015 年的生活保护费用支出中，有关医疗方面的补助达到了 1.8 万亿日元，约占生活保护费用的一半。医疗费用增多的主要原因是人口老龄化及看病频率的

---

① 「年金受給資格の短缩」、『毎日新聞』2017 年 7 月 19 日。

② 即最低生活保障。

增多。日本接受生活保护的人就医看病是全额报销，这助长了看病频率的增多。根据统计，因同一种病每月 15 天以上去医院看病的人数为 14000 人，其中，过度治疗的约有 3000 人。[①] 为了遏制因医疗费用增多而出现的生活保护费用增加的现象，日本由都道府县或市町村向福利事务所派专门指导员监督医疗费用的支出情况，并引导病人以正确的方式看病治疗，控制不必要的医疗费用支出。

最后，生活保护家庭的子女上大学时给予入学资助。2017 年 12 月，日本厚生劳动省制定了对生活保护家庭的子女提供大学入学资金的方针。作为入学资金，向与父母同居的大学生资助 10 万日元，向独立居住的大学生资助 30 万日元。[②] 大学入学资金很大程度上减轻了生活保护家庭的经济负担，防止了贫困家庭孩子辍学的可能。

（二）医疗、护理领域的改革

2017 年，日本医疗、护理领域的改革主要集中在诊疗报酬改革、修改《护理保险法》、解决护理人员短缺等问题上。面对不断加剧的人口老龄化趋势，日本出台了有针对性的政策措施。

1. 诊疗报酬改革

2017 年 12 月，日本确定了 2018 年度社会保障预算框架，其中对诊疗报酬领域进行了较大的调整。日本的诊疗报酬是保险部门向医院等机构支付的医疗服务费用，也是国家或地方政府关于医疗和药品的指定价格。日本的诊疗报酬实行全国统一管理，管理部门为中央社会保险医疗协议会，通常每两年修改一次。随着人口老龄化的加剧，日本社会保障的医疗费用支出逐渐加重，如何在继续提高国民健康的同时，缩短过长的住院天数、控制国民医疗费用的增长速度，是多年来日本社会关注的问题。2017 年日本诊疗报酬改革的具体内容是，计划将涉及医生人工成本和医院运营等方面的所谓

---

① 「生活保護過剰受診防ぐ」、『日本経済新聞』2017 年 12 月 12 日。

② 「生活保護世帯に進学支援」、『毎日新聞』2017 年 12 月 12 日。

“主体部分”提高 0.55%，将药价部分降低 1.74%，诊疗报酬整体降低 1.19%。[①] 这既可以减少平均住院天数，又可以减轻政府医疗费用的负担。

2. 护理保险制度改革

在人口老龄化，尤其是高龄老年人比例不断增高的形势下，日本开始重视老年人的保障，尤其是重视老年人的医疗护理需求。日本的 65 岁及以上人口，1970 年超过 7%，1994 年达到 14%，2017 年 11 月达到 27.8%。2025 年，日本的“团块世代”年龄将达到 75 岁，届时，日本社会保障的总支出将达到 148.9 万亿日元，与 2017 年相比将增加 23%。其中，养老金支出没有太大增加，而医疗费用支出将增加 38%，护理费用将增加 86%。[②] 又根据厚生劳动省的统计，到 2025 年，每 5 名日本人中就有 1 名老年人患有认知症或者带有认知症症状，其人数将达到 700 万人[③]，届时日本老年人的医疗护理费用问题将进一步严峻，相应的改革迫在眉睫。

为了进一步促进护理事业的发展，2017 年 4 月，日本众议院通过了《加强地区综合护理体系法》，拟从 2018 年开始实施。该法的宗旨是促进地区共生社会的建立，主要加强市町村的权限，都道府县向市町村提供必要的信息和支援。具体内容有：引入财政激励制度，由市町村负责分析国家的资料，策划护理保险事业；预防老年人的护理问题向重度化发展，支援老年人的自立自强等，以此缓解护理费用的增多。日本还将废除现行的护理疗养型医疗设施，进一步推进护理与医疗的协作。日本决定从 2018 年 4 月开始设立新的护理保险设施——“护理医疗院”，主要以重度需护理人员为对象，不仅提供日常医疗管理，还将提供治疗、护理、康复训练及日常生活照料等医疗、护理相结合的综合服务。

2017 年 6 月，日本通过了《护理保险法修正案》，这是护理保险制度自 2000 年 4 月实施以来的第五次改革。为了确保护理保险制度的可持续性，该修正案对制度中个人所承担的费用部分做了调整，主要是在第一号被保险

① 「3 報酬国負担 800 億円増」、『日本経済新聞』2017 年 12 月 17 日。

② 「入院から在宅へ誘導」、『日本経済新聞』2017 年 10 月 26 日。

③ 「健康寿命筋トレで延ばせ」、『日本経済新聞』2017 年 10 月 5 日。

人中，针对高收入人群，将个人承担部分由 20% 提高到 30%，从 2018 年 8 月开始实施。具体内容包括：对养老金等总收入达到 340 万日元的人，将个人承担部分由 20% 提高至 30%；总收入 280 万日元的人所承担的部分为 20%；总收入不到 280 万日元的人仍承担 10%。目前，日本加入护理保险的被保险者为 496 万人，其中需要承担 30% 的人有 12 万人，占 2.4%。[①] 日本增加护理保险制度中个人所承担的费用是在国家财政紧缩和人口老龄化加剧的背景下不得已的选择。这一调整给老年人带来了不小的经济压力。

2017 年 12 月，日本政府召开了 2018 年预算编制会议，决定从 2018 年开始将护理报酬上调 0.54%，这是 2012 年之后时隔六年后的再次上调。护理报酬是针对护理服务的公共定价，提高护理报酬主要是为了增加护理人员的收入，减轻因人工成本增加导致其经营受影响的护理设施经营者的负担。根据厚生劳动省的调查资料，护理行业从业者 2016 年的平均收益率是 3.3%，远低于 2014 年的 7.8%。[②] 经营护理设施收益的减少，将直接影响日本护理事业的发展。因此，日本政府希望通过上调护理报酬减轻护理行业从业者的经济负担，鼓励更多的人经营护理设施，以应对不断加剧的人口老龄化。

3. 改善护理人员工资待遇

长期以来，日本存在着护理人员不足、分布不均问题，直接影响到老年人的各种护理需求，而工资待遇低、工作压力大是导致护理人员短缺的主要原因。日本政府一直采取措施改善护理人员的工资待遇，缓解护理行业劳动力短缺问题。2017 年 4 月，日本政府为了确保护理人员的薪酬收入，临时将护理报酬提高了 1.14%，以此防止护理人才流失。但护理人员的工资仍然比日本整个产业的平均月工资低 10 万日元。[③] 日本政府拟从 2019 年 10 月开始，对在护理行业连续工作十年以上的护理人员增加每月平均 8 万日元的

---

① 「制度改正」、『医業経営情報』2017 年第 10 号、3 頁、http://www.sekisoken.co.jp/pdf/report201705_2.pdf#search = ［2017-09-23］。

② 「介護報酬 0.54% 上げ」、『日本経済新聞』2017 年 12 月 15 日。

③ 「介護報酬上げ0.5% 轴」、『朝日新聞』2017 年 12 月 14 日。

工资待遇，以此希望缓解护理人员因工资待遇低而离职的问题。①

为缓解护理行业劳动力短缺问题，日本在开发国内劳动潜力的同时，还在引进外国劳动力方面采取积极措施。到目前为止，日本引进的外国劳动力主要是集中在教育和研究领域的“高技能人才”，而眼下养老护理和建筑业、制造业领域的劳动力严重短缺。2017 年，日本在护理行业积极引进外国劳动力，以缓解护理人员不足的问题。2017 年 9 月，日本实施《出入境管理及难民认定法修正案》，在留资格中新增“护理”项目。同年 11 月，日本开始实施《技能实习优化法》，这是有关在日外国人技能实习制度的新法律，日本的护理领域成为可以接收外国实习生的新行业。随着在日本居住的外国人数的增加，如何充分、合理地利用外国劳动力成为日本政府面临的重要课题。针对目前日本日益严峻的劳动力不足问题，2015 年时安倍内阁曾将技能实习的最长年限由三年延长到五年，同时扩大了外国人能够从事的职业范围，首当其冲的就是目前最为人手不足的养老护理行业。而且，鉴于外国人很难通过日语考试的情况，日本护理行业将从 2018 年开始设立专门的日语测试，改变过去的测试方式。日本针对外国人的日语测试一般重视笔头能力，今后护理行业的测试将把考察重点放在与护理现场相关的知识以及进行交流时所需要的用语方面。

当然，关于引进外国劳动力问题，日本国内仍存在很多争论。但随着少子老龄化进程的加快，仅靠增加老年劳动力和促进女性就业是无法解决劳动力不足问题的。因此，扩大外国人就业将成为日本解决劳动力不足问题的重要手段。2017 年 12 月，日本政府召开了经济财政咨询会议，就“2018 年度预算编制的基本方针”进行讨论，为了克服日益增加的财政负担和劳动力短缺问题，人力资源培养与生产效率革命被定位为车之两轮，希望以此解决少子老龄化问题。

四　日本社会保障制度改革的方向及课题

日本已进入人口减少及超老龄社会，出生率下降和少子化将进一步加速

① 「介護報酬増額で25 年問題を乗り切れるか」、『日本経済新聞』2017 年 12 月 13 日。

日本的人口老龄化进程，并对日本的社会保障制度产生影响。2017 年，日本积极采取应对少子化的对策措施，促进社会保障制度改革逐渐向“以各个年龄层为对象”的模式转换，强调社会保障的“可持续性”。

（一）少子化对策成为社会保障制度改革的重要内容

日本社会保障当中的养老金制度基本上是现收现付制度，是年轻人养老年人，但是少子化导致年轻人减少，影响到社会保障制度的可持续发展。应对少子化是日本解决劳动力短缺以及社会保障财源问题的重要举措。为了遏制出生率的进一步下降，日本积极采取了应对少子化的措施。2017 年 9 月，日本提出了“育人革命”①，将投入约 2 万亿日元，以提高日本人生育的积极性。根据分配方案，将拨给大学等免费高等教育 7000 亿 ~8000 亿日元，作为低收入家庭子女上大学的补助金；在免费幼儿教育及入托教育方面，拨给 0 ~2 岁儿童 100 亿日元左右，拨给 3 ~5 岁儿童 8000 亿日元左右。0 ~2 岁儿童的免费对象限定在免交居民税的家庭（年收入低于 260 万日元）；对于 3 ~5 岁儿童的幼儿园、保育园，将不管年收入多少都实行免费。不过，针对学费较高的私立幼儿园，将征收一部分费用。将从企业筹集 3000 亿日元用于建设幼儿园、保育园等设施，解决“待机儿童”问题；将拨款 1000 亿日元用于改善护理人员的工资待遇。②为了解决企业所承担的资金问题，2017 年 10 月，日本政府召开了“人生 100 年时代构想会议”，调整日本企业界在完善幼儿园方面一直所负担的资金比例，即从原来的从业人员工资的 0.23%，2018 年将增加为 0.25%。

2017 年 9 月，安倍首相在解散众议院之际指出少子老龄化问题和朝鲜问题都是日本的“国难”。少子老龄化问题第一次成为日本解散众议院的理由，成为政党政权选举的主题。③ 安倍希望在朝鲜半岛局势和少子老龄化

① “育人革命”：安倍内阁为了应对超老龄社会提出的改革措施，包括缓解社会保障支出不平衡，对各个年龄层的教育及雇佣方式进行改革。

② 「幼稚教育無償化 200 万人増」、『日本経済新聞』2017 年 11 月 9 日。

③ 「少子高齢化　静かな有事」、『産経新聞』2017 年 10 月 14 日。

问题日趋严峻的时刻得到国民的支持。切实实施社会保障制度改革方案，构筑中长期稳定的社会保障制度，依然是日本面对的重要课题。

（二）切实保证财源，向“以各个年龄层为对象”的社保制度转换

日本已经进入超老龄社会，并且人口开始减少，在这种条件下要实现社会保障制度的可持续，必须进一步保证财源、抑制支出，进行“模式的转换”。2017 年，日本社会保障财政支出仍然严峻。不仅养老金、医疗费用方面的支出巨大，而且护理方面的费用支出也在不断增多。在 2000 年开始实施护理保险制度之时，日本的护理费用支出为 3.6 万亿日元，2017 年增加到 10.8 万亿日元，日本社会保障支出更多地倾向于老年人。[①] 为了让各个年龄层的人都受益，并缓解社会保障财源紧张的状况，2017 年日本提出了“育人革命”，努力解决少子化问题，实现社会保障制度的“可持续”。迄今为止，日本社会保障重视的是养老金、医疗、护理等与老年人密切相关的问题，而 2017 年，日本在社会保障政策中进一步凸显了重视育儿、教育、雇佣等问题，从主要“以老年人为中心”的社会保障向“以各个年龄层为对象”的社会保障方向转变。“可持续”是日本社会保障制度改革的大方向。

① 「介護報酬増額で25 年問題を乗り切れるか」、『日本経済新聞』2017 年 12 月 13 日。

B.21
2017年日本文化发展动态

张建立*

摘　要： 关于2017年的日本文化发展动态，从文化政策层面来看，日本政府非常注重文化振兴工作与日本国家发展战略间的密切联系，并为之出台了新的《文化艺术基本法》。从文化热点层面来看，政治、经济、外交等方面的各种举措在日本文化中都会有不同程度的投射。例如，安倍执政以来一直格外重视的改善女性就业环境问题，在影视文学作品中亦有突出的反映。从国民意识层面来看，日本社会常年来经济发展徘徊不前，日本国民间的物质生活差距也的确在不断扩大，而权威民调数据却显示，绝大多数的日本人依旧抱有很强的中流意识，这种国民意识容易导致其保守心态越来越严重，因而自然会对安倍政府的明文修宪等产生影响。

关键词： 日本文化　文化政策　文化热点　国民意识　文化发展动态

进入21世纪以来，日本开始将发掘文化资源、培育文化软实力作为培育新经济增长点的“经济原动力”加以对待，致使日本政府在政治、经济、外交等方面的各种举措也不同程度地投射到日本文化当中。2017年是安倍政府明确修宪日程之年，也是其要考虑如何争取国内外舆论提升日本国家形象的重要之年。梳理2017年日本文化政策、文化热点以及

---

* 张建立，文学博士，中国社会科学院日本研究所文化研究室主任、研究员，博士生导师，研究方向为日本社会与文化、文化与国际关系。

国民意识的发展动态，有助于扼要把握2017年日本文化发展动态的核心内容。

一　文化政策

在当今国际社会，随着文化软实力逐渐成为综合国力的重要组成部分，对一个国家民族的发展具有深远影响的文化政策也越来越受到重视。要研究一个国家的文化政策新动向，首先有必要关注其制定和实施文化政策所依据的新法律。

（一）新《文化艺术基本法》颁布

2017年6月23日，日本政府颁布实施了新的《文化艺术基本法》。该法律是在对日本政府2001年颁布实施的《文化艺术振兴基本法》进行了大幅度修订的基础上出台的。《文化艺术振兴基本法》颁布实施16年来，日本政府根据该基本法制定了四次“关于文化艺术振兴的基本方针”，在引导日本国民实现文化艺术立国的大目标方面发挥了非常重要的作用。相比较而言，《文化艺术振兴基本法》更加侧重强调文部科学省在文化艺术方面的行政指导功能，更加注重的是对文化艺术本身的振兴。安倍第二次执政以来，日本政府日益明确要把文化艺术振兴与打造日本在国际社会的美好形象联系起来。加之，2020年将要举办的东京奥运会，既是一次体育活动的盛典，同时也是一次文化的盛宴，日本政府将其视为把日本的文化艺术价值展现给世界的大好机会。因此，日本超党派的文化艺术振兴议员联盟经过一年多的研讨，通过议员立法，对旧《文化艺术振兴基本法》进行大幅度修订后颁布实施了新的《文化艺术基本法》。此次修订因调整的内容较多、主旨变化很大，所以把法律的名称都换了，由《文化艺术振兴基本法》更换为《文化艺术基本法》。总体来看，此次修订呈现出如下特点。

首先，修订关键语句，扩大了法律的外延，明确细化该法律的功能。例如，因为法律名称的变更，原有法律条款中的关键语句“关于文化艺术的振兴”，皆被改成“关于与文化艺术相关的对策措施”，旨在避开旧法中仅限于文化艺术本身的振兴问题，进一步扩大该法律的功能，使该法律的覆盖面不仅限于文化艺术本身，而是进一步扩展到与文化艺术相关的观光、城镇建设、国际交流、福祉、教育、产业及其他相关领域。旧法“第二章　基本方针”被修订为“第二章　文化艺术推进基本计划等”，对相关问题的规定更加明确细致。第三章第 12 条中更是明确把“食文化”归类为包括茶道、花道、书道在内的“生活文化”范畴。

其次，增加了许多新的条款内容，扩充和完善了文化资源的挖掘、宣传和推介体制以及文化力的转换机制。《文化艺术振兴基本法》由三章合计 35 条构成，而新颁布实施的《文化艺术基本法》则由四章合计 37 条构成，在每一章的不同条款下也有新增加的内容。例如，“基本理念”第二条就新增设了第八款，规定“在推进与文化艺术相关的对策措施之际，鉴于对婴幼儿、儿童、中小学生等进行关于文化艺术教育的重要性，学校、文化艺术团体、家庭及地域要注意相互配合开展相关活动”。第五条下也新设了两个条款，对文化艺术团体的责任进行了明确规定，并要求国家、独立行政法人、地方公共团体、文化艺术团体及其他相关事业者为实现该法律的基本理念而相互配合开展活动。关于推进措施，也有了更加明确的规定。例如，第 15 条就规定，在推进国际交流，向海外展示日本的文化艺术时，要使用当地的语言进行展示，对此国家要予以援助。第 29 条下还增加了一款内容“调查研究等”，规定“国家为了推动落实与文化艺术相关的对策措施，要开展对文化艺术振兴必要的调查研究，收集、整理及提供国内外情报等”。特别是增加了关于艺术文化推进体制建设的内容，即“第四章　完善与推进文化艺术相关的体制”。其中，第 36 条规定，日本政府为了谋求与文化艺术相关举措的综合一体且有效推进，要设置文化艺术推进会议，负责对文部科学省及内阁府、总务省、外务省、厚生劳动省、农林水产省、经济产业省、国土交通省及其他相关行政机关进行联络调整。另外，还规定都道府县及市町村为了调查审议关于地方文化艺术推进基本计划及推进其他文化艺术相关的重要事项，可根据条例规定设置审议会及其他合议制的机构。

2017 年 6 月 23 日《文化艺术基本法》颁布实施后，文化审议会第 15 期文化政策分会基本计划工作小组已经分别于 2017 年 7 月 28 日、8 月 8 日、

8月23日、10月5日召开四次工作会议，形成了包含有四个中长期目标、六个战略及关于今后五年间（2018～2022年度）文化艺术推进基本计划的构想草案。同年11月6日，第五次文化审议会第15期文化政策分会对该构想草案进行了审议。根据《文化艺术基本法》第7条的规定，文部科学大臣欲制定文化艺术推进基本计划草案时，要事先就相关行政机关提出的对策措施等有关事项，通过《文化艺术基本法》第四章第36条规定的文化艺术推进会议进行协调。从前文《文化艺术基本法》第四章第36条规定的内容来看，日本今后出台的任何一项文化政策将不会仅是文部科学省一个行政部门负责，甚至连主要责任都没有了，而是变成了日本政府全体行政部门都要参与其中的可谓举国筹划、制定、实施的决策体制。

发行量仅次于《时代周刊》和《新闻周刊》的美国第三大新闻类杂志《美国新闻与世界报道》公布的2017年全球排名前十位的最佳国家中，亚洲国家只有日本上榜，位居第五名。2017年日本在核污染问题上未能妥善处理，遭各方诟病，但仍能稳居前列的原因有多种因素，如环境整洁、社会治理较好、国民素质高等，其中日本政府在文化艺术政策方面的积极推动应该是一个不容忽视的重要因素。

（二）“日本之美”综合项目恳谈会

关注日本政府的文化政策动态，除了要关注其新颁布的法律之外，还有必要及时把握日本政府主导的一些政策咨询会议的动态。其中，日本政府于2015年10月13日成立的隶属于首相官邸的“‘日本之美’综合项目恳谈会”，就是一个很值得关注的政策咨询会议。安倍晋三首相在第一次“日本之美”综合项目恳谈会上致辞时明确指出，设立此政策咨询会议的目的就是通过文化外交提升日本的国际地位。安倍首相称：“文化艺术是日本软实力的根本基础。为了提升日本在国际社会的存在感，有必要更加积极地开展能展示日本文化艺术魅力的‘文化外交’。”① 根据该恳谈会的日程安排，

① 「日本の美」総合プロジェクト懇談会（第1回）議事要旨、http：//www.kantei.go.jp/jp/singi/nihon_bi_sogoproject/dai1/gijiyousi.pdf［2017－06－05］。

2016年4月之前，“日本之美”综合项目恳谈会就如何发掘“日本之美”即日本独特的文化艺术、价值观和美意识，进行四次自由讨论。① 因为该恳谈会的最终目的在于强化文化外交，所以从第四次会议开始便与“日本主义2018综合推进会议”合并成一个会来召开了。

2017年11月17日，在日本首相官邸又召开了第五次“日本之美”综合项目恳谈会暨第二次“日本主义2018综合推进会议”。安倍首相出席会议并致辞，他说：“在法国召开的‘日本主义2018’，将是日本政府主办的21世纪以来首次规模最大的文化事业。如果条件允许，本人将于2018年7月与法国的马克龙总统共同出席在巴黎举行的该活动的开幕式。”② 所谓“日本主义”是对法语Japonisme的翻译，指的是19世纪中叶在以英国、法国等为核心的欧洲国家掀起的一种和风文化热潮，曾一度盛行约30年。其比较突出的特点是欧洲民众对日本美术的审美崇拜。浮世绘及琳派画等日本美术作品大量传入欧洲，其用色、线条、布局对梵·高等许多西方印象派画家产生了很深的影响。梵·高临摹过多幅浮世绘画作，并将浮世绘的美术元素融入了他之后的作品中。1867年巴黎世界博览会中的日本装饰艺术展，更是将“日本主义”这股文化热潮扩展到了室内设计领域，并进一步影响了新艺术运动的展开。另外，在法国很有人气的现代日本漫画与动画也往往被称为“现代的日本主义”。这也正是日本政府设立“日本主义2018综合推进会议”，策划21世纪以来首次规模最大的文化事业之缘由。

从“日本之美”综合项目恳谈会暨“日本主义2018综合推进会议”这个日本文化政策咨询会议探讨的内容来看，日本政府明显比较注重与欧洲国家的文化交流。这并非日本政府一时心血来潮，而是基本上可谓自进入21世纪以来日本政府一以贯之的举措。2017年是中日邦交正常化45周年，中

① 「日本の美」総合プロジェクト懇談会（第1回）資料1－1、http：//www.kantei.go.jp/jp/singi/nihon_bi_sogoproject/dai2/gijisidai.pdf［2017－06－05］。

② 「日本の美」総合プロジェクト懇談会（第5回）、ジャポニスム2018総合推進会議（第2回）、http：//www.kantei.go.jp/jp/singi/nihon_bi_sogoproject/dai5/gijiyousi.pdf［2017－12－31］。

日之间虽然在经济、文化等领域广泛开展了一系列友好交流活动①，但纵览21世纪以来日本历届政府的外交表现可知，安倍政府所谓“文化外交”的真正重心还是欧洲各国，对其他国家和地区更侧重政治、安保与经济层面的内容。

二 文化热点

2017年11月1日，第四届“国际女性会议”（WAW！2017）在东京举行。美国总统特朗普的长女伊万卡受邀出席此次会议并发表演讲。日本内阁官房长官菅义伟在会前10月25日举行的记者会上称，邀请世界各国在各领域具有领导力的优秀女性参会的“WAW！2017”，是作为为在日本国内外实现安倍政府最重要的课题之一“让女性绽放光彩的社会”的一环而举办的国际会议。② 安倍政府为了化解日本当代社会日趋严重的少子老龄化问题等带来的社会危机，提出了“让女性绽放光彩的社会”政策，意欲通过谋求改善日本女性的就业环境等问题来提振日本经济。安倍政府关于改善日本女性就业环境等问题的一系列举措，不仅成为近年来日本政府的政策热点，亦成为日本文化领域关注的热点，特别是在日本文学和影视领域表现突出，诞生了很多以探讨相关问题为素材的作品。

（一）芥川奖呈现出探讨当代女性问题的女作家作品集中获奖的态势

从文学的角度探讨文化热点，芥川奖作为日本最知名的文学奖自然成为值得关注的热点之一。芥川奖是为了纪念日本大正时代的文豪芥川龙之

① 「日中国交正常化45周年，日中平和友好条約締結40周年イベントカレンダー」、http：//www.mofa.go.jp/mofaj/a_o/c_m1/cn/page23_001885.html［2018－01－05］。《【盘点】2017年，中日两国之间发生了哪些大事?》，人民网，http：//japan.people.com.cn/n1/2017/1229/c35421－29736041.html? from＝timeline&isappinstalled＝0，登录时间：2017年12月31日。

② 内閣官房長官記者会見「国際女性会議WAW！の開催について」、http：//www.kantei.go.jp/jp/tyoukanpress/201710/25_a.html［2017－12－05］。

介（1892～1927）而设立的奖项。其最初的主办单位是文艺春秋社，现改为日本文学振兴会。芥川奖只颁发给纯文学新人作家，因此，其评审对象也是限于在各种报纸、杂志（包含同人杂志）上发表的短篇纯文学作品。该奖项每年举行两次评选活动。芥川奖被称为日本作家的“登龙门”奖，获奖者大多因此一举成名天下知，乃至奠定其一生的社会地位，因而备受日本社会关注。芥川奖作为以“发扬芥川遗风”为己任的“纯文学”大奖，虽然各个时期所表现出的侧重点不同、倾向不同，但总体而言，作为上层建筑，无论其如何标榜“纯文学”，仍未能摆脱政治与时代变化的制约。

在芥川奖82年的历史发展中，男性作家在很长一段时间一直是获奖的主力军。然而，近几年获奖的畅销小说，不仅其内容以描写女性居多，而且涌现出了很多探讨当代女性问题的年轻女作家的作品。鉴于2017年第四次当选首相的自民党总裁安倍晋三有望实现“超长期执政”，在此无妨对从安倍2006年9月26日首次就任首相至今的芥川奖做一简单的回顾。

表1　2006～2017年芥川奖一览

	届/年	获奖者	获奖作品	中文译名
1	136(2006年下)	青山七惠(女)	『ひとり日和』	《一个人的好天气》
2	137(2007年上)	诹访哲史	『アサッテの人』	《后天的人》,上海译文出版社,2011。
3	138(2007年下)	川上未映子(女)	『乳と卵』	《乳与卵》,上海译文出版社,2009。
4	139(2008年上)	杨逸(女)	『時が滲む朝』	《浸着时光的早晨》
5	140(2008年下)	津村记久子(女)	『ポトスライムの舟』	《绿萝之舟》,上海文艺出版社,2014。
6	141(2009年上)	磯崎宪一郎	『終の住処』	《最后的居所》,上海译文出版社,2013。
7	142(2009年下)	无	无	
8	143(2010年上)	赤染晶子(女)	『乙女の密告』	《少女的告密》,上海译文出版社,2014。

续表

	届/年	获奖者	获奖作品	中文译名
9	144(2010 年下)	朝吹真理子(女)	『きことわ』	《贵子永远》,上海译文出版社,2016。
		西村贤太	『苦役列車』	《苦役列车》,北京联合出版公司,2013。
10	145(2011 年上)	无	无	无
11	146(2011 年下)	圆城塔	『道化師の蝶』	《滑稽师之蝶》
		田中慎弥	『共喰い』	《自相残杀》
12	147(2012 年上)	鹿岛田真希(女)	『冥土めぐり』	《冥土巡游》
13	148(2012 年下)	黑田夏子(女)	『abさんご』	《分枝的珊瑚》
14	149(2013 年上)	藤野可织(女)	『爪と目』	《指甲与眼睛》
15	150(2013 年下)	小山田浩子(女)	『穴』	《洞穴》
16	151(2014 年上)	柴崎友香(女)	『春の庭』	《春之庭》
17	152(2014 年下)	小野正嗣	『九年前の祈り』	《九年前的祈祷》
18	153(2015 年上)	羽田圭介	『スクラップ・アンド・ビルド』	《废旧新建》
		又吉直树	『火花』	《火花》
19	154(2015 年下)	泷口悠生	『死んでいない者』	《未死之人》
		本谷有希子(女)	『異類婚姻譚』	《异类婚姻谈》
20	155(2016 年上)	村田沙耶香(女)	『コンビニ人間』	《便利店人生》
21	156(2016 年下)	山下澄人	『しんせかい』	《新世界》
22	157(2017 年上)	沼田真佑	『影裏』	《影里》
23	158(2017 年下)	石井游佳(女)	『百年泥』	《百年泥》
		若竹千佐子(女)	『おらおらでひとりいぐも』	《我将独自前行》

日本女性文学在平安时代出现过一个巅峰期，但在战乱频繁的中世和“男尊女卑”、等级森严的江户时代再未出现过盛况。[①] 2007 年 1 月至今公布的 23 次芥川奖评选结果中，除了轮空的第 142 届、145 届评选活动外，总计有 21 次评选活动选出了获奖作品，有 26 位作者获奖。其中，女性获奖作家有 15 位，这充分证明了当代日本女性文学的繁盛。因篇幅所限不能对全

① 参见陈世华《人工智能与闭塞社会背景下的日本文学——2016 年日本文坛回顾》，《外国文学动态研究》2017 年第 5 期。

部获奖作品进行具体分析，概言之，这15位女作家立足于日本群体社会向个体社会的转型期，对日本社会进行全景扫描，通过对同性恋问题、叛逆与成长、职场女性的痛苦与挣扎、职场新型人际关系、价值追求等多种主题的描写，聚焦当下日本人特别是日本女性的精神世界，以其多元化与独特的文学创作手法，在日本新价值体系的建构、社会转型等重大问题上发出了自己的声音。获奖作品主题在沿袭以往对日本封建家族制和男权主义的批判的同时，开始注重思考人的灵魂与信仰等价值观的文学再造功能，呼吁在客观存在的世界里，男人与女人均应超越其自然差异，共同努力建立更高一级的自由世界，等等。①

（二）从最具人气的影视作品看日本女性问题

日本社会对女性问题的关注度之高，从2017年日本最具人气的四部影视作品《黑色皮革手册》、《东京女子图鉴》、《太太请小心轻放》及《Doctor－X～外科医大门未知子》即可见一斑。

《黑色皮革手册》是松本清张20世纪70年代末在《新潮周刊》上连载的小说，1982～2017年六次被改编成电视剧播放，而且每一版改编剧集都会与时俱进地紧密结合日本当时的社会背景等，重新设定女主角“元子”这个“恶女”的角色。《黑色皮革手册》虽然一直维持着10%以上的收视率，但它并非什么女性励志故事，也与正义毫无关系。无论是原著，还是其后的改编电视剧情里，寄身于强大的男权社会下的“元子”在坚决不卖身的前提下，与同她对抗的那些男人一样拼尽头脑、胆量和手段谋生存，通俗地讲就是以暴制暴。当然，较量的最后恶女“元子”总是难得善终。

《东京女子图鉴》是一部总共11集的网络剧，2017年2月14日播放完最后一集。该剧揭露出日本社会阶层已经严重固化，一个出身普通的女性仅凭自身的努力打拼是难以实现阶级跨越的。具体就该剧情而言，表面上从偏

① 参见王玉英《新世纪日本芥川奖获奖女作家及其作品研究》，博士学位论文，东北师范大学，2015年5月，第161～165页。

远的乡下来到现代大都市东京工作的女主角“绫”似乎通过个人奋斗已获得很好的物质生活，但那大都是她用青春美貌换来的资源，她自己并没有能力将这种生活继续下去。该剧剧集短小，每集仅 20 分钟，剧中的女主角“绫”总是不满于自己的现状，一直认为“得非所愿”。因此，该剧平均每两集女主人公就会在东京换一处住所，换一个男性交往对象。《东京女子图鉴》通过对女主角“绫”从 17 岁到 40 岁亦即人的一生中最活色生香的时光的描述，将生活在日本现代大都市的女性的欲望、苦恼、心计与挣扎表现得淋漓尽致。整部剧缺乏明确的主题，却给人一种包罗万象之感，宛如一面镜子，映射出大都市生活的方方面面和人生百态，令几乎任何国度的大都市女性都可以从中找到一些熟悉的情境。

《太太请小心轻放》是日本电视台于 2017 年 10 月 4 日至 12 月 6 日播出的总计十集的电视连续剧。通俗地讲，这就是一个女特工化身全职主妇守护街道的正义与和平的故事。该剧的主角是一位曾有过特工经历的优雅的全职太太，名叫伊佐山菜美。她为了改变其昔日做特工所导致的残缺人生，过上幸福平静的日子，隐姓埋名，在联谊活动中找到了意中人（其实是为了监视她而有意接近她的国安人员）。二人婚后搬到了清静的高级住宅区，过起了女主角曾憧憬的“普通家庭生活”。然而，不擅长家务的伊佐山菜美很快就发现自己其实并不满足于这样的生活，因而对自己当下的生活充满了烦恼。与此同时，她发现看起来幸福的主妇们亦有各种各样的烦恼，于是拥有超强正义感的女主角伊佐山菜美挺身而出，为主妇的朋友们打抱不平，开始乐此不疲地守护街道的正义与和平。到该剧的最后一集，主角夫妻二人终于知道了彼此的真实身份。虽然二人已经真心相爱，但伊佐山菜美却因其曾经的特工身份和一系列向黑社会势力复仇的行为被视为恐怖分子，最终死在了其丈夫的枪下。

《Doctor - X ~ 外科医大门未知子》是由日本朝日电视台制作并播放的一部系列电视剧。自 2012 年 10 月 18 日至 12 月 13 日播出第一季后，直至 2017 年 10 月 12 日至 12 月 14 日播出第五季，该剧平均收视率均在 20% 以上，可谓 21 世纪迄今最受欢迎的日剧连续剧。该剧讲述了医术高超的外科医生大门未知子坚持自己的原则，永远把患者放在第一位，绝不认输，与医疗组织的黑暗面抗争的故事。大门未知子有句口头禅“我不会失败的”，其在剧集中的各种场合反复出现了70多次。这部日剧可以视作一部日本女性励志剧，但是在现实的日本社会，一个职业女性要想做到像大门未知子那样“永不言败、永不失败”实在是太难了。不知导演是出于怎样的考虑，2017年的该剧第五季最后一集，一直坚定地说“我不会失败的”的大门未知子患了癌症，被宣告生命仅剩下三个月，电视剧演到这位强大的女医生被推进手术室就结束了，留给了人们无数的想象空间。

相比较而言，《黑色皮革手册》与《东京女子图鉴》的女主角可谓负面女性形象的代表，尽管其努力抗争了，但最终仍难逃凄惨的结局，或者难逃在鄙视链上争上游的困苦境遇。《太太请小心轻放》及《Doctor－X～外科医大门未知子》的女主角可谓相对正面的女性形象的代表，但结果依然是一个死于日本社会男权代表——身为其丈夫的警察的枪下，另一个把“我不会失败的”作为口头禅的强悍女医生成为生命仅剩下三个月的人。很多观众都期待这两位相对正面的女性能够活过来，希望那位太太能再玩儿一次假死后与其心爱的丈夫躲到一个不为人知的地方过幸福的生活的游戏，希望出现奇迹，让那位女医生能够如其所言永不失败、战胜病魔、起死回生。

2017年这四部最具人气的影视作品在一定程度上反映了日本国民当下非常关心的女性社会地位及就业环境等问题，安倍政府近年来也出台了一系列相关政策，对国民关心的问题进行了积极回应。例如，2014年10月3日，日本政府成立了“构建让所有女性绽放光彩的社会本部”；2017年6月6日，出台了《为加速女性发展的重点方针2017》；同年12月13日，举行了“让女性绽放光彩的先进企业表彰仪式”。可以说，日本政府在法律规章、社会实践等各个方面都下了很大的功夫。但是，一个社会的制度、结构，特别是根深蒂固的观念，非一朝一夕所能改变。恰如女医生的名字“未知子”所预示的那样，日本社会能否真的发展成一个可以让女性尽情施展才华的社会还是一个未知数，还要看日本社会能否发生根本性改变。因此，女性社会地位、就业环境等问题，仍将是日本社会未来要面对的重要课题。

总之，从2017年热播的四部影视作品来看，在日本社会，不甘忍受男权社会及体制羁绊的女性难有美好的未来，甚至似乎难得善终。与此同时，这些电视剧也反映出，当下的日本社会不仅贫富、阶层的分化是生活的真相，而且人人努力在鄙视链上争上游也是生活的真相。

三　国民意识

日本内阁府等政府部门以及日本广播协会（NHK）等主流新闻媒体多年来持续对日本的国民意识进行调查。本节主要依据这些权威调查数据，来对日本人2017年的中流意识及宪法意识做一简要分析。

（一）日本人的中流意识

提到日本社会，提到日本的国民意识，与一度很受关注的“中流意识”“一亿总中流”的说法相比，当前“下流社会”[①]“下流老人”“失去的20年”之类的表述似乎更为流行。如前文的影视作品所反映的那样，当代日本人之间的物质生活差距的确是逐渐被拉大。但与此同时，很多官方权威民调数据却显示，日本人的中流意识一直居高不下。

2017年1月19日至2月5日，内阁府大臣官房政府宣传室组织实施的“关于社会意识的舆论调查”中，关于“对现在生活的满足度”，针对“你对现在的生活总体上满足程度如何?”的提问，受访者回答“满足”的占18.5%，回答“还算满足”的占63.4%，回答“略感不满”的占13.1%，回答“不满”的占3.4%，回答“不清楚”的占1.5%。总体来看，绝大部分的日本人对其当下的生活现状还是满足的。另外，关于“生活的程度”，针对“从社会一般来看，您觉得您府上的生活程度如何?”的提问，受访者回答“上”的占1.3%，回答“中上”的占13.8%，回答“中中”的占59.6%，回答“中下”的占19.7%，回答“下”的占3.6%，回答“不清楚”的占2.1%。[②] 如果将中上、中中、中下的数据加在一起的话，总体上认为自己的生活程度居中流的则高达93.1%。

① 参见〔日〕三浦展《下流社会》，陆求实、戴铮译，文汇出版社，2007。

② http://survey.gov-online.go.jp/h28/h28-shakai/index.html［2017-08-05］.

2017年6月15日至7月2日，内阁府政务宣传室进行的“关于国民生活的舆论调查”中，关于“对现在生活的满足度”，针对“你对现在的生活总体上满足程度如何?”的提问，受访者回答“满足”的占12.2%，回答“还算满足”的占61.7%，回答“略感不满”的占19.9%，回答“不满”的占5.1%。关于“生活的程度”，针对“从社会一般来看，您觉得您府上的生活程度如何?”的提问，受访者回答“上”的占1.1%，回答“中上”的占14.2%，回答“中中”的占56.5%，回答“中下”的占21.7%，回答“下”的占5.0%。从性别来看，回答“中中”的女性占比较高，回答“中下”的男性占比较高。[①] 如果将中上、中中、中下的数据加在一起的话，总体上认为自己的生活程度居中流的则高达92.4%。而且，中流意识最突出的恰恰是就业环境已成为严重社会问题的女性。

日本内阁府所做的“关于社会意识的舆论调查”与“关于国民生活的舆论调查”，都是连续几十年的较具权威性的国民意识调查。但显然，现实的日本社会生活与其官方权威民调数据存在一定程度的或者说很大的乖离。为什么会出现这种乖离现象呢?大体而言，可考虑如下三种原因：(1)从纯粹的物质生活层面来看，虽然日本人之间可能收入差距很大，但即便是收入低的阶层，不但能满足日常温饱，而且可以最低限度地满足其他方面的基本社会需要。(2)从日本人的行为心理层面来看，日本人强烈追求同质化的国民性特点导致日本人往往无视现实生活的差距，可能出于担心被孤立而产生的盲目从众心理等，致使很多人希望自己也属于中流。(3)也很可能是“耻意识”在作怪。就如同日语中讥讽贫穷武士的成语所言，“尽管饿着肚子没什么东西吃也会叼着根牙签”，选择“中流”的日本人也可能很清楚地知道自己实际的生活水准如何，但是碍于面子，在虚荣心的驱使下，做了居于中流的回答。

（二）日本人的宪法意识

2017年是日本战后新宪法生效70周年。日本宪法从诞生之日起，“修

① http://survey.gov-online.go.jp/h29/h29-life/index.html［2017-10-05］.

宪”与“护宪”之争从未中断。近年来，随着日本国内政治的日益保守化和右倾化，尤其是2012年12月安倍晋三再度执政以来，日本国内关于修宪的声音和动作又开始多了起来，至2017年，安倍政府甚至给出了明确的修宪日程。在70年的宪法斗争中，焦点始终是宪法第九条。人们之所以将现行日本宪法称为“和平宪法”，就是因为该宪法第九条规定了禁止日本拥有军队和享有交战权及集体自卫权，限制了日本军国主义的复活。日本修宪问题有可能对日本未来的政治外交走向以及中日关系带来直接的影响。所以，对于日本修宪问题，不仅日本国内反响强烈，引发了强烈的争论，在中国等曾深受日本侵略之害的国家也引起了高度关注。

2017年5月，《读卖新闻》公布的关于日本修宪问题的全国舆论调查结果显示，对修宪持“赞同”和“否定”意见者各占49%，未予明确回答者占2%。① 2017年3月，日本NHK公布的关于宪法意识的调查结果显示，认为修宪有必要者占43%，认为没有必要修宪者占34%。这两大日本权威媒体的多次舆论调查结果显示，虽然总体上日本国民中主张和支持修宪的人数在增长，但仍难达一半以上。若仅依据这个数据做判断的话，似乎应该说日本国民的大多数还是反对修宪的。

另外，众所周知，日本自民党自1955年11月15日成立时便把修宪作为其“建党使命”，明确写进了其“政治纲领”中。② 而且，事实上，通过日本政府的解释修宪，由于经历了自卫队的存在、自卫队向海外派兵的争论以及日美之间防卫合作体制的发展，宪法第九条早已空洞化了。著名宪法学家、早稻田大学教授户波江二曾指出，考察战后日本国宪法的发展历程，宪法学说中普遍认为这是“日本国宪法空洞化”的一个时期。③ 而使日本宪法空洞化的，恰恰是长期一党独大的自民党政府。日本国民如果真心反对修宪，那么在一个民主选举的社会，恐怕很难想象能够出现以修宪为使命的自

① http://www.yomiuri.co.jp/feature/opinion/koumoku/20170501-OYT8T50009.html [2017-11-03].

② 自民党「党の使命」、https://www.jimin.jp/aboutus/declaration [2017-07-05]。

③ 参见〔日〕户波江二《日本国宪法的60年与宪法修改问题》，牟宪魁等译，《政法论丛》2008年第3期。

民党一党独大且长期执政的政治生态，因为选民们完全可以通过选举更换执政党。事实上，自民党也的确曾因其他问题而短暂地失去过政权，但从未因主张修宪而影响过其执政地位。也就是说，自民党通过解释修宪使宪法空洞化来对应时局变化的做法，日本国民实际上心里是认可的。如此一来，如何看待日本政治生态中对待修宪问题的矛盾心理现象，则有待于日本政治研究专家的深入研究。

四　结语

以上，从文化政策、文化热点、国民意识三个方面，对2017年日本文化发展动态进行了扼要的回顾。

第一，从文化政策层面来看，日本政府非常注重文化振兴工作与日本国家发展战略间的密切联系，并为之出台了新的《文化艺术基本法》。从借鉴其经验的角度看，一般而言，一提到文化软实力战略，人们就很容易认为这只是文化管理部门的工作。在这方面，日本政府通过立法打破了各省厅间的管辖界限，由文化厅、经济产业省、总务省、农林水产省主要负责挖掘日本的文化资源，并将其转化为软实力，以提升日本的国家魅力；由经济产业省、外务省、总务省、农林水产省主要负责将日本推介到世界；由观光厅、外务省、法务省、经济产业省主要负责将世界招揽到日本。这种统合了各个行政部门的职能、共同推进国家大战略的举国体制做法值得我们参考借鉴。

第二，从文化热点层面来看，政治、经济、外交等方面的各种举措在日本文化中都会有不同程度的投射。例如，安倍执政以来一直格外重视的改善女性就业环境问题在芥川奖获奖文学作品以及2017年的热播影视作品中均有突出的反映。其中，关于日本文化热点所反映出的社会人口少子老龄化问题、社会阶层固化等问题，也值得我们警醒。例如，《东京女子图鉴》在中国也引起了一定的关注，甚至有些网评说，一部《东京女子图鉴》其实就是北京女子图鉴、上海女子图鉴、广州女子图鉴。这让人又情不自禁地联想起近年来的网络热词："北上广容不下肉身，三四线城市容不下梦想。"2017年10月18日召开的中国共产党第十九次全国代表大会做出的一个重大政治判断就是："中国特色社会主义进入新时代，我国社会主要矛盾已经转化为人民日益增长的美好生活需要和不平衡不充分的发展之间的矛盾。"①相信在中共十九大精神的指导下，未雨绸缪，坚持在发展中保障和改善民生，让改革发展成果更多更公平地惠及全体人民，将有助于我们更有效地应对今后的国家建设过程中可能会面临的一些社会困境。

第三，从国民意识层面来看，日本社会常年来经济发展徘徊不前，日本国民间的物质生活差距也的确在不断扩大，而权威民调数据却显示，绝大多数的日本人依旧抱有很强的中流意识。这种国民意识容易导致其保守心态越来越严重，因而自然会对日本的政治生态产生深远影响。例如，大多数日本人宁可容忍默许日本政府通过无中生有地解释修宪使宪法空洞化来对应时局的变化，也不希望日本政府明文改动维系了 70 年的宪法。日本国民在对待修宪问题上的这种矛盾心理，其实也正是这种保守意识的反映。一般认为，当前的日本政治生态最有利于推动修订日本宪法，对于修宪派而言甚至可谓千载难逢的好时机，而且安倍政府 2017 年已经明确了修宪日程，但即便如此，能否如其所愿真正实现明文修宪恐怕还是个未知数。

① 习近平：《决胜全面建成小康社会　夺取新时代中国特色社会主义伟大胜利——在中国共产党第十九次全国代表大会上的报告》，人民出版社，2017，第 11 页。

B.22
从2017年度汉字和新语、流行语看日本社会与国民心态

王瓒玮*

摘　要： 2017年12月，日本公布了年度汉字和十大新语、流行语的评选结果。“北”字当选年度汉字，十大新语、流行语分别为“晒Ins”、“忖度”、“35亿”、“J警报”、“睡眠负债”、“一二三”、“虚假新闻”、“超值星期五”、“魔鬼的2次复活”以及“○○优先”。这些词语不仅折射了日本社会的新变化，也是观测国民心态波动的晴雨表，综合展现了日本的新世相。新变化主要有国内外时局波动、政治家丑闻频出、虚假新闻推动舆论进入后真相时代，以及少子老龄化时代下愈加宽松的劳动方式变革、青少年生活方式和婚恋观变化、对天才少年的追捧与崇拜等。面对诸多变动，日本国民表现出了置身时代潮流中的紧张与焦虑、愤慨与无奈，但同时国民整体间那份黯然中仍存希望的复杂心态也得以呈现。

关键词： 年度汉字　新语、流行语　日本社会　国民心态

作为代表日本社会流行事物潮流及热点话题的风向标，年度汉字和新语、流行语的评选与公布历来备受公众瞩目。该活动旨在用一字或一词、一

---

* 王瓒玮，历史学博士，中国社会科学院日本研究所博士后，研究方向为中日环境史、灾害史比较研究。

语高度聚焦年内影响日本国家与社会的重大事件，以此勾勒出日本人的生活风景线。一般而言，日本的年度汉字和新语、流行语会于每年12月上旬双双揭晓。

2017年，“北”字被最终遴选为年度汉字，而在“U－CAN新语、流行语大奖”的评选中，“晒Ins”“忖度”两词从30个候选提名词语中脱颖而出，同时获得年度大奖。这也是15年来第二次有两词同时获奖。

与日常生活用语相比，这些字词具有直白、生动、幽默等特点，看似短小却具有强烈的画面感，是以社会的视角透视整个国家的政治、经济运转，针砭时弊。词语运用的嬉笑怒骂间，还表现了国民大众的心理情绪与爱恨纠葛，将社会空间从精英的政治化、行政化话语体系中释放而出，还原了世俗应有的烟火之气。年度汉字和新语、流行语的产生虽具有随机性，但实则又彼此相互联系，勾连成网。它们不仅暗合社会变化发展的逻辑，更包罗2017年日本的众生世相，为记载时代的更新交替留下了宝贵的文字痕迹。

一　2017年度汉字

2017年12月12日，日本汉字能力鉴定协会（以下简称“汉鉴协会”）在对全国153594张选票进行整理的基础上，公布获7104票的“北”字当选年度汉字。1995年日本首次举办年度汉字评选之时，便取12月12日的日文谐音（いいじいちじ）“一个好字”之意，将这一天确立为“汉字日”。此后，原则上每年的年度汉字都会在这一天对外公布。至2017年为止，这项文化盛事已连续举办了23届。

2017年的年度汉字征集活动时间为11月1日至12月5日，无论团体或个人均可参与。除了可以利用明信片、指定网站参与评选外，组织者还在清水寺、全国各大书店和图书馆等地设置了1300个投票箱，以供投票。中国北京的日本商会、台北的台湾日本人会甚至还设有海外投票箱。不仅如此，随着技术的改革与进步，投票还可利用智能手机、平板电脑的小程序直接进行，操作更为简单。

遵循惯例，2017年的年度汉字仍由京都清水寺住持森清范在长约1.5

米、宽约 1.3 米的巨大和纸上挥毫书就，随后其墨宝被供奉在该寺的千手观音菩萨像前，在对外开放期间供民众自由观览。除“北”字外，得票较高的汉字依次为“政”（3571 票）、“不”（3323 票）、“核”（3138 票）、“新”（2958 票）、“选”（2880 票）、“乱”（2782 票）、“变”（2717 票）、“伦”（2538 票）、“暴”（1945 票）。

由此可见，在日本民众心中，2017 年是充满变数与混乱、令人惶恐不安的一年。而森清范住持却对“北”字进行了充满深意的解读。他认为，从汉字的形态而言，“北”字如同两个背向而行之人；同样，两人亦可为“仁”，只有仁爱才能构筑和平。因此，强调加强相互对话、为和平做出努力更为重要。①

“北”字的当选蕴含了几重含义，它不仅代指朝鲜导弹发射与核危机，还与九州北部的强降雨灾害、北海道土豆歉收、职业棒球队——北海道日本火腿斗士队的人员变动等事件相关。

值得一提的是，日本国民十分喜爱汉字文化。2016 年，为了保存历年年度汉字手迹，促进汉字文化的传承与发展，汉鉴协会在京都祇园建立了汉字博物馆。2017 年，博物馆围绕汉字文化积极开展了讲座、展览、工作坊等各类活动。10 月 11 日，由森清范手书的历年年度汉字集中对公众展出。②为了吸引小学生学习汉字，日本还在 2017 年发明了一种趣味十足的《便便汉字练习簿》，这也成为社会流行话题。

受日本年度汉字评选影响，近年来同属汉字文化圈的亚洲各国也相继开展了类似的活动。2017 年，马来西亚评选的年度汉字为“路”，新加坡的年度汉字是“恐”，韩国选出的年度成语为“破邪显正”。而“享”、“初心”、“智”和“人类命运共同体”，则分别当选了中国 2017 年度国内字、国内词、国际字、国际词，特别是“十九大”为中国年度十大流行语榜首词。

二 2017年十大新语、流行语

“U－CAN 新语、流行语大奖”是日本自由国民社主办的年鉴类杂志

---

① 「不安と期待の北」、『朝日新聞』2017 年 12 月 13 日。

② 漢字ミュージアム、http：//www. kanjimuseum. kyoto［2017－12－22］。

《现代用语基础知识》在 1984 年所开创的奖项。《现代用语基础知识》每年会对社会流行词语进行整理与收录，形成基础词语库。之后，自由国民社及“U－CAN 新语、流行语大奖”事务局中的“新语部”、“流行语部”和“表现部”共同从中推选出 30 个新语、流行语作为“大奖”，并对与之相关的人物或团体进行表彰。自第 11 届开始，大奖评选过程更为细化，事务局成立专门的推选委员会，从 30 个新语、流行语中进一步精选十大新语、流行语予以奖赏。

本届推选委员会由东京大学名誉教授姜尚中、和歌诗人俵万智、演员室井滋、漫画家畠山秀树以及《现代用语基础知识》总编清水均组成。2017 年第 34 届大奖的评选结果已于 12 月 1 日对外公布。

以下是十大新语、流行语及其释义。

“晒 Ins”，是指在 SNS 社交软件照片墙（Instagram）上发布照片，因画面夺人眼球而引来大量网友围观点赞，看起来光鲜的现象。虽然照片墙软件已在日本出现多年，但直至 2017 年才深入大众，成为流行事物潮流。

“忖度”，这一日语汉字词出自中国《诗经·小雅·巧言》，原文“他人有心，予忖度之”，即有揣度、揣测、测度之意。该词非日文常用词，却因安倍首相身陷“森友学园”、“加计学园”的“低价购地”丑闻事件而频繁见诸报端，一度占据日本热搜榜首位。

“35 亿”经 90 后谐星女艺人 Blouson 智惠美（原名藤原史织）在自创搞笑段子中使用后引为话题，意指地球上的男人总数。她以诙谐的口吻，道出了当下日本女性的恋爱观。作为一名演艺界新锐，Blouson 智惠美凭借该搞笑段子人气暴涨，迅速晋升为当今日本最红女演员。

“J 警报”（日本全国瞬时警报系统），是日本政府利用卫星及地方各级防灾有线与无线电，向民众紧急通报大规模自然灾害及弹道导弹发射等情况的系统。本年，在朝鲜频繁发射导弹的威胁下，“J 警报”一词开始占据各类媒体的显要位置。

“睡眠负债”一词原为美国斯坦福大学睡眠医疗中心的创建者威廉姆·戴蒙博士首次提出，指每日不能保证充足的睡眠，日积月累严重影响身心健康的生活状态。在日本约有近四成人口的睡眠时间不足六小时。早稻田大学科研战略中心的枝川义邦教授在日本提出该词，引发社会热议。

“一二三”是2017年77岁高龄的日本著名将棋手加藤一二三的爱称。加藤14岁正式进入将棋界，曾是日本史上最年轻的职业将棋手，也因此拥有常人难以企及的骄人战绩，被称为“神武以来的天才”。本年度，加藤从将棋界退役后转战娱乐界，凭借憨厚可掬的外形获得颇高的人气，为大众瞩目。

“虚假新闻”是指网络上各类以传统新闻形式出现，意在混淆视听并被广泛转发的虚假消息与资讯。2016年英国脱欧公投及美国总统选举中，以社交网站脸书（Facebook）为主曾出现过各类虚假新闻，最终影响了投票结果。2017年，该词所指的社会现象受到日本传媒界的热切关注，引起广泛探讨。

“超值星期五”是由日本政府与经济界共同提倡的，意在唤起人们的消费欲望与意识的社会改革运动。每月最后一个星期五，大家可以提前下班，或享受美食，或尽情购物。虽然迄今为止，该运动并未取得显著效果，但“超值星期五”已传遍街头巷尾。“超值星期五”一词获奖后，日本经济团体联合会（以下简称“经团联”）的石冢邦雄表示，希望能够以此为契机推进改革持续深入。

“魔鬼的二次复活”一词的创造者是《产经新闻》记者森山乃志芙。她的造词灵感来源于形容孩童进入2岁恶魔期的“魔鬼的2岁儿”一词。“魔鬼的二次复活”用来戏指那些曾身负各类丑闻的日本国会议员，却能在选举中“二次当选”的不可思议现象。

“○○优先”（○○First）这一构词法最初是由美国现任总统特朗普在大选竞演中使用。他曾在演讲中数次高喊“美国优先”（American First）。2017年，日本东京都知事小池百合子与自民党决裂后，组成了“都民优先会”，参与首相竞选。不久，坊间便有“自我优先”等词相继传出。

获得特别奖的“9.98”与“29连胜”也有不同寻常的纪念意义。众所周知，男子田径百米短跑素有10秒大关之说，而在2017年日本大学田径锦标赛中，22岁的东洋大学学生桐生祥秀创造了“9.98”秒的历史纪录，刷新了日本选手的最好成绩。而“29连胜”则与日本另一天才少年——15岁的将棋手藤井聪太有关。他的出道打破了此前由加藤一二三保持的史上最年轻的职业将棋手纪录。2017年，他又以29次不败战绩刷新了将棋界30年来的最高连胜纪录。年内加藤一二三退役前与藤井聪太的一战，更被称为新旧天才间的历史对决，一时吸粉无数。

2017 年的新语、流行语涵盖了政治、经济、文化等各个方面，但评选结果揭晓后，日本舆论界也有一种失望的声音。有评论者认为，和往届相比，2017 年入围的新词不论从词语结构乃至意义所指，都缺乏令人印象深刻的冲击力。

三　词语折射的2017年日本社会新世相

一般而言，年度汉字和新语、流行语的出现与快速流行都依托于某类公共性事件，经媒体推广、为大多数人接受后在一定时期被频繁使用，并获得较大的社会影响力。它不仅是民意舆情的符号化表达，更能反映民众的集体认同倾向，乃至传递某种社会意志与情绪。因此，年度汉字和新语、流行语便成为管窥日本社会及国民心理变化的重要窗口与切入点。

（一）“北”部危机时局下的社会反应

对日本而言，2017 年可谓喜忧参半。年度汉字的“北”字，更是简洁明快地体现了日本国内舆论渲染国家危机的来源与方向。首先，“北”字指来自朝鲜的威胁。金正恩早在 2017 年的新年致辞中就向国内外公开宣布，这一年要积极进行尖端武器的开发与研究，洲际弹道导弹也要进入试射准备的最后阶段。截至 2017 年 11 月 29 日，朝鲜在 2017 年内向日本周边地区发射导弹 15 次，共计 20 枚。其中，大多数导弹落在专属经济区海域之外，有两枚越过北海道上空落入太平洋。9 月 3 日，朝鲜还强行进行了第六次核试验，从爆炸引发的地震规模推断，此次核试验为朝鲜史上的最大规模。①

虽然 2017 年朝鲜频繁发射导弹和朝核问题显得十分突出，首相安倍将之

① 「北朝鮮が発射しあたミサイルと落下点」、http：//infall24. com/north - korea - missile [2018 - 01 - 20]。「北朝鮮、核戦力化へ強硬 17 年に弾道ミサイル15 回『新年の辞』挑発か対話提案か」、https：//www. nikkei. com/article/DGXMZO25257490Z21C17A2FF8000/ [2018 - 01 - 20]。

称为“国难”，防卫大臣小野寺五典也表示“朝鲜所构成的威胁已经发展到前所未有的、临界的、迫在眉睫的程度”①，但在日本社会舆论看来，内政与外交相互作用，对朝鲜的事态判断与国内众议院选举息息相关。安倍利用朝鲜这一外部压力，实现了执政危机下名正言顺地解散众议院，重新凝聚国民信任，独揽大权的政治目的。② 面对这一情势，有相当一部分民众认为，以“突破国难”为名的众议院解散揭开了选举战的序幕，而选举只是实现民主政治的手段，若要实现真正的民主监督，最不可或缺的是国民参与。③

为防御朝鲜的导弹骚扰，日本也采取了实质性措施。2017 年 2 月，日本利用“J 警报”实施了首次全国演习，以确保各地终端能够顺利接收消息。8 月 15 日，当朝鲜导弹飞越日本上空时，“J 警报”首次正式投入使用。在国家如何利用“J 警报”系统向民众发布警报以及民众收到警报后如何采取避难行动问题上，政府进行了详细的说明。④ 反复进行躲避导弹爆炸的安全演练和警报接收，也令日本国民一度陷入紧张。

其次，“北”字还应有败北之意。2017 年，“日本制造”造假案的集中频发，使日本制造业面临空前的信任危机。⑤

制造业所引发的“日本制造”形象坍塌还可能在未来全面影响金融服务业、农业等多个行业领域。2017 年度日本制造业的集体败北，暴露了其经济下行压力下深层的结构性矛盾。除了成本压力、全球化冲击下的产业结构转型等原因，社会人口少子老龄化引发的劳动力人口不足、企业文化震荡、名牌企业的侥幸心理等也是促成危机的根源。

屋漏偏逢连夜雨。2017 年日本面临的内外交困局面还与天灾人祸相呼

① 参见《日本：朝鲜核威胁已到“临界”程度》，FT 中文网，2017 年 10 月 24 日，http：//www. ftchinese. com/story/001074785#adchannelID = 5000，登录时间：2017 年 12 月 20 日。

② 「国難あおる政治の危うさ」、『朝日新聞』2017 年 9 月 30 日。

③ 「民主主義は国民の努力が不可欠」、『朝日新聞』2017 年 9 月 30 日。

④ 「内閣官房国民保護ポータルサイト」、http：//www. kokuminhogo. go. jp/shiryou/nkjalert. html［2017 - 12 - 22］。

⑤ 参见《日企造假没完没了 民众对日本制造“不抱希望”》，网易新闻，2017 年 11 月 24 日，http：//news. 163. com/17/1124/14/D410NK2P00018AOQ. html，登录时间：2018 年 1 月 20 日。

应。2017年7月5~6日，九州北部地区遭遇历史罕见降水，部分地区还发生了洪涝、泥石流和山体滑坡等地质灾害。福冈、大分两县为主要受灾地，长崎、佐贺、熊本等县均受到不同程度的影响。因灾情影响巨大，7月19日，气象厅特将之命名为“平成29年7月九州北部暴雨灾害”。至9月8日止，该灾害中共有37人死亡、4人失踪，福冈县与大分县共有288栋建筑物倒塌，1079栋建筑物处于半损毁状态，人员、经济损失惨重。灾害发生后，散建于山中的自然村落因泥石流侵害等原因已无法居住，约550名受灾民众开始了灾后的避难生活。[①] 虽然依照相关法律，政府对受灾地区进行了救援，但灾后复兴依旧长路漫漫。

（二）政治家与媒体影响下的社会新动态

除了对国家大局的变化予以关心外，政治家的种种言行也是国民关注的焦点。2017年2月的“森友学园”事件及同年5月的“加计学园”事件经媒体曝光后，安倍首相便深陷丑闻旋涡。国会答辩中，涉事证人笼池泰典使用“忖度”一词作答引起社会广大反响。这与日本素有的“以心传心”“阅读空气”的交际文化以及中根千枝提出的“纵式社会的人际关系”结构深刻相关。围绕在有权者身边的人依据自己的“揣度”和“会意”，在有权者“默认”的前提下为他们做决定，同时有权者却又不需要为这种暧昧的做事方式承担任何责任。事实上，在日本的政治经济往来乃至普通的社会交往中，这种“忖度”的行事方式是一种潜移默化的存在。日本人习惯于从对方的角度出发，猜度心思而行动。也正因为如此，日本塑造了其服务业“温暖”“贴心”的良好形象。“忖度”一词火热传播后，还迅速演化为商机。2017年6月，素有商业头脑的关西商人推出了印有“忖度”字样的日式馒头点心，获得大卖。自12月1日始，在7－11、全家（FamilyMart）等连锁便利店还可以买到“忖度”便当。

政界丑闻不仅来自安倍，4月20日，《产经新闻》记者森山志乃芙还将批

---

① 「九州豪雨、なお5人が行方不明　540人避難所生活」、https：//www. asahi. com/articles/ASK8432RKK84TIPE004. html? iref = pc_ extlink［2017－12－22］。

评的矛头指向了那些因身负不恰当言论、收受贿赂、婚外恋等行为而广受舆论批评，却仍能在选举中再度获选的议员们，并将这种现象称为“魔鬼的二次复活”。该问题涉及的议员有中川郁子、铃木宪和、今野智博、堀内诏子、大西英男、金子惠美、务台俊介、神田宪次、门博文、丰田真由子、武藤规野、中川俊直等。其中，铃木宪和、堀内诏子、大西英男再次在 2017 年 10 月的众议院选举中当选，务台俊介、神田宪次、门博文为比例选区复活当选。而有安倍三亲信之称的丰田真由子，因涉嫌辱骂秘书并对其施加暴力的录音流出后引起民众哗然，最终未能在 2017 年大选中当选。对于国民而言，虽然他们对这些议员能再度当选的结果颇多微词，但也只能希望议员们今后能够正视自己的职业，不要说出和做出有辱日本形象的言论与举动。

2017 年，同样因大选备受瞩目的是安倍晋三的有力竞争对手、东京都知事小池百合子。7 月 2 日，小池带领“都民优先会”获取东京都议会选举的过半议席，有望问鼎首相宝座。此后，“○○优先”便成为大众争先模仿的热词，以之命名的各类政党社团一时之间竟多达 46 个，社会上各种“○○优先”式的新词语也竞相出现。然而，值得吟味的是，如前所述，“○○优先”最早出自美国特朗普总统的竞选演说，他因向国际社会展示了美国利益优先的孤立主义原则而饱受诟病。然而，仅半年后，日本便紧随其后在小池旋风中涌动起了“优先”热潮。虽然有部分民众不无警醒地提出，这种“优先”的流行已经在传递危险的利己主义信号，以致会破坏舆论空间声音的多样性，但从流行扩散的速度与词语为社会应用的程度来看，日本的民意也同美国一般面临不断深入撕裂的危险。

特朗普总统的执政对日本社会的影响远不止于此，因他而起的也不仅仅是“虚假新闻”狂潮已形成全球公害并波及日本。在特朗普的推波助澜下，“虚假新闻”一词在过去两年中的使用量上涨 365%，最终“修成正果”，被评为《柯林斯词典》2017 年度词汇。“虚假新闻”有两种类型：一种是满是谎言的新闻，另一种是凭借主观愿望或依据他人的意志而进行的报道。无论哪一类“虚假新闻”，都是罔顾事实真相，仅以立场、情感和观点为言论依据的新闻传播。它的出现，将信息大爆炸时代的传媒和民众带入了舆论的“后真相时代”。在这个过程中，脸书（Facebook）、推特（Twitter）、谷歌

(Google) 等社交媒体和网络首当其冲地成为“虚假新闻”滋生的温床。在事实和理性的双重缺失下,“虚假新闻”一味迎合大众心理,引导舆论,从而影响社会判断,造成认同缺失,分化骤起。目前,为维护社交网络平台的良好形象,脸书、谷歌等公司已经启动应对方案,利用新闻核实工具加大打击“虚假新闻”的力度。面对网络的全球化后果,日本同世界各国一样,正在寻求治理良方。但不得不看到,网络传播的复杂性给现代社会治理带来重重困难。

(三)劳动方式改革新举措

2017 年的新语、流行语还反映了日本劳动方式改革的新变化。人既是生产者,也是消费者,因此日本人口少子老龄化问题的深刻化与其社会经济发展之间是双向互动关系。一方面,人口的老龄化造成劳动力短缺,影响了生产效率;另一方面,经济的持续不景气对人口再生产的生育机制产生了回馈式影响。为缓解这一矛盾,安倍政府于 2016 年提出了创造“一亿总活跃社会”的口号,大力实施劳动方式改革。[①] 这一方针在 2017 年得到持续贯彻,政府希望通过改善长时间劳动问题,消除非正式雇佣劳动者与正式职员之间的收入差距,促进女性、高龄者就业,解禁副业等,改变当前的企业劳动方式和企业文化。而合理的工作时间与工作方式,将平衡社会中间阶层的生活与消费,最终推动人口良性增长,确保社会经济可持续发展。

目前,免费加班、过劳死、职权骚扰等 20 世纪 80 年代以来陆续出现的社会问题仍在日本持续存在,而且已经超越年龄、性别、特定职业的界限。这不仅影响了劳动者的身体健康,造成其心理和精神痛苦,更严重者还会产生抑郁乃至选择自杀。与之相关的恶性案件时有发生,这不仅给社会,更给无数家庭带来了难以弥合的伤口。因此,劳动方式的改革早已势在必行。

2017 年 2 月,在经济产业省和经团联的主导下,日本开展了“超值星期五”运动,而其实质就是日本版的美国“黑色星期五”。日本政府与商界不仅着眼于年末的狂欢购物与出行,更大胆设计了月底消费日。为推广这一

---

① 「働き方改革の実現」、http://www.kantei.go.jp/jp/headline/ichiokusoukatsuyaku/hatarakikata.html [2017-12-29]。

制度，百货店协会、连锁店协会、全国商店街振兴组合联合会等15个团体还特别组成了推进协议会。为了配合制度推广，经济产业省还通过网络制造各类“超值星期五”旅行地话题，邀请歌舞伎演员市川海老藏、体育明星浅田真央、文化厅宫田长官、东京国立近代美术馆神代馆长等各界名流参加宣传活动，借以扩大政策的社会影响。但据调查，2017年中仅有3.4%的企业引入了该制度。[①] 不仅如此，也只有社会的富裕阶层才是该制度的有限受惠者。针对现状的不足，推进协议会在2018年的制度实施方针中，决定采取更加弹性的方法加速制度的社会渗透。[②]

事实上，月末的“超值星期五”只是日本劳动方式改革的一环。近年来，日本还在积极推行“周休三天制”。根据厚生劳动生省的调查，2015年实行“周休三天制”的企业占企业总数的8%。[③] 2017年，该制度的推进已经取得一定的成效，一些知名大型企业产生了改善劳动环境的意识和行动。肯德基、迅销集团及其旗下的优衣库、日本雅虎、佐川急便快递、日本IBM等企业已推行“周休三天制”，但各企业的实施却各有不同，产生了三种模式。其一，有些企业在不改变劳动时间与薪酬的前提下，将原来的“1日8小时×5工作日”转变为“1日10小时×4工作日”。其二，有些企业选择通过同时减少劳动时间和薪酬的方式实现周休3天。其三，这类较为罕见，2017年，位于广岛县的两家企业宣布，将在2018年把每周40小时工作量减少到32小时，但不减薪金。这些无疑代表了日本劳动制度未来发展的方向。

改革引发了社会的热烈讨论，也产生了两种截然不同的观点。一些人认为，多样化的工作方式增加了人生的选择方向，可以更为灵活地发展第二职业，方便育儿或照顾病人，十分欢迎。而反对者则认为，工作的总量并没有改变，一旦放假后工作积压，与同事、客户等沟通不及时，反而会带来更严

---

① 「プレミアムフライデー『導入』は3.4%、何をする?」、http://www.itmedia.co.jp/business/spv/1702/15/news095.html［2017-12-29］。

② 「今後のプレミアムフライデーの実施方針について」、https://premium-friday.com/activity/wp-content/uploads/2017/12/release20171020.pdf［2017-12-29］。

③ 「平成27年就労条件総合調査の概況」、http://www.mhlw.go.jp/toukei_hakusho/toukei［2017-12-29］。

重的加班问题。如果还要减薪，那就更加无法安心享受假期。

企业在选择改变劳动方式时也有相应的考虑。从世界范围来看，经济合作与发展组织（OECD）成员中，日本的劳动生产率仅排在第22位，工作低效问题已显性化。有研究指出，一周劳动时间超过48小时便会造成生产率下降，短时反而高效的新认知是雇主青睐改革的原因。面对劳动力不足的客观因素，企业也在改变意识，认为只有提供更好的劳动环境才能留住人才。为此，企业还通过互联网技术的应用推行家庭办公、共享办公室办公、移动办公、远程办公等，打破了工作地点和时间的绝对限制。还有部分企业为帮助职工解决育儿问题，专门设立了幼儿园。这些弹性工作方式正在帮助更多的劳动者安心、高效工作。

劳动方式的新变化，反映出日本的社会观念正在悄然改变。日本自二战以来以集团主义为基础形成的“长时间劳动等于高评价，不眠不休也是理所当然”的劳动价值观正在逐步得到修正，越来越多的人开始希望能够兼顾工作与家庭，有更多的时间享受生活的快乐。因此，即使有时需要损失部分薪水，人们也心甘情愿。也只有在这样的背景下，社会对“睡眠负债”问题的关注才具有意义与改善的可能。

（四）青年世代的生活方式与婚恋观新趋势

技术进步不仅改变了劳动方式，也改变着人们的日常生活。2017年，随着智能电话的普及，日本网络中吹起了一股“Ins风”，与此同时，前几年流行的“彩信”一词却几乎成为死语。事实上，“Instagram”（照片墙）和脸书、推特、Line（连我）、Mixi（米西）等一直是日本人常用的社交软件，如果没有这些社交网站的账户，很可能会被周围的人耻笑。利用这些工具，人们将实际生活和网络讨论结合在一起，通过现实或虚拟的人际关系以及地理位置信息等条件，建立起一个全新的、立体交错的多重社会网络圈层。而2017年，相比其他社交软件，“Instagram”的拥趸有了明显的增加。

笔者通过调查了解到，近年来日本的年轻人不再喜欢脸书式的长文表达，反而为“Instagram”的照片讲述方式所吸引，并且该软件还可以通过与他人产生互动分享信息，因此人气大增。“Instagram”的照片还逐渐形成了一种画面唯美、色调清新的拍摄风格，引发人们竞相模仿，遂掀起网红效应。更有意义的是，“Instagram”激发了人们的拍摄欲望与想象，民众开始用照片挖掘生活中随处可见的美。凭借“Instagram”的展示和网络点击率，照片的拍摄者或被拍摄主体很有可能成为新的网络话题，从而成就草根的成名梦。人们对“Instagram”的照片中各类元素的关注还进一步影响了餐饮业、旅游业、家装业等行业的流行趋势，创造了新的消费。总之，照片分享将人们从单一化的生活模式中解放出来，使他们有机会去了解和创造多样的人生。

互联网下的多样化生活方式也在冲击着青年一代的婚恋观。艺人Blouson智惠美在她编排的搞笑段子《职业女性》中脱口而出：“男人就像口香糖，没了味道换个新的就好，因为地球上的男人有35亿又5000万”，之后“35亿”一词便莫名流行。这一现象显示出日本特别是女性的个人主义、不婚主义特征已日趋突出。2013年日本国立社会保障与人口问题研究所对未来20年的人口社会做推测时指出，到2035年，日本将有一半以上的人成为单身，届时日本将成为少子老龄化下的超单身社会。虽然人口自然减员或离婚率的上升也在影响着单身者数目的扩大，但最为主要的是，不婚或晚婚已经成为年轻人对恋爱与家庭的态度。

据调查，20～30岁的年轻人中，有近四成不愿意结交男女朋友。他们中的大多数人并不排斥结婚，却不愿意恋爱，认为那不仅是“精神不可承受之重”，更是性价比很低的麻烦过程。这些在泡沫经济崩溃时代成长起来的年轻人，虽不再崇尚奢侈消费，但又走向了对立的现实主义。他们将双方的恋爱情感付出，抽象为相互购买的商品经济消费过程，处处计算风险。恋人之间也毫不例外，实行不需要相互麻烦的费用均摊制。在此情势下，年轻人打破了传统中由恋爱步入婚姻的一体化过程，进入“无恋爱时代”。

社会的变动也在改变女性的婚恋心理，促使她们走向单身的原因也可大致归纳为以下几种：（1）视恋爱与婚姻为不可分割的整体，恋爱即意味着结婚，而秉持相同看法的男性却在减少。（2）事业成功的女性更易坚定崇尚独身主义。这类女性的年收入较高，工作的满足感让她们普遍对婚姻没有积极争取的态度。（3）抱有欲望。这类女性大多有丰富的恋爱经历和较好的样貌，收入中等。她们对社会和经济地位的提高抱有野心，对交往男性的要求往往很高。（4）自我迷失。她们过于在意周围人的眼光，失去了自我判断的能力，难以获得自我肯定，没有交往和恋爱的自信，基本放弃了婚姻。① 虽然世间饮食男女的烦恼不断，但2017年9月皇室成员、二皇子秋筱宫夫妇的长女真子公主宣布结婚的消息传出，还是让这个暗淡的单身大国看到了一丝甜蜜的希望。

（五）天才崇拜与社会的新陈代谢

与往年不同，2017年的获奖新语、流行语中有三个与竞技赛事有关。2017年，曾经的天才将棋手加藤一二三宣布退役以及他与年仅15岁便已取得29战不败的新天才将棋手藤井聪太之间精彩的历史对战，让整个日本社会出现了空前罕见的将棋热。2017年12月5日，将棋界又传出另一让人振奋的消息：47岁的棋圣羽生善治摘得了日本史上第一个“永世七冠”头衔，使将棋热持续升温。2017年末，《产经新闻》的报道称，捕捉到将棋热潮的《家庭画报》杂志首次跨界出版了《将棋》专号，附录部分还向初学者提供了可手工制作的纸制棋盘和棋子。在传统纸媒业日薄西山、销量大幅下滑的时代，这期专号却格外受到追捧，一路热销，发行量比同期增长了一半以上。② 可见，民众对将棋这一传统棋类项目表现出了非比寻常的关心。

然而，事实上，将棋界并非如此风光，而是已经面临深刻的危机。2016年3月，日本将棋界所剩的唯一一份报纸《将棋周刊》宣布停刊，将棋爱好者哀声一片。泡沫经济崩溃以来，赞助的大幅度减少影响了专业将棋手的生存。根据娱乐界白皮书的统计，15岁以上的将棋参赛选手已经从2009年的1270万人下降到2013年的670万人，专业棋手约为160人。而在赢得奖金的大战中，如果排名不能靠前，将棋手的生活便无以为继，不少人因此放弃了成为专业选手的梦想。

---

① 「結婚しない女ソロ活動系女子を大解剖」、http://toyokeizai.net/articles/-/150799?display=b［2018-01-02］。

② 「『家庭画報』1月号、書店で完売続出の事態」、https://headlines.yahoo.co.jp/hl?a=20171230-00000511-san-ent&from=singlemessage&isappinstalled=0［2018-01-03］。

另外，网络也在改变人们体验将棋乐趣的方式。越来越多的人开始通过网络对弈来感受棋艺的魅力，特别是年轻人因为网络更加容易了解将棋和掌握赛事信息。但同时，人工智能也在挑战人类技能的极限。从 2016 年到 2017 年，阿尔法围棋（AlphaGO）的几次人机对战战绩给传统棋类项目带来了极大的冲击。2017 年 12 月，英国深度思维（DeepMind）开发团队宣布比阿尔法围棋更高级版本的阿尔法零（Alpha Zero）问世。它能从零开始学习，并在 24 小时内打败此前最强的国际象棋、日本将棋和围棋人工智能程序，实现了从专攻围棋一项到多种棋类技能通吃的大升级。未来能否出现阿尔法零与日本顶级将棋手的对决也未可知。

除将棋热之外，2017 年日本田径赛场也取得了刷新历史纪录的不俗战绩。2017 年 9 月 9 日，在福冈运动公园的田径赛场上，小将桐生祥秀创造了百米 9.98 秒的惊人成绩，一举击破纪录，成为日本第一个在合规风速内百米破 10 秒的男子，并获得国际田联的认可。日本国民对桐生祥秀的赞誉之声不断，认为他为日本开创了一个“新时代”。①

日本各类竞技赛场都闪现着天才的身影。从他们的一举成名到成为流行现象不难看出，日本国民对天才心怀崇拜，对历史的继往开来潜藏激动。2017 年 9 月，日本著名综艺节目《秋刀鱼的东大方程式》公布了 10 名由 196 名东京大学学生推选出来的“现代日本天才”，少年将棋手藤井聪太居首位，电影导演宫崎骏、新海诚，物理学家古泽明等均屈居其后。毋庸置疑，在人口日益老龄化的今日日本，藤井聪太、桐生祥秀这般优秀天才少年的出现，犹如冉冉升起的朝阳，给略显暮色沉郁的日本社会带来了些许生机。

2017 年 12 月 1 日，日本政府正式宣布天皇将于 2019 年 4 月 30 退位，平成时代即将落下帷幕。正如菊花王朝正在完成权力的代际交接一样，站在历史转折点上的日本社会，也在进行着自身的新陈代谢。置身于全球化与逆全球化、国际秩序失序与重塑的大势之中，日本还将在未来于世界不断的分化与弥合中寻找符合自身情况的发展定位。但显然，如何在不确定性愈加显露的未来探索自己的生存之路，还需要日本社会各界的有识之士贡献智慧。

---

① 「新時代、桐生の意地」、『朝日新聞』2017 年 9 月 10 日。

附　　录

Appendix

B.23
2017年日本大事记

吴限　田正　孟明铭*

1月

2日　安倍内阁表示，将在新年后举行的例行国会上提出特别法案，让天皇成为“上皇”，皇太子德仁亲王继承皇位成为新天皇。

5日　日本银行发布的数据显示，截至2016年末，日本基础货币量达到437.4万亿日元，为连续第十年增加，再创历史新高。

9日　日本政府做出临时召回驻韩大使长岭安政及驻釜山总领事的决定，以抗议驻韩大使馆和釜山总领事馆前放置象征受害慰安妇的少女像。

12日　首相安倍晋三前往菲律宾、澳大利亚、印度尼西亚和越南四国

* 吴限，历史学博士，中国社会科学院日本研究所助理研究员，研究方向为日本史、日本社会；田正，经济学博士，中国社会科学院日本研究所助理研究员，研究方向为日本产业、日本经济；孟明铭，历史学博士，中国社会科学院日本研究所博士后，研究方向为日本政治。

访问，寻求与这些国家进一步加强军事与安全合作。

内阁府发布2016年11月景气动向指数，受电子零部件需求增加等因素推动，日本经济景气指数比上月上升1.6至115.1，创2014年3月以来最高纪录。

14日 东京商工调查的数据显示，2016年日本的企业倒闭数量为8446家，同比下降4.2%，为1990年以来的最低水平。

16日 日本政府宣布正在制定《健康增进法》修正案，将明确规定餐饮店原则上禁烟。

19日 内阁府发布的数据显示，2015年末日本家庭资产总额为2864.4万亿日元，比上年增长1.1%，连续四年保持增长。

20日 文部省副大臣前川喜平因涉及违规为退休官员谋取福利丑闻而引咎辞职。

23日 日本政府商讨明仁天皇退位问题并公布了《今后讨论的论点整理》报告，认为退位难以制度化，仅适用于现任天皇一人的做法较为妥当。

25日 财务省公布，2016年日本贸易收支为4.07万亿日元顺差，六年来日本贸易收支首次实现盈余。

27日 总务省发布的数据显示，2016年日本去除生鲜食品价格的核心消费价格指数比上年下降0.3%，为四年来首次回落。

28日 首相安倍晋三与美国总统特朗普举行电话会谈，就2月10日在白宫举行首次首脑会谈达成一致。

2月

3日 日本十年期国债利率上升至0.15%，为日本自2016年2月实施负利率政策以来的最高值。日本央行将以固定利率购买部分国债，以抑制长期利率的上升势头。

3~4日 首相安倍晋三和防卫大臣稻田朋美分别会晤美国防长马蒂斯，磋商特朗普在总统大选中提及的日方对驻日美军经费负担不够充分问题。

6日 防卫省启动名护市边野古海域的海上建设工程，为迁移美军普天间机场做准备。

厚生劳动省发布的每月劳动统计调查显示，扣除物价变动影响，2016年全年的实际工资比上年上涨0.7%，为五年来第一次出现增长。

8日 日本银行公布的数据显示，其所持有的日本国债数额达到358.2万亿日元，占日本国债发行总额的四成以上。

10日 法务省发表统计报告称，2016年申请难民签证的外国人总数达到10901人，但只有28人获得难民签证。

11日 首相安倍晋三与美国总统特朗普举行会谈，决定创设以副首相麻生太郎和副总统彭斯为首的“跨领域”新经济对话机制，以强化日美经贸关系。

15日 日本政府工作改革委员会提出政策草案，计划将用人单位安排劳动者每年的加班时间控制在720小时以内，即每月平均加班时长不超过60小时。

16日 日美韩三国外长在德国波恩举行会谈，就敦促朝鲜以完整、可检验、不可逆的方法废弃核武器与导弹开发计划达成一致。

17日 众议院预算委员会针对与首相安倍晋三关系密切的学校法人“森友学园”预定于春季建成开学的大阪府丰中市私立小学的用地问题提出质疑。

27日 区域全面经济伙伴关系协定（RCEP）第17轮谈判在日本神户开幕，就关税、知识产权、服务贸易等领域展开谈判。

28日 天皇和皇后对越南进行首次正式访问。

3月

6日 日本政府就朝鲜进行弹道导弹试验且其中三枚坠落在日本专属经济区内向朝鲜提出严重抗议。

为推动电力系统改革，经济产业省召开“制度探讨工作部会”，探究电力市场交易制度设计等问题。

7日 首相安倍晋三与美国总统特朗普举行电话会谈，一致认为“朝鲜的威胁已上升到新的阶段”。

8日 内阁府公布的修正数据显示，2016年第四季度日本国内生产总值（GDP）环比实际增长0.3%，折合年率增长1.2%。

10日 日本政府召开国家安全保障会议（NSC），决定5月底前后从南苏丹撤出参加联合国维和行动（PKO）的陆上自卫队设施部队。

13日 首相安倍晋三与来访的沙特阿拉伯国王萨勒曼举行首脑会谈，就沙特开展经济改革以摆脱依靠石油的经济发展模式等交换意见，并确认双方将进一步开展合作。

15日 外务省发表的一份外交舆论调查报告显示，有近90%的日本人认为日本的安全保障环境趋于严峻，朝鲜发射导弹和中国军机、军舰频繁穿越宫古海峡成为主要原因。

16日 日本银行召开货币政策会议，决定维持目前的货币政策不变，并决定继续维持短期利率在-0.1%、长期利率控制在0%左右的目标值。

17日 群马县前桥地方法院做出判决，要求国家和政府赔偿福岛县避难灾民3855万日元（约240万元人民币）。

19日 东京电力公司发表消息称，在福岛第一核电站第一核反应堆原子炉底部的水中检测出每小时1.5希沃特的高辐放射量。

20日 首相安倍晋三访问德国并同德国总理默克尔举行会谈，就日美欧携手推进自由贸易和对朝鲜施压展开协商。

21日 警察厅发布的2016年全国自杀者统计速报称，日本有21764人自杀，比2015年减少了2261人，减幅9.4%，是迄今为止最大的减少幅度。

22日 财务省公布的数据显示，受向中国出口汽车零部件大幅增加以及从中国进口服装、金属制品下降影响，2017年2月对华贸易顺差为1118亿日元，自2012年2月以来首次实现贸易顺差。

23日 针对“森友学园”低价出售国有土地问题牵涉到首相安倍晋三，众议院对该学园理事长笼池泰典进行证人传唤。

24日 文部省称，刚刚审定合格的高中教科书中，日本史、地理以及现代政治、经济、社会的教科书里已明确写入“尖阁列岛、竹岛是日本固有领土”等内容。

27日 2017年度预算案在参议院全体会议上获得通过。一般财政预算总额为97.4万亿日元，创历史新高。

28日 日本政府召开“实现劳动方式改革会议”，提出“劳动方式改革计划”，旨在实现同工同酬。

31日 总务省发表的2月劳动力调查报告显示，完全失业率为2.8%，比上月减少0.2个百分点，创下自1994年6月（2.8%）以来相隔22年8个月的最低纪录。

4月

6日 众议院全体会议开始对《有组织犯罪处罚法》修正案进行审议。该草案修改了“共谋罪”的构成要件，新设“恐怖活动等预谋罪”等条款。

18日 国际货币基金组织（IMF）发布《世界经济展望报告》，预测2017年日本实际经济增长率为1.2%。

19日 副首相兼财务大臣麻生太郎在美国与副总统彭斯进行首轮日美经济对话后表示，今后将努力推动排除美国的TPP生效。

20日 外务大臣岸田文雄在参议院外交防卫委员会会议上表示，美方使用日本国内的基地采取军事行动时，需要履行事先与日本进行协商的法律义务。

首相安倍晋三会晤来访的澳大利亚外长毕晓普和国防部长佩恩，希望在安全和经济领域加强双边关系。

21日 日本政府专家委员会提交了关于天皇退位问题的最终报告，提议天皇、皇后退位后的称号使用“上皇”和“上皇后”，敬称沿用现行的“陛下”。

23日 日本海上自卫队与美国“卡尔·文森”号核动力航空母舰战斗群在菲律宾海域举行联合演习。

24日 首相安倍晋三和美国总统特朗普举行电话会谈，一致要求朝鲜停止核试验及弹道导弹发射等行为。

25日 经团联表示，通过2017年“春斗”，日本大企业员工工资平均上涨7155日元，增长率达到2.18%，连续四年实现正增长。

26日 因涉嫌不正当融资，经济产业省决定对商工中金实施行政处罚。

27日 首相安倍晋三在莫斯科与俄罗斯总统普京举行会谈，商讨具体开展北方四岛（俄称南千岛群岛）的共同经济开发活动。

28日 首相安倍晋三在伦敦与英国首相特雷莎·梅举行会谈，就推进自由贸易和朝核问题达成一致。

日本银行召开货币政策会议，对日本经济形势的判断调整为“缓慢扩张”，这是自2008年3月以来，日本银行首次使用“扩张”一词描述当前的经济情况。

5月

1日 日本海上自卫队“出云”号“准航母”在千叶房总半岛海域与美国海军补给舰会合，首次执行为美军舰船护卫任务。

7日 中日两国时隔两年重启财务对话，中国财政部长肖捷、日本财务相麻生太郎出席，双方就加强中日金融合作达成一致。

10日 财务省发布的数据显示，截至2016财年底（2017年3月），日本政府债务余额达1071.56万亿日元，创历史新高。

11日 财务省发布的国际收支数据显示，2016财年日本经常项目顺差为20.2万亿日元，比2015财年增加13.1%。

首相安倍晋三与新上任的韩国总统文在寅举行电话会谈，就慰安妇问题和朝核问题进行磋商。

15日 日本五大银行财团公布的数据显示，受日本央行负利率政策及东芝业绩恶化影响，2016财年净利润合计2.5万亿日元，同比下降3.8%，为连续第三个财年减少。

16日 自民党干事长二阶俊博在北京出席“一带一路”国际合作高峰论坛并向中国国家主席习近平转交安倍首相的亲笔信。

17日 《朝日新闻》报道，内阁府曾就“加计学园”在国家战略特区新设大学兽医系的计划问题，违规向文部科学省传达“安倍的意向”。

宫内厅证实，天皇的长孙女真子内亲王将下嫁平民单亲同学。

18 日　内阁府公布日本 2017 年第一季度 GDP 增长率，去除物价影响后，实际 GDP 环比上升 0.5%，为连续第五个季度增长。

19 日　日本政府召开“统计改革推进会议”，决定废止重复和不必要的统计项目，提高统计业务效率。

内阁会议正式通过旨在实现明仁天皇退位的特例法草案。

23 日　厚生劳动省公布的数据显示，扣除物价因素后，2016 财年日本员工实际月工资比上财年增长 0.4%，六年来首次实现正增长。

26 日　首相安倍晋三在意大利陶尔米纳与法国总统马克龙举行首次会谈，就共同推进亚太地区安全保障达成共识。

27 日　日本陆上自卫队撤回最后一批被派往南苏丹执行联合国维和行动（PKO）的队员。

29 日　日本政府公布了“日本振兴战略 2017”概要，将自动驾驶、健康、金融等五个领域指定为战略领域，通过增加投资、实施改革推动这些领域的发展。

30 日　厚生劳动省公布的数据显示，2017 年 4 月日本的就业用人需求和求职人数之比（有效求人倍率）比上月上涨 0.03，达到 1.48 倍，创历史新高。

6月

3 日　日本银行发布的数据显示，截至 2017 年 5 月末，其资产负债表规模达到 500.8 万亿日元，首次突破 500 万亿日元大关。

5 日　首相安倍晋三表示愿意就中国“一带一路”倡议展开合作。

7 日　自民党决定设立“日欧经济伙伴关系协定对策本部”，推动与欧盟自由贸易区谈判。

9 日　明仁天皇生前退位的特别法案获得参众两院通过。

11 日　日本国会通过《住宅宿泊事业法》，从 2018 年开始允许全国各地发展民宿（家庭旅馆）业务。

13 日　日本产业革新机构决定向动态地图平台（Dynamic Map Platform）

公司出资30亿日元，助力日本自动驾驶技术发展。

15日 参议院通过《有组织犯罪处罚法》修正案。

文部大臣松野博一表示，该省确实保存过一份据称是内阁府向文部省传达的有关“加计学园”的“首相意向”的文件。

16日 日本银行决定维持宽松的货币政策，以推升通货膨胀，刺激经济增长。

23日 日本政府首次在各大电视台播放如何躲避朝鲜导弹袭击的避难广告片。

27日 日本银行公布的数据显示，截至2017年3月，日本家庭金融资产总额为1809万亿日元，同比上升2.7%，创历史新高。

7月

2日 自民党在东京都议会选举中遭遇惨败。东京都知事小池百合子领导的地方政党“都民第一会”跃升为都议会第一大党。

5日 首相安倍晋三前往德国参加二十国集团领导人第十二次峰会，并将在会上会晤多国政要，要求国际社会加大对朝施压，强化对朝制裁。

财务省公布的一般会计决算数据显示，2016年度日本税收为55.46万亿日元，比上年度下降1.5%，时隔七年出现下降。

6日 日本九州北部地区遭遇几十年未遇的暴雨袭击，造成人员伤亡，房屋桥梁损毁严重。

7日 日本银行启动固定利率操作，同时增加公开市场操作的国债购买额，以应对长期利率面临上升压力的局面。

12日 除美国以外的11个跨太平洋伙伴关系协定（TPP）参加国在日本箱根召开首席谈判代表会议，探讨美国退出后的TPP问题。

20日 财务省公布的数据显示，2017年上半年（1~6月）日本的贸易顺差为1.4万亿日元，连续一年半维持顺差。

21日 日本政府公布《2017年度经济财政白皮书》，指出日本经济持续缓慢复苏，但员工工资与个人消费增长缓慢，劳动生产率处于较低水平，推进劳动方式改革、提高生产效率十分必要。

24日 日本国立癌症研究中心发布最新研发的检测技术，称一滴血可检测出13种癌症，计划2018年开始进行临床研究试验。

27日 民进党党首莲舫请辞，以承担该党在东京都议会选举中失利的责任。

28日 防卫大臣稻田朋美就防卫省和陆上自卫队隐瞒南苏丹联合国维和行动（PKO）日志文件一事辞职。

8月

3日 首相安倍晋三对内阁进行改组，替换了全部19名阁僚中的13人，前国家公安委员长河野太郎出任外务大臣，前邮政相野田圣子出任总务大臣。

7日 众议院议员若狭胜宣布成立政治团体“日本第一会”，并出任党首。

8日 财务省公布的数据显示，2017年上半年（1~6月）日本的经常收支为10.51万亿日元黑字，同比上涨0.3%，为2008年国际金融危机以来的最高值。

12日 鉴于朝鲜9日宣布计划向美属关岛海域发射弹道导弹，防卫省已着手部署“爱国者-3”地对空拦截导弹（PAC-3）。

日本广播协会（NHK）电视台播放纪录片《731部队的真实》，首次披露原日军731部队成员的认罪录音，向世界公开731部队的凶残暴行。

15日 明仁天皇在“全国战殁者追悼仪式”上再次在致辞中提及“深刻反省”。

28日 前首相羽田孜去世，享年82岁。

29日 日本政府就朝鲜试射弹道导弹向朝鲜提出强烈抗议。

30日 经济产业省召开“能源形势恳谈会”，探讨长期能源政策问题。

9月

1日 民进党举行党首选举，前原诚司击败枝野幸男当选新党首。

3日 日本政府强烈谴责朝鲜实施第六次核试验。

7日 首相安倍晋三在符拉迪沃斯托克与俄罗斯总统普京举行会谈，商讨北方四岛（俄称南千岛群岛）开展经济合作的重点领域。

8日 中日邦交正常化45周年纪念招待会在北京召开。

13日 厚生劳动省公布，自1991年以来，养老金机构累计向105963人漏发598亿日元养老金，数额之大、人数之多尚属首次。

14日 首相安倍晋三在印度西部古吉拉特邦甘地讷格尔与印度总理莫迪会谈，并出席日印合作高铁项目奠基仪式。

15日 日本政府强烈抗议朝鲜发射的弹道导弹穿越北海道落入襟裳岬以东约2200公里的太平洋海域。

16日 9月舆论调查显示，安倍内阁支持率为41.8%，不支持率为36.7%，时隔三个月后，支持率首次超过不支持率。

17日 首相安倍晋三决定解散众议院，10月举行大选。

总务省公布的人口统计显示，截止到2017年9月，日本90岁以上人口数为206万人，比上年增加14万人，首次突破200万。

20日 东芝公司召开董事会，决定把半导体子公司“东芝存储器”出售给美国基金贝恩资本主导的日美韩联合体。

21日 首相安倍晋三在纽约与美国总统特朗普、韩国总统文在寅举行会谈，就继续加大对朝施压达成共识。

25日 东京都知事小池百合子宣布将组建新党“希望之党”，并出任党首。

28日 民进党举行全体大会，批准了党首前原诚司提出的与希望之党进行事实上的合并方案。

首相安倍晋三出席中国大使馆举办的中日邦交正常化45周年庆祝活动，表达希望实现首脑互访的意愿。

10月

3日 民进党代理党首枝野幸男表示将组建新党“立宪民主党”，迎战众议院选举。

8日 日本第三大钢铁企业神户制钢承认篡改部分产品的技术数据，冒充规格相符的达标产品出售，问题产品涉及汽车、交通运输、航空航天、武器装备等领域，波及企业500余家。

19日 日产汽车公司宣布，因车辆出厂检验违规操作问题，日产国内六家整车厂全面停止发货以及办理新车登记手续。

22日 举行第48届众议院选举，自民党获得284个议席，与公明党组成的执政联盟共计获得313个议席，立宪民主党获得55个议席，跃升为第一大在野党。希望之党获得50个议席，较公示前减少7个议席。

24日 厚生劳动省发布的《2017年版厚生劳动白皮书》称，随着年金制度的实施，老年家庭中低收入家庭比例降低，但因单身家庭的数量不断增加，导致中年家庭中低收入家庭的比例有所提高。

27日 民进党召开全体大会，正式决定放弃在众议院选举前提出的并入希望之党的方针，党首前原诚司表示将为党派分裂引咎辞职。

31日 民进党召开全体大会，参议院议员大冢耕平当选新党首。

11月

1日 特别国会召开，安倍晋三当选第98任首相并留任全体内阁成员。

5日 首相安倍晋三在东京与来访的美国总统特朗普举行会谈，就朝核问题和日美贸易进行磋商。

7日 内阁会议批准追加措施，将35个朝鲜团体和个人新增为资产冻结对象，以加大对朝制裁力度。

10日 众议员玉木雄一郎在希望之党选举中当选联合党首。

财务省公布的数据称，包括国债、借款等在内的国家总负债余额为

1080.4万亿日元，创历史最高纪录。

11日 首相安倍晋三在越南岘港出席APEC会议，其间与中国国家主席习近平会谈。

除美国外的跨太平洋伙伴关系协定（TPP）11个签署国发布联合声明，宣布已经就新的协议达成基础性的重要共识，并决定改名为“全面且先进的跨太平洋伙伴关系协定”（CPTPP）。

东京都知事小池百合子辞去希望之党联合党首一职，玉木雄一郎成为独立党首。

15日 内阁府公布日本2017年第三季度GDP速报值，去除物价影响后，实际GDP增长率环比上升0.3%，连续七个季度实现正增长。

16日 防卫省宣布，日本海上自卫队与美国海军“里根”号航空母舰战斗群举行为期十天的联合军事演习。

17日 首相安倍晋三发表施政演说，表示希望共同努力，推进修改宪法讨论。

法务省公布2017年版《犯罪白皮书》，显示日本刑事犯罪率创战后新低。

联合国人权委员会举行专门会议，就日本的人权问题进行审查后认为，日本政府近年来在压制和干预新闻报道自由等方面存在严重问题。

20日 由日中经济协会、日本经济团体联合会、日本商工会议所组成的迄今最大规模的日本经济界代表团访华，探讨中日两国经贸领域的合作问题。

23日 美国旧金山市议会通过决议，同意在市内设置慰安妇像。日本政府对此表示“遗憾”，大阪市政府将启动与旧金山市“断交”程序。

三菱综合材料公司承认其子公司三菱电线工业和三菱伸铜存在篡改产品数据的造假行为，受影响企业达258家。

27日 日本台湾交流协会台北代表部设立宣传介绍日本文化的机构“日本文化中心”。

29日 日本政府强烈谴责朝鲜进行新一轮弹道导弹试射。

30日 “一带一路”日本研究中心在东京成立。

12月

1日 日本政府在宫内厅召开皇室会议，讨论天皇退位等事宜，最终将2019年4月30日定为天皇退位日，皇太子将于翌日（5月1日）即位成为新天皇并改用新年号。

4日 第三轮中日企业家和前高官对话在东京举行，首相安倍晋三在晚间对话招待会上致辞，表示要深入挖掘“一带一路”倡议与日本“印太战略”的交汇点，推动日中战略互惠关系向前发展。

厚生劳动省做出决定，给同性恋者和性取向障碍者提供进行变性手术的医疗保险。

5日 日本政府提出“生产率革命”基本方针，通过税制、规制改革等方式，减轻企业税负，促进企业投资，改善企业生产技术，提高国际竞争能力。

12日 日本汉字能力鉴定协会发布“北”字为年度汉字，朝核问题与北九州暴雨成灾成为当选主要原因。

13日 厚生劳动省发表消息称，新认定一名遭受核爆的白血病男子为“工伤”。据统计，在福岛第一核电站的抢险过程中，有16人遭受核辐射患癌，目前只有4人获得“工伤”认定。

14日 自民党、公明党确定《2018年度税制改革大纲》，新税改主要调整个人所得税、法人税等，并增设“森林环境税”“国际观光旅客税”两个税种，旨在促进劳动方式改革，提高企业员工工资水平。

16日 第13届北京－东京论坛在北京举行。

19日 内阁会议决定引进两套陆基“宙斯盾”导弹拦截系统。

首相安倍晋三和外务大臣河野太郎在东京会见韩国外长康京和，就朝鲜半岛局势、慰安妇等问题交换意见。

日本地震调查研究推进本部发表消息称，未来30年内，北海道千岛海沟发生8.8级以上超巨大地震的概率已达到40%。

20日 日本生产率本部公布2016年度劳动生产率的国际比较结果，日本单位时间内产出为46美元，在经济合作与发展组织35个成员中居第20位，处于七国集团的最末位。

23日 日本全国各地约52000名民众来到皇宫向天皇贺寿。宫内厅称，这是平成年代以来参拜人数最多的一次。

25日 由中国共产党和日本自民党、公明党共同举办的中日执政党交流机制第七次会议在中国福建举行。

26日 日本政府发布《氢能源基本战略》，拟通过推动技术手段革新，实现氢能源发电实用化，以削减碳排放并提高能源自给率。

28日 中国国家主席习近平会见来华出席中日执政党交流机制第七次会议的自民党干事长二阶俊博一行。

31日 总务省发表的最新统计显示，日本人口总数约为1.266亿万人，由于出生率逐年减少，预计到2025年，出生人口将跌破110万。

Abstract

The book, jointly published by Chinese Association for Japanese Studies, the Institute of Japanese Studies, Chinese Academy of Social Sciences, and Social Sciences Academic Press, is a yearly publication of academic achievement by the researchers of the Institute of Japanese Studies, CASS, Shanghai Institutes for International Studies, Xinhua News Agency, Nankai University, Tianjin Foreign Studies University, East China Normal University and Dongbei University of Finance and Economics.

The book provides an in-depth review and analysis of Japan's political, economic and social situation, in particular of the trend of Japan's domestic and foreign policies in the context of the 48th election of House of Representatives and Abe's "Extra Long-term Administration". The book also includes the chronicle of Japan's major events in 2017.

In 2017, with the global economic recovery, there has been some progress of Japan's policy of economic stimulus and the structural reform, with Japan's economy showing a modest recovery in 2017. The Liberal Democratic Party (LDP) -Komeito coalition has taken over two-thirds of seats of the House of Representatives in the election, consolidating the political configuration of the dominance of LDP with many weak opposition parties and taking a further step of Abe's "extra long-term administration". Japan has taken an unprecedented active and independent stance in its national strategy. The revision of Japan's constitution have been put into a practical stage. A series of aggressive measures of the military policy has been also discussed upon and implemented publicly.

In the foreign policy, faced with the international systematic pressure brought by "the Trump Shock", the Abe administration, by making use of "the threat of North Korea", attempts to promote the strategic coordination between Japan, U. S and EU, incorporate the NATO into the Asia-Pacific security issues and put the new security legislation into practice. Japan attaches great importance to the diplomacy in Southeast Asia, Middle East and Africa, strengthen the "two plus two" security dialogue mechanism with U. K. and France and build the quasi-military alliance with Australia. Japan also attempts to promote the Comprehensive Progressive Trans-Pacific Partnership (CPTPP) in the absence of U. S. and the "Indo-Pacific Strategy", seeking for a leading role in building new rules and mechanism in terms of political and economic issues in the region.

In 2017, there has been a growing trend of the recovery of Sino-Japanese relations, with all levels of dialogues restarted and carried out. In order to expand the consensus, narrow differences and stabilize the Sino-Japanese relations, China addresses explicitly the current problems and shows a constructive attitude in solving the problems and improving the bilateral relations. Japan carries out a strategic adjustment of its policy towards China, adopting the "bet-hedging strategy" to strengthen its economic cooperation with China while containing China in security issues in East Asia. There has been positive signs for the Sino-Japanese economic cooperation, with a recovery of trading and Japan's direct investment to China. Japan's economic cycle actively explores business opportunities in China and takes a more positive attitude towards China's Belt and Road Initiative (BRI).

In 2017, the trend of aging population with fewer children in Japan has become even more severe, which affects all aspects of Japan's social development. Problems are highlighted such as the falling of marriage rate and the size of family, the reduction of middle class population and the population concentration in Tokyo Metropolitan Circle. Japan's current cultural hotspots also reflect the issues of aging population with fewer children, the consolidated social hierarchical system and women employment environment. In that context, Japanese government launches the policy of "Super Smart Society—Society 5.0", applying new technological achievements to the aspect of social service.

In the outlook of 2018, the key political agendas that will influence the trend of Japan's political situation are the presidency election of LDP in the coming September, when Abe seeks for the next term as the president of LDP and Japan's prime minister, and the prospect of two-thirds of all political force reaching agreement on LDP's proposal of revising Japan's constitution. it remains difficult for the ruling parties to propose for revising of Japan's constitution in Japan's Diet in 2018.

In 2018, Abe will take the opportunity of the "extra long-term administration" and seeks for the revision of Japan's constitution and the transformation of national strategy driven by the security policy. The issue of dealing with China in Japan's foreign policy will be further highlighted. The strategic competition between China and Japan has intensified with the focus of rules and norms on multilateral and regional levels. On the occasion of the 40th anniversary of Sino-Japanese Treaty of Peace and Friendship, both China and Japan will work to improve the bilateral relations, but there will be still uncertainty for the recovery of Sino-Japanese relations.

In 2018, there will be still uncertainty for Japan's economy, with the foundation of the economic recovery remaining fragile. Problems such as the shortage of labor, the slowing rise of wages and the damaged credit of manufacturing industry due to the fraud scandals will exert negative impacts on Japan's economy. Because of the complicated environment of the international market and the rise of geopolitical risk, whether the external demand will serve as a driving force for Japan's economy remains uncertain.

There will be a growing trend of economic competition between China and Japan, but there are also structural complementarities in the two economies. Under the tension in regional situation and the growing trend of protectionism, and with both China and Japan actively promoting the transformation and upgrading of its industrial structure in the context of China's new pattern of comprehensive reform and opening after the 19th CPC National Congress, the importance of improving Sino-Japanese political and economic relations are further highlighted, and the cooperation in Sino-Japanese economic and trade relations will be promoted in terms of width and depth.

Keywords: Japan; Shinzo Abo; The Extra Long-term Administration; Foreign Relation; Sino-Japanese Relations

Contents

Ⅰ General Report

Abstract: In 2017, Japan's Liberal Democratic Party (LDP) has won the 48th Election of House of Representatives under the leadership of Shinzo Abe, taking a step towards Abe's "extra long-term administration" and the transformation of national strategy driven by the security policy. The LDP proposes a theory of "the Self-Defense Force (SDF) into the Constitution" and implements the revision of Japan's constitution. In terms of foreign affairs, the Abe administration attempts to promote the strategic coordination between Japan, U. S and EU, put the new security legislation into practice and incorporate the NATO into the Asia-Pacific security issues. It also seeks for a leading role in the "Trans-pacific Partnership (TPP) without U. S." and the advancement of "Indo-Pacific Strategy". Meanwhile, Japan has taken a more positive attitude towards China's Belt and Road Initiatives (BRI). There is a growing trend of recovery of Sino-Japanese relations, with sensitive and controversial issues remaining unsolved. The Abe administration insists on a double-track tactic in its policy towards China. The strategic competition between China and Japan has intensified, with the focus of rules and norms on multilateral and regional level and uncertainty for the improvement of Sino-Japanese relations.

Keywords: Shinzo Abe; The Extra Long-term Administration; Japan-U. S. Alliance; Indo-Pacific Strategy; Sino-Japanese Relations

Ⅱ Politics and Economy Reports

Abstract: In 2017, great changes have taken place in the paradigm of Japan's politics under the Abe administration, which are reflected in the following aspects as the grand strategy, the basic legislation, the government and party politics and the defense policy. Japan has taken an unprecedented an active stance in its national strategy. The new legislation of incorporating Japan's Self-Defense Force into the Constitution has been put into a practical stage. The growing dominance of Liberal Democratic Party (LDP) has caused great unbalance constitutional and administrational politics. A series of aggressive measures of the military policy have been discussed upon and implemented publicly. Those changes, ranging from national strategy, politics, security and foreign affairs, have had a tremendous impact on the national characters and orientation of Japan in the post-war era. There are strong signs that Japan is at a stage of historical transformation with the year 2017 marks a year of significant political changes

Keywords: Japan's Politics; Japan-U. S. Alliance; Revision of Japan's Constituation; The Dominance of Abe; Japan's Liberal Democratic Party

Abstract: After the 48th election of House of Representatives, the dominance of Japan's Liberal Democratic Party (LDP) with weak opposition parties remains in Japan's political configuration. The LDP-Komeito coalition has taken over two-thirds of seats of the House of Representatives, and the power of opposition parties has been further weakened with less than one-third of seats of the House of Representatives. Before the election, the then leading opposition party, Japan's Democratic and Progressive Party, broke into three parities, and the newly-found Constitutional Democratic Party of Japan becomes the smallest leading opposition party in Japan's postwar era. In the name of protecting Japan under the "crisis" in the context of the Korean nuclear issue, Abe has taken advantage of his sudden dissolution of the Diet and reconsolidated his political foundation throughout wining the election. Abe will probably win the election of president of LDP in September 2018, however, it remains difficult for the ruling parties to propose for the legislation revision of Japan's constitution in Japan's Diet in 2018.

Keywords: Japan's Politics; Election of House of Representatives; Shinzo Abe; The Dominance of One Ruling Party with Many Weak Opposition Party; Trend of Japan's Politics

Abstract: Abe's argument on "Self-Defense Force (SDF) into the Constitution" is factually contributed and promoted by the right-wing political groups such as "Japan Conference", "The Symposium of Members of Parliament of Japan Conference", "The Investigation Group of Constitution in Japan's Civil Society", and the rightist think-tank "Japan Policy Research Center". The proposal of "SDF into the Constitution" is essentially a long-awaited political tactic by right-wing politicians represented by Abe to translate Japan's constitutional amendment into the reality as soon as possible. In spite of some setbacks in 2017, the argument on "SDF into the Constitution" has been push forward. The struggle between Japan's constitutionalists and constitutional revisionists in 2017 focuses on the question whether the writing of SDF writ into Article 9 of the Constitution will change the role of the SDF and whether it will change the basic stance of Japan's defense policy as well as the nature of Article 9 of the

Constitution. Due to some political, social and legal factors, there is a great probability that Abe's argument on "SDF into the Constitution" will be translated into a proposal of legislation and passed in the national vote.

Keywords: Japan; Revision of Japan's Constitution; The Argument on "SDF into the Constitution"; Article 9 of Japan's Constitution

Abstract: In 2017, many important changes have taken place in the field of Japan's missile defense. Japan's missile defense system is being upgraded into an "Integrated Air and Missile Defense (IAMD) system" . Japan has Decided to purchase Aegis Ashore system from U. S. in order to build a IAMD system with sea-based and ground-based Aegis systems and the Patriot system, and Japan may also import the Terminal High Altitude Area Defense (THAAD) in the future. Japan's upgrading of its missile defense system, which means Japan will significantly enhance its anti-air and missile-defense capability and even its space warfare capabilities in an initial stage, will has a significant impact on the security in East Asia, It may lead to a regional armrace in missile defense buildup and aggravate regional tensions. Other countries concerned should communicate with Japan through political and diplomacy approaches, to make Japan's actions more rational so as to avoid damaging the interests of other countries, and they should carry out some capacity-building to maintain the balance of power in the region.

Keywords: Japan's Military; Missile Defense; IAMD System; Security in Ease Asia; Sino-Japanese Relations

Abstract: In the context of the global economic recovery, measures to stimulate Japan's economy and the structural reform taken by Japanese government has made some progress, with Japan's economy showing a modest recovery in 2017. Due to the shortage of labor, the slowing rise of wages, the being damaged credit of manufacturing industry and the complicated environment of the international market, the foundation of Japan's economic recovery remains fragile. At the same time, there are some signs of improvement the Sino-Japanese relations, with the recovery of Sino-Japanese trade volume and Japan ' s direct investment in China, which had been in depression for several years. Under the tension in regional situation and the growing trend of protectionism, and with both China and Japan actively promoting the transformation and upgrading of its industrial structure in the context of China's new pattern of comprehensive reform and opening after the 19th CPC National Congress, the importance of improving Sino-Japanese political and economic relations are further highlighted, and the cooperation will become the mainstream of Sino-Japanese economic and trade relations.

Keywords: Japan's Economy; Monetary Policy; Fiscal Policy; Structural Reform; Sino-Japanese Cooperation of Economy and Trade

Abstract: In 2017, Bank of Japan sticks to the 2% inflation target and maintains its ultra-loose monetary policy. As the result, Japan's economy is no longer in deflation, which, meanwhile, does not mean that Japan has completely got rid of the long-term deflationary dilemma. Under the negative interest rate and yield curve control, the various yields rate are extremely low. With loan-deposit interest spreads becomes narrowed, the financial institutions profitability is declining. The situation of Japan's local banks is in particular grim and the potential risks of financial system increase. In the future, Japan's authorities will pay more attention to the potential vulnerability of the financial system. Japan's financial institutions will also undertake structural reforms in order to raise their profitability and competitiveness.

Keywords: Japant's Economy Quantitative and Qualitative Monetary Easing; Deflation; Financial System Risk

Abstract: Japan's manufacturing industry is faced with a paradoxical situation in 2017. On one hand, in the context of the low growth rate of Japan's economy, the profitability of the Japanese manufacturing industry has increased dramatically, with an unprecedented annual average profit rate of over 8% , an average capital ratio of over 47% , and the overall corporate profits hitting a new record of 140 trillion Yen. The globalization of Japan's manufacturing industry has also accelerated, with the overseas production accounting for more than 1/4 of its overall production and the great progress of the transformation of "manufacturing service" of many Japanese enterprises. However, in the end of 2017, quite a few fraud scandals occur in large Japanese enterprises such as Kobe Steel, Toray, Nissan and Subaru. For that reason, Japan's manufacturing industry is faced with a severe challenge.

Keywords: Japanese Manufacturing Industry; Manufacturing Service; Management in the Context of Globalization; Management Transformation

Ⅲ Foreign Relation Reports

B. 9 Sino-Japanese Relations: Japan's Strategic Game in the Context of Its Bet-hedging Strategy

Lyu Yaodong / 143

Abstract: Sino-Japanese relations are very special in international relations, which are closely related to regional peace, development and stability. China has always maintained the overall situation of China-Japan relations and been committed to developing our bilateral relations in accordance with the four political documents between China and Japan. In 2017, Japan carries out a strategic adjustment of its policy towards China in order to strengthen its economic cooperation with China while containing China in regional security issues. Shinzo Abe has constantly adopted the "bet-hedging strategy", calling to improve Sino-Japanese relations on the surface while exaggerating "the China Threat" in effect, which has already become an uncertain factor affecting the peace and stability in East Asia. In particular, the 5th article of U. S-Japan Treaty of Security, which relates to disputes over the Diaoyu islands has explicitly indicated the basic stance of Japan-US alliance towards China. Besides, Japan strengthens the maritime security cooperation with India, Australia, EU and U. S. , deliberately misinterpreting China's legitimate maritime rights and defense activities. Japan also attempts to contain China by making use of its "Blue Book on Foreign Affairs" and the White Paper of Defense to intensify the contradiction on issues of Diaoyu Islands and the East China Sea.

Keywords: Sino-Japanese Relation; Japan-U. S. Alliance; Diaoyu Islands; The Belt and Road Initiatives; Regional Economic Cooperation

B. 10 Japan-U. S Relation: Political and Security Exchanges and Strategic Coordination in the Context of "Indo-Pacific Strategy"

Lu Hao / 158

Abstract: The Japan-U. S Relations have been faced with rising challenges in the context of American adjustment of its Asia-Pacific Strategy and the policy toward Japan after President Trump took office. In order to overcome the uncertainty brought by Trump's policy, Japan takes an active role in improving Japan-U. S relations through political exchanges and got positive responses from U. S. Besides, Japan and U. S work together in strengthening the military alliance in the process of dealing with the nuclear militarization of DPRK and promote the "Indo-Pacific Strategy" with the aim of closer Japan-U. S. coordination and the dominance of regional affairs. The Japan-U. S. political and security cooperation provides a solid foundation for the bilateral relations, meanwhile, contradiction remains and may grows between Japan and U. S.. Trump's policy towards Japan provides an opportunity and motivation for Japan to adopt a more independent national strategy.

Keywords: U. S-Japan Relations; Trump; Indo-Pacific Strategy; DPRK's Nuclear Missle Issue

Abstract: With changes of international and Northeast Asian security environment, the Japan-Russia relationship is heading for a " strategic rapprochement", which is driven by consideration of both countries, in terms of its own strategic arrangement and domestic politics and concerns for changes in international strategic environment. On one hand, under the concept of "new method", the Abe administration aims to strengthen the cooperation with Russia in order to solve the territory disputes, highlight the political achievements and counterbalance the growing influence of China. Meanwhile, faced with domestic economic difficulties and sanctions from Western countries, Russia welcomes Japan's gesture to get the Japan-Russia relation closer in order to make up for Russia's losses in its strategic interests. Due to historical issues and limits concerning internal and external factors, there will be political and economic games between

Japan and Russia in its strategic rapprochement. However, The closer Japan-Russia cooperation in security and economic aspects has added uncertainty and even risk to China's neighboring environment.

Keywords: Japan-Russia Relations; Political and Economics Games; Summit Meeting; Northen Territories

Abstract: Japan's diplomacy towards the Korean Peninsula mainly includes bilateral relations between Japan and DPRK and between Japan and Rok, as well as the trilateral relations between Japan, U. S. and ROK. Currently, the DPRK's nuclear missile issue has become the focus of Japan-DPRK relations, Japan-ROK relations and Japan-U. S. -ROK trilateral relations. In 2017, in order to cope with the nuclear missile threat from DPRK, the Abe administration takes a hard-line stance towards DPRK while actively seeking a strategic coordination with ROK. Since the beginning of 2018, the Abe administration has inclined to accelerate the constitutional revision with the excuse of DPRK's nuclear threats. However, the international environment for Japan's diplomacy toward Korean Peninsula, along with Japan-DPRK relations and Japan-ROK relations, has varied significantly. The tension on the Korean Peninsula has been eased unexpectedly, whereas Japan and ROK have difficulties in reaching an agreement for the "comfort women" issue. Consequently, there will be great uncertainty for Japan-DPRK relations and Japan-ROK relation, as well as Japan's diplomacy towards Korean Peninsula. There may be recovery for Japan-DPRK relations due to progress in the "kidnapping issue" and setback for Japan-ROK relations due to the "comfort women" issue.

Keywords: Japan-DPRK Relations; Japan-ROK Relations; DPRK's Nuclear Missile Issue; Trilateral Mechanism between U. S. , Japan and ROK

Abstract: The year 2017 marks the 50th anniversary of the founding of AESAN and the 20th anniversary of the mechanism between AESAN and China, Japan and South Korea. The summit has become an important part of multilateral diplomacy of leaders in East Asia especially in ASEAN. With the acceleration of ASEAN's integration, Southeast Asian countries have once again become one of the focuses of concern and contention for big powers. Taking the AESAN summits as a stage, leaders from 16 East Asian countries as well as the United States and Russia visit Southeast Asia each year. Japan has taken the summit diplomacy as an approach to show its "special relations" with ASEAN countries. Now the Abe administration has inherited the practice of attaching importance to the diplomatic efforts of the ASEAN Summit, with a strong political intention of building an ambitious diplomatic network targeting China throughout adjusting the foreign strategy, keeping close relations with ASEAN countries and cooperating with U. S..

Keywords: Summit Diplomacy; Multilateral Diplomacy; East Asia Summit; ASEAN Community; Japan's Regional Diplomacy

Abstract: Based on its own strategic aspirations and growing political and economic importance of the Asia-Pacific region, Japan tends to promote its strategy of Asia-Pacific economic cooperation by leading the Trans-pacific Partnership (TPP) negotiation process without U. S and maintaining the economic cooperation with U. S. The "economic unilateralism" of Trump administration has become the major factor that restricts Japan's strategy of Asia-Pacific economic cooperation. However, U. S. withdrawal of TPP under the Trump administration has provided an opportunity for Japan to lead the Asia-Pacific economic cooperation. Although Japan has dissatisfaction with American trade protection policy, it still keep self-restraint and tolerant in dealing with the trade friction with U. S.. Besides, Japan actively promotes the coordination with U. S. in terms of economic policies and cooperation in energy sectors. In the future, there are two hidden dangers in Japan's economic cooperation with the US, namely the "trade issue" and the "route issue", which will also restrict the implementation of Japan's strategy of -Pacific economic cooperation to a certain extent.

Keywords: Japan; Asia-Pacific Economic Cooperation; TPP; Economic Cooperation with US

B. 15 Japan-India Relations: An All-round Upgrading Diplomacy from Economic to Security Issues *Pang Zhongpeng* / 238

Abstract: In recent years, the relations between Japan and India have been closer with the development of high-level interaction. The prime ministers of Japan and India have achieved annual exchanges of visits. The strengthening of Japan-India cooperation is driven by various factors. India has gained remarkable achievement in its economic development. As a land-sea country, India has a unique geostrategic advantage on the Indian Ocean coast. Japan and India share common interest in pursuing their strategy of becoming a great power; However, there are still some obstacles and challenges in deepening the cooperation between Japan and India. Japan and India have different diplomatic traditions and strategic goals, and their starting points for developing cooperation between Japan and India are also different. The "China factor" serves as a "double-edged sword" for the relations between Japan and India. Japan-India relations will continue to develop in the future, meanwhile, there are still potential hidden contradictions that may cause setback for the cooperation between Japan and India.

Keywords: Japan-India Relations; Maritime Security Cooperation; Japan-India Nuclear Energy Agreement; High-speed Rail Project; Geopolitical Strategy

B. 16 Japan's Foreign Policy in Middle East *Cheng Yun / 256*

Abstract: The year of 2017 marks a key year for Japan's foreign policy in Middle East. In political security issues, Japan attempts to incorporate the multilateral cooperation with Middle East into Japan' own foreign strategy. In economic and energy issues, Japan attempts to build a transnational economic circulation dominated by itself, in order to maintain and expand its share in the oilfields in Middle East and improve energy trading mechanism. In education and cultural issues, Japan continues to promote the Japanese-style education in Middle East countries to strengthen "the shaping of people" and spread values of "tolerance" and "moderation". In 2018, Japan will make more effort in maintaining the relations with Middle East, which has become tone of five pillars of Japan's diplomacy. However, there will be a major challenge for Japan to balance its diplomacy in Middle East and its strategic coordination with U. S.

Keywords: Japan's Diplomacy in Middle East; Political Dialogues between Japan and the Arab World; The Middle East Peace Issue; Saudi-Japan VISION 2030

B. 17 An Analysis of Japan-Africa Economic Cooperation

Su Hang / 270

Abstract: In 2017, the Japan-Africa economic cooperation continued to develop. In order to change the backward situation in economic exchanges with Africa, Japan steps up its investment to African countries. Japanese government and related agencies take positive measures to encourage Japanese enterprises to invest in Africa and trains more professionals for working in Africa. In 2017, Japan also seeks to promote its "high-quality infrastructure export" in African countries, deliberately highlighting its own advantage to compete with the price advantage of China's infrastructure projects. Japan's economic cooperation with Africa show strong intention to counterbalance China's growing influence in Africa. It should be noted that the implementation rate of Japan's investment in Africa remains low, and Japan's strong political intention and counterbalancing measures against China also impose some restriction on the development of economic cooperation between Japan and Africa.

Keywords: Japan-Africa Economic Relations; Infrastructure Export; Tokyo International Conference on African Development (TICAD)

Abstract: The "Beijing-Tokyo Forum", one of the high level public communication platforms between China and Japan at present, has been held for the thirteen times since 2005. The Annual Survey on Sino-Japanese relations is an important part of the forum. Over the past ten years, there has been a growing trend of negative mutual perception between Chinese and Japanese peoples, which is due to historical issues、territorial disputes and geopolitical and security concerns. Although the survey in 2017 shows some positive changes, the basic situation remains unchanged. Currently, both China and Japan should make a careful study of underlying problems behind the present situation、change ways of thinking, improve cognitive structure and promote the positive impression of each other, in order to build a new mode of Sino-Japanese relations based on mutual respect, fairness, justice and win-win cooperation.

Keywords: The Annual Survey on Sino-Japanese Relations; Sino-Japanese Mutual Perception; A New Mode of Sino-Japanese Relations

Ⅳ Society and Culture Reports

Abstract: In 2017, the trend of aging population with fewer children in

Japan has become even more severe, which affects all aspects of Japan's society. Marriage rate falls, the size of family shrinks and one-person household and households of only the couple increase. Parenting and kindergarten-entrance also becomes more narrow. The storage of labor force become even serious. The impoverished population increases while the middle class population reduces. The trend of population concentration in Tokyo Metropolitan Circle continues to intensify. In that context, Japanese government launched the policy of " Super Smart Society—Society 5.0 " in June of 2017, attempting to applying new technological achievements of the fourth industrial revolution to solving the social problems brought by the aging population with fewer children. Japanese government also implements a series of policies, including using big data to create a new medical care System, promoting work-style reforms and limiting working time and carrying out " equal pay for equal work" to reduce the gap between the treatment of regular and non-regular workers. It also works to promote the regional economic revitalization, improve the talents investment and reforming the university education system in order to alleviate the trend of population concentration in Tokyo Metropolitan Circle.

Keywords: Japan's Society; Aging Population with Fewer Children; Social Problems; Smart City; Super Smart Society

Abstract: In 2017, the problem of aging population with fewer children in Japan has become more serious, and its negative impact on Japan's society and economy has not been relieved. Many problems, such as missing to pay the pension subsidy and overpaying the survivor pensions, emerge in Japan's pension system, which has made Japanese lose their trust in the pension system. Under the circumstance, there are urgent needs for Japan to reform its social security system. In 2017, Japan has taken a series measures relating to its social security system, including implementing policies to deal with the fewer children issue, reforming the pension system, modifying the legislation of nursing insurance and changing the mode of social security. Whether the reform can make progress depends mainly on the specific implementation of policies in each field. Japan is still faced with a heavy task of building a up a stable social security system in the medium and long term.

Keywords: Japan; Social Security; Aging Population with Fewer Children; Pension; Medical Care

B. 21 The Trend of Japan's Cultural Development in 2017

Abstract: As for the trend of cultural development in Japan in 2017, in terms of cultural policy, the Japanese government attaches great importance to links between cultural revitalization and Japan's national development and introduces a new legislation of promoting culture and art. In terms of cultural hotspot, various measures in political, economic and diplomatic aspects has some reflection in Japan's culture. For instance, the improvement of women's employment environment, which has been a special policy focus under the Abe administration, has also been reflected in Japan's film and television literature. In terms of national mentality, the low growth of Japan's economy has widened the gaps between the living standards of various levels of society; However, some authoritative surveys show that the majority of Japanese people still have a strong sense of midstream, which may lead to a growing conservative mentality and have impact on the progress of the Abe administration's political agenda, such as constitutional amendment.

Keywords: Japan's Culture; Cultural Policy; Cultural Hotspot; National Mentality; Trend of the Culture

Abstract: Japan's annual Chinese character and the Keywords-of-the-Year for 2017 were published in December 2017. The character "kita (north)" become the annual Chinese character in 2017. The new words and trendy words include "looking good on Instagram", "judge", "3. 5 billion", "J-alert", "sleeping debt", "hifumin"、"fake news"、"premium Friday"、"the devil's two resurrection." and "XX First". Those words reflect some new changes in Japan's society in 2017 as well the trend of Japan's national mentality, which are related with changes of current political situation both at home and abroad, politicians' scandals, fake news which push Japanese public opinion into the "post-truth era", the accelerating labor reform, new life styles and opinion of Japanese young generations, etc. Faced with many changes, Japanese people have even more complicated mentality, showing some anxiety, anger and helplessness but still have some hope for the future.

Keywords: Japan's Annual Chinese Characters; New Words and Trendy Words; Japanese Society; National Mentality

V Appendix

要　旨

本書は、中華日本学会、中国社会科学院日本研究所と社会科学文献出版社が共同で出版されたもので、中国社会科学院日本研究所、南開大学、上海国際問題研究院、天津外国語大学、華東師範大学、東北財経大学及び新華社などに勤めている日本研究分野の専門家や学者が共同で著した年度研究成果である。

本書では、2017 年度の日本の政治・経済・外交・安全・社会文化などの分野について回顧と展望を行い、特に第 48 回衆議院選挙、安倍「長期政権」背景下の日本の内政・外交行方などをめぐって、突っ込んだ討議と分析を行った。そして、2017 年度の日本の主要な出来事を収録した。

2017 年、世界経済の回復、日本政府景気対策による効果の現れ及び国内構造改革の進展に伴って、日本経済が緩やかな回復を見せている。第 48 回衆議院選挙で自民党・公明党の与党連盟が三分の二以上の議席を獲得し、日本政治における「一強多弱」構造は更に強化され、安倍の「超長期政権」という目標に更なる一歩近づけた。2017 年、安倍政権の強力な指導の下、日本国家政治のパラダイムは、グランド戦略の自主化をシンボルとする国家スタイルの未曾有の強大化、自衛隊の合法化を核心とする憲法改正の実質的始動、攻勢的防衛政策の公的議論と推進など、前に比べて重要な変化が見られた。

対外戦略において、「トランプリスク」による国際戦略環境からの圧力に直面して、安倍内閣は「朝鮮脅威」を突破口にして日米欧の戦略協調を推し進め、「北大西洋条約機構の要素」をアジア太平洋に引入れ、全面的に「新安保法」を機能させたり、東南アジア、中東及びアフリカ外交を重視し、英・仏との「2 +2」安全保障協議・調整メカニズムを強化し、日豪の「準同盟国」関係を構築したり、「米国抜きのTPP」を牽引し、「インド・太平洋戦略」構想を推し進めたりして、経済と政治の両面からアジア太平洋地域秩序の構築とルール作りの主導権を獲得しようとした。

2017年、中日関係には積極的な改善の動きが見られ、多次元の対話が遂次展開されてきた。中国側は両国関係のプラス面拡大、マイナス面抑制、両国関係の安定改善を確保するため、中日関係に存在する問題、係争解消、関係改善に関する建設的な意見を明確に示している。日本の対中政策は策略的な調整が見られ、デュアル・トラック・アプローチ、両面政策を講じて、経済貿易面においては中国との協力を強化すると同時に、アジア太平洋安全保障面においては中国に対する牽制を強化している。中日関係は経済貿易の分野において改善の兆しを見せ、数年にわたる低迷の中日貿易が緩やかな回復を見せている。日本の対中直接投資が下げ止まる勢いを呈し、中国の対日投資は活発になっている。日本経済界は経済貿易分野における中日両国の協力を積極的に討議し、「一帯一路」提議に高い関心を示すようになっている。

2017年、日本の少子高齢化は一層深刻化しており、社会の様々な面に影響を与えている。結婚率が下がり、家族規模が縮小し、単独世帯数及び夫婦のみの世帯数が増え、育児と老後の圧力が重く、人口の東京一極集中の傾向が変わらず、中間階級が縮小し、貧困階級が拡大しつつある。文化ホットトピックスから見れば、少子高齢化、社会階層の固定化、女性の就業環境改善問題などが注目されている。これを背景に、「超スマート社会—Society5．0」構想は社会政策として確立され、第四次産業革命の技術革新を社会生活に取り入れるようになった。

2018年を展望すれば、日本政局の行方を左右する国内政治議題の一つは9月の自民党総裁選であろう。安倍は自民党総裁と日本首相の再選に努め、内政・外交をうまく計画案配し、隣国特に中国との関係改善を推し進めるであろう。今一つは、各方面の政治勢力から自民党の憲法改正提案に対する三分の二の多数共通認識を得て国会で改憲発議ができるかどうかであろう。自民党総裁選などの要素の制約を受けて、年内の改憲発議が難しいかもしれない。

2018 年、日本経済の発展にまだ不確実性がある。回復の基盤は弱くて、デフレ脱却を宣言するほどではなく、労働力不足問題が依然として厳しく、企業賃上げが減速し、企業の不祥事による製造業の信用が相次いで打撃されて、日本経済の発展に一定のマイナス影響を及ぼしている。外部情勢から見れば、国際市場が復雑で変化に富み、地政学リスクが増え、外需が日本経済成長の牽引力となれるかどうか未知数である。

2018 年、安倍は「超長期政権」を盾にして、改憲の実現、安全保障分野を切口とする国家戦略のトランスフォーメーションという政治宿願に向けて全力を尽くす。日本の対外戦略では、「いかに中国に対応するか」という課題がますます目立つようになってきた。今後、中日両国は地域多国間における秩序、ルールを焦点とする戦略的な競合は更に深まれ、両国は平和友好条約締結 40 周年をきっかけとして関係改善を推し進めていくであろうが、見通しが立たない。

中日両国は経済分野における競合が更に深まっていきながら、明確な構造的相互補完性も有している。特に地政学的情勢が緊迫し、アメリカの貿易保護主義傾向が強化され、中国共産党十九回党大会で全面的改革開放の新しい局面が確立され、中日両国が国内産業構造の転換とアップグレードに積極的に力を入れている、というような情勢のもとで、中日経済貿易関係改善の必要性が強まり、協力は未来の中日経済貿易関係の主流となり、その広さと深さも更に増していくであろう。

キーワード：日本　安倍晋三　超長期政権　対外関係　中日関係

目　次

I　総論

要　旨：2017 年、安倍晋三は自民党を率いて第 48 回総選挙を勝ち取り、「超長期政権」を盾にして安全保障分野を切口とする国家戦略のトランスフォーメーションという目標に更なる一歩近づけ、憲法に自衛隊明記論を提起して改憲を実務レベルに推し進めた。対外戦略において、安倍内閣は「朝鮮脅威」を突破口にして日米欧の戦略協調を推し進め、全面的に「新安保法」を機能させ「北大西洋条約機構の要素」をアジア太平洋に引入れ、「米国抜きのTPP」を牽引し「インド・太平洋戦略」構想を推し進めて、経済と政治の両面から地域秩序の構築とルール作りの主導権を獲得しようとした。日本は「一帯一路」提議に積極的に応じるようになり、中日関係は明らかに改善されつつあるが、しかし突出且つデリケートな問題は未だ未解決のままである。安倍内閣は中国に対してデュアル・トラック・アプローチ、両面政策を講じている。今後、中日両国は地域多国間における秩序、ルールを焦点とする戦略的な競合は更に深まれ、関係改善には不確実性が存在する。

キーワード：安倍晋三　超長期政権　日米同盟　インド・太平洋戦略　中日関係

Ⅱ　政治経済篇

要　旨：2017 年に安倍政権の強力な指導の下、日本政治のパラダイムは、前に比べてグランド戦略、憲法改正、政権及び政党政治、防衛政策などにおいて大きな変化が見られた。すなわち、グランド戦略の自主化をシンボルとする国家スタイルの未曾有の強大化；自衛隊の合法化を核心とする憲法改正の実質的始動；さらなる「安倍一強」と自民党優位及びそれらによる憲政の揺らぎ；攻勢的防衛政策の公的議論と推進。これらの特徴は戦略や政治、外交や安全保障の分野にわたって内と外の双方向から総合的に日本国家の性格と趨勢を変えており、グランド政治の総体的変動を構成している。以上の事象によって日本が歴史的転換期にあること、そして 2017 年がその中の典型的ポリティカル・シーズンなることが判明する。

キーワード：日本政治　日米同盟　改憲　安倍一強　自民党

要　旨：第 48 回総選挙による与野党の議席数からみると、日本政治における「一強多弱」構造は相変わらず継続している。自民党単独で絶対安定多数の議席を得て、「一強」優位を維持し、自公両与党で三分の二の議席を獲得している。野党側には、「多弱」構図がさらに強化されて、「より多く」「より弱く」なり、議席の数が三分の一に足りない。公示前に第一野党だった民進党は、衆議院議員が三分裂してしまい、立憲民主党は、戦後日本政治史上の最小の第一野党になった。与野第一党の議席の格差が大きい。安倍首相が自民党に有利なタイミングを掴んで、「北朝鮮情

ステムを作る見込みで、サードシステムを導入する可能性もある。これによって、日本は防空ミサイル防衛能力向上のほかに、基本的な宇宙戦能力も備えられるようになる。日本弾道ミサイルシステムの変化は東アジア地域におけるミサイル防衛と弾道ミサイルレースを引き起こしたりして、地域の安定に悪影響を及ぼしてしまうかもしれない。国際社会と関係国は政治、外交、安全保障の各ルートを通じて日本と意見交換して、日本の行動を理性的方向に促す一方、一定の能力建設によって地域の正常なパワーバランスを維持するのも必要であろう。

キーワード：日本軍事　ミサイル防衛　東アジア安全　中日関係

B.6　日本のマクロ経済情勢、展望及び中日経済貿易協力　　徐　梅 / 099

要　旨：世界経済の回復、日本政府景気対策による効果の現れ及び国内構造改革の進展に伴って、2017 年に日本経済が緩やかな回復を見せている。日本の労働力不足問題が日増しに厳しくなり、企業賃上げが減速し、製造業の信用が相次いで打撃され、国際市場が複雑で変化に富み、日本経済の発展にまだ不確実性がある。それと同時に、中日関係は改善の兆しを見せ、数年にわたる低迷の中日貿易、対中直接投資が下げ止まる勢いを呈している。地政学的情勢が緊迫し、アメリカの貿易保護主義傾向が強化され、中国共産党十九回党大会で全面的改革開放の新しい局面が確立され、中日両国が国内産業構造の転換とアップグレードに積極的に力を入れ、このような情勢のもとで、中日外交と経済貿易関係を改善する必要性が強まっている。協力は未来の中日経済貿易関係の主流であり、協力の広さと深さも更に増していくであろう。

キーワード：日本経済　通貨政策　財政政策　構造改革　中日経済貿易協力

要　旨: 2017 年、日本銀行は2%インフレ目標を目指し、強力な超緩和的金融政策を維持していた。その成果として、日本経済はもはやデフレではない状況となっているが、デフレ脱却を宣言するほどではない。一方、マイナス金利と長短期金利コントロールにより、各期間のイールドカーブは極めて低い水準で推移している。預貸金利鞘の縮小により、金融機関のコア業務純益が減少している。特に地方金融機関が一層厳しい状況が続いており、金融システムの潜在的リスクが高めている。今後、日本政策当局は金融システムの潜在的脆弱性をより重視し、それと同時に、金融機関は構造改革を進み、収益力と競争力を上げていくであろう。

キーワード: 量的・質的緩和政策　デフレ　金融システムリスク　リバーサル・レート

要　旨: 光もあれば影もある。この言葉に2017 年の日本製造業の両面性をよく表している。日本経済が長い間低速成長の維持を背景にして、日本製造業は目覚ましい業績を収めた。その中には、企業の収益能力が大幅に向上され、大企業の経常利益率も初めて8 %を超え、製造業の平均自己資本比率が47 %を超え、その利益剰余金も140 兆円を記録していた。それだけではなく、日本製造業のグローバル経営はさらに深化し、海外生産は初めて25%を超えた。そして、「製造業サービス化」を代表とする企業経営転換も大きな進展を得ている。しかし、以上の輝かしい光と逆に、この一年が終わる頃には巨大な影がやってきた。いわゆる神戸制鋼、東レ、日産、スバルなどいくつかの代表的な大企業の不祥事は噴き出した。日本製造業はそれによって未曽有の厳しい試練に直面している。なお日本製の質が地に落ちてしまったとも言われた。

キーワード：日本製造業　製造業のサービス化　グローバル経営　経営転換

Ⅲ　対外関係篇

要　旨：中日関係は国際関係の中で非常に特殊な二国間関係であり、地域の平和、発展と安定に大きな影響を与えている。中国は一貫して中日関係の大局を守り、中日間の4つの政治文書を踏まえ、中日関係を発展させる。2017年、日本の対中政策は戦術的な調整を行い、経済面では中国との協力を深化させる一方、東アジア安全保障面では中国に対する抑制を強めてきた。安倍晋三の対中政策には「両面性」があり、表面は中日関係の改善を呼びかけ、裏には中国脅威論を唱え続けてきた。これは既に東アジアの平和安定に影響する不確定要素となった。具体的には、まず、釣魚島に日米安全保障条約第5条が適用される言論は日米同盟の目標は中国であることを明確にしている。次に、日本はインド、オーストラリア、欧米諸国との海洋安全協力を強化し、わざと中国の海洋の正当な権利擁護活動を曲解した。最後に、日本は毎年刊行していた『外交青書』、『防衛白書』を利用して釣魚島と東海問題を激化させることによって中国の正当な海洋権利を抑止した。これらの行動は、日本側が呼びかけているハイレベルの交流、全面的な対話の開始、政党外交を通じて「一帯一路」枠組みの中で中国側との協力を模索するなどと大きな差がある。

キーワード：中日関係　日米同盟　釣魚島　一帯一路　地域経済協力

要　旨：トランプ就任後、米国のアジア・太平洋戦略及び対日政策の調

B. 12　日本の朝鮮半島政策の動機と方向性　　姜　龍範 / 193

要　旨：日本の朝鮮半島政策は主に日朝関係、日韓関係の二国間関係及び日米韓の三か国間関係からなっている。現在、朝鮮の核・ミサイル問題は日朝、日韓及び日米韓関係における重要な課題の一つである。2017 年において、朝鮮の核・ミサイル脅威に対処するため、安倍政権は朝鮮に強硬な態度をとりながら、韓国に対し戦略的調整を積極的に求めてきた。安倍政権は朝鮮の核問題を追い風にして憲法改正を推進する構えだが、2018 年に入ると、その朝鮮半島政策をめぐる国際環境及び日朝、日韓関係の内部情勢には顕著な変化が現れている。2018 年の初めに、朝鮮半島の情勢は人々の予想に反して緩和に向かう動きが出てきたのに対し、日韓関係は「慰安婦問題日韓合意」をめぐり亀裂が生じている。したがって、今後の日朝関係、日韓関係にはかなりの不確実性が存在し、日本の朝鮮半島政策もまた同様である。日朝関係は「拉致問題」の進展次第で改善に向かう可能性があるのに対し、日韓関係は「慰安婦問題」で悪化する可能性も考えられる。

キーワード：日朝関係　日韓関係　朝鮮の核・ミサイル問題　米日韓三国協力体制

B. 13　東南アジアにおける日本のサミット外交　　白　如純 / 209

要　旨：東アジア、特にASEANでは、首脳会談はサミット外交の重要な一部となっている。ASEAN 統合の加速に伴い、東南アジアは再び大国の懸念と争点の中心になっている。東アジア首脳の首脳会談を舞台に、年に一度、東アジア16カ国と米国とロシアの指導者たちが東南アジアでファッションショーみたいに歩き回る。日本は首脳外交を利用して、ASEAN 諸国と東南アジア諸国との「特別関係」を示している。現在、内閣はASEANサミットの外交努力を重視する慣行を継承しつつ、同時に新たな国際・地域情勢に直面し、外交政策を調整し、ASEANを策略で丸め込んで、米国と協力して、中国をターゲットとする外交ネットワークを構築する意向は明らかである

キーワード：サミット外交　首脳外交　東アジアサミット　アセアン共同体　日本の地域外交

要　旨： 自らの政治大国の戦略要請のほか、アジア太平洋地域の経済と政治の重要性が高まっているなどの総合的な影響を受けて、日本のアジア太平洋地域における経済協力戦略は2017年には、アメリカ抜きのTPP交渉のプロセスを導き、対米経済協力を促進する、という二つの次元に協調した。トランプ政権の「経済的一方主義」の影響を受け、日本のアジア太平洋地域における経済協力戦略は制約されていた。しかしながら、アメリカがTPPから退出したことで、日本がアジア太平洋地域における経済協力をリードする政治空間は一層拡大された。また、アメリカの貿易保護主義政策にはかなり不満を持っているにもかかわらず、日米貿易摩擦問題の処理に対し、日本は依然として克制や隠忍した態度を保っており、そして、対米経済政策の協調やエネルギー分野での戦略的協力など、積極的に推進していた。将来、日本は対米経済協力において「貿易問題」と「路線問題」との二つの大きな懸念が存在する。これは、一定の程度で日本のアジア太平洋地域における経済協力戦略の実施と拡充に制約を与える。

キーワード：日本　アジア太平洋地域経済協力　TPP　対米経済協力

要　旨：近年、日印関係はますます密接になり、両国間の高レベルの交流が盛んに行われ、両国の首脳は年に1回の相互訪問を行っている。日印協力関係の深化理由について、インドの経済発展の成果、インドの陸海複合型国家特性、インド洋沿いの独特な地縁戦略的優位、「大国」を目指すという日印共通の戦略目標などが挙げられる。一方、日印の協力関係にいくつかの課題が残されている。日印協力関係の出発点、両国の国情、最終目標なども異なっている。なお、中国の存在は日印関係にとっても「両刃の剣」となる。将来日印関係は引き続き発展していくが、必ずしも順調ではない。その潜在的な憂いは、いつか双方の関係発展に支障を来たしかねない。

キーワード：日印関係　海上安全保障協力　日印原子力エネルギー協定　高速鉄道プロジェクト　地縁戦略

要　旨：2017年は日本が中東戦略を推し進める重要な一年である。政治・安全の分野では、日本はアラブ諸国との多角対話を通じて、これらの諸国を自らの政治戦略に乗せようとした。経済・エネルギーの分野では、日本は自らを中心にした国際サプライチェーンの構築に取り組み、中東における油田権益の維持と拡大を望み、エネルギー市場の取引ルールの改善を図ろうとした。教育・文化の分野では、日本は引き続き中東で日本式教育の導入、人づくりの強化、「寛容」と「中庸」の理念の浸透に努めようとした。2018年、日本外交の5つの柱の一つとして、日本政府はさらに中東に力を入れると考えるが、如何にして中東諸国との友好関係及び米国との同盟関係を両立させるのか、まだ大きな難問であろう。

キーワード：日本の中東外交　日アラブ政治対話　中東和平問題　日・サウジ・ビジョン2030

B. 17　**日本**とアフリカの**経済関係**について　蘇　杭 / 270

要　旨：2017 年、日本はアフリカとの経済交流に後れている地位を転換させるために、アフリカへの投資を加速した。日本企業のアフリカ諸国に投資を推進するために、日本政府及び相関機構は積極的な措置を取って、人材育成に対する力も増大させる。膨大なインフラ需要が見込まれるアフリカ地域において、日本政府は競合国に打ち勝ち、日本企業の進出拡大するために、積極的に取り組んでいる。中国との価格で距離を開くために、日本政府は「質の高いインフラ」をアフリカ諸国に対して積極的に情報発信するとともに、相手国との官民双方の関係構築、交流の促進を図る。また、中国との競争を強化するのは、日本のアフリカとの経済協力の突出した特徴である。プロジェクト実施の効果、経済的な付き合いの政治的意図及び中国に対抗する政策は日本のアフリカとの経済協力の発展を制約している。

キーワード：日本・アフリカ経済関係　インフラ輸出　東京アフリカ発展国際会議

B. 18　2017 **年中日関係**に**関**する**世論調査**について
金　贏　朱　暁丹 / 283

要　旨：北京ー東京フォーラムは2005 年開催されて以来十三年目になり、中日間ハイレベルのパブリックデイプロマシーのプラットフォームに成長し、年に一度行われる中日関係世論調査はその重要な一部分になっている。これまでの調査結果によると、歴史問題、領土問題、安全問題などの複合的な作用で、両国の世論は互いにネガテイーブなイメージと認識が主流になっていて、固定化される傾向がみられる。2017 年には積極的な変化が少し出来たが、基本的な状況は変わっていない。今、中日関係が新しい時代に入り、いままでの認識状況の問題と原因をよく研究、分析し、思考方式を改善し、相互尊重、公平正義、協力・ウィンウィン新しい両国関係を構築する必要がある。

キーワード：中日関係世論調査　中日相互認識　新しい中日関係

Ⅳ　社会文化篇

B.19　日本の社会ホットトピックスと発展動向評論

李　国慶　袁　媛 / 310

要　旨：2017 年において、日本の少子高齢化は一層深刻化しており、社会の様々な面に影響を与えている。結婚率が下がり、家族規模が縮小し、単独世帯数及び夫婦のみの世帯数が増え、育児の圧力が重く、入園難問題が顕著であり、人手不足問題も深刻になっている。さらに、中間階級が縮小し、貧困階級が拡大しつつある。人口の東京一極集中の傾向が変わっていない。これを背景に、2017 年 6 月、「超スマート社会— Society5. 0」構想は社会政策として確立され、第四次産業革命の技術革新を社会生活に取り入れることによって、少子高齢化によってもたらされた様々な社会問題を解決することが、今後の日本社会発展の目標となった。2017 年、日本政府は一連の政策と措置を取った。ビッグデータを利用し、新しい健康・医療・介護システムを構築する計画を立てた。働き方改革を推進し、罰則付きで時間外労働の上限を設定した。同一労働同一賃金を実施し、正規と非正規社員の待遇格差の縮小に力を入れた。東京一極集中に歯止めをかけるために、地方創生を促進し、人材投資を強化し、大学教育制度の改革を行った。

キーワード：少子高齢化　社会問題　スマートシティ　超スマート社会

要　旨：2017 年、日本の人口少子高齢化が日増しに深刻化しており、社会経済発展に影響をもたらす状況は緩和されていない。日本社会保障は加算年金の支給漏れ、遺族年金過払いなどの諸問題に直面している。日本年金制度は国民からの信頼を失っている。そうした状況の中で、社会保障持続可能な発展のためには更なる改革が必要である。2017 年、日本の社会保障制度改革において、少子化対策、年金制度改革、介護保険制度改正案、社会保障モデル転換などが特に注目されている。改革の進展は各分野での具体的実行にかかる。社会保障改革案を確実に実施し、中長期的に安定なる社会保障制度の構築は日本の主な課題である。

キーワード：日本　人口少子高齢化　社会保障　年金　医療介護

要　旨：2017 年の日本文化の発展動向について、文化政策の面から見れば、日本政府は文化振興と国家発展戦略との関わりを非常に重視して、新たな『文化芸術基本法』を制定し施行された。文化ホットトピックスから見れば、程度の差があるが、政治・経済・外交などの分野における様々な施策は日本文化にも投射される。例えば、安倍政権以来、非常に重要視されてきた女性の就業環境改善問題は、映画、テレビドラマ、文学作品などにおいても反映されている。国民意識の面から見れば、日本社会は長年不景気でいるし、実際日本国民間の物質生活にも格差が深められてきている一方にもかかわらず、権威のある世論調査データによれば、大多数の日本人は依然として根強い中流意識を抱いている。このような国民意識は日本人の意識を保守的に誘導しやすいので、安倍政権の改憲などの政治日程にも影響を及ぼすことになろう。

キーワード：日本文化　文化政策　文化ホットトピックス　国民意識　発展動向

B.22　2017年の漢字・新語・流行語から見る日本社会及び国民心理

王　瓚瑋 / 358

要　旨：2017年の年度漢字、新語・流行語大賞が12月に日本で発表された。「今年の漢字」が「北」に決定した。そして「インスタ映え」、「忖度」、「35億」、「J – Alert」、「睡眠負債」、「ひふみん」、「フェイクニュース」、「プレミアムフライデー」、「魔の2回生」、「○○ファースト」が新語・流行語大賞に入賞。選考委員特別賞には「9.98」、「29連勝」が選ばた。これらの言葉は2017年度の日本社会の新しい変化を反映し、国民の心理を測定する晴雨計でもある、それらとともに世の中の世相を表す。変化といえば、国内・国外の政治変動、政治家の不祥事、フェイク・ニュースを行うことで「ポスト真実」時代に入ること、及び少子高齢化による働き方改革、若い世代の生活方、恋愛観変化、そして天才少年への崇拝などのことを指す。諸変化に対して、日本国民は時代の激しい流れに乗る時の緊張感、悩み、激怒、そしてやむを得ない気持ちを表す。しかし、それと同時に、国民は未来に向けて生活を愛し、個人としての自由と独立を追求する歩みを進めている。それで、国民の暗い気分にまだ希望はあるという複雑な心理が露呈する。

キーワード：年度漢字　新語・流行語　日本社会　国民心理

Ⅴ　付録

B.23　2017年日本の主要な出来事　呉　限　田　正　孟　明銘 / 373

皮书起源

“皮书”起源于十七、十八世纪的英国，主要指官方或社会组织正式发表的重要文件或报告,多以“白皮书”命名。在中国,“皮书”这一概念被社会广泛接受，并被成功运作、发展成为一种全新的出版形态，则源于中国社会科学院社会科学文献出版社。

皮书定义

皮书是对中国与世界发展状况和热点问题进行年度监测，以专业的角度、专家的视野和实证研究方法，针对某一领域或区域现状与发展态势展开分析和预测，具备原创性、实证性、专业性、连续性、前沿性、时效性等特点的公开出版物，由一系列权威研究报告组成。

皮书作者

皮书系列的作者以中国社会科学院、著名高校、地方社会科学院的研究人员为主，多为国内一流研究机构的权威专家学者，他们的看法和观点代表了学界对中国与世界的现实和未来最高水平的解读与分析。

皮书荣誉

皮书系列已成为社会科学文献出版社的著名图书品牌和中国社会科学院的知名学术品牌。2016 年，皮书系列正式列入“十三五”国家重点出版规划项目；2013~2018 年，重点皮书列入中国社会科学院承担的国家哲学社会科学创新工程项目;2018 年,59 种院外皮书使用“中国社会科学院创新工程学术出版项目”标识。

社长致辞

蓦然回首，皮书的专业化历程已经走过了二十年。20年来从一个出版社的学术产品名称到媒体热词再到智库成果研创及传播平台，皮书以专业化为主线，进行了系列化、市场化、品牌化、数字化、国际化、平台化的运作，实现了跨越式的发展。特别是在党的十八大以后，以习近平总书记为核心的党中央高度重视新型智库建设，皮书也迎来了长足的发展，总品种达到600余种，经过专业评审机制、淘汰机制遴选，目前，每年稳定出版近400个品种。“皮书”已经成为中国新型智库建设的抓手，成为国际国内社会各界快速、便捷地了解真实中国的最佳窗口。

20年孜孜以求，“皮书”始终将自己的研究视野与经济社会发展中的前沿热点问题紧密相连。600个研究领域，3万多位分布于800余个研究机构的专家学者参与了研创写作。皮书数据库中共收录了15万篇专业报告，50余万张数据图表，合计30亿字，每年报告下载量近80万次。皮书为中国学术与社会发展实践的结合提供了一个激荡智力、传播思想的入口，皮书作者们用学术的话语、客观翔实的数据谱写出了中国故事壮丽的篇章。

20年跬步千里，“皮书”始终将自己的发展与时代赋予的使命与责任紧紧相连。每年百余场新闻发布会，10万余次中外媒体报道，中、英、俄、日、韩等12个语种共同出版。皮书所具有的凝聚力正在形成一种无形的力量，吸引着社会各界关注中国的发展，参与中国的发展，它是我们向世界传递中国声音、总结中国经验、争取中国国际话语权最主要的平台。

皮书这一系列成就的取得，得益于中国改革开放的伟大时代，离不开来自中国社会科学院、新闻出版广电总局、全国哲学社会科学规划办公室等主管部门的大力支持和帮助，也离不开皮书研创者和出版者的共同努力。他们与皮书的故事创造了皮书的历史，他们对皮书的拳拳之心将继续谱写皮书的未来！

现在，“皮书”品牌已经进入了快速成长的青壮年时期。全方位进行规范化管理，树立中国的学术出版标准；不断提升皮书的内容质量和影响力，搭建起中国智库产品和智库建设的交流服务平台和国际传播平台；发布各类皮书指数，并使之成为中国指数，让中国智库的声音响彻世界舞台，为人类的发展做出中国的贡献——这是皮书未来发展的图景。作为“皮书”这个概念的提出者，“皮书”从一般图书到系列图书和品牌图书，最终成为智库研究和社会科学应用对策研究的知识服务和成果推广平台这整个过程的操盘者，我相信，这也是每一位皮书人执着追求的目标。

“当代中国正经历着我国历史上最为广泛而深刻的社会变革，也正在进行着人类历史上最为宏大而独特的实践创新。这种前无古人的伟大实践，必将给理论创造、学术繁荣提供强大动力和广阔空间。”

在这个需要思想而且一定能够产生思想的时代，皮书的研创出版一定能创造出新的更大的辉煌！

社会科学文献出版社社长
中国社会学会秘书长

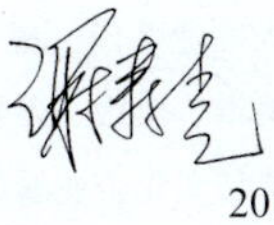

2017年11月

社会科学文献出版社简介

社会科学文献出版社（以下简称“社科文献出版社”）成立于1985年，是直属于中国社会科学院的人文社会科学学术出版机构。成立至今，社科文献出版社始终依托中国社会科学院和国内外人文社会科学界丰厚的学术出版和专家学者资源，坚持“创社科经典，出传世文献”的出版理念、“权威、前沿、原创”的产品定位以及学术成果和智库成果出版的专业化、数字化、国际化、市场化的经营道路。

社科文献出版社是中国新闻出版业转型与文化体制改革的先行者。积极探索文化体制改革的先进方向和现代企业经营决策机制，社科文献出版社先后荣获“全国文化体制改革工作先进单位”、中国出版政府奖·先进出版单位奖，中国社会科学院先进集体、全国科普工作先进集体等荣誉称号。多人次荣获“第十届韬奋出版奖”“全国新闻出版行业领军人才”“数字出版先进人物”“北京市新闻出版广电行业领军人才”等称号。

社科文献出版社是中国人文社会科学学术出版的大社名社，也是以皮书为代表的智库成果出版的专业强社。年出版图书2000余种，其中皮书400余种，出版新书字数5.5亿字，承印与发行中国社科院院属期刊72种，先后创立了皮书系列、列国志、中国史话、社科文献学术译库、社科文献学术文库、甲骨文书系等一大批既有学术影响又有市场价值的品牌，确立了在社会学、近代史、苏东问题研究等专业学科及领域出版的领先地位。图书多次荣获中国出版政府奖、“三个一百”原创图书出版工程、“五个‘一’工程奖”、“大众喜爱的50种图书”等奖项，在中央国家机关“强素质·做表率”读书活动中，入选图书品种数位居各大出版社之首。

社科文献出版社是中国学术出版规范与标准的倡议者与制定者，代表全国50多家出版社发起实施学术著作出版规范的倡议，承担学术著作规范国家标准的起草工作，率先编撰完成《皮书手册》对皮书品牌进行规范化管理，并在此基础上推出中国版芝加哥手册——《社科文献出版社学术出版手册》。

社科文献出版社是中国数字出版的引领者，拥有皮书数据库、列国志数据库、“一带一路”数据库、减贫数据库、集刊数据库等4大产品线11个数据库产品，机构用户达1300余家，海外用户百余家，荣获“数字出版转型示范单位”“新闻出版标准化先进单位”“专业数字内容资源知识服务模式试点企业标准化示范单位”等称号。

社科文献出版社是中国学术出版走出去的践行者。社科文献出版社海外图书出版与学术合作业务遍及全球40余个国家和地区，并于2016年成立俄罗斯分社，累计输出图书500余种，涉及近20个语种，累计获得国家社科基金中华学术外译项目资助76种、“丝路书香工程”项目资助60种、中国图书对外推广计划项目资助71种以及经典中国国际出版工程资助28种，被五部委联合认定为“2015-2016年度国家文化出口重点企业”。

如今，社科文献出版社完全靠自身积累拥有固定资产3.6亿元，年收入3亿元，设置了七大出版分社、六大专业部门，成立了皮书研究院和博士后科研工作站，培养了一支近400人的高素质与高效率的编辑、出版、营销和国际推广队伍，为未来成为学术出版的大社、名社、强社，成为文化体制改革与文化企业转型发展的排头兵奠定了坚实的基础。

宏观经济类

经济蓝皮书

2018 年中国经济形势分析与预测

李平 / 主编　2017 年 12 月出版　定价：89.00 元

◆　本书为总理基金项目，由著名经济学家李扬领衔，联合中国社会科学院等数十家科研机构、国家部委和高等院校的专家共同撰写，系统分析了 2017 年的中国经济形势并预测 2018 年中国经济运行情况。

城市蓝皮书

中国城市发展报告 No.11

潘家华　单菁菁 / 主编　2018 年 9 月出版　估价：99.00 元

◆　本书是由中国社会科学院城市发展与环境研究中心编著的，多角度、全方位地立体展示了中国城市的发展状况，并对中国城市的未来发展提出了许多建议。该书有强烈的时代感，对中国城市发展实践有重要的参考价值。

人口与劳动绿皮书

中国人口与劳动问题报告 No.19

张车伟 / 主编　2018 年 10 月出版　估价：99.00 元

◆　本书为中国社会科学院人口与劳动经济研究所主编的年度报告，对当前中国人口与劳动形势做了比较全面和系统的深入讨论，为研究中国人口与劳动问题提供了一个专业性的视角。

中国省域竞争力蓝皮书

中国省域经济综合竞争力发展报告（2017 ~ 2018）

李建平　李闽榕　高燕京 / 主编　2018 年 5 月出版　估价：198.00 元

◆　本书融多学科的理论为一体，深入追踪研究了省域经济发展与中国国家竞争力的内在关系，为提升中国省域经济综合竞争力提供有价值的决策依据。

金融蓝皮书

中国金融发展报告（2018）

王国刚 / 主编　2018 年 2 月出版　估价：99.00 元

◆　本书由中国社会科学院金融研究所组织编写，概括和分析了 2017 年中国金融发展和运行中的各方面情况，研讨和评论了 2017 年发生的主要金融事件，有利于读者了解掌握 2017 年中国的金融状况，把握 2018 年中国金融的走势。

区域经济类

京津冀蓝皮书

京津冀发展报告（2018）

祝合良　叶堂林　张贵祥 / 等著　2018 年 6 月出版　估价：99.00 元

◆　本书遵循问题导向与目标导向相结合、统计数据分析与大数据分析相结合、纵向分析和长期监测与结构分析和综合监测相结合等原则，对京津冀协同发展新形势与新进展进行测度与评价。

社 会 政 法 类

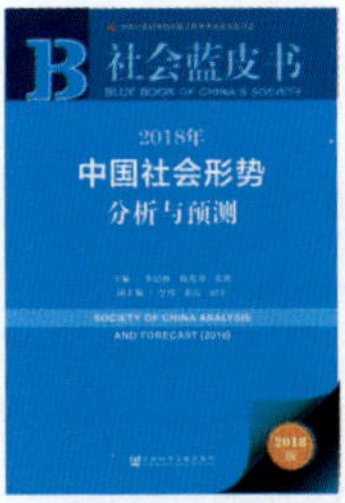

社会蓝皮书

2018 年中国社会形势分析与预测

李培林　陈光金　张翼 / 主编　2017 年 12 月出版　定价：89.00 元

◆　本书由中国社会科学院社会学研究所组织研究机构专家、高校学者和政府研究人员撰写，聚焦当下社会热点，对 2017 年中国社会发展的各个方面内容进行了权威解读，同时对 2018 年社会形势发展趋势进行了预测。

法治蓝皮书

中国法治发展报告 No.16（2018）

李林　田禾 / 主编　2018 年 3 月出版　估价：118.00 元

◆　本年度法治蓝皮书回顾总结了 2017 年度中国法治发展取得的成就和存在的不足，对中国政府、司法、检务透明度进行了跟踪调研，并对 2018 年中国法治发展形势进行了预测和展望。

教育蓝皮书

中国教育发展报告（2018）

杨东平 / 主编　2018 年 4 月出版　估价：99.00 元

◆　本书重点关注了 2017 年教育领域的热点，资料翔实，分析有据，既有专题研究，又有实践案例，从多角度对 2017 年教育改革和实践进行了分析和研究。

社会体制蓝皮书

中国社会体制改革报告 No.6（2018）

龚维斌 / 主编　2018 年 3 月出版　估价：99.00 元

◆　本书由国家行政学院社会治理研究中心和北京师范大学中国社会管理研究院共同组织编写，主要对 2017 年社会体制改革情况进行回顾和总结，对 2018 年的改革走向进行分析，提出相关政策建议。

社会心态蓝皮书

中国社会心态研究报告（2018）

王俊秀　杨宜音 / 主编　2018 年 12 月出版　估价：99.00 元

◆　本书是中国社会科学院社会学研究所社会心理研究中心“社会心态蓝皮书课题组”的年度研究成果，运用社会心理学、社会学、经济学、传播学等多种学科的方法进行了调查和研究，对于目前中国社会心态状况有较广泛和深入的揭示。

华侨华人蓝皮书

华侨华人研究报告（2018）

贾益民 / 主编　2018 年 1 月出版　估价：139.00 元

◆　本书关注华侨华人生产与生活的方方面面。华侨华人是中国建设 21 世纪海上丝绸之路的重要中介者、推动者和参与者。本书旨在全面调研华侨华人，提供最新涉侨动态、理论研究成果和政策建议。

民族发展蓝皮书

中国民族发展报告（2018）

王延中 / 主编　2018 年 10 月出版　估价：188.00 元

◆　本书从民族学人类学视角，研究近年来少数民族和民族地区的发展情况，展示民族地区经济、政治、文化、社会和生态文明“五位一体”建设取得的辉煌成就和面临的困难挑战，为深刻理解中央民族工作会议精神、加快民族地区全面建成小康社会进程提供了实证材料。

产业经济类

房地产蓝皮书

中国房地产发展报告 No.15（2018）

李春华　王业强 / 主编　2018 年 5 月出版　估价：99.00 元

◆　2018 年《房地产蓝皮书》持续追踪中国房地产市场最新动态，深度剖析市场热点，展望 2018 年发展趋势，积极谋划应对策略。对 2017 年房地产市场的发展态势进行全面、综合的分析。

新能源汽车蓝皮书

中国新能源汽车产业发展报告（2018）

中国汽车技术研究中心　日产（中国）投资有限公司
东风汽车有限公司 / 编著　2018 年 8 月出版　估价：99.00 元

◆　本书对中国 2017 年新能源汽车产业发展进行了全面系统的分析，并介绍了国外的发展经验。有助于相关机构、行业和社会公众等了解中国新能源汽车产业发展的最新动态，为政府部门出台新能源汽车产业相关政策法规、企业制定相关战略规划，提供必要的借鉴和参考。

行业及其他类

旅游绿皮书

2017 ~ 2018 年中国旅游发展分析与预测

中国社会科学院旅游研究中心 / 编　2018 年 2 月出版　估价：99.00 元

◆　本书从政策、产业、市场、社会等多个角度勾画出 2017 年中国旅游发展全貌，剖析了其中的热点和核心问题，并就未来发展作出预测。

民营医院蓝皮书

中国民营医院发展报告（2018）

薛晓林 / 主编　2018 年 1 月出版　估价：99.00 元

◆　本书在梳理国家对社会办医的各种利好政策的前提下，对我国民营医疗发展现状、我国民营医院竞争力进行了分析，并结合我国医疗体制改革对民营医院的发展趋势、发展策略、战略规划等方面进行了预估。

会展蓝皮书

中外会展业动态评估研究报告（2018）

张敏 / 主编　　2018 年 12 月出版　估价：99.00 元

◆　本书回顾了 2017 年的会展业发展动态，结合“供给侧改革”、“互联网 +”、“绿色经济”的新形势分析了我国展会的行业现状，并介绍了国外的发展经验，有助于行业和社会了解最新的展会业动态。

中国上市公司蓝皮书

中国上市公司发展报告（2018）

张平　王宏淼 / 主编　　2018 年 9 月出版　　估价：99.00 元

◆　本书由中国社会科学院上市公司研究中心组织编写的，着力于全面、真实、客观反映当前中国上市公司财务状况和价值评估的综合性年度报告。本书详尽分析了 2017 年中国上市公司情况，特别是现实中暴露出的制度性、基础性问题，并对资本市场改革进行了探讨。

工业和信息化蓝皮书

人工智能发展报告（2017 ~ 2018）

尹丽波 / 主编　　2018 年 6 月出版　　估价：99.00 元

◆　本书国家工业信息安全发展研究中心在对 2017 年全球人工智能技术和产业进行全面跟踪研究基础上形成的研究报告。该报告内容翔实、视角独特，具有较强的产业发展前瞻性和预测性，可为相关主管部门、行业协会、企业等全面了解人工智能发展形势以及进行科学决策提供参考。

国际问题与全球治理类

世界经济黄皮书

2018 年世界经济形势分析与预测

张宇燕 / 主编　2018 年 1 月出版　估价：99.00 元

◆　本书由中国社会科学院世界经济与政治研究所的研究团队撰写，分总论、国别与地区、专题、热点、世界经济统计与预测等五个部分，对 2018 年世界经济形势进行了分析。

国际城市蓝皮书

国际城市发展报告（2018）

屠启宇 / 主编　2018 年 2 月出版　估价：99.00 元

◆　本书作者以上海社会科学院从事国际城市研究的学者团队为核心，汇集同济大学、华东师范大学、复旦大学、上海交通大学、南京大学、浙江大学相关城市研究专业学者。立足动态跟踪介绍国际城市发展时间中，最新出现的重大战略、重大理念、重大项目、重大报告和最佳案例。

非洲黄皮书

非洲发展报告 No.20（2017 ~ 2018）

张宏明 / 主编　2018 年 7 月出版　估价：99.00 元

◆　本书是由中国社会科学院西亚非洲研究所组织编撰的非洲形势年度报告，比较全面、系统地分析了 2017 年非洲政治形势和热点问题，探讨了非洲经济形势和市场走向，剖析了大国对非洲关系的新动向；此外，还介绍了国内非洲研究的新成果。

国别类

美国蓝皮书

美国研究报告（2018）

郑秉文　黄平 / 主编　2018 年 5 月出版　估价：99.00 元

◆　本书是由中国社会科学院美国研究所主持完成的研究成果，它回顾了美国 2017 年的经济、政治形势与外交战略，对美国内政外交发生的重大事件及重要政策进行了较为全面的回顾和梳理。

德国蓝皮书

德国发展报告（2018）

郑春荣 / 主编　2018 年 6 月出版　估价：99.00 元

◆　本报告由同济大学德国研究所组织编撰，由该领域的专家学者对德国的政治、经济、社会文化、外交等方面的形势发展情况，进行全面的阐述与分析。

俄罗斯黄皮书

俄罗斯发展报告（2018）

李永全 / 编著　2018 年 6 月出版　估价：99.00 元

◆　本书系统介绍了 2017 年俄罗斯经济政治情况，并对 2016 年该地区发生的焦点、热点问题进行了分析与回顾；在此基础上，对该地区 2018 年的发展前景进行了预测。

文化传媒类

新媒体蓝皮书

中国新媒体发展报告 No.9（2018）

唐绪军 / 主编　2018 年 6 月出版　估价：99.00 元

◆　本书是由中国社会科学院新闻与传播研究所组织编写的关于新媒体发展的最新年度报告，旨在全面分析中国新媒体的发展现状，解读新媒体的发展趋势，探析新媒体的深刻影响。

移动互联网蓝皮书

中国移动互联网发展报告（2018）

余清楚 / 主编　2018 年 6 月出版　估价：99.00 元

◆　本书着眼于对 2017 年度中国移动互联网的发展情况做深入解析，对未来发展趋势进行预测，力求从不同视角、不同层面全面剖析中国移动互联网发展的现状、年度突破及热点趋势等。

文化蓝皮书

中国文化消费需求景气评价报告（2018）

王亚南 / 主编　2018 年 2 月出版　估价：99.00 元

◆　本书首创全国文化发展量化检测评价体系，也是至今全国唯一的文化民生量化检测评价体系，对于检验全国及各地 " 以人民为中心 " 的文化发展具有首创意义。

地方发展类

北京蓝皮书

北京经济发展报告（2017 ~ 2018）

杨松 / 主编　2018 年 6 月出版　估价：99.00 元

◆　本书对 2017 年北京市经济发展的整体形势进行了系统性的分析与回顾，并对 2018 年经济形势走势进行了预测与研判，聚焦北京市经济社会发展中的全局性、战略性和关键领域的重点问题，运用定量和定性分析相结合的方法，对北京市经济社会发展的现状、问题、成因进行了深入分析，提出了可操作性的对策建议。

温州蓝皮书

2018 年温州经济社会形势分析与预测

蒋儒标　王春光　金浩 / 主编　2018 年 4 月出版　估价：99.00 元

◆　本书是中共温州市委党校和中国社会科学院社会学研究所合作推出的第十一本温州蓝皮书，由来自党校、政府部门、科研机构、高校的专家、学者共同撰写的 2017 年温州区域发展形势的最新研究成果。

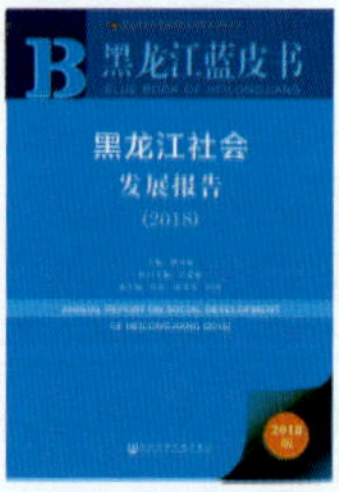

黑龙江蓝皮书

黑龙江社会发展报告（2018）

王爱丽 / 主编　2018 年 6 月出版　估价：99.00 元

◆　本书以千份随机抽样问卷调查和专题研究为依据，运用社会学理论框架和分析方法，从专家和学者的独特视角，对 2017 年黑龙江省关系民生的问题进行广泛的调研与分析，并对 2017 年黑龙江省诸多社会热点和焦点问题进行了有益的探索。这些研究不仅可以为政府部门更加全面深入了解省情、科学制定决策提供智力支持，同时也可以为广大读者认识、了解、关注黑龙江社会发展提供理性思考。

宏观经济类

城市蓝皮书
中国城市发展报告（No.11）
著(编)者：潘家华 单菁菁
2018年9月出版 / 估价：99.00元
PSN B-2007-091-1/1

城乡一体化蓝皮书
中国城乡一体化发展报告（2018）
著(编)者：付崇兰
2018年9月出版 / 估价：99.00元
PSN B-2011-226-1/2

城镇化蓝皮书
中国新型城镇化健康发展报告（2018）
著(编)者：张占斌
2018年8月出版 / 估价：99.00元
PSN B-2014-396-1/1

创新蓝皮书
创新型国家建设报告（2018～2019）
著(编)者：詹正茂
2018年12月出版 / 估价：99.00元
PSN B-2009-140-1/1

低碳发展蓝皮书
中国低碳发展报告（2018）
著(编)者：张希良 齐晔
2018年6月出版 / 估价：99.00元
PSN B-2011-223-1/1

低碳经济蓝皮书
中国低碳经济发展报告（2018）
著(编)者：薛进军 赵忠秀
2018年11月出版 / 估价：99.00元
PSN B-2011-194-1/1

发展和改革蓝皮书
中国经济发展和体制改革报告No.9
著(编)者：邹东涛 王再文
2018年1月出版 / 估价：99.00元
PSN B-2008-122-1/1

国家创新蓝皮书
中国创新发展报告（2017）
著(编)者：陈劲 2018年3月出版 / 估价：99.00元
PSN B-2014-370-1/1

金融蓝皮书
中国金融发展报告（2018）
著(编)者：王国刚
2018年2月出版 / 估价：99.00元
PSN B-2004-031-1/7

经济蓝皮书
2018年中国经济形势分析与预测
著(编)者：李平 2017年12月出版 / 定价：89.00元
PSN B-1996-001-1/1

经济蓝皮书春季号
2018年中国经济前景分析
著(编)者：李扬 2018年5月出版 / 估价：99.00元
PSN B-1999-008-1/1

经济蓝皮书夏季号
中国经济增长报告（2017～2018）
著(编)者：李扬 2018年9月出版 / 估价：99.00元
PSN B-2010-176-1/1

经济信息绿皮书
中国与世界经济发展报告（2018）
著(编)者：杜平
2017年12月出版 / 估价：99.00元
PSN G-2003-023-1/1

农村绿皮书
中国农村经济形势分析与预测（2017～2018）
著(编)者：魏后凯 黄秉信
2018年4月出版 / 估价：99.00元
PSN G-1998-003-1/1

人口与劳动绿皮书
中国人口与劳动问题报告No.19
著(编)者：张车伟 2018年11月出版 / 估价：99.00元
PSN G-2000-012-1/1

新型城镇化蓝皮书
新型城镇化发展报告（2017）
著(编)者：李伟 宋敏 沈体雁
2018年3月出版 / 估价：99.00元
PSN B-2005-038-1/1

中国省域竞争力蓝皮书
中国省域经济综合竞争力发展报告（2016～2017）
著(编)者：李建平 李闽榕 高燕京
2018年2月出版 / 估价：198.00元
PSN B-2007-088-1/1

中小城市绿皮书
中国中小城市发展报告（2018）
著(编)者：中国城市经济学会中小城市经济发展委员会
中国城镇化促进会中小城市发展委员会
《中国中小城市发展报告》编纂委员会
中小城市发展战略研究院
2018年11月出版 / 估价：128.00元
PSN G-2010-161-1/1

区域经济类

东北蓝皮书
中国东北地区发展报告（2018）
著(编)者：姜晓秋　2018年11月出版 / 估价：99.00元
PSN B-2006-067-1/1

金融蓝皮书
中国金融中心发展报告（2017~2018）
著(编)者：王力 黄育华　2018年11月出版 / 估价：99.00元
PSN B-2011-186-6/7

京津冀蓝皮书
京津冀发展报告（2018）
著(编)者：祝合良 叶堂林 张贵祥
2018年6月出版 / 估价：99.00元
PSN B-2012-262-1/1

西北蓝皮书
中国西北发展报告（2018）
著(编)者：任宗哲 白宽犁 王建康
2018年4月出版 / 估价：99.00元
PSN B-2012-261-1/1

西部蓝皮书
中国西部发展报告（2018）
著(编)者：璋勇 任保平　2018年8月出版 / 估价：99.00元
PSN B-2005-039-1/1

长江经济带产业蓝皮书
长江经济带产业发展报告（2018）
著(编)者：吴传清　2018年11月出版 / 估价：128.00元
PSN B-2017-666-1/1

长江经济带蓝皮书
长江经济带发展报告（2017~2018）
著(编)者：王振　2018年11月出版 / 估价：99.00元
PSN B-2016-575-1/1

长江中游城市群蓝皮书
长江中游城市群新型城镇化与产业协同发展报告（2018）
著(编)者：杨刚强　2018年11月出版 / 估价：99.00元
PSN B-2016-578-1/1

长三角蓝皮书
2017年创新融合发展的长三角
著(编)者：刘飞跃　2018年3月出版 / 估价：99.00元
PSN B-2005-038-1/1

长株潭城市群蓝皮书
长株潭城市群发展报告（2017）
著(编)者：张萍 朱有志　2018年1月出版 / 估价：99.00元
PSN B-2008-109-1/1

中部竞争力蓝皮书
中国中部经济社会竞争力报告（2018）
著(编)者：教育部人文社会科学重点研究基地南昌大学中国中部经济社会发展研究中心
2018年12月出版 / 估价：99.00元
PSN B-2012-276-1/1

中部蓝皮书
中国中部地区发展报告（2018）
著(编)者：宋亚平　2018年12月出版 / 估价：99.00元
PSN B-2007-089-1/1

区域蓝皮书
中国区域经济发展报告（2017~2018）
著(编)者：赵弘　2018年5月出版 / 估价：99.00元
PSN B-2004-034-1/1

中三角蓝皮书
长江中游城市群发展报告（2018）
著(编)者：秦尊文　2018年9月出版 / 估价：99.00元
PSN B-2014-417-1/1

中原蓝皮书
中原经济区发展报告（2018）
著(编)者：李英杰　2018年6月出版 / 估价：99.00元
PSN B-2011-192-1/1

珠三角流通蓝皮书
珠三角商圈发展研究报告（2018）
著(编)者：王先庆 林至颖　2018年7月出版 / 估价：99.00元
PSN B-2012-292-1/1

社会政法类

北京蓝皮书
中国社区发展报告（2017~2018）
著(编)者：于燕燕　2018年9月出版 / 估价：99.00元
PSN B-2007-083-5/8

殡葬绿皮书
中国殡葬事业发展报告（2017~2018）
著(编)者：李伯森　2018年4月出版 / 估价：158.00元
PSN G-2010-180-1/1

城市管理蓝皮书
中国城市管理报告（2017-2018）
著(编)者：刘林 刘承水　2018年5月出版 / 估价：158.00元
PSN B-2013-336-1/1

城市生活质量蓝皮书
中国城市生活质量报告（2017）
著(编)者：张连城 张平 杨春学 郎丽华
2018年2月出版 / 估价：99.00元
PSN B-2013-326-1/1

城市政府能力蓝皮书
中国城市政府公共服务能力评估报告（2018）
著(编)者：何艳玲　2018年4月出版 / 估价：99.00元
PSN B-2013-338-1/1

创业蓝皮书
中国创业发展研究报告（2017～2018）
著(编)者：黄群慧 赵卫星 钟宏武
2018年11月出版 / 估价：99.00元
PSN B-2016-577-1/1

慈善蓝皮书
中国慈善发展报告（2018）
著(编)者：杨团　2018年6月出版 / 估价：99.00元
PSN B-2009-142-1/1

党建蓝皮书
党的建设研究报告No.2（2018）
著(编)者：崔建民 陈东平　2018年1月出版 / 估价：99.00元
PSN B-2016-523-1/1

地方法治蓝皮书
中国地方法治发展报告No.3（2018）
著(编)者：李林 田禾　2018年3月出版 / 估价：118.00元
PSN B-2015-442-1/1

电子政务蓝皮书
中国电子政务发展报告（2018）
著(编)者：李季　2018年8月出版 / 估价：99.00元
PSN B-2003-022-1/1

法治蓝皮书
中国法治发展报告No.16（2018）
著(编)者：吕艳滨　2018年3月出版 / 估价：118.00元
PSN B-2004-027-1/3

法治蓝皮书
中国法院信息化发展报告 No.2（2018）
著(编)者：李林 田禾　2018年2月出版 / 估价：108.00元
PSN B-2017-604-3/3

法治政府蓝皮书
中国法治政府发展报告（2018）
著(编)者：中国政法大学法治政府研究院
2018年4月出版 / 估价：99.00元
PSN B-2015-502-1/2

法治政府蓝皮书
中国法治政府评估报告（2018）
著(编)者：中国政法大学法治政府研究院
2018年9月出版 / 估价：168.00元
PSN B-2016-576-2/2

反腐倡廉蓝皮书
中国反腐倡廉建设报告 No.8
著(编)者：张英伟　2018年12月出版 / 估价：99.00元
PSN B-2012-259-1/1

扶贫蓝皮书
中国扶贫开发报告（2018）
著(编)者：李培林 魏后凯　2018年12月出版 / 估价：128.00元
PSN B-2016-599-1/1

妇女发展蓝皮书
中国妇女发展报告 No.6
著(编)者：王金玲　2018年9月出版 / 估价：158.00元
PSN B-2006-069-1/1

妇女教育蓝皮书
中国妇女教育发展报告 No.3
著(编)者：张李玺　2018年10月出版 / 估价：99.00元
PSN B-2008-121-1/1

妇女绿皮书
2018年：中国性别平等与妇女发展报告
著(编)者：谭琳　2018年12月出版 / 估价：99.00元
PSN G-2006-073-1/1

公共安全蓝皮书
中国城市公共安全发展报告（2017～2018）
著(编)者：黄育华 杨文明 赵建辉
2018年6月出版 / 估价：99.00元
PSN B-2017-628-1/1

公共服务蓝皮书
中国城市基本公共服务力评价（2018）
著(编)者：钟君 刘志昌 吴正杲
2018年12月出版 / 估价：99.00元
PSN B-2011-214-1/1

公民科学素质蓝皮书
中国公民科学素质报告（2017～2018）
著(编)者：李群 陈雄 马宗文
2018年1月出版 / 估价：99.00元
PSN B-2014-379-1/1

公益蓝皮书
中国公益慈善发展报告（2016）
著(编)者：朱健刚 胡小军　2018年2月出版 / 估价：99.00元
PSN B-2012-283-1/1

国际人才蓝皮书
中国国际移民报告（2018）
著(编)者：王辉耀　2018年2月出版 / 估价：99.00元
PSN B-2012-304-3/4

国际人才蓝皮书
中国留学发展报告（2018）No.7
著(编)者：王辉耀 苗绿　2018年12月出版 / 估价：99.00元
PSN B-2012-244-2/4

海洋社会蓝皮书
中国海洋社会发展报告（2017）
著(编)者：崔凤 宋宁而　2018年3月出版 / 估价：99.00元
PSN B-2015-478-1/1

行政改革蓝皮书
中国行政体制改革报告No.7（2018）
著(编)者：魏礼群　2018年6月出版 / 估价：99.00元
PSN B-2011-231-1/1

华侨华人蓝皮书
华侨华人研究报告（2017）
著(编)者：贾益民　2018年1月出版 / 估价：139.00元
PSN B-2011-204-1/1

环境竞争力绿皮书
中国省域环境竞争力发展报告（2018）
著(编)者：李建平 李闽榕 王金南
2018年11月出版 / 估价：198.00元
PSN G-2010-165-1/1

环境绿皮书
中国环境发展报告（2017～2018）
著(编)者：李波 2018年4月出版 / 估价：99.00元
PSN G-2006-048-1/1

家庭蓝皮书
中国“创建幸福家庭活动”评估报告（2018）
著(编)者：国务院发展研究中心“创建幸福家庭活动评估”课题组
2018年12月出版 / 估价：99.00元
PSN B-2015-508-1/1

健康城市蓝皮书
中国健康城市建设研究报告（2018）
著(编)者：王鸿春 盛继洪 2018年12月出版 / 估价：99.00元
PSN B-2016-564-2/2

健康中国蓝皮书
社区首诊与健康中国分析报告（2018）
著(编)者：高和荣 杨叔禹 姜杰
2018年4月出版 / 估价：99.00元
PSN B-2017-611-1/1

教师蓝皮书
中国中小学教师发展报告（2017）
著(编)者：曾晓东 鱼霞 2018年6月出版 / 估价：99.00元
PSN B-2012-289-1/1

教育扶贫蓝皮书
中国教育扶贫报告（2018）
著(编)者：司树杰 王文静 李兴洲
2018年12月出版 / 估价：99.00元
PSN B-2016-590-1/1

教育蓝皮书
中国教育发展报告（2018）
著(编)者：杨东平 2018年4月出版 / 估价：99.00元
PSN B-2006-047-1/1

金融法治建设蓝皮书
中国金融法治建设年度报告（2015～2016）
著(编)者：朱小黄 2018年6月出版 / 估价：99.00元
PSN B-2017-633-1/1

京津冀教育蓝皮书
京津冀教育发展研究报告（2017～2018）
著(编)者：方中雄 2018年4月出版 / 估价：99.00元
PSN B-2017-608-1/1

就业蓝皮书
2018年中国本科生就业报告
著(编)者：麦可思研究院 2018年6月出版 / 估价：99.00元
PSN B-2009-146-1/2

就业蓝皮书
2018年中国高职高专生就业报告
著(编)者：麦可思研究院 2018年6月出版 / 估价：99.00元
PSN B-2015-472-2/2

科学教育蓝皮书
中国科学教育发展报告（2018）
著(编)者：王康友 2018年10月出版 / 估价：99.00元
PSN B-2015-487-1/1

劳动保障蓝皮书
中国劳动保障发展报告（2018）
著(编)者：刘燕斌 2018年9月出版 / 估价：158.00元
PSN B-2014-415-1/1

老龄蓝皮书
中国老年宜居环境发展报告（2017）
著(编)者：党俊武 周燕珉 2018年1月出版 / 估价：99.00元
PSN B-2013-320-1/1

连片特困区蓝皮书
中国连片特困区发展报告（2017～2018）
著(编)者：游俊 冷志明 丁建军
2018年4月出版 / 估价：99.00元
PSN B-2013-321-1/1

流动儿童蓝皮书
中国流动儿童教育发展报告（2017）
著(编)者：杨东平 2018年1月出版 / 估价：99.00元
PSN B-2017-600-1/1

民调蓝皮书
中国民生调查报告（2018）
著(编)者：谢耘耕 2018年12月出版 / 估价：99.00元
PSN B-2014-398-1/1

民族发展蓝皮书
中国民族发展报告（2018）
著(编)者：王延中 2018年10月出版 / 估价：188.00元
PSN B-2006-070-1/1

女性生活蓝皮书
中国女性生活状况报告No.12（2018）
著(编)者：韩湘景 2018年7月出版 / 估价：99.00元
PSN B-2006-071-1/1

汽车社会蓝皮书
中国汽车社会发展报告（2017～2018）
著(编)者：王俊秀 2018年1月出版 / 估价：99.00元
PSN B-2011-224-1/1

青年蓝皮书
中国青年发展报告（2018）No.3
著(编)者：廉思 2018年4月出版 / 估价：99.00元
PSN B-2013-333-1/1

青少年蓝皮书
中国未成年人互联网运用报告（2017～2018）
著(编)者：季为民 李文革 沈杰
2018年11月出版 / 估价：99.00元
PSN B-2010-156-1/1

人权蓝皮书
中国人权事业发展报告No.8（2018）
著(编)者：李君如　　2018年9月出版 / 估价：99.00元
PSN B-2011-215-1/1

社会保障绿皮书
中国社会保障发展报告No.9（2018）
著(编)者：王延中　　2018年1月出版 / 估价：99.00元
PSN G-2001-014-1/1

社会风险评估蓝皮书
风险评估与危机预警报告（2017～2018）
著(编)者：唐钧　　2018年8月出版 / 估价：99.00元
PSN B-2012-293-1/1

社会工作蓝皮书
中国社会工作发展报告（2016~2017）
著(编)者：民政部社会工作研究中心
2018年8月出版 / 估价：99.00元
PSN B-2009-141-1/1

社会管理蓝皮书
中国社会管理创新报告No.6
著(编)者：连玉明　　2018年11月出版 / 估价：99.00元
PSN B-2012-300-1/1

社会蓝皮书
2018年中国社会形势分析与预测
著(编)者：李培林 陈光金 张翼
2017年12月出版 / 定价：89.00元
PSN B-1998-002-1/1

社会体制蓝皮书
中国社会体制改革报告No.6（2018）
著(编)者：龚维斌　　2018年3月出版 / 估价：99.00元
PSN B-2013-330-1/1

社会心态蓝皮书
中国社会心态研究报告（2018）
著(编)者：王俊秀　　2018年12月出版 / 估价：99.00元
PSN B-2011-199-1/1

社会组织蓝皮书
中国社会组织报告（2017-2018）
著(编)者：黄晓勇　　2018年1月出版 / 估价：99.00元
PSN B-2008-118-1/2

社会组织蓝皮书
中国社会组织评估发展报告（2018）
著(编)者：徐家良　　2018年12月出版 / 估价：99.00元
PSN B-2013-366-2/2

生态城市绿皮书
中国生态城市建设发展报告（2018）
著(编)者：刘举科 孙伟平 胡文臻
2018年9月出版 / 估价：158.00元
PSN G-2012-269-1/1

生态文明绿皮书
中国省域生态文明建设评价报告（ECI 2018）
著(编)者：严耕　　2018年12月出版 / 估价：99.00元
PSN G-2010-170-1/1

退休生活蓝皮书
中国城市居民退休生活质量指数报告（2017）
著(编)者：杨一帆　　2018年5月出版 / 估价：99.00元
PSN B-2017-618-1/1

危机管理蓝皮书
中国危机管理报告（2018）
著(编)者：文学国 范正青
2018年8月出版 / 估价：99.00元
PSN B-2010-171-1/1

学会蓝皮书
2018年中国学会发展报告
著(编)者：麦可思研究院
2018年12月出版 / 估价：99.00元
PSN B-2016-597-1/1

医改蓝皮书
中国医药卫生体制改革报告（2017～2018）
著(编)者：文学国 房志武
2018年11月出版 / 估价：99.00元
PSN B-2014-432-1/1

应急管理蓝皮书
中国应急管理报告（2018）
著(编)者：宋英华　　2018年9月出版 / 估价：99.00元
PSN B-2016-562-1/1

政府绩效评估蓝皮书
中国地方政府绩效评估报告 No.2
著(编)者：贠杰　　2018年12月出版 / 估价：99.00元
PSN B-2017-672-1/1

政治参与蓝皮书
中国政治参与报告（2018）
著(编)者：房宁　　2018年8月出版 / 估价：128.00元
PSN B-2011-200-1/1

政治文化蓝皮书
中国政治文化报告（2018）
著(编)者：邢元敏 魏大鹏 龚克
2018年8月出版 / 估价：128.00元
PSN B-2017-615-1/1

中国传统村落蓝皮书
中国传统村落保护现状报告（2018）
著(编)者：胡彬彬 李向军 王晓波
2018年12月出版 / 估价：99.00元
PSN B-2017-663-1/1

中国农村妇女发展蓝皮书
农村流动女性城市生活发展报告（2018）
著(编)者：谢丽华　　2018年12月出版 / 估价：99.00元
PSN B-2014-434-1/1

宗教蓝皮书
中国宗教报告（2017）
著(编)者：邱永辉　　2018年8月出版 / 估价：99.00元
PSN B-2008-117-1/1

产业经济类

保健蓝皮书
中国保健服务产业发展报告 No.2
著(编)者：中国保健协会　中共中央党校
2018年7月出版 / 估价：198.00元
PSN B-2012-272-3/3

保健蓝皮书
中国保健食品产业发展报告 No.2
著(编)者：中国保健协会
中国社会科学院食品药品产业发展与监管研究中心
2018年8月出版 / 估价：198.00元
PSN B-2012-271-2/3

保健蓝皮书
中国保健用品产业发展报告 No.2
著(编)者：中国保健协会
国务院国有资产监督管理委员会研究中心
2018年3月出版 / 估价：198.00元
PSN B-2012-270-1/3

保险蓝皮书
中国保险业竞争力报告（2018）
著(编)者：保监会　2018年12月出版 / 估价：99.00元
PSN B-2013-311-1/1

冰雪蓝皮书
中国冰上运动产业发展报告（2018）
著(编)者：孙承华 杨占武 刘戈 张鸿俊
2018年9月出版 / 估价：99.00元
PSN B-2017-648-3/3

冰雪蓝皮书
中国滑雪产业发展报告（2018）
著(编)者：孙承华 伍斌 魏庆华 张鸿俊
2018年9月出版 / 估价：99.00元
PSN B-2016-559-1/3

餐饮产业蓝皮书
中国餐饮产业发展报告（2018）
著(编)者：邢颖
2018年6月出版 / 估价：99.00元
PSN B-2009-151-1/1

茶业蓝皮书
中国茶产业发展报告（2018）
著(编)者：杨江帆 李闽榕
2018年10月出版 / 估价：99.00元
PSN B-2010-164-1/1

产业安全蓝皮书
中国文化产业安全报告（2018）
著(编)者：北京印刷学院文化产业安全研究院
2018年12月出版 / 估价：99.00元
PSN B-2014-378-12/14

产业安全蓝皮书
中国新媒体产业安全报告（2016～2017）
著(编)者：肖丽　2018年6月出版 / 估价：99.00元
PSN B-2015-500-14/14

产业安全蓝皮书
中国出版传媒产业安全报告（2017～2018）
著(编)者：北京印刷学院文化产业安全研究院
2018年3月出版 / 估价：99.00元
PSN B-2014-384-13/14

产业蓝皮书
中国产业竞争力报告（2018）No.8
著(编)者：张其仔　2018年12月出版 / 估价：168.00元
PSN B-2010-175-1/1

动力电池蓝皮书
中国新能源汽车动力电池产业发展报告（2018）
著(编)者：中国汽车技术研究中心
2018年8月出版 / 估价：99.00元
PSN B-2017-639-1/1

杜仲产业绿皮书
中国杜仲橡胶资源与产业发展报告（2017～2018）
著(编)者：杜红岩 胡文臻 俞锐
2018年1月出版 / 估价：99.00元
PSN G-2013-350-1/1

房地产蓝皮书
中国房地产发展报告No.15（2018）
著(编)者：李春华 王业强
2018年5月出版 / 估价：99.00元
PSN B-2004-028-1/1

服务外包蓝皮书
中国服务外包产业发展报告（2017～2018）
著(编)者：王晓红 刘德军
2018年6月出版 / 估价：99.00元
PSN B-2013-331-2/2

服务外包蓝皮书
中国服务外包竞争力报告（2017～2018）
著(编)者：刘春生 王力 黄育华
2018年12月出版 / 估价：99.00元
PSN B-2011-216-1/2

工业和信息化蓝皮书
世界信息技术产业发展报告（2017～2018）
著(编)者：尹丽波　2018年6月出版 / 估价：99.00元
PSN B-2015-449-2/6

工业和信息化蓝皮书
战略性新兴产业发展报告（2017～2018）
著(编)者：尹丽波　2018年6月出版 / 估价：99.00元
PSN B-2015-450-3/6

客车蓝皮书
中国客车产业发展报告（2017~2018）
著(编)者：姚蔚　　2018年10月出版 / 估价：99.00元
PSN B-2013-361-1/1

流通蓝皮书
中国商业发展报告（2018~2019）
著(编)者：王雪峰 林诗慧
2018年7月出版 / 估价：99.00元
PSN B-2009-152-1/2

能源蓝皮书
中国能源发展报告（2018）
著(编)者：崔民选 王军生 陈义和
2018年12月出版 / 估价：99.00元
PSN B-2006-049-1/1

农产品流通蓝皮书
中国农产品流通产业发展报告（2017）
著(编)者：贾敬敦 张东科 张玉玺 张鹏毅 周伟
2018年1月出版 / 估价：99.00元
PSN B-2012-288-1/1

汽车工业蓝皮书
中国汽车工业发展年度报告（2018）
著(编)者：中国汽车工业协会
中国汽车技术研究中心
丰田汽车公司
2018年5月出版 / 估价：168.00元
PSN B-2015-463-1/2

汽车工业蓝皮书
中国汽车零部件产业发展报告（2017~2018）
著(编)者：中国汽车工业协会
中国汽车工程研究院深圳市沃特玛电池有限公司
2018年9月出版 / 估价：99.00元
PSN B-2016-515-2/2

汽车蓝皮书
中国汽车产业发展报告（2018）
著(编)者：中国汽车工程学会
大众汽车集团（中国）
2018年11月出版 / 估价：99.00元
PSN B-2008-124-1/1

世界茶业蓝皮书
世界茶业发展报告（2018）
著(编)者：李闽榕 冯廷佺
2018年5月出版 / 估价：168.00元
PSN B-2017-619-1/1

世界能源蓝皮书
世界能源发展报告（2018）
著(编)者：黄晓勇　　2018年6月出版 / 估价：168.00元
PSN B-2013-349-1/1

体育蓝皮书
国家体育产业基地发展报告（2016~2017）
著(编)者：李颖川　　2018年4月出版 / 估价：168.00元
PSN B-2017-609-5/5

体育蓝皮书
中国体育产业发展报告（2018）
著(编)者：阮伟 钟秉枢
2018年12月出版 / 估价：99.00元
PSN B-2010-179-1/5

文化金融蓝皮书
中国文化金融发展报告（2018）
著(编)者：杨涛 金巍
2018年5月出版 / 估价：99.00元
PSN B-2017-610-1/1

新能源汽车蓝皮书
中国新能源汽车产业发展报告（2018）
著(编)者：中国汽车技术研究中心
日产（中国）投资有限公司
东风汽车有限公司
2018年8月出版 / 估价：99.00元
PSN B-2013-347-1/1

薏仁米产业蓝皮书
中国薏仁米产业发展报告No.2（2018）
著(编)者：李发耀 石明 秦礼康
2018年8月出版 / 估价：99.00元
PSN B-2017-645-1/1

邮轮绿皮书
中国邮轮产业发展报告（2018）
著(编)者：汪泓　　2018年10月出版 / 估价：99.00元
PSN G-2014-419-1/1

智能养老蓝皮书
中国智能养老产业发展报告（2018）
著(编)者：朱勇　　2018年10月出版 / 估价：99.00元
PSN B-2015-488-1/1

中国节能汽车蓝皮书
中国节能汽车发展报告（2017~2018）
著(编)者：中国汽车工程研究院股份有限公司
2018年9月出版 / 估价：99.00元
PSN B-2016-565-1/1

中国陶瓷产业蓝皮书
中国陶瓷产业发展报告（2018）
著(编)者：左和平 黄速建
2018年10月出版 / 估价：99.00元
PSN B-2016-573-1/1

装备制造业蓝皮书
中国装备制造业发展报告（2018）
著(编)者：徐东华　　2018年12月出版 / 估价：118.00元
PSN B-2015-505-1/1

行业及其他类

“三农”互联网金融蓝皮书
中国“三农”互联网金融发展报告（2018）
著(编)者：李勇坚 王弢
2018年8月出版 / 估价：99.00元
PSN B-2016-560-1/1

SUV蓝皮书
中国SUV市场发展报告（2017～2018）
著(编)者：靳军 2018年9月出版 / 估价：99.00元
PSN B-2016-571-1/1

冰雪蓝皮书
中国冬季奥运会发展报告（2018）
著(编)者：孙承华 伍斌 魏庆华 张鸿俊
2018年9月出版 / 估价：99.00元
PSN B-2017-647-2/3

彩票蓝皮书
中国彩票发展报告（2018）
著(编)者：益彩基金 2018年4月出版 / 估价：99.00元
PSN B-2015-462-1/1

测绘地理信息蓝皮书
测绘地理信息供给侧结构性改革研究报告（2018）
著(编)者：库热西・买合苏提
2018年12月出版 / 估价：168.00元
PSN B-2009-145-1/1

产权市场蓝皮书
中国产权市场发展报告（2017）
著(编)者：曹和平 2018年5月出版 / 估价：99.00元
PSN B-2009-147-1/1

城投蓝皮书
中国城投行业发展报告（2018）
著(编)者：华景斌
2018年11月出版 / 估价：300.00元
PSN B-2016-514-1/1

大数据蓝皮书
中国大数据发展报告（No.2）
著(编)者：连玉明 2018年5月出版 / 估价：99.00元
PSN B-2017-620-1/1

大数据应用蓝皮书
中国大数据应用发展报告No.2（2018）
著(编)者：陈军君 2018年8月出版 / 估价：99.00元
PSN B-2017-644-1/1

对外投资与风险蓝皮书
中国对外直接投资与国家风险报告（2018）
著(编)者：中债资信评估有限责任公司
中国社会科学院世界经济与政治研究所
2018年4月出版 / 估价：189.00元
PSN B-2017-606-1/1

工业和信息化蓝皮书
人工智能发展报告（2017～2018）
著(编)者：尹丽波 2018年6月出版 / 估价：99.00元
PSN B-2015-448-1/6

工业和信息化蓝皮书
世界智慧城市发展报告（2017～2018）
著(编)者：尹丽波 2018年6月出版 / 估价：99.00元
PSN B-2017-624-6/6

工业和信息化蓝皮书
世界网络安全发展报告（2017～2018）
著(编)者：尹丽波 2018年6月出版 / 估价：99.00元
PSN B-2015-452-5/6

工业和信息化蓝皮书
世界信息化发展报告（2017～2018）
著(编)者：尹丽波 2018年6月出版 / 估价：99.00元
PSN B-2015-451-4/6

工业设计蓝皮书
中国工业设计发展报告（2018）
著(编)者：王晓红 于炜 张立群 2018年9月出版 / 估价：168.0
PSN B-2014-420-1/1

公共关系蓝皮书
中国公共关系发展报告（2018）
著(编)者：柳斌杰 2018年11月出版 / 估价：99.00元
PSN B-2016-579-1/1

管理蓝皮书
中国管理发展报告（2018）
著(编)者：张晓东 2018年10月出版 / 估价：99.00元
PSN B-2014-416-1/1

海关发展蓝皮书
中国海关发展前沿报告（2018）
著(编)者：干春晖 2018年6月出版 / 估价：99.00元
PSN B-2017-616-1/1

互联网医疗蓝皮书
中国互联网健康医疗发展报告（2018）
著(编)者：芮晓武 2018年6月出版 / 估价：99.00元
PSN B-2016-567-1/1

黄金市场蓝皮书
中国商业银行黄金业务发展报告（2017～2018）
著(编)者：平安银行 2018年3月出版 / 估价：99.00元
PSN B-2016-524-1/1

会展蓝皮书
中外会展业动态评估研究报告（2018）
著(编)者：张敏 任中峰 聂鑫焱 牛盼强
2018年12月出版 / 估价：99.00元
PSN B-2013-327-1/1

基金会蓝皮书
中国基金会发展报告（2017~2018）
著(编)者：中国基金会发展报告课题组
2018年4月出版 / 估价：99.00元
PSN B-2013-368-1/1

基金会绿皮书
中国基金会发展独立研究报告（2018）
著(编)者：基金会中心网 中央民族大学基金会研究中心
2018年6月出版 / 估价：99.00元
PSN G-2011-213-1/1

基金会透明度蓝皮书
中国基金会透明度发展研究报告（2018）
著(编)者：基金会中心网
清华大学廉政与治理研究中心
2018年9月出版 / 估价：99.00元
PSN B-2013-339-1/1

建筑装饰蓝皮书
中国建筑装饰行业发展报告（2018）
著(编)者：葛道顺 刘晓一
2018年10月出版 / 估价：198.00元
PSN B-2016-553-1/1

金融监管蓝皮书
中国金融监管报告（2018）
著(编)者：胡滨 2018年5月出版 / 估价：99.00元
PSN B-2012-281-1/1

金融蓝皮书
中国互联网金融行业分析与评估（2018～2019）
著(编)者：黄国平 伍旭川 2018年12月出版 / 估价：99.00元
PSN B-2016-585-7/7

金融科技蓝皮书
中国金融科技发展报告（2018）
著(编)者：李扬 孙国峰 2018年10月出版 / 估价：99.00元
PSN B-2014-374-1/1

金融信息服务蓝皮书
中国金融信息服务发展报告（2018）
著(编)者：李平 2018年5月出版 / 估价：99.00元
PSN B-2017-621-1/1

京津冀金融蓝皮书
京津冀金融发展报告（2018）
著(编)者：王爱俭 王璟怡 2018年10月出版 / 估价：99.00元
PSN B-2016-527-1/1

科普蓝皮书
国家科普能力发展报告（2018）
著(编)者：王康友 2018年5月出版 / 估价：138.00元
PSN B-2017-632-4/4

科普蓝皮书
中国基层科普发展报告（2017～2018）
著(编)者：赵立新 陈玲 2018年9月出版 / 估价：99.00元
PSN B-2016-568-3/4

科普蓝皮书
中国科普基础设施发展报告（2017～2018）
著(编)者：任福君 2018年6月出版 / 估价：99.00元
PSN B-2010-174-1/3

科普蓝皮书
中国科普人才发展报告（2017～2018）
著(编)者：郑念 任嵘嵘 2018年7月出版 / 估价：99.00元
PSN B-2016-512-2/4

科普能力蓝皮书
中国科普能力评价报告（2018～2019）
著(编)者：李富强 李群 2018年8月出版 / 估价：99.00元
PSN B-2016-555-1/1

临空经济蓝皮书
中国临空经济发展报告（2018）
著(编)者：连玉明 2018年9月出版 / 估价：99.00元
PSN B-2014-421-1/1

旅游安全蓝皮书
中国旅游安全报告（2018）
著(编)者：郑向敏 谢朝武 2018年5月出版 / 估价：158.00元
PSN B-2012-280-1/1

旅游绿皮书
2017～2018年中国旅游发展分析与预测
著(编)者：宋瑞 2018年2月出版 / 估价：99.00元
PSN G-2002-018-1/1

煤炭蓝皮书
中国煤炭工业发展报告（2018）
著(编)者：岳福斌 2018年12月出版 / 估价：99.00元
PSN B-2008-123-1/1

民营企业社会责任蓝皮书
中国民营企业社会责任报告（2018）
著(编)者：中华全国工商业联合会
2018年12月出版 / 估价：99.00元
PSN B-2015-510-1/1

民营医院蓝皮书
中国民营医院发展报告（2017）
著(编)者：薛晓林 2018年1月出版 / 估价：99.00元
PSN B-2012-299-1/1

闽商蓝皮书
闽商发展报告（2018）
著(编)者：李闽榕 王日根 林琛
2018年12月出版 / 估价：99.00元
PSN B-2012-298-1/1

农业应对气候变化蓝皮书
中国农业气象灾害及其灾损评估报告（No.3）
著(编)者：矫梅燕 2018年1月出版 / 估价：118.00元
PSN B-2014-413-1/1

品牌蓝皮书
中国品牌战略发展报告（2018）
著(编)者：汪同三 2018年10月出版 / 估价：99.00元
PSN B-2016-580-1/1

企业扶贫蓝皮书
中国企业扶贫研究报告（2018）
著(编)者：钟宏武 2018年12月出版 / 估价：99.00元
PSN B-2016-593-1/1

企业公益蓝皮书
中国企业公益研究报告（2018）
著(编)者：钟宏武 汪杰 黄晓娟
2018年12月出版 / 估价：99.00元
PSN B-2015-501-1/1

企业国际化蓝皮书
中国企业全球化报告（2018）
著(编)者：王辉耀 苗绿 2018年11月出版 / 估价：99.00元
PSN B-2014-427-1/1

企业蓝皮书
中国企业绿色发展报告No.2（2018）
著(编)者：李红玉 朱光辉
2018年8月出版 / 估价：99.00元
PSN B-2015-481-2/2

企业社会责任蓝皮书
中资企业海外社会责任研究报告（2017~2018）
著(编)者：钟宏武 叶柳红 张蒽
2018年1月出版 / 估价：99.00元
PSN B-2017-603-2/2

企业社会责任蓝皮书
中国企业社会责任研究报告（2018）
著(编)者：黄群慧 钟宏武 张蒽 汪杰
2018年11月出版 / 估价：99.00元
PSN B-2009-149-1/2

汽车安全蓝皮书
中国汽车安全发展报告（2018）
著(编)者：中国汽车技术研究中心
2018年8月出版 / 估价：99.00元
PSN B-2014-385-1/1

汽车电子商务蓝皮书
中国汽车电子商务发展报告（2018）
著(编)者：中华全国工商业联合会汽车经销商商会
北方工业大学
北京易观智库网络科技有限公司
2018年10月出版 / 估价：158.00元
PSN B-2015-485-1/1

汽车知识产权蓝皮书
中国汽车产业知识产权发展报告（2018）
著(编)者：中国汽车工程研究院股份有限公司
中国汽车工程学会
重庆长安汽车股份有限公司
2018年12月出版 / 估价：99.00元
PSN B-2016-594-1/1

青少年体育蓝皮书
中国青少年体育发展报告（2017）
著(编)者：刘扶民 杨桦 2018年1月出版 / 估价：99.00元
PSN B-2015-482-1/1

区块链蓝皮书
中国区块链发展报告（2018）
著(编)者：李伟 2018年9月出版 / 估价：99.00元
PSN B-2017-649-1/1

群众体育蓝皮书
中国群众体育发展报告（2017）
著(编)者：刘国永 戴健 2018年5月出版 / 估价：99.00元
PSN B-2014-411-1/3

群众体育蓝皮书
中国社会体育指导员发展报告（2018）
著(编)者：刘国永 王欢 2018年4月出版 / 估价：99.00元
PSN B-2016-520-3/3

人力资源蓝皮书
中国人力资源发展报告（2018）
著(编)者：余兴安 2018年11月出版 / 估价：99.00元
PSN B-2012-287-1/1

融资租赁蓝皮书
中国融资租赁业发展报告（2017~2018）
著(编)者：李光荣 王力 2018年8月出版 / 估价：99.00元
PSN B-2015-443-1/1

商会蓝皮书
中国商会发展报告No.5（2017）
著(编)者：王钦敏 2018年7月出版 / 估价：99.00元
PSN B-2008-125-1/1

商务中心区蓝皮书
中国商务中心区发展报告No.4（2017~2018）
著(编)者：李国红 单菁菁 2018年9月出版 / 估价：99.00元
PSN B-2015-444-1/1

设计产业蓝皮书
中国创新设计发展报告（2018）
著(编)者：王晓红 张立群 于炜
2018年11月出版 / 估价：99.00元
PSN B-2016-581-2/2

社会责任管理蓝皮书
中国上市公司社会责任能力成熟度报告No.4（2018
著(编)者：肖红军 王晓光 李伟阳
2018年12月出版 / 估价：99.00元
PSN B-2015-507-2/2

社会责任管理蓝皮书
中国企业公众透明度报告No.4（2017~2018）
著(编)者：黄速建 熊梦 王晓光 肖红军
2018年4月出版 / 估价：99.00元
PSN B-2015-440-1/2

食品药品蓝皮书
食品药品安全与监管政策研究报告（2016~2017）
著(编)者：唐民皓 2018年6月出版 / 估价：99.00元
PSN B-2009-129-1/1

输血服务蓝皮书
中国输血行业发展报告（2018）
著(编)者：孙俊 2018年12月出版 / 估价：99.00元
PSN B-2016-582-1/1

水利风景区蓝皮书
中国水利风景区发展报告（2018）
著(编)者：董建文 兰思仁
2018年10月出版 / 估价：99.00元
PSN B-2015-480-1/1

私募市场蓝皮书
中国私募股权市场发展报告（2017~2018）
著(编)者：曹和平 2018年12月出版 / 估价：99.00元
PSN B-2010-162-1/1

碳排放权交易蓝皮书
中国碳排放权交易报告（2018）
著(编)者：孙永平 2018年11月出版 / 估价：99.00元
PSN B-2017-652-1/1

碳市场蓝皮书
中国碳市场报告（2018）
著(编)者：定金彪 2018年11月出版 / 估价：99.00元
PSN B-2014-430-1/1

体育蓝皮书
中国公共体育服务发展报告（2018）
著(编)者：戴健　　2018年12月出版 / 估价：99.00元
PSN B-2013-367-2/5

土地市场蓝皮书
中国农村土地市场发展报告（2017～2018）
著(编)者：李光荣　　2018年3月出版 / 估价：99.00元
PSN B-2016-526-1/1

土地整治蓝皮书
中国土地整治发展研究报告（No.5）
著(编)者：国土资源部土地整治中心
2018年7月出版 / 估价：99.00元
PSN B-2014-401-1/1

土地政策蓝皮书
中国土地政策研究报告（2018）
著(编)者：高延利 李宪文　　2017年12月出版 / 估价：99.00元
PSN B-2015-506-1/1

网络空间安全蓝皮书
中国网络空间安全发展报告（2018）
著(编)者：惠志斌 覃庆玲
2018年11月出版 / 估价：99.00元
PSN B-2015-466-1/1

文化志愿服务蓝皮书
中国文化志愿服务发展报告（2018）
著(编)者：张永新 良警宇　　2018年11月出版 / 估价：128.00元
PSN B-2016-596-1/1

西部金融蓝皮书
中国西部金融发展报告（2017～2018）
著(编)者：李忠民　　2018年8月出版 / 估价：99.00元
PSN B-2010-160-1/1

协会商会蓝皮书
中国行业协会商会发展报告（2017）
著(编)者：景朝阳 李勇　　2018年4月出版 / 估价：99.00元
PSN B-2015-461-1/1

新三板蓝皮书
中国新三板市场发展报告（2018）
著(编)者：王力　　2018年8月出版 / 估价：99.00元
PSN B-2016-533-1/1

信托市场蓝皮书
中国信托业市场报告（2017～2018）
著(编)者：用益金融信托研究院
2018年1月出版 / 估价：198.00元
PSN B-2014-371-1/1

信息化蓝皮书
中国信息化形势分析与预测（2017～2018）
著(编)者：周宏仁　　2018年8月出版 / 估价：99.00元
PSN B-2010-168-1/1

信用蓝皮书
中国信用发展报告（2017～2018）
著(编)者：章政 田侃　　2018年4月出版 / 估价：99.00元
PSN B-2013-328-1/1

休闲绿皮书
2017～2018年中国休闲发展报告
著(编)者：宋瑞　　2018年7月出版 / 估价：99.00元
PSN G-2010-158-1/1

休闲体育蓝皮书
中国休闲体育发展报告（2017～2018）
著(编)者：李相如 钟秉枢
2018年10月出版 / 估价：99.00元
PSN B-2016-516-1/1

养老金融蓝皮书
中国养老金融发展报告（2018）
著(编)者：董克用 姚余栋
2018年9月出版 / 估价：99.00元
PSN B-2016-583-1/1

遥感监测绿皮书
中国可持续发展遥感监测报告（2017）
著(编)者：顾行发 汪克强 潘教峰 李闽榕 徐东华 王琦安
2018年6月出版 / 估价：298.00元
PSN B-2017-629-1/1

药品流通蓝皮书
中国药品流通行业发展报告（2018）
著(编)者：佘鲁林 温再兴
2018年7月出版 / 估价：198.00元
PSN B-2014-429-1/1

医疗器械蓝皮书
中国医疗器械行业发展报告（2018）
著(编)者：王宝亭 耿鸿武
2018年10月出版 / 估价：99.00元
PSN B-2017-661-1/1

医院蓝皮书
中国医院竞争力报告（2018）
著(编)者：庄一强 曾益新　　2018年3月出版 / 估价：118.00元
PSN B-2016-528-1/1

瑜伽蓝皮书
中国瑜伽业发展报告（2017~2018）
著(编)者：张永建 徐华锋 朱泰余
2018年6月出版 / 估价：198.00元
PSN B-2017-625-1/1

债券市场蓝皮书
中国债券市场发展报告（2017～2018）
著(编)者：杨农　　2018年10月出版 / 估价：99.00元
PSN B-2016-572-1/1

志愿服务蓝皮书
中国志愿服务发展报告（2018）
著(编)者：中国志愿服务联合会
2018年11月出版 / 估价：99.00元
PSN B-2017-664-1/1

中国上市公司蓝皮书
中国上市公司发展报告（2018）
著(编)者：张鹏 张平 黄胤英
2018年9月出版 / 估价：99.00元
PSN B-2014-414-1/1

中国新三板蓝皮书
中国新三板创新与发展报告（2018）
著(编)者：刘平安 闻召林
2018年8月出版 / 估价：158.00元
PSN B-2017-638-1/1

中医文化蓝皮书
北京中医药文化传播发展报告（2018）
著(编)者：毛嘉陵 2018年5月出版 / 估价：99.00元
PSN B-2015-468-1/2

中医文化蓝皮书
中国中医药文化传播发展报告（2018）
著(编)者：毛嘉陵 2018年7月出版 / 估价：99.00元
PSN B-2016-584-2/2

中医药蓝皮书
北京中医药知识产权发展报告No.2
著(编)者：汪洪 屠志涛 2018年4月出版 / 估价：168.00元
PSN B-2017-602-1/1

资本市场蓝皮书
中国场外交易市场发展报告（2016～2017）
著(编)者：高峦 2018年3月出版 / 估价：99.00元
PSN B-2009-153-1/1

资产管理蓝皮书
中国资产管理行业发展报告（2018）
著(编)者：郑智 2018年7月出版 / 估价：99.00元
PSN B-2014-407-2/2

资产证券化蓝皮书
中国资产证券化发展报告（2018）
著(编)者：纪志宏 2018年11月出版 / 估价：99.00元
PSN B-2017-660-1/1

自贸区蓝皮书
中国自贸区发展报告（2018）
著(编)者：王力 黄育华 2018年6月出版 / 估价：99.00元
PSN B-2016-558-1/1

国际问题与全球治理类

“一带一路”跨境通道蓝皮书
“一带一路”跨境通道建设研究报告（2018）
著(编)者：郭业洲 2018年8月出版 / 估价：99.00元
PSN B-2016-557-1/1

“一带一路”蓝皮书
“一带一路”建设发展报告（2018）
著(编)者：王晓泉 2018年6月出版 / 估价：99.00元
PSN B-2016-552-1/1

“一带一路”投资安全蓝皮书
中国“一带一路”投资与安全研究报告（2017～2018）
著(编)者：邹统钎 梁昊光 2018年4月出版 / 估价：99.00元
PSN B-2017-612-1/1

“一带一路”文化交流蓝皮书
中阿文化交流发展报告（2017）
著(编)者：王辉 2018年9月出版 / 估价：99.00元
PSN B-2017-655-1/1

G20国家创新竞争力黄皮书
二十国集团（G20）国家创新竞争力发展报告（2017～2018）
著(编)者：李建平 李闽榕 赵新力 周天勇
2018年7月出版 / 估价：168.00元
PSN Y-2011-229-1/1

阿拉伯黄皮书
阿拉伯发展报告（2016～2017）
著(编)者：罗林 2018年3月出版 / 估价：99.00元
PSN Y-2014-381-1/1

北部湾蓝皮书
泛北部湾合作发展报告（2017～2018）
著(编)者：吕余生 2018年12月出版 / 估价：99.00元
PSN B-2008-114-1/1

北极蓝皮书
北极地区发展报告（2017）
著(编)者：刘惠荣 2018年7月出版 / 估价：99.00元
PSN B-2017-634-1/1

大洋洲蓝皮书
大洋洲发展报告（2017～2018）
著(编)者：喻常森 2018年10月出版 / 估价：99.00元
PSN B-2013-341-1/1

东北亚区域合作蓝皮书
2017年“一带一路”倡议与东北亚区域合作
著(编)者：刘亚政 金美花
2018年5月出版 / 估价：99.00元
PSN B-2017-631-1/1

东盟黄皮书
东盟发展报告（2017）
著(编)者：杨晓强 庄国土
2018年3月出版 / 估价：99.00元
PSN Y-2012-303-1/1

东南亚蓝皮书
东南亚地区发展报告（2017～2018）
著(编)者：王勤 2018年12月出版 / 估价：99.00元
PSN B-2012-240-1/1

非洲黄皮书
非洲发展报告No.20（2017～2018）
著(编)者：张宏明 2018年7月出版 / 估价：99.00元
PSN Y-2012-239-1/1

非传统安全蓝皮书
中国非传统安全研究报告（2017～2018）
著(编)者：潇枫 罗中枢 2018年8月出版 / 估价：99.00元
PSN B-2012-273-1/1

国际安全蓝皮书
中国国际安全研究报告（2018）
著(编)者：刘慧　2018年7月出版 / 估价：99.00元
PSN B-2016-521-1/1

国际城市蓝皮书
国际城市发展报告（2018）
著(编)者：屠启宇　2018年2月出版 / 估价：99.00元
PSN B-2012-260-1/1

国际形势黄皮书
全球政治与安全报告（2018）
著(编)者：张宇燕　2018年1月出版 / 估价：99.00元
PSN Y-2001-016-1/1

公共外交蓝皮书
中国公共外交发展报告（2018）
著(编)者：赵启正 雷蔚真　2018年4月出版 / 估价：99.00元
PSN B-2015-457-1/1

金砖国家黄皮书
金砖国家综合创新竞争力发展报告（2018）
著(编)者：赵新力 李闽榕 黄茂兴
2018年8月出版 / 估价：128.00元
PSN Y-2017-643-1/1

拉美黄皮书
拉丁美洲和加勒比发展报告（2017~2018）
著(编)者：袁东振　2018年6月出版 / 估价：99.00元
PSN Y-1999-007-1/1

澜湄合作蓝皮书
澜沧江-湄公河合作发展报告（2018）
著(编)者：刘稚　2018年9月出版 / 估价：99.00元
PSN B-2011-196-1/1

欧洲蓝皮书
欧洲发展报告（2017~2018）
著(编)者：黄平 周弘 程卫东
2018年6月出版 / 估价：99.00元
PSN B-1999-009-1/1

葡语国家蓝皮书
葡语国家发展报告（2016~2017）
著(编)者：王成安 张敏 刘金兰
2018年4月出版 / 估价：99.00元
PSN B-2015-503-1/2

葡语国家蓝皮书
中国与葡语国家关系发展报告·巴西（2016）
著(编)者：张曙光　2018年8月出版 / 估价：99.00元
PSN B-2016-563-2/2

气候变化绿皮书
应对气候变化报告（2018）
著(编)者：王伟光 郑国光　2018年11月出版 / 估价：99.00元
PSN G-2009-144-1/1

全球环境竞争力绿皮书
全球环境竞争力报告（2018）
著(编)者：李建平 李闽榕 王金南
2018年12月出版 / 估价：198.00元
PSN G-2013-363-1/1

全球信息社会蓝皮书
全球信息社会发展报告（2018）
著(编)者：丁波涛 唐涛　2018年10月出版 / 估价：99.00元
PSN B-2017-665-1/1

日本经济蓝皮书
日本经济与中日经贸关系研究报告（2018）
著(编)者：张季风　2018年6月出版 / 估价：99.00元
PSN B-2008-102-1/1

上海合作组织黄皮书
上海合作组织发展报告（2018）
著(编)者：李进峰　2018年6月出版 / 估价：99.00元
PSN Y-2009-130-1/1

世界创新竞争力黄皮书
世界创新竞争力发展报告（2017）
著(编)者：李建平 李闽榕 赵新力
2018年1月出版 / 估价：168.00元
PSN Y-2013-318-1/1

世界经济黄皮书
2018年世界经济形势分析与预测
著(编)者：张宇燕　2018年1月出版 / 估价：99.00元
PSN Y-1999-006-1/1

丝绸之路蓝皮书
丝绸之路经济带发展报告（2018）
著(编)者：任宗哲 白宽犁 谷孟宾
2018年1月出版 / 估价：99.00元
PSN B-2014-410-1/1

新兴经济体蓝皮书
金砖国家发展报告（2018）
著(编)者：林跃勤 周文　2018年8月出版 / 估价：99.00元
PSN B-2011-195-1/1

亚太蓝皮书
亚太地区发展报告（2018）
著(编)者：李向阳　2018年5月出版 / 估价：99.00元
PSN B-2001-015-1/1

印度洋地区蓝皮书
印度洋地区发展报告（2018）
著(编)者：汪戎　2018年6月出版 / 估价：99.00元
PSN B-2013-334-1/1

渝新欧蓝皮书
渝新欧沿线国家发展报告（2018）
著(编)者：杨柏 黄森　2018年6月出版 / 估价：99.00元
PSN B-2017-626-1/1

中阿蓝皮书
中国-阿拉伯国家经贸发展报告（2018）
著(编)者：张廉 段庆林 王林聪 杨巧红
2018年12月出版 / 估价：99.00元
PSN B-2016-598-1/1

中东黄皮书
中东发展报告No.20（2017~2018）
著(编)者：杨光　2018年10月出版 / 估价：99.00元
PSN Y-1998-004-1/1

中亚黄皮书
中亚国家发展报告（2018）
著(编)者：孙力　2018年6月出版 / 估价：99.00元
PSN Y-2012-238-1/1

国别类

澳大利亚蓝皮书
澳大利亚发展报告（2017-2018）
著(编)者：孙有中 韩锋　2018年12月出版 / 估价：99.00元
PSN B-2016-587-1/1

巴西黄皮书
巴西发展报告（2017）
著(编)者：刘国枝　2018年5月出版 / 估价：99.00元
PSN Y-2017-614-1/1

德国蓝皮书
德国发展报告（2018）
著(编)者：郑春荣　2018年6月出版 / 估价：99.00元
PSN B-2012-278-1/1

俄罗斯黄皮书
俄罗斯发展报告（2018）
著(编)者：李永全　2018年6月出版 / 估价：99.00元
PSN Y-2006-061-1/1

韩国蓝皮书
韩国发展报告（2017）
著(编)者：牛林杰 刘宝全　2018年5月出版 / 估价：99.00元
PSN B-2010-155-1/1

加拿大蓝皮书
加拿大发展报告（2018）
著(编)者：唐小松　2018年9月出版 / 估价：99.00元
PSN B-2014-389-1/1

美国蓝皮书
美国研究报告（2018）
著(编)者：郑秉文 黄平　2018年5月出版 / 估价：99.00元
PSN B-2011-210-1/1

缅甸蓝皮书
缅甸国情报告（2017）
著(编)者：孔鹏 杨祥章　2018年1月出版 / 估价：99.00元
PSN B-2013-343-1/1

日本蓝皮书
日本研究报告（2018）
著(编)者：杨伯江　2018年6月出版 / 估价：99.00元
PSN B-2002-020-1/1

土耳其蓝皮书
土耳其发展报告（2018）
著(编)者：郭长刚 刘义　2018年9月出版 / 估价：99.00元
PSN B-2014-412-1/1

伊朗蓝皮书
伊朗发展报告（2017～2018）
著(编)者：冀开运　2018年10月 / 估价：99.00元
PSN B-2016-574-1/1

以色列蓝皮书
以色列发展报告（2018）
著(编)者：张倩红　2018年8月出版 / 估价：99.00元
PSN B-2015-483-1/1

印度蓝皮书
印度国情报告（2017）
著(编)者：吕昭义　2018年4月出版 / 估价：99.00元
PSN B-2012-241-1/1

英国蓝皮书
英国发展报告（2017～2018）
著(编)者：王展鹏　2018年12月出版 / 估价：99.00元
PSN B-2015-486-1/1

越南蓝皮书
越南国情报告（2018）
著(编)者：谢林城　2018年1月出版 / 估价：99.00元
PSN B-2006-056-1/1

泰国蓝皮书
泰国研究报告（2018）
著(编)者：庄国土 张禹东 刘文正
2018年10月出版 / 估价：99.00元
PSN B-2016-556-1/1

文化传媒类

“三农”舆情蓝皮书
中国“三农”网络舆情报告（2017～2018）
著(编)者：农业部信息中心
2018年6月出版 / 估价：99.00元
PSN B-2017-640-1/1

传媒竞争力蓝皮书
中国传媒国际竞争力研究报告（2018）
著(编)者：李本乾 刘强 王大可
2018年8月出版 / 估价：99.00元
PSN B-2013-356-1/1

传媒蓝皮书
中国传媒产业发展报告（2018）
著(编)者：崔保国　2018年5月出版 / 估价：99.00元
PSN B-2005-035-1/1

传媒投资蓝皮书
中国传媒投资发展报告（2018）
著(编)者：张向东 谭云明
2018年6月出版 / 估价：148.00元
PSN B-2015-474-1/1

非物质文化遗产蓝皮书
中国非物质文化遗产发展报告（2018）
著(编)者：陈平　2018年5月出版 / 估价：128.00元
PSN B-2015-469-1/2

非物质文化遗产蓝皮书
中国非物质文化遗产保护发展报告（2018）
著(编)者：宋俊华　2018年10月出版 / 估价：128.00元
PSN B-2016-586-2/2

广电蓝皮书
中国广播电影电视发展报告（2018）
著(编)者：国家新闻出版广电总局发展研究中心
2018年7月出版 / 估价：99.00元
PSN B-2006-072-1/1

广告主蓝皮书
中国广告主营销传播趋势报告No.9
著(编)者：黄升民 杜国清 邵华冬 等
2018年10月出版 / 估价：158.00元
PSN B-2005-041-1/1

国际传播蓝皮书
中国国际传播发展报告（2018）
著(编)者：胡正荣 李继东 姬德强
2018年12月出版 / 估价：99.00元
PSN B-2014-408-1/1

国家形象蓝皮书
中国国家形象传播报告（2017）
著(编)者：张昆　2018年3月出版 / 估价：128.00元
PSN B-2017-605-1/1

互联网治理蓝皮书
中国网络社会治理研究报告（2018）
著(编)者：罗昕 支庭荣
2018年9月出版 / 估价：118.00元
PSN B-2017-653-1/1

纪录片蓝皮书
中国纪录片发展报告（2018）
著(编)者：何苏六　2018年10月出版 / 估价：99.00元
PSN B-2011-222-1/1

科学传播蓝皮书
中国科学传播报告（2016~2017）
著(编)者：詹正茂　2018年6月出版 / 估价：99.00元
PSN B-2008-120-1/1

两岸创意经济蓝皮书
两岸创意经济研究报告（2018）
著(编)者：罗昌智 董泽平
2018年10月出版 / 估价：99.00元
PSN B-2014-437-1/1

媒介与女性蓝皮书
中国媒介与女性发展报告（2017~2018）
著(编)者：刘利群　2018年5月出版 / 估价：99.00元
PSN B-2013-345-1/1

媒体融合蓝皮书
中国媒体融合发展报告（2017）
著(编)者：梅宁华 支庭荣　2018年1月出版 / 估价：99.00元
PSN B-2015-479-1/1

全球传媒蓝皮书
全球传媒发展报告（2017~2018）
著(编)者：胡正荣 李继东　2018年6月出版 / 估价：99.00元
PSN B-2012-237-1/1

少数民族非遗蓝皮书
中国少数民族非物质文化遗产发展报告（2018）
著(编)者：肖远平（彝） 柴立（满）
2018年10月出版 / 估价：118.00元
PSN B-2015-467-1/1

视听新媒体蓝皮书
中国视听新媒体发展报告（2018）
著(编)者：国家新闻出版广电总局发展研究中心
2018年7月出版 / 估价：118.00元
PSN B-2011-184-1/1

数字娱乐产业蓝皮书
中国动画产业发展报告（2018）
著(编)者：孙立军 孙平 牛兴侦
2018年10月出版 / 估价：99.00元
PSN B-2011-198-1/2

数字娱乐产业蓝皮书
中国游戏产业发展报告（2018）
著(编)者：孙立军 刘跃军
2018年10月出版 / 估价：99.00元
PSN B-2017-662-2/2

文化创新蓝皮书
中国文化创新报告（2017·No.8）
著(编)者：傅才武　2018年4月出版 / 估价：99.00元
PSN B-2009-143-1/1

文化建设蓝皮书
中国文化发展报告（2018）
著(编)者：江畅 孙伟平 戴茂堂
2018年5月出版 / 估价：99.00元
PSN B-2014-392-1/1

文化科技蓝皮书
文化科技创新发展报告（2018）
著(编)者：于平 李凤亮　2018年10月出版 / 估价：99.00元
PSN B-2013-342-1/1

文化蓝皮书
中国公共文化服务发展报告（2017~2018）
著(编)者：刘新成 张永新 张旭
2018年12月出版 / 估价：99.00元
PSN B-2007-093-2/10

文化蓝皮书
中国少数民族文化发展报告（2017~2018）
著(编)者：武翠英 张晓明 任乌晶
2018年9月出版 / 估价：99.00元
PSN B-2013-369-9/10

文化蓝皮书
中国文化产业供需协调检测报告（2018）
著(编)者：王亚南　2018年2月出版 / 估价：99.00元
PSN B-2013-323-8/10

文化蓝皮书
中国文化消费需求景气评价报告（2018）
著(编)者：王亚南　2018年2月出版 / 估价：99.00元
PSN B-2011-236-4/10

文化蓝皮书
中国公共文化投入增长测评报告（2018）
著(编)者：王亚南　2018年2月出版 / 估价：99.00元
PSN B-2014-435-10/10

文化品牌蓝皮书
中国文化品牌发展报告（2018）
著(编)者：欧阳友权　2018年5月出版 / 估价：99.00元
PSN B-2012-277-1/1

文化遗产蓝皮书
中国文化遗产事业发展报告（2017～2018）
著(编)者：苏杨 张颖岚 卓杰 白海峰 陈晨 陈叙图
2018年8月出版 / 估价：99.00元
PSN B-2008-119-1/1

文学蓝皮书
中国文情报告（2017～2018）
著(编)者：白烨　2018年5月出版 / 估价：99.00元
PSN B-2011-221-1/1

新媒体蓝皮书
中国新媒体发展报告No.9（2018）
著(编)者：唐绪军　2018年7月出版 / 估价：99.00元
PSN B-2010-169-1/1

新媒体社会责任蓝皮书
中国新媒体社会责任研究报告（2018）
著(编)者：钟瑛　2018年12月出版 / 估价：99.00元
PSN B-2014-423-1/1

移动互联网蓝皮书
中国移动互联网发展报告（2018）
著(编)者：余清楚　2018年6月出版 / 估价：99.00元
PSN B-2012-282-1/1

影视蓝皮书
中国影视产业发展报告（2018）
著(编)者：司若 陈鹏 陈锐　2018年4月出版 / 估价：99.00元
PSN B-2016-529-1/1

舆情蓝皮书
中国社会舆情与危机管理报告（2018）
著(编)者：谢耘耕　2018年9月出版 / 估价：138.00元
PSN B-2011-235-1/1

地方发展类-经济

澳门蓝皮书
澳门经济社会发展报告（2017～2018）
著(编)者：吴志良 郝雨凡　2018年7月出版 / 估价：99.00元
PSN B-2009-138-1/1

澳门绿皮书
澳门旅游休闲发展报告（2017～2018）
著(编)者：郝雨凡 林广志　2018年5月出版 / 估价：99.00元
PSN G-2017-617-1/1

北京蓝皮书
北京经济发展报告（2017～2018）
著(编)者：杨松　2018年6月出版 / 估价：99.00元
PSN B-2006-054-2/8

北京旅游绿皮书
北京旅游发展报告（2018）
著(编)者：北京旅游学会
2018年7月出版 / 估价：99.00元
PSN G-2012-301-1/1

北京体育蓝皮书
北京体育产业发展报告（2017～2018）
著(编)者：钟秉枢 陈杰 杨铁黎
2018年9月出版 / 估价：99.00元
PSN B-2015-475-1/1

滨海金融蓝皮书
滨海新区金融发展报告（2017）
著(编)者：王爱俭 李向前　2018年4月出版 / 估价：99.00元
PSN B-2014-424-1/1

城乡一体化蓝皮书
北京城乡一体化发展报告（2017～2018）
著(编)者：吴宝新 张宝秀 黄序
2018年5月出版 / 估价：99.00元
PSN B-2012-258-2/2

非公有制企业社会责任蓝皮书
北京非公有制企业社会责任报告（2018）
著(编)者：宋贵伦 冯培　2018年6月出版 / 估价：99.00元
PSN B-2017-613-1/1

福建旅游蓝皮书
福建省旅游产业发展现状研究（2017~2018）
著(编)者：陈敏华 黄远水
2018年12月出版 / 估价：128.00元
PSN B-2016-591-1/1

福建自贸区蓝皮书
中国(福建)自由贸易试验区发展报告(2017~2018)
著(编)者：黄茂兴　2018年4月出版 / 估价：118.00元
PSN B-2016-531-1/1

甘肃蓝皮书
甘肃经济发展分析与预测（2018）
著(编)者：安文华 罗哲　2018年1月出版 / 估价：99.00元
PSN B-2013-312-1/6

甘肃蓝皮书
甘肃商贸流通发展报告（2018）
著(编)者：张应华 王福生 王晓芳
2018年1月出版 / 估价：99.00元
PSN B-2016-522-6/6

甘肃蓝皮书
甘肃县域和农村发展报告（2018）
著(编)者：朱智文 包东红 王建兵
2018年1月出版 / 估价：99.00元
PSN B-2013-316-5/6

甘肃农业科技绿皮书
甘肃农业科技发展研究报告（2018）
著(编)者：魏胜文 乔德华 张东伟
2018年12月出版 / 估价：198.00元
PSN B-2016-592-1/1

巩义蓝皮书
巩义经济社会发展报告（2018）
著(编)者：丁同民 朱军 2018年4月出版 / 估价：99.00元
PSN B-2016-532-1/1

广东外经贸蓝皮书
广东对外经济贸易发展研究报告（2017～2018）
著(编)者：陈万灵 2018年6月出版 / 估价：99.00元
PSN B-2012-286-1/1

广西北部湾经济区蓝皮书
广西北部湾经济区开放开发报告（2017～2018）
著(编)者：广西壮族自治区北部湾经济区和东盟开放合作办公室
广西社会科学院
广西北部湾发展研究院
2018年2月出版 / 估价：99.00元
PSN B-2010-181-1/1

广州蓝皮书
广州城市国际化发展报告（2018）
著(编)者：张跃国 2018年8月出版 / 估价：99.00元
PSN B-2012-246-11/14

广州蓝皮书
中国广州城市建设与管理发展报告（2018）
著(编)者：张其学 陈小钢 王宏伟 2018年8月出版 / 估价：99.00元
PSN B-2007-087-4/14

广州蓝皮书
广州创新型城市发展报告（2018）
著(编)者：尹涛 2018年6月出版 / 估价：99.00元
PSN B-2012-247-12/14

广州蓝皮书
广州经济发展报告（2018）
著(编)者：张跃国 尹涛 2018年7月出版 / 估价：99.00元
PSN B-2005-040-1/14

广州蓝皮书
2018年中国广州经济形势分析与预测
著(编)者：魏明海 谢博能 李华
2018年6月出版 / 估价：99.00元
PSN B-2011-185-9/14

广州蓝皮书
中国广州科技创新发展报告（2018）
著(编)者：于欣伟 陈爽 邓佑满 2018年8月出版 / 估价：99.00元
PSN B-2006-065-2/14

广州蓝皮书
广州农村发展报告（2018）
著(编)者：朱名宏 2018年7月出版 / 估价：99.00元
PSN B-2010-167-8/14

广州蓝皮书
广州汽车产业发展报告（2018）
著(编)者：杨再高 冯兴亚 2018年7月出版 / 估价：99.00元
PSN B-2006-066-3/14

广州蓝皮书
广州商贸业发展报告（2018）
著(编)者：张跃国 陈杰 荀振英
2018年7月出版 / 估价：99.00元
PSN B-2012-245-10/14

贵阳蓝皮书
贵阳城市创新发展报告No.3（白云篇）
著(编)者：连玉明 2018年5月出版 / 估价：99.00元
PSN B-2015-491-3/10

贵阳蓝皮书
贵阳城市创新发展报告No.3（观山湖篇）
著(编)者：连玉明 2018年5月出版 / 估价：99.00元
PSN B-2015-497-9/10

贵阳蓝皮书
贵阳城市创新发展报告No.3（花溪篇）
著(编)者：连玉明 2018年5月出版 / 估价：99.00元
PSN B-2015-490-2/10

贵阳蓝皮书
贵阳城市创新发展报告No.3（开阳篇）
著(编)者：连玉明 2018年5月出版 / 估价：99.00元
PSN B-2015-492-4/10

贵阳蓝皮书
贵阳城市创新发展报告No.3（南明篇）
著(编)者：连玉明 2018年5月出版 / 估价：99.00元
PSN B-2015-496-8/10

贵阳蓝皮书
贵阳城市创新发展报告No.3（清镇篇）
著(编)者：连玉明 2018年5月出版 / 估价：99.00元
PSN B-2015-489-1/10

贵阳蓝皮书
贵阳城市创新发展报告No.3（乌当篇）
著(编)者：连玉明 2018年5月出版 / 估价：99.00元
PSN B-2015-495-7/10

贵阳蓝皮书
贵阳城市创新发展报告No.3（息烽篇）
著(编)者：连玉明 2018年5月出版 / 估价：99.00元
PSN B-2015-493-5/10

贵阳蓝皮书
贵阳城市创新发展报告No.3（修文篇）
著(编)者：连玉明 2018年5月出版 / 估价：99.00元
PSN B-2015-494-6/10

贵阳蓝皮书
贵阳城市创新发展报告No.3（云岩篇）
著(编)者：连玉明 2018年5月出版 / 估价：99.00元
PSN B-2015-498-10/10

贵州房地产蓝皮书
贵州房地产发展报告No.5（2018）
著(编)者：武廷方 2018年7月出版 / 估价：99.00元
PSN B-2014-426-1/1

贵州蓝皮书
贵州册亨经济社会发展报告（2018）
著(编)者：黄德林　2018年3月出版 / 估价：99.00元
PSN B-2016-525-8/9

贵州蓝皮书
贵州地理标志产业发展报告（2018）
著(编)者：李发耀 黄其松　2018年8月出版 / 估价：99.00元
PSN B-2017-646-10/10

贵州蓝皮书
贵安新区发展报告（2017~2018）
著(编)者：马长青 吴大华　2018年6月出版 / 估价：99.00元
PSN B-2015-459-4/10

贵州蓝皮书
贵州国家级开放创新平台发展报告（2017~2018）
著(编)者：申晓庆 吴大华 季泓
2018年11月出版 / 估价：99.00元
PSN B-2016-518-7/10

贵州蓝皮书
贵州国有企业社会责任发展报告（2017~2018）
著(编)者：郭丽　2018年12月出版 / 估价：99.00元
PSN B-2015-511-6/10

贵州蓝皮书
贵州民航业发展报告（2017）
著(编)者：申振东 吴大华　2018年1月出版 / 估价：99.00元
PSN B-2015-471-5/10

贵州蓝皮书
贵州民营经济发展报告（2017）
著(编)者：杨静 吴大华　2018年3月出版 / 估价：99.00元
PSN B-2016-530-9/9

杭州都市圈蓝皮书
杭州都市圈发展报告（2018）
著(编)者：沈翔 戚建国　2018年5月出版 / 估价：128.00元
PSN B-2012-302-1/1

河北经济蓝皮书
河北省经济发展报告（2018）
著(编)者：马树强 金浩 张贵　2018年4月出版 / 估价：99.00元
PSN B-2014-380-1/1

河北蓝皮书
河北经济社会发展报告（2018）
著(编)者：康振海　2018年1月出版 / 估价：99.00元
PSN B-2014-372-1/3

河北蓝皮书
京津冀协同发展报告（2018）
著(编)者：陈璐　2018年1月出版 / 估价：99.00元
PSN B-2017-601-2/3

河南经济蓝皮书
2018年河南经济形势分析与预测
著(编)者：王世炎　2018年3月出版 / 估价：99.00元
PSN B-2007-086-1/1

河南蓝皮书
河南城市发展报告（2018）
著(编)者：张占仓 王建国　2018年5月出版 / 估价：99.00元
PSN B-2009-131-3/9

河南蓝皮书
河南工业发展报告（2018）
著(编)者：张占仓　2018年5月出版 / 估价：99.00元
PSN B-2013-317-5/9

河南蓝皮书
河南金融发展报告（2018）
著(编)者：喻新安 谷建全
2018年6月出版 / 估价：99.00元
PSN B-2014-390-7/9

河南蓝皮书
河南经济发展报告（2018）
著(编)者：张占仓 完世伟
2018年4月出版 / 估价：99.00元
PSN B-2010-157-4/9

河南蓝皮书
河南能源发展报告（2018）
著(编)者：国网河南省电力公司经济技术研究院
河南省社会科学院
2018年3月出版 / 估价：99.00元
PSN B-2017-607-9/9

河南商务蓝皮书
河南商务发展报告（2018）
著(编)者：焦锦淼 穆荣国　2018年5月出版 / 估价：99.00元
PSN B-2014-399-1/1

河南双创蓝皮书
河南创新创业发展报告（2018）
著(编)者：喻新安 杨雪梅　2018年8月出版 / 估价：99.00元
PSN B-2017-641-1/1

黑龙江蓝皮书
黑龙江经济发展报告（2018）
著(编)者：朱宇　2018年1月出版 / 估价：99.00元
PSN B-2011-190-2/2

湖南城市蓝皮书
区域城市群整合
著(编)者：童中贤 韩未名　2018年12月出版 / 估价：99.00元
PSN B-2006-064-1/1

湖南蓝皮书
湖南城乡一体化发展报告（2018）
著(编)者：陈文胜 王文强 陆福兴
2018年8月出版 / 估价：99.00元
PSN B-2015-477-8/8

湖南蓝皮书
2018年湖南电子政务发展报告
著(编)者：梁志峰　2018年5月出版 / 估价：128.00元
PSN B-2014-394-6/8

湖南蓝皮书
2018年湖南经济发展报告
著(编)者：卞鹰　2018年5月出版 / 估价：128.00元
PSN B-2011-207-2/8

湖南蓝皮书
2016年湖南经济展望
著(编)者：梁志峰　2018年5月出版 / 估价：128.00元
PSN B-2011-206-1/8

湖南蓝皮书
2018年湖南县域经济社会发展报告
著(编)者：梁志峰　2018年5月出版 / 估价：128.00元
PSN B-2014-395-7/8

湖南县域绿皮书
湖南县域发展报告（No.5）
著(编)者：袁准 周小毛 黎仁寅
2018年3月出版 / 估价：99.00元
PSN G-2012-274-1/1

沪港蓝皮书
沪港发展报告（2018）
著(编)者：尤安山　2018年9月出版 / 估价：99.00元
PSN B-2013-362-1/1

吉林蓝皮书
2018年吉林经济社会形势分析与预测
著(编)者：邵汉明　2017年12月出版 / 估价：99.00元
PSN B-2013-319-1/1

吉林省城市竞争力蓝皮书
吉林省城市竞争力报告（2018~2019）
著(编)者：崔岳春 张磊　2018年12月出版 / 估价：99.00元
PSN B-2016-513-1/1

济源蓝皮书
济源经济社会发展报告（2018）
著(编)者：喻新安　2018年4月出版 / 估价：99.00元
PSN B-2014-387-1/1

江苏蓝皮书
2018年江苏经济发展分析与展望
著(编)者：王庆五 吴先满　2018年7月出版 / 估价：128.00元
PSN B-2017-635-1/3

江西蓝皮书
江西经济社会发展报告（2018）
著(编)者：陈石俊 龚建文　2018年10月出版 / 估价：128.00元
PSN B-2015-484-1/2

江西蓝皮书
江西设区市发展报告（2018）
著(编)者：姜玮 梁勇　2018年10月出版 / 估价：99.00元
PSN B-2016-517-2/2

经济特区蓝皮书
中国经济特区发展报告（2017）
著(编)者：陶一桃　2018年1月出版 / 估价：99.00元
PSN B-2009-139-1/1

辽宁蓝皮书
2018年辽宁经济社会形势分析与预测
著(编)者：梁启东 魏红江　2018年6月出版 / 估价：99.00元
PSN B-2006-053-1/1

民族经济蓝皮书
中国民族地区经济发展报告（2018）
著(编)者：李曦辉　2018年7月出版 / 估价：99.00元
PSN B-2017-630-1/1

南宁蓝皮书
南宁经济发展报告（2018）
著(编)者：胡建华　2018年9月出版 / 估价：99.00元
PSN B-2016-569-2/3

浦东新区蓝皮书
上海浦东经济发展报告（2018）
著(编)者：沈开艳 周奇　2018年2月出版 / 估价：99.00元
PSN B-2011-225-1/1

青海蓝皮书
2018年青海经济社会形势分析与预测
著(编)者：陈玮　2017年12月出版 / 估价：99.00元
PSN B-2012-275-1/2

山东蓝皮书
山东经济形势分析与预测（2018）
著(编)者：李广杰　2018年7月出版 / 估价：99.00元
PSN B-2014-404-1/5

山东蓝皮书
山东省普惠金融发展报告（2018）
著(编)者：齐鲁财富网
2018年9月出版 / 估价：99.00元
PSN B2017-676-5/5

山西蓝皮书
山西资源型经济转型发展报告（2018）
著(编)者：李志强　2018年7月出版 / 估价：99.00元
PSN B-2011-197-1/1

陕西蓝皮书
陕西经济发展报告（2018）
著(编)者：任宗哲 白宽犁 裴成荣
2018年1月出版 / 估价：99.00元
PSN B-2009-135-1/6

陕西蓝皮书
陕西精准脱贫研究报告（2018）
著(编)者：任宗哲 白宽犁 王建康
2018年6月出版 / 估价：99.00元
PSN B-2017-623-6/6

上海蓝皮书
上海经济发展报告（2018）
著(编)者：沈开艳
2018年2月出版 / 估价：99.00元
PSN B-2006-057-1/7

上海蓝皮书
上海资源环境发展报告（2018）
著(编)者：周冯琦 汤庆合
2018年2月出版 / 估价：99.00元
PSN B-2006-060-4/7

上饶蓝皮书
上饶发展报告（2016～2017）
著(编)者：廖其志　2018年3月出版 / 估价：128.00元
PSN B-2014-377-1/1

深圳蓝皮书
深圳经济发展报告（2018）
著(编)者：张骁儒　2018年6月出版 / 估价：99.00元
PSN B-2008-112-3/7

四川蓝皮书
四川城镇化发展报告（2018）
著(编)者：侯水平 陈炜
2018年4月出版 / 估价：99.00元
PSN B-2015-456-7/7

四川蓝皮书
2018年四川经济形势分析与预测
著(编)者：杨钢 2018年1月出版 / 估价：99.00元
PSN B-2007-098-2/7

四川蓝皮书
四川企业社会责任研究报告（2017～2018）
著(编)者：侯水平 盛毅 2018年5月出版 / 估价：99.00元
PSN B-2014-386-4/7

四川蓝皮书
四川生态建设报告（2018）
著(编)者：李晟之 2018年5月出版 / 估价：99.00元
PSN B-2015-455-6/7

体育蓝皮书
上海体育产业发展报告（2017~2018）
著(编)者：张林 黄海燕 2018年10月出版 / 估价：99.00元
PSN B-2015-454-4/5

体育蓝皮书
长三角地区体育产业发展报告（2017～2018）
著(编)者：张林 2018年4月出版 / 估价：99.00元
PSN B-2015-453-3/5

天津金融蓝皮书
天津金融发展报告（2018）
著(编)者：王爱俭 孔德昌 2018年3月出版 / 估价：99.00元
PSN B-2014-418-1/1

图们江区域合作蓝皮书
图们江区域合作发展报告（2018）
著(编)者：李铁 2018年6月出版 / 估价：99.00元
PSN B-2015-464-1/1

温州蓝皮书
2018年温州经济社会形势分析与预测
著(编)者：蒋儒标 王春光 金浩
2018年4月出版 / 估价：99.00元
PSN B-2008-105-1/1

西咸新区蓝皮书
西咸新区发展报告（2018）
著(编)者：李扬 王军
2018年6月出版 / 估价：99.00元
PSN B-2016-534-1/1

修武蓝皮书
修武经济社会发展报告（2018）
著(编)者：张占仓 袁凯声
2018年10月出版 / 估价：99.00元
PSN B-2017-651-1/1

偃师蓝皮书
偃师经济社会发展报告（2018）
著(编)者：张占仓 袁凯声 何武周
2018年7月出版 / 估价：99.00元
PSN B-2017-627-1/1

扬州蓝皮书
扬州经济社会发展报告（2018）
著(编)者：陈扬
2018年12月出版 / 估价：108.00元
PSN B-2011-191-1/1

长垣蓝皮书
长垣经济社会发展报告（2018）
著(编)者：张占仓 袁凯声 秦保建
2018年10月出版 / 估价：99.00元
PSN B-2017-654-1/1

遵义蓝皮书
遵义发展报告（2018）
著(编)者：邓彦 曾征 龚永育
2018年9月出版 / 估价：99.00元
PSN B-2014-433-1/1

地方发展类-社会

安徽蓝皮书
安徽社会发展报告（2018）
著(编)者：程桦 2018年4月出版 / 估价：99.00元
PSN B-2013-325-1/1

安徽社会建设蓝皮书
安徽社会建设分析报告（2017～2018）
著(编)者：黄家海 蔡宪
2018年11月出版 / 估价：99.00元
PSN B-2013-322-1/1

北京蓝皮书
北京公共服务发展报告（2017～2018）
著(编)者：施昌奎 2018年3月出版 / 估价：99.00元
PSN B-2008-103-7/8

北京蓝皮书
北京社会发展报告（2017～2018）
著(编)者：李伟东
2018年7月出版 / 估价：99.00元
PSN B-2006-055-3/8

北京蓝皮书
北京社会治理发展报告（2017～2018）
著(编)者：殷星辰 2018年7月出版 / 估价：99.00元
PSN B-2014-391-8/8

北京律师蓝皮书
北京律师发展报告 No.3（2018）
著(编)者：王隽 2018年12月出版 / 估价：99.00元
PSN B-2011-217-1/1

北京人才蓝皮书
北京人才发展报告（2018）
著(编)者：敏华　2018年12月出版 / 估价：128.00元
PSN B-2011-201-1/1

北京社会心态蓝皮书
北京社会心态分析报告（2017～2018）
北京市社会心理服务促进中心
2018年10月出版 / 估价：99.00元
PSN B-2014-422-1/1

北京社会组织管理蓝皮书
北京社会组织发展与管理（2018）
著(编)者：黄江松
2018年4月出版 / 估价：99.00元
PSN B-2015-446-1/1

北京养老产业蓝皮书
北京居家养老发展报告（2018）
著(编)者：陆杰华 周明明
2018年8月出版 / 估价：99.00元
PSN B-2015-465-1/1

法治蓝皮书
四川依法治省年度报告No.4（2018）
著(编)者：李林 杨天宗 田禾
2018年3月出版 / 估价：118.00元
PSN B-2015-447-2/3

福建妇女发展蓝皮书
福建省妇女发展报告（2018）
著(编)者：刘群英　2018年11月出版 / 估价：99.00元
PSN B-2011-220-1/1

甘肃蓝皮书
甘肃社会发展分析与预测（2018）
著(编)者：安文华 包晓霞 谢增虎
2018年1月出版 / 估价：99.00元
PSN B-2013-313-2/6

广东蓝皮书
广东全面深化改革研究报告（2018）
著(编)者：周林生 涂成林
2018年12月出版 / 估价：99.00元
PSN B-2015-504-3/3

广东蓝皮书
广东社会工作发展报告（2018）
著(编)者：罗观翠　2018年6月出版 / 估价：99.00元
PSN B-2014-402-2/3

广州蓝皮书
广州青年发展报告（2018）
著(编)者：徐柳 张强
2018年8月出版 / 估价：99.00元
PSN B-2013-352-13/14

广州蓝皮书
广州社会保障发展报告（2018）
著(编)者：张跃国　2018年8月出版 / 估价：99.00元
PSN B-2014-425-14/14

广州蓝皮书
2018年中国广州社会形势分析与预测
著(编)者：张强 郭志勇 何镜清
2018年6月出版 / 估价：99.00元
PSN B-2008-110-5/14

贵州蓝皮书
贵州法治发展报告（2018）
著(编)者：吴大华　2018年5月出版 / 估价：99.00元
PSN B-2012-254-2/10

贵州蓝皮书
贵州人才发展报告（2017）
著(编)者：于杰 吴大华
2018年9月出版 / 估价：99.00元
PSN B-2014-382-3/10

贵州蓝皮书
贵州社会发展报告（2018）
著(编)者：王兴骥　2018年4月出版 / 估价：99.00元
PSN B-2010-166-1/10

杭州蓝皮书
杭州妇女发展报告（2018）
著(编)者：魏颖　2018年10月出版 / 估价：99.00元
PSN B-2014-403-1/1

河北蓝皮书
河北法治发展报告（2018）
著(编)者：康振海　2018年6月出版 / 估价：99.00元
PSN B-2017-622-3/3

河北食品药品安全蓝皮书
河北食品药品安全研究报告（2018）
著(编)者：丁锦霞　2018年10月出版 / 估价：99.00元
PSN B-2015-473-1/1

河南蓝皮书
河南法治发展报告（2018）
著(编)者：张林海　2018年7月出版 / 估价：99.00元
PSN B-2014-376-6/9

河南蓝皮书
2018年河南社会形势分析与预测
著(编)者：牛苏林　2018年5月出版 / 估价：99.00元
PSN B-2005-043-1/9

河南民办教育蓝皮书
河南民办教育发展报告（2018）
著(编)者：胡大白　2018年9月出版 / 估价：99.00元
PSN B-2017-642-1/1

黑龙江蓝皮书
黑龙江社会发展报告（2018）
著(编)者：谢宝禄　2018年1月出版 / 估价：99.00元
PSN B-2011-189-1/2

湖南蓝皮书
2018年湖南两型社会与生态文明建设报告
著(编)者：卞鹰　2018年5月出版 / 估价：128.00元
PSN B-2011-208-3/8

湖南蓝皮书
2018年湖南社会发展报告
著(编)者：卞鹰　2018年5月出版 / 估价：128.00元
PSN B-2014-393-5/8

健康城市蓝皮书
北京健康城市建设研究报告（2018）
著(编)者：王鸿春 盛继洪　2018年9月出版 / 估价：99.00元
PSN B-2015-460-1/2

江苏法治蓝皮书
江苏法治发展报告No.6（2017）
著(编)者：蔡道通 龚廷泰　　2018年8月出版 / 估价：99.00元
PSN B-2012-290-1/1

江苏蓝皮书
2018年江苏社会发展分析与展望
著(编)者：王庆五 刘旺洪　　2018年8月出版 / 估价：128.00元
PSN B-2017-636-2/3

南宁蓝皮书
南宁法治发展报告（2018）
著(编)者：杨维超　　2018年12月出版 / 估价：99.00元
PSN B-2015-509-1/3

南宁蓝皮书
南宁社会发展报告（2018）
著(编)者：胡建华　　2018年10月出版 / 估价：99.00元
PSN B-2016-570-3/3

内蒙古蓝皮书
内蒙古反腐倡廉建设报告 No.2
著(编)者：张志华　　2018年6月出版 / 估价：99.00元
PSN B-2013-365-1/1

青海蓝皮书
2018年青海人才发展报告
著(编)者：王宇燕　　2018年9月出版 / 估价：99.00元
PSN B-2017-650-2/2

青海生态文明建设蓝皮书
青海生态文明建设报告（2018）
著(编)者：张西明 高华　　2018年12月出版 / 估价：99.00元
PSN B-2016-595-1/1

人口与健康蓝皮书
深圳人口与健康发展报告（2018）
著(编)者：陆杰华 傅崇辉　　2018年11月出版 / 估价：99.00元
PSN B-2011-228-1/1

山东蓝皮书
山东社会形势分析与预测（2018）
著(编)者：李善峰　　2018年6月出版 / 估价：99.00元
PSN B-2014-405-2/5

陕西蓝皮书
陕西社会发展报告（2018）
著(编)者：任宗哲 白宽犁 牛昉　　2018年1月出版 / 估价：99.00元
PSN B-2009-136-2/6

上海蓝皮书
上海法治发展报告（2018）
著(编)者：叶必丰　　2018年9月出版 / 估价：99.00元
PSN B-2012-296-6/7

上海蓝皮书
上海社会发展报告（2018）
著(编)者：杨雄 周海旺
2018年2月出版 / 估价：99.00元
PSN B-2006-058-2/7

社会建设蓝皮书
2018年北京社会建设分析报告
著(编)者：宋贵伦 冯虹　　2018年9月出版 / 估价：99.00元
PSN B-2010-173-1/1

深圳蓝皮书
深圳法治发展报告（2018）
著(编)者：张骁儒　　2018年6月出版 / 估价：99.00元
PSN B-2015-470-6/7

深圳蓝皮书
深圳劳动关系发展报告（2018）
著(编)者：汤庭芬　　2018年8月出版 / 估价：99.00元
PSN B-2007-097-2/7

深圳蓝皮书
深圳社会治理与发展报告（2018）
著(编)者：张骁儒　　2018年6月出版 / 估价：99.00元
PSN B-2008-113-4/7

生态安全绿皮书
甘肃国家生态安全屏障建设发展报告（2018）
著(编)者：刘举科 喜文华
2018年10月出版 / 估价：99.00元
PSN G-2017-659-1/1

顺义社会建设蓝皮书
北京市顺义区社会建设发展报告（2018）
著(编)者：王学武　　2018年9月出版 / 估价：99.00元
PSN B-2017-658-1/1

四川蓝皮书
四川法治发展报告（2018）
著(编)者：郑泰安　　2018年1月出版 / 估价：99.00元
PSN B-2015-441-5/7

四川蓝皮书
四川社会发展报告（2018）
著(编)者：李羚　　2018年6月出版 / 估价：99.00元
PSN B-2008-127-3/7

云南社会治理蓝皮书
云南社会治理年度报告（2017）
著(编)者：晏雄 韩全芳
2018年5月出版 / 估价：99.00元
PSN B-2017-667-1/1

地方发展类-文化

北京传媒蓝皮书
北京新闻出版广电发展报告（2017～2018）
著(编)者：王志　　2018年11月出版 / 估价：99.00元
PSN B-2016-588-1/1

北京蓝皮书
北京文化发展报告（2017～2018）
著(编)者：李建盛　　2018年5月出版 / 估价：99.00元
PSN B-2007-082-4/8

创意城市蓝皮书
北京文化创意产业发展报告（2018）
著(编)者：郭万超 张京成　2018年12月出版 / 估价：99.00元
PSN B-2012-263-1/7

创意城市蓝皮书
天津文化创意产业发展报告（2017～2018）
著(编)者：谢思全　2018年6月出版 / 估价：99.00元
PSN B-2016-536-7/7

创意城市蓝皮书
武汉文化创意产业发展报告（2018）
著(编)者：黄永林 陈汉桥　2018年12月出版 / 估价：99.00元
PSN B-2013-354-4/7

创意上海蓝皮书
上海文化创意产业发展报告（2017～2018）
著(编)者：王慧敏 王兴全　2018年8月出版 / 估价：99.00元
PSN B-2016-561-1/1

非物质文化遗产蓝皮书
广州市非物质文化遗产保护发展报告（2018）
著(编)者：宋俊华　2018年12月出版 / 估价：99.00元
PSN B-2016-589-1/1

甘肃蓝皮书
甘肃文化发展分析与预测（2018）
著(编)者：王俊莲 周小华　2018年1月出版 / 估价：99.00元
PSN B-2013-314-3/6

甘肃蓝皮书
甘肃舆情分析与预测（2018）
著(编)者：陈双梅 张谦元　2018年1月出版 / 估价：99.00元
PSN B-2013-315-4/6

广州蓝皮书
中国广州文化发展报告（2018）
著(编)者：屈哨兵 陆志强　2018年6月出版 / 估价：99.00元
PSN B-2009-134-7/14

广州蓝皮书
广州文化创意产业发展报告（2018）
著(编)者：徐咏虹　2018年7月出版 / 估价：99.00元
PSN B-2008-111-6/14

海淀蓝皮书
海淀区文化和科技融合发展报告（2018）
著(编)者：陈名杰 孟景伟　2018年5月出版 / 估价：99.00元
PSN B-2013-329-1/1

河南蓝皮书
河南文化发展报告（2018）
著(编)者：卫绍生　2018年7月出版 / 估价：99.00元
PSN B-2008-106-2/9

湖北文化产业蓝皮书
湖北省文化产业发展报告（2018）
著(编)者：黄晓华　2018年9月出版 / 估价：99.00元
PSN B-2017-656-1/1

湖北文化蓝皮书
湖北文化发展报告（2017~2018）
著(编)者：湖北大学高等人文研究院
中华文化发展湖北省协同创新中心
2018年10月出版 / 估价：99.00元
PSN B-2016-566-1/1

江苏蓝皮书
2018年江苏文化发展分析与展望
著(编)者：王庆五 樊和平　2018年9月出版 / 估价：128.00元
PSN B-2017-637-3/3

江西文化蓝皮书
江西非物质文化遗产发展报告（2018）
著(编)者：张圣才 傅安平　2018年12月出版 / 估价：128.00元
PSN B-2015-499-1/1

洛阳蓝皮书
洛阳文化发展报告（2018）
著(编)者：刘福兴 陈启明　2018年7月出版 / 估价：99.00元
PSN B-2015-476-1/1

南京蓝皮书
南京文化发展报告（2018）
著(编)者：中共南京市委宣传部
2018年12月出版 / 估价：99.00元
PSN B-2014-439-1/1

宁波文化蓝皮书
宁波"一人一艺"全民艺术普及发展报告（2017）
著(编)者：张爱琴　2018年11月出版 / 估价：128.00元
PSN B-2017-668-1/1

山东蓝皮书
山东文化发展报告（2018）
著(编)者：涂可国　2018年5月出版 / 估价：99.00元
PSN B-2014-406-3/5

陕西蓝皮书
陕西文化发展报告（2018）
著(编)者：任宗哲 白宽犁 王长寿
2018年1月出版 / 估价：99.00元
PSN B-2009-137-3/6

上海蓝皮书
上海传媒发展报告（2018）
著(编)者：强荧 焦雨虹　2018年2月出版 / 估价：99.00元
PSN B-2012-295-5/7

上海蓝皮书
上海文学发展报告（2018）
著(编)者：陈圣来　2018年6月出版 / 估价：99.00元
PSN B-2012-297-7/7

上海蓝皮书
上海文化发展报告（2018）
著(编)者：荣跃明　2018年2月出版 / 估价：99.00元
PSN B-2006-059-3/7

深圳蓝皮书
深圳文化发展报告（2018）
著(编)者：张骁儒　2018年7月出版 / 估价：99.00元
PSN B-2016-554-7/7

四川蓝皮书
四川文化产业发展报告（2018）
著(编)者：向宝云 张立伟　2018年4月出版 / 估价：99.00元
PSN B-2006-074-1/7

郑州蓝皮书
2018年郑州文化发展报告
著(编)者：王哲　2018年9月出版 / 估价：99.00元
PSN B-2008-107-1/1

皮书起源

“皮书”起源于十七、十八世纪的英国，主要指官方或社会组织正式发表的重要文件或报告，多以“白皮书”命名。在中国，“皮书”这一概念被社会广泛接受，并被成功运作、发展成为一种全新的出版形态，则源于中国社会科学院社会科学文献出版社。

皮书定义

皮书是对中国与世界发展状况和热点问题进行年度监测，以专业的角度、专家的视野和实证研究方法，针对某一领域或区域现状与发展态势展开分析和预测，具备原创性、实证性、专业性、连续性、前沿性、时效性等特点的公开出版物，由一系列权威研究报告组成。

皮书作者

皮书系列的作者以中国社会科学院、著名高校、地方社会科学院的研究人员为主，多为国内一流研究机构的权威专家学者，他们的看法和观点代表了学界对中国与世界的现实和未来最高水平的解读与分析。

皮书荣誉

皮书系列已成为社会科学文献出版社的著名图书品牌和中国社会科学院的知名学术品牌。2016 年，皮书系列正式列入“十三五”国家重点出版规划项目；2013~2018 年，重点皮书列入中国社会科学院承担的国家哲学社会科学创新工程项目；2018 年，59 种院外皮书使用“中国社会科学院创新工程学术出版项目”标识。

中国皮书网

（网址：www.pishu.cn）

发布皮书研创资讯，传播皮书精彩内容
引领皮书出版潮流，打造皮书服务平台

栏目设置

关于皮书：何谓皮书、皮书分类、皮书大事记、皮书荣誉、
皮书出版第一人、皮书编辑部

最新资讯：通知公告、新闻动态、媒体聚焦、网站专题、视频直播、下载专区

皮书研创：皮书规范、皮书选题、皮书出版、皮书研究、研创团队

皮书评奖评价：指标体系、皮书评价、皮书评奖

互动专区：皮书说、社科数托邦、皮书微博、留言板

所获荣誉

2008 年、2011 年，中国皮书网均在全国新闻出版业网站荣誉评选中获得“最具商业价值网站”称号；

2012 年，获得“出版业网站百强”称号。

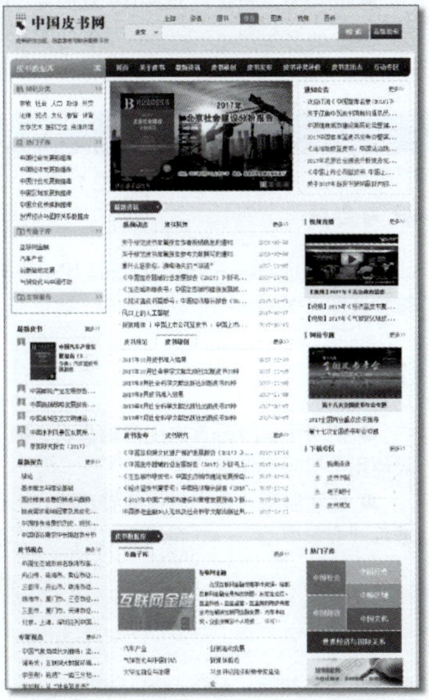

网库合一

2014 年，中国皮书网与皮书数据库端口合一，实现资源共享。

S 基本子库
UB DATABASE

中国社会发展数据库（下设 12 个子库）

全面整合国内外中国社会发展研究成果，汇聚独家统计数据、深度分析报告，涉及社会、人口、政治、教育、法律等 12 个领域，为了解中国社会发展动态、跟踪社会核心热点、分析社会发展趋势提供一站式资源搜索和数据分析与挖掘服务。

中国经济发展数据库（下设 12 个子库）

基于“皮书系列”中涉及中国经济发展的研究资料构建，内容涵盖宏观经济、农业经济、工业经济、产业经济等 12 个重点经济领域，为实时掌控经济运行态势、把握经济发展规律、洞察经济形势、进行经济决策提供参考和依据。

中国行业发展数据库（下设 17 个子库）

以中国国民经济行业分类为依据，覆盖金融业、旅游、医疗卫生、交通运输、能源矿产等 100 多个行业，跟踪分析国民经济相关行业市场运行状况和政策导向，汇集行业发展前沿资讯，为投资、从业及各种经济决策提供理论基础和实践指导。

中国区域发展数据库（下设 6 个子库）

对中国特定区域内的经济、社会、文化等领域现状与发展情况进行深度分析和预测，研究层级至县及县以下行政区，涉及地区、区域经济体、城市、农村等不同维度。为地方经济社会宏观态势研究、发展经验研究、案例分析提供数据服务。

中国文化传媒数据库（下设 18 个子库）

汇聚文化传媒领域专家观点、热点资讯，梳理国内外中国文化发展相关学术研究成果、一手统计数据，涵盖文化产业、新闻传播、电影娱乐、文学艺术、群众文化等 18 个重点研究领域。为文化传媒研究提供相关数据、研究报告和综合分析服务。

世界经济与国际关系数据库（下设 6 个子库）

立足“皮书系列”世界经济、国际关系相关学术资源，整合世界经济、国际政治、世界文化与科技、全球性问题、国际组织与国际法、区域研究 6 大领域研究成果，为世界经济与国际关系研究提供全方位数据分析，为决策和形势研判提供参考。